JN165563

自殺の歴史

ROMI

ロミ
土屋和之❖訳

SUICIDES
passionnés, historiques, bizarres, littéraires

国書刊行会

自殺の歴史　目次

I 文明それぞれ　9

II 有名になった自殺と忘却された自殺　39

III 自殺のテクニック　123

Ⅳ　自殺の実践利用

Ⅴ　自殺と文学

VI 自殺と小唄

自殺の歴史

理論的な観点で、まず驚かされるのは、道徳の相対性であり、自殺問題について性急に結論を下す人間精神の無力さである。自殺の擁護にしろ反対にしろ、いずれの論拠にも、ただの一つとて論駁されなかったものはない。自殺が過ちなのは、神に対してなのか、社会に対してなのか、道徳の原理に対してなのか？　自殺は勇気の証なのか、それとも臆病の証なのか？　自殺は快い死なのか、優雅な死なのか？
二十の世紀もの間、この点について意見の一致はみなかった。問いが立てられたままであると同時に、問題が生ずるままだったのである。

アルベール・バイエ（『自殺と道徳』）

I

文明それぞれ

「自殺は社会を構成する要素全体の
標準的構成要素の一つである」――――デュルケム

未開人は生への嫌悪から自殺することなど考えもしない。
自殺は知性的な人間の洗練である。――ヴォルテール

ユダの自殺については異論が多いが、その魂は悪魔が運び去ったと
言われている。（『ジョン・マンデヴィル卿の旅行記』所収の木版画）

ノヴァーリスは書いている、「真に哲学的な行為とは自殺である」と。その百五十年後、アルベール・カミュは『シーシュポスの神話』のなかでこう書いた。「真に重大な哲学上の問題はひとつしかない。それは自殺である」

生きることに同意する前に、不条理な生が生きる苦しみに値するのか、しないのか、判断をつけたほうがいいだろう。

人は古代から同じ問題を提起しつづけている。風土、風潮、その地に最も広まった宗教の教えに応じて、答えは肯定にも否定にもなる。

東洋では、自殺は赫々（かっかく）たる成功を収めた。最古の時代より、自殺はインド由来の災いのひとつであると言われているくらいである。

紀元前十三世紀頃に成立したバラモン教の教義によれば、人生は大いなる至福への準備期間とされているし、前二世紀から二世紀の作と推定される『マヌ法典』でも、信者に解脱を急ぐよう、次のように熱っぽく説かれている。

激流によって樹木が岸辺から引き離されるように、また鳥が気まぐれに枝を飛び立つように、必然もしくは自分の意志で肉体を放棄すれば、苦悩という恐ろしい怪物から解放されるであろう。（六章七八）

また、「偉大な聖賢（リシ）たちが行った実践のいずれかによって、自分の肉体から自由に」なれば、ブラフマーから恩恵を授けられるとも説かれている。

バラモン教の「裸行者」（裸の哲学者）にとって、転生は議論の余地がない自明の事柄なので、彼らはみな、観光旅行に出かけるように死を準備する。

紀元前三二三年、アレクサンドロス大王の従者になっていたインドの裸行者カラノスは、火刑台を築かせ、大王の面前で炎に焼かれた。

その三世紀後にも、裸行者ザルマノケガスが皇帝アウグストゥスの前でこの儀式を行っている。

宗教的な自殺の観念は、仏教等のインド思想の伝播とともに他の地域に広まった。

古代中国では、自殺は非常に立派な行為であると考えられていた。血も涙もない始皇帝が儒者の書物を焚書にしたとき、儒者が海に飛び込むのを見ても誰も驚かなかった。その数、六百人……。

また中国の上流社会では、復讐をしたい相手の邸で自殺をはかる「復讐の自殺」が、大流行をみた。上流階級や知識人の受刑者は、公開処刑という恥辱を避けるために、公式に自殺が認可されることになった。

日本では、海や火に飛び込んだり、腹を切ったり、生き埋めにされたりする慣習が存続していた。

日本人にとって集団自殺は社会生活の一部である。阿弥陀信仰の信徒は五十人から百人の集団で入水した。フランス人イエズス会士ピエール・シャルルヴォワは『日本史』の中で次のように述べている。「この国のどの海岸沿いでも、狂信者がいっぱいに乗った小舟が見られる。狂信者たちは石を抱いて海に飛び込むか、小舟に穴を開けて、阿弥陀経を唱えながら、沈むにまかせるのである」。シャルルヴォワのこの本が刊行されたのは、一七一五年のことだ。

自殺の誘惑に抵抗する民族もあった。カルデア人、ペルシア人、ヘブライ人は自殺という流行病を、インド思想のブラフマン（宇宙の根本原理）や輪廻の教義を拒絶することで回避した。

自殺にもっとも抵抗したのはヘブライ人である。というのも、自殺の記録が四千年間に十件しかないのだから！

アフリカでは、祭司や裸行者が、死を恐れず、どんなあり方であれ勇気を持つことを教えたが、エジプトでは、自殺の風習が根附いた。

古代エジプトの最も偉大な王セソストリスが自殺の範を垂れたからである。彼は失明すると、泰然自若として自害したのである。クレオパトラとマルクス・アントニウスの時代には、決まった日時に死ぬことを決心をした人びとが、「死をともにする人たち（シュンポタヌメネノイ）」というグループを結成している。メンバーはできるだけ安楽に死ぬ方法を追求していた。なかには優雅なる宴げの真っ最中に自殺した者もいる。

来世を信じていたペルシア人にとっては、自殺はこの上ない冒瀆だった。こうした宗教思想の幸福な第一人者がアジアの地に再び認められるだろう。ムハンマドは、逆境に耐え、天からの命令に随うことを説き勧めてから、こう主張する、「人間は神の意志によってのみ死ぬ。臨終の日は記されている」と（『コーラン』三－一二九）。また、寿命を全うせずして生を離れることを選択する者には、永遠の火あぶりを宣告している。「不実や悪意によって自殺する者は誰であれ地獄の劫火で焼かれる」（四－三〇）

ヨーロッパでは、ムハンマドの脅しは通用しなかった。ドルイド僧がケルト人に、霊魂の不滅と来世の無限の幸福を説いていたからである。

紀元一世紀のローマの歴史家ウァレリウス・マクシムスによれば、ケルト人はこの教えを心の底から信じていたので、葬儀では喜びの歌をうたい、出産のさいは涙を流したという。

また、ケルト人の老人は老衰を恥じ、老化を不安視し、病死を怖れること甚だしく、健康なうちに自殺したのだった。老人たちは祝賀会の後、この風習の場所となっている岩壁から身を躍らした。

勇猛さが今に伝わるガリア人になると、霊魂の不滅について考え方を変えた。もはや不滅の霊魂が神格化されるのが重要ではなくなり、死後も人間の自我が存続することが重視されたのである。

それゆえ、自殺は義務となった。

軍人階級では、自殺は是認されたのみならず、命じられてもいたのである。降伏した武人や捕虜になった武人の自殺が今に伝わっている。

カエサルは『ガリア戦記』の中で、エブロネス族の王カトゥウォルクスの自殺に言及している。「老齢で衰弱し、戦争や逃亡の労苦に耐えられないので」、カトゥウォルクスは生きたままローマ人の手に落ちることのない

古代ローマやガリアの戦士は敗北を喫すると軍規に則り自殺した。（16世紀の版画）

よう、毒をあおいで死んだ。

また、『ガリア戦記』には、他にも、捕虜となったセノネス族の指導者ドラッペスが食を断って死んだことや、ベッロウァキー族の指導者のコッレウスが戦場から退かず討ち死にしたことも記されている。また、古代ギリシアの歴史家ディオドロス・シケロスも、敗北したブレンヌスの自殺を記録している。それから、タキトゥスの言を信じるならば、ローマによる征服の後、トゥレウウェリ族のフロルス、アエドゥイ族のサクロウィル、ウィンデクスが自殺したという。

五世紀ギリシアの編纂者ストバイオスが転載した抜粋には、ウンブリア族にとって「敗北後、生き恥をさらすことが最大の恥辱である」という記述がある。

ウェネティ族の船団がカエサルに打ち負かされたとき、このガリア人たちは、生け捕りにされないよう、船上で自殺した。二世紀のギリシア人の歴史家アッピアノスによれば、セノネス族は敗北すると喉を掻き切って自殺したという。

カエサルはまた述べている。アクィタニ人のピソが死んだとき、戦場から離(さか)っていたピソの弟が戻ってきて自殺した。また、「ソルドゥリイ」というソティアテス族の忠実な従者たちの死は、ガリアの倫理の規範を遵守している証である。

指導者や仲間におのれを捧げた「ソルドゥリイ」は、その生死にも忠実なので、運命を共にするか、自殺すべき運命にあった。「おのれを捧げた人が亡くなったとき、彼らが死を拒否するのをかつて見られた例(ためし)がない」といわれている。

ガリア人は単に個人的な意志のみで死を望んでいるわけではなかった。一世紀頃のローマの地理学者ポンポニウス・メラはこう伝えている。「死者と一緒に暮らすつもりであるかのように、その葬式のおり、火葬台に身を投じるガリア人もいた」

ローマでは、自殺が有利に働いた。

タキトゥスがこう述べている。「死刑執行人を恐れて、自殺者が増加した。しかも、罪を宣告された人びとは財産を没収され、埋葬も許可されないが、自殺した人びとには、その毅然たる態度に報いて、遺言と葬儀が執行された」

ローマ史では、打算的な自殺は数知れない。受刑者は死刑を免れるために、判決の前に自殺していたからである。だが、それでは国税局は財産を没収できないので、新しい法制を要求した。

ユスティニアヌス帝は法の大改革を企てたが、ローマ帝国は国境がどこもかしこも危険に曝されており、政治は社会を不安におとしいれた。

早く死ぬための宣伝活動がやまず、キャッチフレーズが次々と唱えられた。セネカの言葉「死を考えることは自由を考えることだ」や、自殺した詩人ルカヌスの言葉「自死は有徳の人間にのみふさわしい」が嬉々として広められたのである。

喜びのうちに自殺せよ！　生への嫌悪が死ぬことの正式な理由になった。また、不治の病や失恋の痛手も同様である。

健康を理由にして、トゥリウス・マルケルスやティトゥス・ポンポニウス・アッティクス等の偉人傑士が自殺している。

悲しみが理由で自殺した人もいる。悲嘆に暮れたブルトゥスの元妻ポルキア、わが子たちを処刑されて生きる気力を失ったセイヤヌスの元妻アピカタ、プブリウス・リキニウス・クラッススの未亡人コルネリア、夫マメルクス・スカウルスと共に死んだ妻セクスティア、夫ポンポニウス・ラベオに殉じた妻パクサエアがそうである。

ストア派やエピクロス派を批判していたキケローも、ストア派の主張を発展させて、こう書いている。「生から離れることが今できるのなら、その者が幸福の只中にあるにしても、そうすることが、多くの場合、賢者の義務なのである」

しかも、キケローは『トゥスクルム荘対談集』の最終巻で、こう声高に述べている。「われわれにはどんな苦しむ理由があるのか？　避難所はわれわれにも開かれているなら、死はもう何も感じない避難所なのだから……」

エピクロスやセネカも死の権利を是認する言葉を残している。

必然にしたがって生きることは悪だが、必然にしたがって生きることは必然でない。（エピクロス「断片」九）

生きることが君の意に適うのか？……生きよ。……意に適わないのか？……君が来たところに帰るのは自由だ。（セネカ『倫理書簡集』七〇）

ストア派の哲学者としても知られるローマ皇帝マルクス・アウレーリウスも、こんな助言を遺している。「君は生きがいを失ったのか。……生から静かに出たまえ。……」

それでも、「死ぬ時と死ぬ方法を選択する権利（リベリウム・モルティス・アルビトリウム）」はたいへんな厚遇とみなされ、身分の高い受刑者にしか許されなかったし、それが疑わしい場合には権利は却下されることもあった。

ハンガーストライキをしていたアグリッピナは、鎖につながれ、食事を強制された。ローマ騎士ウィヴレヌス・アグリッパは、自害して刑罰を免れないようにと、毒薬の壜を没収されたのである。

プルタルコスは『霊魂論』の第一巻で、魂が冒された病について次のように伝えている。「ミレトスでは、ほとんどの少女が唐突に、さしたる動機もなく、自殺を企て、大勢の少女が縊死した」。この自殺は毎日起こり、増加の一途をたどったが、止めようにも打つ手がなかった。そうしたなか、ミレトスでは、首をつった少女たちを全裸にして、用いた縄と一緒に埋葬することに決められた。

そのとたんに、自殺は止んだ。慎みが不治の病に勝(まさ)ったのである。

この神聖なる慎みが、長きにわたり、自殺の必然的な原因ともなった。貞節なルクレティアを思い起こそう。彼女は不名誉な生よりも死を選んだのである！

一方では、名を遺したくて忘れがたい最期を遂げる人もいる。ブルトゥスやカトーが死後名声を博したことから、たくさんのローマ人が自殺に駆り立てられたのも無理からぬ話ではある。もっとも、彼らの名は今や完全に忘れ去られている。

そもそも、はるか昔の三面記事的な出来事が真実か否かは、証拠となる資料がないだけに、疑問を抱かれやすい。紀元前五世紀の不世出の哲学者エンペドクレスの自殺は有名であるが、アリストテレスによって否定されている。アリストテレスによれば、エンペドクレスはペロポネソス半島において六十二歳で自然死した、というのである。いっぽう、多くの歴史家は、エンペドクレスは火山の働きを説明できないことに絶望して、エトナ山の噴火口に身を投げた、と述べている。

事情通の著者の中には、エトナ山にはこの不運な哲学者が履いていたサンダルの片方しか残っていなかったと主張する者たちもいる。

ルキウス・タルクィニウス・コッラティヌスの妻ルクレティアの自殺は紀元前五一〇年におこったが、この自殺はさまざまな形で語られている。

アルデーアの攻囲戦の際、王子たちは奥方たちに疑念を抱いた。彼らは、奥方たちが銃後の宵をどのように過ごしているかを見るために、不意に自宅に戻って来たのである。ほとんどの奥方は陽気なお仲間と一緒だったのに、美女のルクレティアだけが慎ましやかに羊毛を紡いでいた……。

欲情の炎(ほむら)にとらわれた王子セクストゥス・タルクィニウスは、数夜たって、ルクレティアに宿を請うた。二人きりだったのにつけ込んで、体を許さなければ命はないぞと脅迫した。さらには、彼女が情夫と一緒にいたと言いふらしてやるとも言うのだった。彼女は屈したが、翌くる日、父と夫宛てにおぞましい事件の夜の話を書き遺して、自刃して果てた……。

こうした悲劇から着想を得て、ティントレット、ティツィアーノ、ジョルダーノ、デューラー、クラナッハ、その他十数人の画家が作品を描いている。一八四三年には、劇作家のフランソワ・ポンサールが五幕の韻文劇『ルクレティア』を書いて、アカデミー・フランセーズから賞を授与された。

イスカリオテのユダの自殺をめぐっても、新約聖書の中に矛盾した記述がある。『マタイの福音書』によれば、ユダは裏切りの後、首をつったとあるが、ルカは『使徒行伝』の第一巻一八節で、ユダは高いところから落ちて腹が裂けたと述べているのだ。


カルタゴでは、自殺は日々のささやかな慰めと変わりなかった。マゴやハミルカルのように、敗戦後生き恥をさらさないように、昼食をとった後、静かに自殺する。ハンニバルのように敵に捕縛されるのを潔しとせず自殺する。ピライノイ兄弟のように、「母なる祖国」の領土を数メートル獲得するために、カルタゴとキュレネの境界をなす道端で生き埋めになるのである。

カルタゴ人は大がかりな演出の自殺を準備した。攻囲戦に脅かされて、神々への贖罪を決めた。とても上機嫌に、三百人の志願者が神殿で集団自殺した。

戦史を記録した歴史家たちは、サグントゥムの住民の集団自殺を例として挙げている。ハンニバル率いるカルタゴ軍に敗北したことをたいそう恥じて、彼らは武器と荷物を持って炎の中に飛び込んだのである。

古代ギリシアでは、その歴史を通じ、社会のどの階層にも自殺者がいる。王、雄弁家、将軍、哲学者、彫刻家、美女がいとも易々と命を絶っているのである。しかし、古代ギリシアの法では、自殺者の遺体は厳しく処罰されている。たとえば、アテネでは、死刑執行人が自殺者の右手を切断し、その手は胴体とは別々に埋められた。テーベでは、家族に知らされることなく火葬に附された。スパルタでは、自殺者は正式の葬儀をしてもらえず、不名誉を強いられた。

クラナッハ画「貞女ルクレティアの死」（ブザンソン美術館蔵）

とはいえ、政府高官は法ほど厳格ではないので、自殺者に特別な待遇を与えることもある。たとえば、アテネでは、アレオパゴス会議で事前に根拠のある理由を述べさえすれば、不名誉をこうむるリスク無しに自殺することができた。

ギリシアの植民地であったマルセイユでは、元老院が自殺許可の請願を審理してから、志願者に、一服の毒薬を使用説明書を添えて支給した。

ウァレリウス・マクシムスはこう述べている。「マルセイユの公的な保管所に毒人参を調合した毒薬が保管されている。六百人会議に自殺を請願する理由を陳述する者には、何びとにもそれが与えられる」

ここで特に言っておかねばならないのは、強制による自殺についてである。死んだ主人の後を追わねばならないガリア人の奴隷、夫の死後生きる権利のないインドの未亡人、生死を選択できない哲学者等がそうだ。

古代の最も有名な自殺者の一人であるソクラテスにしても、自殺は強制されたにすぎない。彼は死刑判決を受けて、人間はみずからの死の時間は選べないと説くことをやめなかった。

「……われわれ人間は留置場にいるようであり、そこから解放されることも逃れることもできません。……神々がわれわれを見まもっており、われわれは神々の財産にすぎないのです。……」（プラトン『パイドン』）

†　有名な自殺あれこれ

ハンニバル（前二四七〜前一八三年）

このカルタゴの将軍は、九歳でローマに対する永遠の憎悪を祭壇に誓い、生涯をローマ帝国の打倒に捧げた。ローマへの有名な行軍の後、カプアでの宿営が敗北の原因となったが、長年の転戦を経て、カルタゴに帰還すると、ハンニバルは「スフェス（行政長官）」に任命された。

威光いや増すローマに対し、無力ながら反ローマ同盟の締結を企てた。が、国内の反対勢力に買収されたローマの武装使節団がカルタゴに迫ってくると、ハンニバルは亡命した。彼は策謀を諦めていなかった。不安にかられたローマは、現在のトルコにあったビテュニア国の王プルシアス一世に、この手強い亡命者の首を要求した。プルシアスがローマの要求を呑むに至ると、将軍は自害して果てた。

六十五歳になるハンニバルは、次のように言い放つと、毒薬をあおったのである。「厚かましくもローマ人たちが死を期待する一人の老いぼれが、奴らに抱かせた恐怖から、奴らを解放して進ぜよう」

アリストテレス（前三八四年～前三二二年）

プラトンの一番弟子にして哲学のプリンス、また逍遥学派の開祖であるアリストテレスは、マケドニアの王子アレクサンドロスの教育を引き受けた。

王子はそのことを忘れなかった。アレクサンドロスが権力の座につくと、恩師の仕事と研究を援助するのに尽力した。だが、庇護者が亡くなると、アリストテレスはアテナイ人から「非国民」と見なされて、瀆神の廉で告発され、アレオバゴス会議で死刑判決を受けた。

彼がそれを知ったのは、隠遁の地にと考えていたエヴィア島でだった。その地で彼は自殺したのである。この自殺は証明されていないが、何人かのキリスト教会の教父が、アリストテレスはエヴィア島とギリシアを隔てるエウリプス海峡に身を投げたと断言している。

また、アリストテレスは潮汐の現象を説明できないことに絶望して、入水したという説を唱える、想像力豊かな碩学も存在する。

クレオパトラ（前六九年～前三〇年）

百科事典に名が遺る十人ほどのクレオパトラのうち、永遠に消えない思い出を残した女性となれば、プトレマ

「クレオパトラの死」（ジャンピエトリーノ〔本名ジョヴァンニ・ピエトロ・リッツォーリ〕画、ルーヴル美術館）

イオス十二世の息女をおいて他にいない。

この女王は男に破滅をもたらす美しさで、カエサルを魅了し、アントニウスを骨抜きにしたが、アプスに嚙まれるといういっぷう変わったやり方で自殺した。

クレオパトラが無花果か花の入った籠に隠れたアプスを胸に押し当てている場面は彫刻家、画家、版画家に好んで制作された。ところで、女王はアプスに嚙みつかれて死ぬ前から、すでに自殺には関心を抱いていた。アクティウムの戦いの後、「死をともにする人たち（シュンポタヌメノイ）」なるグループをつくったのは彼女であることをお忘れなきように。

デモステネス（前三八五年～前三二二年）

この古代随一の雄弁家は、愛国的な演説をぶった。堕落したアテナイ人の活力を呼び覚まし、彼らをマケドニアに対して反抗させることに生涯をかけた。

だが彼の助言は遅きに失し、デモステネスは祖国に敗北を招いたと非難を浴びた。そのうえ、公金横領事件で知られる、マケドニアのバビロン総督ハルパロスに買収されていると噂されたのである。デモステネスは亡命を余儀なくされた。

アレクサンドロスが逝くと、彼は再びギリシア独立のために戦った。アテナイ人はこの偉大な雄弁家を迎えに、アイギナ島へ礼を尽くして三艘櫂船を派遣したのだ。やんぬるかな！　その勢いは長続きしなかった。クランノンの戦いで将軍アンティパトロス率いるマケドニアが勝ちを収め、デモステネスは最後の希望が打ち砕かれたからである。

デモステネスはもはやこれまでと観念し、死刑執行人から彼を殺す喜びを奪うことの方を選び、ネプトゥヌスの神殿で毒をあおって死んだ。

ディオゲネス（シノペの）（前四一三年頃）

富を軽蔑して、究極の貧乏に身を捧げたこの「犬儒（キニク）」派の哲学者は、一張羅のマントにくるまって、裸足で歩き、戸外で寝起きしていた。彼は自分の生のスタイルを端的に示すため、「犬」というあだ名を受け入れていた。ふつう流布している説に随えば、ディオゲネスの死は自殺だったという。

コリント市民は彼のために白大理石でできた一匹の犬を戴いた墓を建てた。次のような対話体の碑文に犬の科白（セリフ）が記されている。


「おい、犬よ、誰の墓を守っているんだ？」

「犬のですが……」

「だから、犬、この人は誰なんだ？」

「ディオゲネス……」

「どこの国の人だ？」

「シノペの……」

「樽の中に住んでいる人か？」

「みずから進んでね。……もう死んでしまいましたから、今はお星さまに住んでますよ」

ゴルディアヌス一世（マルクス・アントニウス）、異名アフリカヌス（一五七年〜二三八年）

文芸と演芸を愛したこのローマの大領主は、法務官（プラエトル）、執政官（コンスル）を歴任したのち、皇帝からアフリカの前執政官（プロコンスル）に任命された。

八十歳のとき、マクシミアヌス帝の暴政に対する叛乱がローマで起こって、彼が皇帝に任命され、息子と共同で統治した。が、マクシミアヌス帝を支持するカペルリアヌスにカルタゴで攻撃され、敗北した。

彼は息子の戦死の報を受けると、帯を用いて窒息死した。アフリカのゴルディアヌスが統治したのはたった六週間にすぎなかった。

ルカヌス（マルクス・アンナエウス）

詩人ルカヌスは哲学者セネカの甥である。叔父の推輓で帝政ローマの宮廷に迎え入れられ、セネカがネロの家庭教師をしていたとき、若きネロの学友になった。

とりわけの才能に恵まれていたルカヌスは、十六歳で三篇の詩をつくっている。ネロから寵愛を得ていたが、二十歳のとき、新作の詩篇「オルフェウスの冥界下り」と「ニオベ」が成功を収めたことから災難の巻き添えとなった。ネロはルカヌスの成功が自分自身の詩を傷つけたと考えた。ルカヌスは信頼を失った。

憤懣やるかたないルカヌスは復讐を謀り、ガイウス・ピソの陰謀に加担する。

陰謀は発覚し、ネロは昔の遊び仲間であったこの学友に、すみやかに手首の血管を切って自害すべしと通告した。

ネロ（ルキウス・ドミニティウス・ネロ・クラウディウス）（三七年〜六八年）

狂気の暴君であり、歴史家、好事家でもある皇帝ネロの自殺は、彼の生涯においてはさして重要事ではない。何しろ彼は殺人の趣味から母アグリッピナと内縁の妻ポッパエアを殺害するくらいなのだから。

奴隷に刺されるネロ（シルヴィオ・ビッキ画、フィレンツェ美術館）

ヒスパニア総督のガルバが、元老院と親衛隊兵士から新皇帝として承認されると、ネロは支持者の誰からも見捨てられた。そして、公告追放され、解放奴隷の助けを借りて自害した。

伝説によれば、ネロの辞世の言葉は、次のようであったという。「何と素晴らしい芸術家がこの世から消えることか！」

オト（マルクス・サウリヌス）（三二年～六九年）

オトはをネロの寵臣で、放蕩仲間だったが、のちにルシタニア（現在のポルトガル）の総督に任命され、ネロから遠ざけられた。オトはその地を十年間統治した後、ローマに戻ってきた。彼はローマで騒動を企て、それによって、ネロの死から一年を経た西暦六九年に、権力の座についた。

親衛隊を買収し、自分を皇帝であると宣言させて、オトはローマとイタリアの支配者になったのである。ところが、ゲルマニア軍を率いるウィテリウスが権力を奪取しようと、オトに争いを挑んできた。

オトはベドリアクムの戦いで敗れると、内戦の悲惨さを嫌って（少なくともスエトニウスはそう主張している！）、みずからを短剣でひと突きして、自害した。三日天下だった。

享年三十七歳。

このときスエトニウスの父は第十三軍団の副官として従軍していた。彼は息子に皇帝オトの最期を事細かに語った。オトは「一人のために全員が死ぬより、全員のために一人が死ぬ」のを選んだというのだ。

スエトニウスは敗軍の将の死を次のように語っている。


オトは兄と兄の息子、それに友人たちそれぞれに個別に話しかけ、最も相応しいと思われる立場をとるように促し、彼らを抱擁し、接吻して、全員を立ち去らせた。それから、離れたところに退いて、二通の手紙を書いた。一通は妹宛に慰めの手紙を、もう一通は、彼が結婚を望んでいたネロの未亡人メッサリナ宛である。彼は彼女に葬儀の手配と手記の焼却を頼んだ。……彼は自分の持っている金を召使いに分配した。……自分の部屋の戸を開けたままにしておき、誰でも話したいものを受け入れた。彼は冷たい水を飲み、二本の短剣をつかんで、交互に試した後で、一本を選択し、枕の下に隠した。そして、戸は閉じて、深い眠りについた。夜明けに起きて、左胸の下を……ひと刺しした。

セネカ（ルキウス・アンナエウス・セネカ）

「セネカの死」と題されたルーベンスの絵には、この哲学者が浴槽に片足を入れ、死を待ちながら弟子たちと冷静に議論をしており、その傍らでは、医師が、静脈を切開した後のセネカの状態を見守っている様子が描かれている。

古代の哲学者のうちで最も頽廃したこの人物の死は、タキトゥスの『年代記』に、より克明に描かれている。血が流れるのがあまりに遅かったので、セネカは窒息すべく熱い風呂に入った。それでも彼は議論を止めない。哲学者の若い妻パウリナもセネカと一緒に死ぬと言って聞かず、みずから静脈を切開

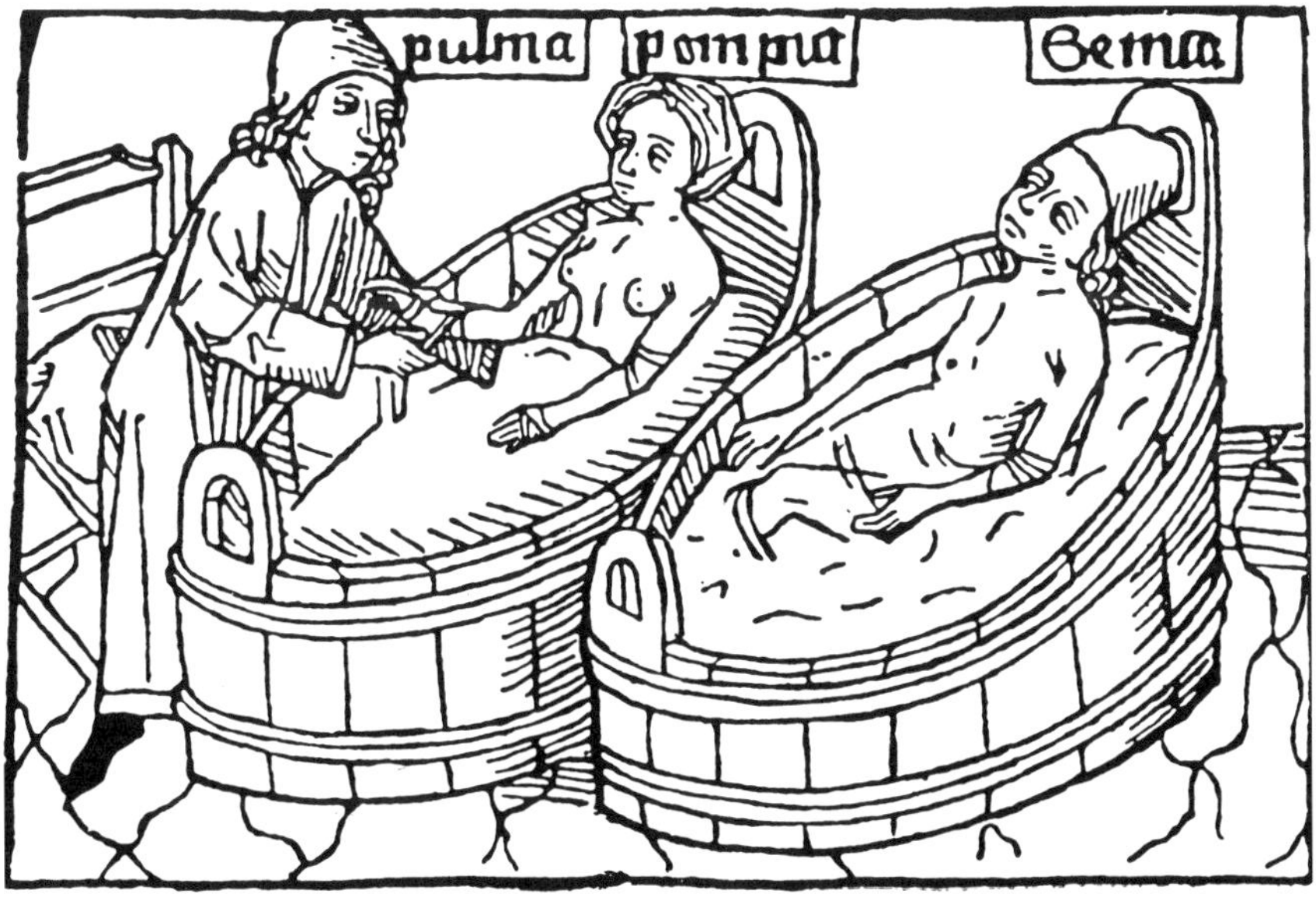

セネカとその夫人は入浴して、静脈を切開した。（ジョヴァンニ・ボッカッチョ『名婦列伝』の挿絵、1479年）

したが、一命を取り留め、なお数年生き延びた。

セネカはネロの家庭教師だった。大臣で、顧問でもあった。しかし、だからといって、この短気な皇帝に断罪されることを免れはしなかった。彼は畏れ多くもご主人に対して、戦車競走への熱中が目に余ると諫めたのである。しかし、思い起こしていただきたい。この寛大なるセネカは、ネロが義弟ブリタニクスを毒殺するのに反対しなかったし、ネロによる母アグリッピナの殺害計画には貴重な助言を与えていたのである。

いつの時代の哲学者も、セネカの死をストア哲学を体現したものと考えているが、セネカの死はむしろ、自殺志願者は生を選択するどんな可能性もないという、強制による自殺の好例である。とはいえ、それが独自であるのは、セネカの作品に死への強迫観念が見いだされるからだ。

事実、セネカはネロの家庭教師となる前に、自殺を考えていた節がある。

セネカは『神慮について』で実際に自殺を擁護しているし、複数の書簡の中で、若き日の自殺未遂を語っているのだ。

若い頃……一度ならず人生を終えたくなることがありました。ですが、やさしく愛してくれた父が老境にあったので、思いとどまりました。そのとき私が考えたのは、私が断固たる態度で死ねるかではなく、父に私の死を耐える力が不足していないか、ということだったのです。私は自分に生きることを命じました。生きるのに勇気が必要なこともあるのです。……

ソクラテス

一七七四年、ローマ賞の画題(テーマ)は「セネカの死」であった。後年フランス絵画を改革することになるルイ・ダヴィッドは、このコンクールに落選した。それにひどく落胆して、彼は自殺をはかったのである……。

プラトンはソクラテスの「命じられた」自殺を、雑報記者のように記している。

ソクラテスは実に平静に、かつ穏やかに、飲み物を飲みました。それまで私たちは必死に涙を堪えてきましたが、彼が飲み干すのを見て、どうにも耐えられなくなったのです。……

著名なる自殺者ソクラテスにインスパイアされてパスキンはこのデッサンを描いた。パスキンは手首を切った後、首をつった。（ジュール・パスキン作「遊女に罵倒されるソクラテスと弟子たち」、1921年）

ソクラテスは友人のクリトンとアポロドロスが悲しみの色を見せたので、彼らに「落ち着いて諦める」ように求めた。

この言葉を聞いて、私たちは恥じ入り、泣くのを堪えました。その間、ソクラテスは行ったり来たりしていましたが、脚が重くなったと言われ、仰向けに寝られました。毒を渡した男にそう命じられたからです。すると、この男が近づいて、ソクラテスの脚と足を断続的に調べてから、彼の足を力を入れて締めつけて、感じるかどうか尋ねました。ソクラテスは感じないと答えました。それから、この男はソクラテスの脚を締めつけて、男は両手をさらに上にあげながら、ソクラテスの身体が冷えて、硬くなっているのを示してくれました。そして、またソクラテスに触って、冷えが心臓に達したら、ソクラテスは死ぬだろうと言いました。すでに下腹は冷えていました。そのとき、ソクラテスは覆いを取りました。外套が被せられていたからです。

「クリトン」とソクラテスは言いました。「アスクレピオスに一羽の雄鳥の借りがある。返しておいてほしい。忘れずに。……」これが彼の最後の言葉になったのです。

「そうします」とクリトンは答えました。「他に何かおっしゃることはありませんか?……」

ソクラテスは何も答えませんでした。しばらくして、彼はぴくんと動きました。そのとき、あの男が覆いをすっかりのけると、ソクラテスは目を見据えていました。それで、クリトンが彼の目と口を閉じてあげたのです。……

建国当初のローマでは、人びとは自殺しなかった。征服後の兵士にとって、生活は過酷だったからである。戦場で命拾いしようとしているというのに、服毒死など考えもしなかった。

格調高いストア派の理論を実践しようと考えるのは、ローマの偉人たちが勝利して、ローマに富と生の喜びがもたらされたときからである。そのとき、生への軽蔑がダンディズムという形式になったのだ。

共和制以降、ローマ世界全域で自殺が流行した。

敗者は敗北へのコンプレックスによって死に至ったのか、あるいは少なくとも、戦争後に、先天性の抑鬱病を発症させていたのである。

カッシウス、ブルトゥス、スキピオ、ポンペイウス、クラッスス等の名のある市民たちの誰もが、自殺を選択した。多くの犠牲者を生み出した原因は、ウティカのカトーが示した手本である。

ストア派のカトーの死

カトー・ウティケンシス（小カトー）の自殺は、特異な研究に資する一つのケースであった。この頑なストア派の哲学者の自殺については、キケローが賛辞を呈し、セネカがその死を物語り、十八世紀の哲学者（フィロゾフ）たちが批評し、ナポレオンが非難し、ラマルティーヌが嘲弄している。それゆえに、ウティカの血まみれの夜は、古代史上の最も有名な三面記事的出来事になったのである。

セネカは熱狂してこう叫ぶ。「ユピテルはこの地上で、カトーの自殺以上に美しいものは何も見なかった」と。古代ローマの詩人ホラティウスは「高貴なるカトーの死」を歌い、モンテーニュはこの自殺にいれ上げて、勇気の一例として繰り返し取り上げている。[1]

（1）古代の美徳の熱烈な讃美者たるモンテーニュは、ボルドーの市長に任命されたとき、ペストが猛威をふるうこの都市への入市を長期間尻込みした。

ファルサルスの戦いでポンペイウスがカエサルに敗れると、カトーは元老院派のスキピオやユバとともに、ポンペイウスの軍隊の生き残りをアフリカに派遣し、カエサルに抵抗しつづけた。

カトーの自殺。作者不明（カターニア美術館蔵）

同志たちが戦に敗れると、カトーはやむなく北アフリカのウティカに立てこもった。戦闘を継続できないので、カトーは自殺を決心した。

プルタルコスは書いている。「カトーは噯（おくび）にも出さなかったが、死にたくてうずうずしていることは隠しきれなかった」

彼は息子たちと友人たちを抱擁し、自室に退（さが）って、横になったが、自分の剣がなくなっていることに気がついた。

カトーは奴隷たちを呼び、剣をどこに隠したのか尋ねたが、誰も答えなかったので、激しく怒りだした。それで、息子は泣きながら剣を返した。カトーはプラトンの『パイドン』を数節読んで、眠りについた。

夜中に解放奴隷のブタスとクレアンテースの二人と数語を交わしてから、カトーは剣を抜いて、みずからの胃の下をひと刺しした。カトーは倒れた。

騒ぎを聞きつけて、みなが駆けつけた。「医者は近づいて、少しも傷ついていなかった腸を元に戻して、傷を縫合しようとした。しかし、カトーは息を吹き返すと、医者を後ろに押し返し、腸を自身の手で引きちぎって、傷口をさらに広げた。カトーは即死した」

カトーの例は彼の家系で受け継がれた。分かっているだけでも、二世代にわたって五件の自殺がある。まず異父姉で、カエサルの愛人であったセルウィリアが自殺している。それから、彼女の息子で、カトーの甥でもあり婿でもあるマルクス・ユニウス・ブルトゥスも自殺。ブルトゥスと結婚していたポルキアも、耐えがたい病からの解放を望んで自殺した。彼女は友人たちの監視の隙を突いて、暖炉から焼ける木炭を取り、「口に入れ、口をきつく閉じると、窒息して即死したのである」。

偉大なるウティカのカトーの放蕩息子も、不都合極まりない不名誉な評判を払拭するには、自殺するのが好都合だと判断した。

ストア哲学を体現したカトーの見事な手本は、議論を呼んでいる。

十八世紀には、フォントネルが、野蛮な死を一般人が賞賛することを嘲弄している。また、みずからも自殺の誘惑から逃れるのにひどく難儀したナポレオンはこう書いた。「カトーの死は偉大な魂の弱点、ストア哲学者の誤謬、彼の人生における汚点だった」

いっぽう、聖職者で詩人のジャック・ドリール師は、カトーの死に心を打たれ、このストア主義者を褒め称える詩篇を書いた。

ドリール師はこの詩の中で、死に先立つ夜、プラトンの『魂の不死について（パイドン）』を読んで過ごしたことを想起させている。

かくてこの世で妥協せぬのは
カトーの偉大な魂のみ

身じろぎもせず　うなる嵐に耳を傾け
深淵なる永遠に想いを馳せている
片手に短剣を　片手にプラトンを携えて

十九世紀ロマン派の詩人のラマルティーヌになると、カトーの劇的な最期をほとんど評価しない。「藁の上で忍耐強く死ぬ底辺の物乞いのほうが、辛抱できずに剣を突き刺して死んだカトーよりも、崇高である」と述べている。

十九世紀の精神科医ジャン＝ピエール・ファルレも古代の諸説の矛盾を突いて、「カトーは従容として死んだのではいささかもなく、そう思われているにすぎない」と当てこすっている……。

誰もがカトーの幸運に恵まれたわけではないし、多くの自殺者は注目を浴びなかった。

病に倒れ、輝かしいキャリアが絶たれたことを嘆いていた修辞学教師ガイウス・アルブティウスの自殺などは、数世紀の間、ほとんど語られていない。

アルブティウスはローマで大きな名声を博した後、齢老いて故郷の町ノヴァラに引きこもっていた。スエトニウスは書いている。「その地で、彼は人びとを集めて、壇上から、自分に死を決心させ、自分が一切の食事を断った動機を長々と陳述した」と。

前一世紀のローマの作家コルネリウス・ネポスは友人のティトゥス・ポンポニウス・アッティクスの自殺を、セネカはトゥッリウス・マルケッリーヌスの自殺を、小プリニウスは親友のコッレリウス・ルフスの自殺を伝えている。

この種の自殺は称讃で迎えられたし、ローマ法はもっともらしい理由がなくて、戯れに自殺した人びとにしか適用されなかった。

自殺は上流社会の人びとの特権であるのを止めて、身分の低い人たちにも広まった。セネカはルーキーリウスに言っている。

私たちはカトーやスキピオのような人びと、そして私たちが日頃敬服してやまない多くの人びとを模範とすべきだと考えています。しかし、私が先に示したのは、死を恐れないということです。この美徳は円形競技場の勇者と「内戦」の指導者たちに共通して見られます。……

ティベリウス、カリギュラ、ネロの専制政治の下で、死は逃げ場となり、義務となった。暴君たちは、自分を侮辱する行動をとっていると判断すれば、その者にいとも簡単に自殺を勧告した。ときには、静脈の切開を専門とする外科医を派遣することさえしたのである。

† 教会が禁止した自殺

ガリアの戦士にとって、死は最後の僥倖(ぎょうこう)だったので、自殺は幸福へと至る最良の方法だと考えられていた。新たに登場したキリスト教徒たちはその神秘的理想から、生を悪と見なしていたので、ガリア戦士の慣習と合致した。北アフリカで盛んであったキリスト教の分派のドナトゥス派は、神聖化された自殺を流行させた。

ギボンは『ローマ帝国衰亡史』で書いている。「この狂信徒たちの一部は生を嫌悪し、殉教を切望していた。信仰の栄光と永遠なる幸福への希望に献身するという意志によって彼らの死が聖別されていさえすれば、誰の手で、どんな刑で殺(あや)められようと、そんなことはほとんど問題ではなかった」。ドナトゥス派は異教徒の祭りに乱入したり、神殿に侵入して、異教徒を罵ることもあった。異教徒らが怒りで、彼らの神の仇を討つのに駆り立てられることを期待して。そうかと思うと、しばしば街道で旅人を捕らえ、自分たちに受難を与えることを強要した。彼らを犠牲に供することに同意するなら謝礼を支払うが、この奇妙奇天烈な仕事を拒否しようものなら、反対におまえの命はないぞと脅したのである。あげくには万策尽きると、日時を指定し、親や友人の前で岩壁から飛び降りもした。こうした自殺が後を絶たず、名所となった絶壁がいたるところにある。

　キリスト教会が統制を強めるにつれて、キリスト教を取り巻く状況に変化が訪れる。

あらゆる種類の自殺を最初に非難したのは、聖アウグスティヌスである。著書『神の国』の中で、世にいうカトーの魂の偉大さと、神の意志によって病床に伏すのを待つヨブの例を比較して、こう述べている。

「何ぴとも自殺してはならない。現在の悲惨を免れるためでも、他人の罪によっても、自殺してはならない。……そして、死後に期待されるよりよい生活を望むのだとしても自殺することは許されない。なぜなら、自殺の罪責を負う者が死後よりよい生活を送るなどありえないからである」

　公会議では、これまでにない厳格さであらゆるタイプの自殺が断罪された。四五二年、アルルの公会議では、自殺は「悪魔の熱狂」だと宣言されている。

　五六三年には、ポルトガルのブラガの公会議で、次のように布告された。「自殺者には、ミサの儀式で記念唱を祈ってはならぬ。遺体を墓に運ぶにさいし、詩篇歌を歌ってはならぬ」

　この決議は、ローマ教皇グレゴリウス三世によって再度取り上げられたし、八七八年にはオーセールとトロヤの公会議で確認されている。

　ローマ教皇ニコラウス一世は「自殺者は裏切り者（ユダ）のようにふるまい、悪魔の声に従っているので、悪魔と同様の罪がある」と主張した。

　十世紀から十三世紀にかけては、「ゲルマン人が北方の霧に感じた陰鬱さ」の名残があるように思われる。自殺はすぐれた信奉者を取り戻した。ルイ八世の妃ブランシュ・ド・カスティーユは自殺に失敗したが、ブーローニュ伯ルノーはブーヴィーヌの戦い（一二一四）で捕虜となり、十三年におよぶ捕虜生活の後、一二二七年、獄内で自害した。

シトー会修道士ハイスタバハのカエサリウスは『奇跡物語』の中で、生きることに疲れたり、悪魔にさいなまれた修道僧たちの数多くの自殺に触れている。たとえば、罪を恐れて、モーゼル川に身投げした修道女たち、修道院の鐘に首をくくった老修道士、井戸に飛び込んだ修道女である。

中世の詩や物語では、恋人たちを死に至らせる不幸な愛が歌われている。それでも、教会は自殺を非難することをやめず、法はきわめて厳格だった。「チューリッヒおよびアベヴィルでは、自殺者の遺体は、自殺をはかった建物の、敷居の下に作られた通り口を通って引きずられることになっていた」。彼が短剣で自殺したなら、彼は頭部の近くに木片が打ち込まれ、その木片に自殺に用いた道具が突き刺されたのだった。入水であれば、川から五ピエ離れた砂の中に埋葬された。井戸に身を投げた場合は、山あるいは道端に埋葬され、頭、胴、足の三ヶ所に石が置かれ地面に固定されていた。

ストラスブールやメスでは、自殺者は「建物の敷居の下から引きずられたものだった」。そして、絞首台に運ばれて吊るされるか、罪と刑罰の目印として「下流ニ流セ。触レルベカラズ。司法ノ命令也」と記された樽に詰め込まれ、モーゼル川に捨てられていた。

ブラントームは『異国名将伝』所収の「ブルボン大元帥」の章で、一五二七年のローマ占領のおりに、兵士の「無礼」に苦しまざるを得なかった女性たちを揶揄し、そのうちの、ルクレティアのように「かくのごとき暴行ゆえに自殺した」まことに貞潔な女性について、論外だとさえ言っている。

それとは反対に、スペインの聖職者で歴史家のファン・デ・マリアナは、マリー・コロネルのことを敬意を払って物語った。マリー・コロネルは愛する人の不在が耐えられずに、彼に対して不誠実な生を失うことを潔しとした。

マリーは肉欲の激しさに耐えられず、肉欲をいっそう荒れ狂わせる方法で気持が高ぶってしまった。その日、彼女は燃える燠を取って、情欲の火がもっと激しく感じられる場所に押し当てた。物質の火によって、おのれを蝕む内部の炎を消そうと努め、良心や名誉を失う危険より、過酷な死を選んだのである。

II

有名になった自殺と忘却された自殺

「岩山を登り、そこから飛び降り、不死に飛び込む」
——サント＝ブーヴ

絶望と自殺は、不死を信じない者にふさわしいある状況の結果である。
——ジェラール・ド・ネルヴァル

いくつかの歴史上の自殺は伝説化されている。

十六世紀の名高い自殺者としては、一五四四年に自殺した、人文主義者(ユマニスト)で『キュンバルム・ムンディ』の著者のボナヴァンチュール・デペリエが挙げられる。十六世紀の出版業者で風刺作家のアンリ・エチエンヌは書いている。「デペリエは剣の上に身を投げたが、みずから勢いよく突き刺さったので、剣先が胃を突き抜けて脊椎から出ていたほどだった」と。

一五七六年には、ローマで、数学者で医者のジェロラモ・カルダーノが、自身が予告したその日ぴったりに、すなわち九月二十一日に七十五歳で死去した。彼は、自らの予言に反しないように、絶食して死期を早めたのである。

†
フランソワ・ヴァテールの最期

一六七一年このかた、フランソワ・ヴァテールの自殺は美化され、物語にされ、脚色された。ヴァテールは誇り高いプロ意識の犠牲者である。このコンデ大公の給仕長はコックであり、焼き鳥用の大串で脇腹を刺したと言われている。

幸いなことに、高邁なセヴィニェ夫人がグリニャン夫人宛ての手紙で、この名誉ある死の顛末を語ってくれている。

一六七一年四月二十六日

木曜日の夕方に国王様がお着きになりました。狩猟、角灯、月光、そぞろ歩き、黄水仙が敷き詰められた場所での間食、何もかも申し分ありませんでした。晩餐になりましたが、炙り肉のないテーブルがありました。予期せぬ客人があったためです。

ヴァテールはこのことにショックを受けました。彼はくどくどと申します。「面目を失った。もう世間に顔向けができない」と。

彼はグールヴィル[1]に申しました。「頭がくらくらする。十二晩も眠っていない。私を手伝って、指示を出してほしい」。グールヴィルはできるだけのことをして、彼の負担を軽くしてやりました。

炙り肉が足りなかったのは、国王様のテーブルではなく、二十五番テーブルだったのですが[2]、それでも、そのことが彼の頭から離れなかったのです。

グールヴィルはそのことを大公殿[3]に申し上げました。大公殿はヴァテールの部屋にお越しになり、こう仰有いました。「ヴァテール、万事上首尾だ。国王の夜食でもこれほど見事なものはなかったぞ」。ヴァテールは申します。「殿下、痛み入ります。私は炙り肉が二テーブル分、足りなかったことを存じております」

大公殿は仰有います。「まったく問題ない。怒るでないぞ。万事順調だ」

夜になりました。花火が不首尾に終わります。煙に覆われてしまったのです。花火には一万六千フランも費やされていました。

午前四時、ヴァテールはあちこち見てまわります。皆、寝ていました。ヴァテールは出入りの商人の小僧に会いましたが、小僧が運んできたのは海産物の積み荷二台のみです。ヴァテールは尋ねました。「それですべてか？」

小僧は「そうでごぜえます」と答えました。小僧はヴァテールが各地の海港に手配しているとしか知らなかったのです。

ヴァテールはしばらく待ちました。他の出入りの商人たちは一向にやって来ません。ヴァテールは頭に血が上り、他の海産物を調達できないだろうと思いました。彼はグールヴィルを捕まえて、申します。「君、私はこの失敗を耐えて生きてはいられまい。名誉にも評判にも傷がつく」

グールヴィルは彼の言うことなど意に介しませんでした。ヴァテールは自室に上がると、剣の柄を戸に当てて、自分の心臓に突き刺しました。ヴァテールは死に倒れました。ようやく三度目のことです。前の二回は致命傷にならなかったからです。

そうこうするうちに、海産物の荷が各方面から到着しました。その差配のために、ヴァテールが捜されます。彼の部屋に行き、ノックし、戸を打ち壊しました。ヴァテールは血まみれになっておりました。大公殿に注進しますと、殿下はひどく落胆されました。

公爵殿(4)は涙をお流しになりました。ブルゴーニュを旅行中、ヴァテールの話ばかりされていたのですから。

いっぽう、グールヴィルはヴァテールの死の穴を埋めるように努め、それを見事やり遂げました。午餐はすこぶる好評で、間食、夜食、散歩、遊戯、狩猟が行われました。すべてに黄水仙の香りが立ちこめ、ひとを魅惑しないものなどなかったのです。

……

(1) グールヴィルはコンデ大公の執事。(2) 給仕されたテーブルは全部で六十。(3) コンデ。(4) 大公の子息。

かくて、フランソワ・ヴァテールの死は犬死に他ならなかったのである。

その頃、新傾向の哲学として自由の原理が普及し、自殺についての考え方に対立が生じた。人間は死にたいときに死ぬ権利を有しているのか、否か？　自殺して、社会に背いた人を罰するべきか？

こうした問題について、思想家と警官、神学者と立法者が論争を繰り広げた。

ローマ教皇ベネディクトゥス十四世の勅書には、狂気の諸ケースを分類して、自殺者の聖なる地への埋葬を許可したものがある。王令はというと、自殺と不敬罪を同一視していたのだが……。

† 身を以て示したヨハン・ロベック

反論や疑問点に対し、みずからの身を以て示した哲学者がいる。スウェーデン出身の哲学者ヨハン・ロベックである。ヨハン・ロベックは一六七二年九月十三日、スウェーデンのカルマルに生を受けた。町の高官の子息であり、十年の間つねに、ウプサラ大学の最も優秀な学生のひとりだった。

ロベックは古代の哲学者を研究して、人生に深い軽蔑を抱いた。彼はこのテーマで一連の学位論文を執筆し、ウプサラ大学に審査を願い出た。あろうことか、町の大司教でもある学長からこうした主題を扱うことを禁じられたのである。この却下にロベックは困惑した。祖国の不毛を難じて、この国は自分のようなすぐれた思想家がもう居残るに値しないと考え、一七〇四年に、スウェーデンを去った。

彼はドイツを駆け巡った。イエズス会に入って、剃髪し、布教から布教への旅を続けたのである。一七二七年に、ハンブルク近郊のさる個人の邸宅で、福音を説き、告解を聞き、ミサを執り行う権限を取得した。

一七三四年、リンテルンを訪れて、文献学者でリンテルン大学教授のヨハン・ニコラウス・フンクに二度面会している。ロベックがその地に着いて一年を経た頃、フンクに宛てた手紙に、六十四歳になったら最後の旅に出ようと心を決めている旨を綴った。また、心身ともに物憂さに蝕まれているので、病人のように転地を考えていることも打ち明けた。

それから、手紙をこう続ける。「一切の厄介事を下ろす」ため、書物、原稿、金貨九十フローリンをアカデミーの図書館に寄附すると。

この手紙は次の願いで結ばれている。「私の書いたもののうち、最重要な原稿に、序文を附して出版していただけますとありがたく存じます」

彼は自分の家具や衣服を貧乏人に分配する手配を数人の親しい人たちに託し、ブレーメンへ出発した。一七三五年六月のことである。

この町から手許にある本と下着類を、信頼する友であるフンクに送った。

そして、凝った服に身を包み、買っておいた小舟にひとり乗りこむと、岸を離れて、見ている人たちを驚かせた。

ブレーメンから三マイル離れたヴェーザー川で彼の遺体が見つかった。フンクはその知らせを聞くと、時を移さず序文を草し、ヨハン・ロベックの最重要な原稿を世に出した。それが自殺の擁護だったのだ。

自殺という「自己の殺人」に反対を唱え伝統の墨守を主張する哲学者のうちで、その筆頭であったのがプロテスタントの牧師ジャン・デュマである。

ジャン・デュマは八章におよぶ浩瀚な書物を著して、いかなる場合でも、何ぴとも自己の存在の存続を止める権利を持っていない、賢者となれば他の人びとよりも尚更そうした権利を持たないことを証明しようと試みている。このジャン・デュマの論文は『自殺あるいは自己自身の殺人論』といい、一七七三年に刊行された。

だが、大多数の書物が時代遅れの道徳的な法を追認していようとも、時代を代表する偉大な知性の、自殺擁護を先導するプロパガンダを抑えることなどできなかった。

モンテスキューは『法の精神』(一七四八)で自殺者に対する法についてひとつの章を割いている。また、『ローマ人盛衰原因論』(一七三四)では古代の法を非難しているし、書簡体小説『ペルシア人の手紙』(一七二一)では、次のように自殺を擁護さえしている。


ヨーロッパでは、法は自殺者に対して非常に厳しく、いわば死者をもう一度死なせます。自殺者は不当に市中を引き回され、汚名を着せられ、財産を没収されるのです。

イバン、私にはこうした法は不正に思われます。私は苦悩、貧困、軽蔑に打ちひしがれるとき、どうして苦痛を終わらせようとするのを妨げたり、私の手の内にある治療薬を厳しく禁じたりするのでしょうか。ど

イフィスは失恋して首をつった。（B・ピカールの版画）

うして私がもう存在することに同意しない社会のために働くことを望まれるのでしょうか。どうして私なしでつくられた約束を不本意にも守ることを要求されるのでしょうか。社会とは相互の利益に基づいてつくられているものです。しかし、社会が私の重荷になったら、誰が私がそれを捨てるのを妨げるのでしょうか。

自殺は摂理の組織を乱すと主張する教会の論拠に反論して、モンテスキューは手紙を次のように続けている。

私の魂が私の肉体から離れるとき、世界の秩序や配列に乱れが生ずるというのか。この新たな組み合わせは完全でなく、一般法則に依存しないと信ずるのか。世界は何かを失ったとか、神の仕事が偉大でなくなり、むしろ無限でなくなるのを信じるのか。

ジャン＝ジャック・ルソーは、著作の中に矛盾がなくはないが、自殺の擁護者と目されている。書簡体小説『新エロイーズ』の主人公サン＝プルーがエドワード卿に宛てた手紙の中で、ルソーは自殺の正当性の説を次のように展開した。

……他者に害を与えぬかぎり、善を求め、悪をやめることは人間本性の権利です。私たちの生が私たちにとって悪であり、人びとにとっても悪であるとき、生から解放されることが許されます。……それについて私たちのソフィストは何を言っておりますか？　まず第一に、彼らは、生命は私たちに属さないものと考えています。生命は私たちに与えられたものだからです。しかし、まさしく生命は私たちに与えられているからこそ、生命は私たちに属しているのです。……

素早い死によって苦しい人生から解放する術を知らない人は、外科医のメスに委ねないで、傷を化膿させるほうを好む人に似ています。

また、唯物論者のドルバックも『自然の体系』の中でこう述べている。

どんな権利があって絶望から自殺した人を非難するのか？……死は絶望の唯一の治療薬である。

ルソーと同様に、ヴォルテールにも矛盾した発言があるものの、その自殺擁護は数多くの著者に影響を与えた。
また、彼の有名な詩句は作中の自殺者の辞世の言葉でもあったのである。

何もかも失って　もはや希望も持てぬとき
生きるは恥辱　死ぬは義務

ジロンド派のクラヴィエールはそれを暗唱しながら、芝居がかって短剣でみずからの胸を突き刺した。
ちなみに、この詩句をもじった、こんな歌が流行している。

何もかも失って　もはや希望も持てぬとき
シャツの裾が　ハンカチの代わりさ

† ファルドニのリボンをつけたピストル

十八世紀末葉に、道徳の大恐慌が起こった。それゆえ、自殺がロマンティックなスノビズムの一形式になったのである。

ルソーの大ベストセラー小説『新エロイーズ』を愛読していた若者たちは、自殺を愛の誠実さを証明する最良の方法だとおのずと思い込むようになった。

一七七〇年、剣術士ファルドニとその恋人の心中沙汰は多量の涙を絞ったが、インクはさほどまき散らさなかった。ファルドニが自分のへまから、致命傷を負ってしまったので、外科医たちはファルドニが余命幾ばくもないことを隠さなかった。

剣術士に惚れていた情熱あふれる少女は、彼に抱かれて死ぬ決心をした。恋人たちは二人とも同時に死ぬことを考えついた。二人の心臓に向けられた二丁のピストルの引き金にリボンを結わえて……。

ファルドニがリボンを引くと、二丁のピストルから発射された。礼拝堂に二人の遺体が見つかった。これに心を動かされたジャン＝ジャック・ルソーは、二人のために墓碑銘として短い詩文を書いた。

互いのために二人は死んだが　法が不平を言う
ここに眠りし二人の恋人　互いのために二人は生きた
この素朴な信仰心が　そこでは大罪
その心情に感服せよ　さすれば良識も口をつぐむ

†「この世で何をするのか？」とナポレオンは書き留めた

ヴァランスに駐留していた十七歳のナポレオーネ・ディ・ブオナパルテ陸軍中尉、のちの皇帝ナポレオン・ボナパルトは、カロリーヌ・デュ・コロンビエ嬢に恋していた。フランスが嫌いだったし、仲間たちも好きではなかった。それに、財産を持たないことも癪に障ってたまらなかった。

当時、彼がホテルのみじめな部屋で書き留めた断想には、その頃の関心を反映したものがある。

> 人びとの中で常に孤立している私は、故郷に帰って、わが身を振り返り、ひどい憂鬱に浸った。
> 今やこの憂鬱が向かっているのは？　死のほうだ。私を自殺に向かわせる衝動はいったい何なのか？　この世で何をするのか？　どうせ死ななければならないのであってみれば、自殺にはさして価値がないのか？

セントヘレナ島に流されたナポレオンが抑留生活のつらさをものを書くことでなだめようとするとき、「人間には自殺する権利があるのか」という問いを再度立てることになる。そして、死の数ヶ月前にこう答える。「自殺する権利はある。……不幸に生きていて、誰にも迷惑をかけずに死ぬのなら。」

にもかかわらず、ナポレオンはこの発言が曲解されることを懸念して、こう述べた直後に、次のようなブオナパルテ陸軍中尉の痛ましい言葉に非難を浴びせる省察を書き留めて、その発言を訂正しているのである。

> 現在の苦しみに押しつぶされ、自殺を企てる人は、不正を犯し、絶望と衰弱から現在のきまぐれに服従し、未来の存続を犠牲にすることになる。

イタリアの刑法学者で啓蒙思想家のチェーザレ・ベッカリーアは『犯罪と刑罰』（一七六四）の中で、自殺者の遺体や無実の相続人にたいして下される刑罰を非をとなえ、自殺の刑法に関する不当な抑圧を明らかにしている。一六七〇年に布告されたルイ十四世の王令では、自殺者に有罪判決が下され、遺体に刑罰が加えられたり、財産を没収されたりしたが、そうした法は一七八九年の大革命で変動するまで存続していたのである。

それが、ようやく人権宣言によって人間の自由が保証され、市民（シトワイヤン）は自分の人生を意のままにする権利を認められたのだった。

歴史書を繙けば、当時は、いずれの党派の人びとであれ、斬首刑を免れるために、この死ぬ自由を選んでいることが分かる。どのページにも、自殺の記述が並んでいる。たとえば、ジロンド派のクラヴィエール、バルバルー、ヴァラゼ、ロラン、国有備品保管建物監督官のド・シャンタレーヌ、ド・ラ・ファル侯爵、銀行家のジラルド、国民公会議員のリドン、シャンボン、宰相および枢機卿のド・ロメニー・ド・ブリエンヌ、ムール、ブショット、ジャコバン派のシャルリエ、モール、ジロンド派のペティヨン、ビュゾー、ムレーズ将軍、コンドルセ、ジャコバン派のクートン、バブーフ、ピシュグリュ等々……。

自殺が広まったのは政治家の間だけに限らない。

当時、パリとベルリンでそれぞれ、自殺クラブが設立されている。このクラブの規約では、くじで決められた日に自殺することになっていた。

パリのクラブには十二人、ベルリンには六人の会員がいた。しかし、ベルリンのクラブでは、最後のメンバーだけは自然死を待つほかなかった。五人の会員は取り決めどおり自殺したが、彼は新会員を集められなかったからである。

† ボールペールのフィナーレ

ボールペールの義務による自殺には賛否両論がある。フランス革命期の一七九二年十月、ヴェルダンの守備を任されていた革命軍のニコラ・ド・ボールペールは、敵のブランシュヴィック公の軍隊に降伏するのを潔しとせず、自殺する途（みち）を選んだ。

国民公会はこのヴェルダンの守護者を英雄として遇した。ところが、彼が死後に名声を博したことに激しい非

ボールペールの勇気と献身の線画（《世界報知》紙、1792年）

難の渦が巻き起こった。それで、彼の名誉を守ろうと『ボールペールのフィナーレ』という戯曲が上演された。作者は韻文による凡庸な科白（セリフ）で、犠牲趣味と敗北の勇気を賛美しようとしたが、効果はなかった。
ところで、この作品では、登場人物の一人が神の意志の問題をこう説明している。

　創造主がわれわれをこの世にお遣わしになるとき
　使命を与え、「そこに留まれ！」と仰有っている
　君はそれから逃れたいのか？　ニコラ、どんな命令で？
　神は君に掟を与えた　君はそれを放棄できない

ニコラはそれに対しボールペールの死を賞賛することで返答する。話し相手はついに自殺の正当性を理解すると、気をつけの姿勢をとって、誇りをもってこう言い放つ。

　医者どもは失せろ！　なるほど、君の言うとおりだ
　ボールペールは立派に行動した　僕も君のように考える

† コンドルセの毒薬

一七四三年九月十七日、ピカルディ地方リブモン生まれのコンドルセ侯爵マリ゠ジャン゠アントワーヌ゠ニコラ・ド・カリタは、ブール゠ラ゠レーヌの監獄で服毒自殺を図った。大革命の初期より、コンドルセは

指輪の伏込枠に毒薬を隠し持っていた。

昨朝独房で服毒死しているのが発見された。

《ジュルノー》紙、一七九四年四月九日

コンドルセは科学アカデミーの元終身書記、立法議会および国民公会のメンバーで、演壇で話すことはあまりなかったが、いくつもの重要な委員会には顔を出した。ジロンド派のグループに所属していたわけではないが、意見はさして違わなかった。一七九三年十月、彼は起訴され、欠席裁判で死刑の判決が布告された。

コンドルセにはパリに隠れ家があった。彫刻家ヴェルネの未亡人宅である。彼はたえず逮捕されるおそれがあったが、歴史の研究を続けた。『人間精神進歩史』はこの隠れ家で執筆されたのである。

コンドルセは自分と同時期に公職を追放されたジロンド派の仲間たちが処刑されたのを知ると、迷惑をかけるのを惧れて保護者のもとを去ろうとした。二人は思いやりを競い合った。ヴェルネ夫人は友人や忠実な使用人たちに監視をさせて、彼が出発できないようにした。コンドルセは監視人たちを欺くのに成功すると、ヴェルネ夫人の家を後にした。だが、クラマールまで逃げはしたものの、疑り深い旅籠の主人に通報されてしまった。

彼はブール゠ラ゠レーヌの監獄に収容された。一七九四年四月八日の夜、医学者のカバニスからもらっておいた毒を飲んで自殺した。

† ネクタイで自殺した男

パリ、革命暦十二年芽月（ジェルミナル）十五日

元将軍シャルル・ピシュグリュが革命暦十二年芽月（ジェルミナル）十五日（一八〇四年四月五日）、監獄内でネクタイを使用して自殺した。

度重なる請願と、自殺を図らないという誓約をして、ピシュグリュは夜間監視を免れる許可を得た。毎朝下男が柴の束を持って火を点しに来ていたのだった。

ピシュグリュは数日前の朝、柴の束を詐取していた。それを使って自殺をもくろんでいたのである。たしかに、今月の十五日、ピシュグリュは午後十一時頃、食事をたっぷりとり、真夜中頃就寝した。世話係の下男が退がると、ピシュグリュはベッドボードの下に隠しておいた絹の黒いネクタイを取り出し、頸に巻きつけた。取っておいた柴の束の枝を使って、そのとき自殺の計画を実行した。この棒を、両端で結んだネクタイの輪の中に入れると、頸部の腺状附近で、気管を閉ざすまで何回もまわした。呼吸が止まる寸前に、棒を片方の耳の後ろに固定し、この耳の側を下にして横になった。棒を固定して緩まないようにするためにである。ピシュグリュは生来肥満、多血質だった。直前の食事や頸部圧迫のために呼吸困難になり、夜間に息を引きとった。《討論(ジュルナル・デ・デバ)》紙、一八〇四年四月八日

自殺者の脇には、一冊の本が開かれていた。セネカがカトーの死を情熱的に語っているページで、角には印がつけてあった。

シャルル・ピシュグリュの自殺を理解するには、その波瀾万丈の生涯を辿るのが最もよい。ピシュグリュはアルボワのミニム会修道会の生徒だったが、一七八三年、砲兵隊の第一連隊に志願、曹長の階級を得てアメリカから帰国した。

一七九一年、ブザンソンの革命クラブの議長だったとき、ライン方面軍に合流しようとしていたガール県志願兵の大隊から要請を受け、彼は司令官となって国境に向かった。

有能な司令官だったので、サン゠ジュストとロベスピエールの推輓により、陸軍大佐に任命され、とんとん拍子に少将、中将と昇進した（一七九三年十月四日）。三十二歳の時である。

一七九四年の遠征では一躍時の人となる。一七九五年一月二十日、アムステルダムに入市したが、パリに引き

返して芽月の反乱を鎮圧した。

国民公会は彼を「祖国の救世主」と宣言し、共和国軍の一部が彼の指揮下に置かれた。ピシュグリュは桁外れの地位に有頂天になっていた。それで、その地位を維持できるのは王政だけだと説得されると、王党派の陰謀に加わった。

この裏切りの対価として、百二十万フランの年金を授かり、元帥に任命され、アルザスの総督になった。だが、事件は露見する。

ピシュグリュは罷免されたが、五百人委員会に選出され、やがて同委員会の議長に選ばれた。それを利用して、クーデターを企んだ。が、政府に先手を打たれてしまう……。ピシュグリュは逮捕され、仏領ギアナへ流刑に処せられるが、脱走に成功、フランスに戻って、第一執政ナポレオンに対する陰謀を企てた。しかし、報奨金に目がくらんだ友人に密告され、逮捕のうえ、投獄。一八〇四年のことだった。

† トラファルガー海戦を指揮した敗軍の将の死

一八〇六年四月二十三日、レンヌの旅籠の一室で、ピエール・ド・ヴィルヌーヴ提督の遺体が発見された。「心臓をナイフで六度刺されていた」とも、あるいは「針で心臓の真ん中をひと突きされていた」とも噂された。テーブルに置かれた遺書に自殺の動機が説明されている。遺書の日附は一八〇六年四月二十一日、ヴァレンソル（バス゠ザルプ県）在住で旧姓ダントワーヌのヴィルヌーヴ夫人宛てである。

妻へ
おまえがどんなに衝撃を受けることか。自分以上におまえが不憫でならない。私はもはやこれまでだ。皇帝から排斥されたのみならず、友人だった大臣にも拒絶された。計り知れぬ敗戦の責任を負って、ここで独り、私は死ぬ運命なのだ。おまえがこの行為についてどんな弁明も認めることができないことは分かっている。本当に申し訳ない。だが、そうするほかない、底知れぬ絶望からそうするのだ。

静かに生きよ。おまえを励ましてくれる宗教の、やさしい感情の慰めにすがれ。おまえが宗教に、私が拒絶された安らぎを見出してくれたら、と思う。さようなら、さようなら。わが家と親しい人びとの涙を拭うのだ。私は寿命を全うしたかったが、それはできない。

私たちには子供がいなくて本当に良かった。恐ろしい遺産を遺し、わが名の重荷を背負わせることがなくて。ああ！　私はこんな運命のために生まれてきたのではなかった。私はそれを好んで招いたのではない。意に反して引きずり込まれたのだ。さようなら、さようなら。……


ヴィルヌーヴ提督は一八〇五年十月二十一日、彼の国籍旗をトラファルガーの海戦に導くという罪を犯すと、艦船は破壊され、乗組員は戦闘力を喪失した。

この一日だけでフランスの損失はおよそ七千人の兵士に上った。また、艦船十七隻が捕獲され、一隻が撃沈され、二人の提督マゴン、グラヴィナも失ったのである……。

唯一の埋め合わせは、イギリス艦隊提督ネルソンの死のみ！

バリー・エドワード・オメアラは『セント＝ヘレナ回想録補遺』の中で一八〇六年五月にフランス海軍将校、わけてもヴィルヌーヴに関してナポレオンから聞いた打ち明け話を記録している。


ヴィルヌーヴは捕虜となり、イギリスに連行されたとき、敗戦にひどく悩んでいたので、自殺するために解剖学を研究した。このために彼は心臓の解剖図を何枚も買い、それらと自身の身体を比べ、この器官の位置を正確に確かめた。彼がフランスに到着のさい、余は彼にレンヌにとどまるよう命じた。

余の命に背いたせいで、艦隊を失ったことを（余は出帆してはならない、英国と事を構えてはならない、と彼に命じていたのだから）、軍法会議で裁かれるのを怖れて、彼は自殺を決心した。それゆえ、彼は心臓の解剖図を手にとって、再び自分の胸と見比べ、解剖図の中心を長い針で刺した。そして、自分の胸のできるだけ同じ場所に刺し、針の頭まで差し込み、心臓を突き刺して、死んだ。部屋が開かれたとき、すでに事切れていた。針が胸に刺さり、解剖図にも、彼の胸の傷と同じところに、針の跡があった。

彼はそうすべきでなかっただろう。勇敢な奴だった。何の取り柄もなかったがね。……

トラファルガーの海戦を指揮した敗軍の将は、イギリスで五ヶ月の捕虜生活を送った後、仮釈放されたのだった。レンヌに着くなり、海軍大臣デクレス海軍中将に手紙で帰国を報告した。返事を受け取ったかは定かでない。

のちに海軍植民地大臣を務めたイド・ド・ヌーヴィル男爵が『回想録』の中で、この事件を補足する情報を書き遺している。

「……レンヌに立ち寄ったとき、ヴィルヌーヴはパリから来た友人の将軍と夜食をとっていた。将軍が何を話したか知らないが、提督は剣で数箇所刺されて、死亡した」

† コンスタンス・マイエの悲劇

一八二一年三月二十六日、パリ市の警視ジャン＝フランソワ・モニエは報告書にこう記している。

マイエ嬢（コンスタンス）は、財産の一部が置いてある、画家プリュードンのアパートで、彼女の絵画の生徒であるソフィーが十一時頃帰って、ここで一人になった直後……剃刀で二度自分を切っている。二度目は頸椎にまで達していた。……即死に相違なかった。……彼女は鏡の前で二度切りつけると、仰向けに倒れた。足は通用口のほうに向いていた。

風俗画で名高い画家ジャン＝バティスト・グルーズの弟子であるコンスタンス・マイエは、まだ二十一歳だった一七九六年以来、いくつかの肖像画や寓意的なコンポジションを発表して画壇で頭角を現していた。一八〇三年にピエール＝ポール・プリュードンのアトリエに入門すると、やがて二人の画家は激しい愛情で結ばれた。

彼らは公然の仲だったので、マイエは父親が亡くなると、プリュードンと同棲をはじめた。この画家のカップルはナポレオンからソルボンヌにアパートを賜り、また同日に若きコンスタンスの絵画を二点買い上げてもらっている。二人の芸術家は二十年近くの間、共に仕事をしていたが、一八二〇年、プリュードンは伴侶の神経衰弱が悪化するのを目の当たりにした。

コンスタンスは鏡を見つめたが、若いころの潑剌とした微笑みがもう見られなかったので、泣きながらこう叫んだものだった。

「私は醜い……。私の若さは色あせてしまったわ！」

こうした悲痛な考えから遠ざけようと、プリュードンはコンスタンスをパリ郊外のピエールフォン近郊に連れて行った。

一八二〇年十月五日、彼は友人の画商コンスタンタンに狂喜した手紙を書いている。「もう心配はいりません。完治しました」と。

ところが、翌年の春以降、コンスタンスはふたたび精神的な苦悩に襲われた。

『コンスタンス・マイエ嬢とプリュードン』の著者であるシャルル・ギュレットが述べるところでは、プリュー

コンスタンス・マイエの死（E・ドヴェリアの石版画（リトグラフ））

ドンの発したひと言がその引金になったということらしい。マイエはしたくてうずうずしていたことを質問した。「独り身になったとしたら、再婚する?」プリュードンは折悪しく、初婚時の煩わしさをどうしても忘れることができなかったので、こう答えた。「もう、こりごりだ」と。

その他にも、コンスタンスにはどうしても忘れられない恐ろしい思い出があった。悲しいことに、父親が馬車に轢かれて亡くなったのである。そうしたなか、一八二一年には、パリ大学神学部が、大革命以来取り上げられていたソルボンヌの部屋を返還するよう要求してきた。文化財局から、ソルボンヌに居住するこの芸術家たちに、転居を命じる通達が届いたのである。「どうなるの?」とマイエは金切り声をあげた。

プリュードンは近隣のアパートを借りることを約束して、彼女を落ち着かせようと手を尽くした。しかし、哀れなコンスタンスはわめき散らした。「あなたとは一緒に住みません。……もう金輪際いや!」

数日後、プリュードンが仕事をしているとき、隣のアトリエではコンスタンス・マイエが少女ソフィー・デュプラにデッサンを教えていた。

マイエは指にはめていた指輪をソフィーに贈ると、抱擁し、突如としてこう言った。「さようなら。形見として大切に保管してね」

授業は終わった。

物音ひとつしなくなると、プリュードンはふと、友人の忠告を思い出した。友人によると、コンスタンスは、額に皺を寄せ、血走った目をしているというのだった。彼女の神経発作の再発を心配した画家がまさに外に出ようとしたその矢先、この彫刻家の息子パジューが取り乱した様子で、アトリエに入ってきた。プリュードンは飛んでいった。

……パジュー氏が彼を別のところに連れ出そうとしたが、無駄だった。彼を引き留めることは出来なかった。彼は自分の目で見て、すべてを知ったのだ。……

（シャルル・ブラン『フランス画家列伝』第一巻）

プリュードンはこの深い悲しみから二度と立ち直れず、一八二三年二月十六日、帰らぬ人となった。そして、いとしいコンスタンスの傍らに埋葬された。

コンスタンス・マイエの自殺から着想を得て、ドラクロワが一枚の習作を描いている。それには、プリュードンが「生気のない体に身を投げ出して、生気を取り戻させ、深い傷口をふさごうと努めている」姿が描かれている。

後に、画家のアシル・ドヴェリアは、喉を切ったコンスタンスが剃刀を手にしたまま床に倒れている姿を描いた。

ギュレットによれば、このリトグラフは人気が高く、たいそう珍重されたという。

† ブルボン公の奇怪なアクシデント

一八三〇年八月二十七日、コンデ大公であるブルボン公の従僕が、主人の部屋が静かなのを心配して、寝室の扉をこじ開けることにした。従僕は、自分が事件の中に入ろうとしているとは予想だにしていなかったであろう。老公爵が窓辺に立ったまま動かないのを確認した、第一発見者となったのである。老公爵は右の頬を内戸にくっつけ、頭を傾けていた。聞き慣れた物音に耳を傾けようとしているかのように。

従僕は御典医のボニーと一緒に近づいた。主人は死んでいた。イスパニア錠に結わえた二枚のハンカチで首をつって。

頭を下げて、目を閉じ、腕は体にそって垂れ下がっていたが、両足は床についていた。それは捜査員の注意を引いたに違いない。

ブルボン公の遺体の発見（民衆版画）

政府寄りの《ガゼット・ド・フランス》紙はブルボン公の死については報じたが、論評はなかった。いっぽう、左派の《討論（ジュルナル・デ・デバ）》紙は強盗殺人の可能性を匂わせた。この記事に反響はなかった。

盗難はなかった。ブルボン公の公認の愛人であるフシェール夫人は、かねてより公爵に「ダイヤモンドの小箱」をねだっていたが、それが事件直後もいつもの場所にあったことが、その紛れもない証拠となった。

暗殺説は何と王の命により退けられた。事実、予審判事のド・ラ・ユプロワが最初の審理の後で「自殺は考えられない」と結論づけると、公職を剥奪されたのである。後継の判事はそれを重々承知していたので、そそくさと「自殺は明白である」と宣言した。

真っ赤な嘘だった。なぜなら、関係資料を調査すれば、ブルボン公には身体的に縊死する能力がないことは明らかだからである。公は鎖骨を骨折しており、左腕を上にあげることなどできなかった。また、公は一七九五年のベルステイムの戦いで右手の指を三本失っていたのに、証人によれば、縄の結び目は「堅い二重結び」だったというのだ。そんな結び方はさぞかし手先が器用でないと不可能である。

国王ルイ＝フィリップがどんな手を使ってでも自殺説を裏づけることに固執したのは、打算からだった。というのも、王子のシャンポール伯がブルボン公の莫大な財産の相続人だったからである。その額たるや当時の金額にして一億二千三百万フランと見積もられている。

それに、たとえ少しでも殺人を疑うことは、捜査に至らせ、フシェール夫人の評判を傷つけるおそれがあった。かつて娼婦であった夫人が、ブルボン公の遺言書の作成に大きな顔をして関与していたからである。そのせいで、彼女は王家のために果たしたささやかな仕事の報酬として、遺産の一割にあたる千二百万フランを懐に入れたと噂された。

それゆえ、この美女は「イスパニア錠」という愉快でないあだ名を頂戴したのである……。夫人に罪があるという噂を裏づけたのは、公の従僕ルコントが死の床でそっと伝えた告白によるらしい。従僕の話は次のとおりである。ブルボン公の死に先立つ夜、この従僕は公の部屋へと通じる廊下で男爵夫人に遭遇した。そのとき、男爵夫人は動揺し、彼に部屋に戻って、そこから出ないように命じたというのである。

男爵夫人が老公を絞め殺したのか？　共犯者が夫人を助けて老公を吊るし、自殺を偽装したのか？　だが、そうとばかりも言えないのである。サン＝リュー城の召使いには、単なる事故なのだと話す者もいる。公は歳のせいで精力が弱まっていたが、若い愛人に夢中になっており、望みどおりに愛情を伝えられるようになりたがっていた……。親切な男爵夫人は首つりのさいに確認される生理的現象を知っていたので、公の精力をいささかでも回復させようと、首つりの手法を用いることにした。

老公はこの実験に興味を抱いた。それで、ときどき床に足をつけたまま、自分でイスパニア錠に首をつっていたのである。その度ごとに、男爵夫人がしかるべき時に、スカーフを解いていた。ところが、なんとしたことか！　八月二十六日の夜、この実験の途中で、夫人は恋する老人を降ろすのが遅すぎたのだ……。それが故意か過失かは永遠に藪の中であるが……。

フシェール夫人は深い悲しみを示した。夫人は相続した悲劇の城を取り壊させた。公が首をつったまさにその場所に大理石の碑が立っている。

†お手々つないで窒息死

一八三二年二月十八日、十九歳のエスクスと十六歳のルブラは無念の思いで自殺したが、その形見としてシャンソン作家のベランジェが彼らのことを歌わなかったら、彼らの自殺も、名前も、作品も、きっととっくに忘れ去られてしまったことだろう。


ポルト・サン・マルタン劇場で成功を収めた代表作『ムーア人ファルック』の作者ヴィクトル・エスクス氏と、その他の作品群の共作者で友人のオーギュスト・ルブラ氏が、先頃、一緒に石炭自殺を遂げた。自殺の原因は最新作の失敗に心を痛めたことによるとのことだ。なお、その作品は三週間前、ゲテ座で上演されたメロドラマ『レイモン』である。……

木曜日の朝、エスクス氏はルブラ氏と一緒に果物商を訪れ、石炭を一ボワソー（一二・七リットル）分購入した。

果物商によれば、エスクス氏は友人に「これで充分だろうか」と尋ねていたという。門番女の娘が石炭を彼の部屋の玄関まで運んでいる。そして、二人の友人は別れた。同夜、エスクス氏はルブラ氏に手紙を書いた。「十一時半に待つ。幕は上げておく。大団円に参加しに来てほしい」

オーギュスト・ルブラは果たして指定された時刻にやって来た。石炭には火が点されていた。二人は窓や戸の隙間を新聞紙でふさいだ。

机の上には、エスクスの手で書かれた次のようなメモがあった。

私の死を報じる新聞記事にこの宣言を追加していただきたい。「エスクスは自殺した。この世に居場所がないと感じたからである。前であれ、後ろであれ、一歩進むたびに力が失われているからである。栄光への愛が自分の魂をじゅうぶんに支配していなかったからである。魂があればの話だが」

私の本のエピグラフは次のようにしてほしい。

さらば、ひどく不毛な土地よ
有害な人間たちよ、凍てついた太陽よ……
孤独な幽霊のように
人目につかず　私は消え去っているはずだ
さらば、不滅の勝利よ
燃えるような魂の本物の夢想よ
空気が薄くなってきた　私は翼をたたむ
さらば……

二人の遺体は手をつないでいた。

†ロマン派に殺された芸術院会員

高い評価を得ていた画家のグロ男爵は、近作「ヘラクレスとディオメデス」の評判に落胆し、ムードンでセーヌ川に飛び込み、自殺した。

グロ男爵は「ヤッファのペスト患者を見舞うナポレオン」を描いて、一八〇四年の官展（サロン）で名声を博したが、六十四歳のとき、自殺した。自分の技法が時代遅れであると悟ったからである。

アントワーヌ＝ジャン・グロは一八一二年、パンテオン（サント＝ジュヌヴィエーヴ教会）の丸天井にクロヴィス、シャルルマーニュ、聖王ルイ、ナポレオンを描くことを任され、ルイ十八世の肖像画も制作している。そんな彼がロマン派の潮流にたいして戦いを挑んだ。だが無益に終わったのである。

一八二五年、グロはルイ十八世から男爵に叙され、芸術院会員となって、富と名声を手にした。

しかし、ロマン派が勝利を収めると、ルイ十八世とシャルル十世の肖像画家は深い混乱の中に投げ込まれる。ロマン派に反発した彼は、師ダヴィッドの技法に回帰した。誤りだった。

すでに一八二二年、彼の作品「サウル」は古典派的過ぎて、愛好家たちを失望させていた。批評家に忠告されたというのに。グロは時代遅れの美の規則をあくまでも遵守しようとした。

一八三一年と三二年の官展（サロン）に出品された作品は手厳しい非難を受けた。時代の先を行く絵画が流行するなか、アントワーヌ＝ジャン・グロが現代芸術の進展の中で果たしていた役割は忘れ去られてしまった。一八三五年、彼は最後の試みとして「ヘラクレスとディオメデス」を出品した。生彩を欠いたこの作品は誰からも相手にされず、画家はうちひしがれた。

自らの無力を知るに及んで、アトリエの門戸を閉ざし、友人たちにこう公言した。「生き恥を曝すことほどつらいことはない」と。

そして、セーヌ川に身を投げた。

† 希望（のぞみ）なき恋愛

四十一歳の画家L＝レオポルド・ロベールが恋煩いで自殺した。……（一八三五年）

スイスの時計修理工の倅ルイ・レオポルド・ロベールが絵画と彫刻を学ぶためにパリにやって来たのは十六歳のときだった。ダヴィッドのアトリエを離れて、イタリアに行った。ローマで、田舎の風景を上手に描き、一八二七年のパリの官展（サロン）で成功を収めた。

画家は一八三一年にパリへ旅したが、ローマへの帰途、フィレンツェに立ち寄った。そこに「運命」が待ち受けていた。彼は王女シャルロット・ボナパルトに遭遇したのである。王女は国王ジョゼフの息女であり、ナポレオン王子と結婚していた。

彼は王女に狂ったように恋するようになった。この希望（のぞみ）なき風変わりな恋情ゆえに、哀れにも画家はたちまち健康を損なった。それで、兄弟の住むヴェネチアに移り住んだが、一八三五年、見返りのない愛に疲れ果て、自殺した。

† あるアイドルの最期

テノール歌手のアドルフ・ヌリはロッシーニ、アレヴィ、マイヤーベーアのオペラに出たら右に出る者はなく、「音楽のタルマ」という名誉ある異名を手にしていた。

十年来、ベルカントの熱狂的ファンを狂喜させていたが、ある夜、突如として声がかすれた。『ユダヤの女』上演中に、高音が出なくなったのである。

ヌリはテノールとしてのキャリアを絶たれた。

ヌリはイタリアに赴いた。作曲家のガエターノ・ドニゼッティの許で新しいスタイルの歌い方を学ぶために。ドニゼッティは今度のキャリアも以前と同様華々しいものになると太鼓判を押した。

悲しい哉、ファンにとって、ヌリは魅力も支配力も失っていたのである。彼の擁護者でもあった友人マヌエラ・ガルシアの引きがあって、なんとか起用されていただけだった。

ヨーロッパ一脚光を浴びていたテノールだったのに、三十九歳ですべての希望を失ってしまったのである。

一八三九年三月、ナポリで最後の公演を行った。マヌエル・ガルシアが献身的に尽くしてくれたおかげで、熱烈な喝采を浴びた。

だが、ヌリはこのでっち上げの成功には騙されなかった。上演後、ガルシアに言った。「君は、今夜、僕がどれほど歌えなかったか判らないくらいの審美眼しかもち合せていないのだね……。すまない。……」

打ちのめされて、望みを失い、一人で帰宅した。夜間、妻と六人の子供が寝ている隙に、建物の六階に登って、中庭の敷石に飛び降りた。

一八三九年三月八日のことだった。

† ある公爵の死について

パリにある駐仏ロシア大使館で書記官を務めたヴィクトル・ド・バラビーヌは、社交生活をめぐる興趣に富んだいくばくかの覚え書を日記に書き遺した。

彼は一八四五年末、不謹慎な書き方で、友人の自殺を語っている。

……またまたひとつ事件あり。わが友ソー＝タヴァンヌ公爵、家系の最後の人物、四十歳、身長六ピエ六プス、中肉、エスプリと教養に富む、貴族院議員、三色よりむしろ白。〔訳註〕頃日、自室で縊死。救助時、温み残れり。憶測が飛び交う。結婚失敗説もあれば、証券取引所で損失という説、あるいは発狂の説あり。確実なことは一切不明。……

平職員の頃には、友人の自殺など、非常に面白い事件のひとつにすぎなかったのだ。

〔訳註〕「六プス六ピエ」は約二一〇センチ。三色は共和派、白は王党派を表す。

† ネルヴァルの首つり

昨朝、ヴィエイユ・ランテルヌ街の商店の格子に首をくくっていたG××・ド・N××氏の遺体を警官が発見した。警官はただちにサン＝メリー地区の警視ブランシェ氏に通報した。捜査の結果、死因は自殺によるとものと判明した。

G××・ド・N×××氏は住所を示す証明書を所持していなかったので、死体公示所に搬送された。……

《討論(ジュールナル・デ・バ)》紙、一八五五年一月二十七日

ロマン派の詩人ジェラール・ド・ネルヴァルの不可解な最期を報じたこの簡素な三面記事を読んで、好奇心を募らせ、彼の死を解説したり、美化したり、再現したいと考えた文学者がおおぜい現れた。

ネルヴァルの友人で文学者のテオフィル・ゴーティエは一八五五年一月三十日、《プレス》紙に感動的な追悼文を発表したが、その中でそうした状況を見事言い当てている。

「哀悼の意を込めて、最も古い、最良の友人ジェラール・ド・ネルヴァルの死をお伝えする。この痛ましい死の詳細については他におおぜいの方々がお話しするだろう。……」

さて、ここでもネルヴァルの死の状況を、警察の調書と、悲劇の詳細を様々な方法で伝えた厖大な数の文献に基づいて、再現してみよう。

一八五五年一月二十六日金曜日朝五時頃、サン＝メリー地区の警視ブランシェは部下から報告を受けた、ヴィエイユ・ランテルヌ街四番地で首をくくった男が発見されたと。雪が降っていて、ひどく寒い日だった。

評判の悪いこの通りに行って、ブランシェは確かに、四十五歳くらいの人物が錠前屋ブーデの工房の横桟に首をくくっているのを確認した。自殺者は帽子をかぶり、黒い服を着て、灰色のラシャのズボンを穿き、灰色のゲートルをつけ、エナメルの短靴を履いていた。この人物は口上や唇下や頬にひげを生やしていた。手入れの行き届いた手をしていたので、ブルジョワ階級であると判断された。警視は真っ先に殺人の線を考えたが、現場に駆けつけたポー医師は、最初の検死の結果、自殺で間違いないと述べた。

自殺者のポケットには、オリエントへの旅券、精神病院の領収書二枚、シャルル・アスリノーの名刺、二スー

硬貨、「夢と人生」と題する数枚の紙片が見つかった。

公道で発見されたので、文学者ジェラール・ド・ネルヴァルこと本名ジェラール・ラブリュニーの亡骸は、法に則って、死体公示所（モルグ）に安置された。遺体は洗われてから、三日間、「節度と風習による注意をもって」裸体で公衆の視線にさらされた。

詩人の遺体は十四番のテーブルの上に、仰向けに寝かされ、一種の木製の支えに頭を凭せ掛けていた。その近くの釘には、衣服、ズボン、帽子、二着のチョッキ、二着のシャツ、絹のカラー、エナメルの短靴、ゲートルがかけられていた。

監察医のドゥヴェルジーは遺体の頸部に紐による筋がついているのを観察して、この人物は自殺であると明言した。

ネルヴァルの友人で文学者のアルセーヌ・ウーセーはコネを使って、政府に霊柩車と葬式用の人員を提供してもらう約束をとりつけた。

ノートル・ダム寺院の聖職者は、事故死であるという説明を認めたので、「葬列、死者ミサ、葬儀は一八五五年一月三十日火曜日午後一時にノートル・ダム大司教座聖堂で執り行われた」。

そうしたなか、『三銃士』等の小説で知られる作家アレクサンドル・デュマは、この不潔な通りでジェラールが自殺したことを認めるのを拒み、何か卑劣な犯罪に巻き込まれたと信じて疑わなかった。デュマが主宰する《銃士（ムスクテール）》紙に記事を執筆するのに先だって、遺体が発見された現場に調査に出かけた。いかがわしい宿の女主人や、「凍ったブルジョワ」の第一発見者である若い労働者に尋ねてまわった。また、警視にも質問し、医師の報告書を繰り返し読んだが、結局、デュマの心から疑いは消えなかった。

「ジェラールは殺されたのか。女性の前掛けから取った白い紐は奇怪である。臨終の身震いのさいに、帽子が頭から落ちなかったことはさらにいっそう奇怪だ。……」

この執拗さに耐えかね、ブランシエ警視はアレクサンドル・デュマに詳細を洗いざらい教えた。このとき、ヴイエイユ・ランテルヌ街の娼家の女将と娼婦への取調べの内容を内密に洩らしたと言われている。女将と娼婦の二人とも間違いありませんと答えた。「ジェラール・ド・ネルヴァルは最後の旅に出る前に愛の快楽にふけっていました！」と。だから、ネルヴァルは自分の意志でこの界隈に来ていたというのである。

白い紐については、ジェラールがしばしば友人たちにそれを見せて、マントノン夫人の腰紐だとかシバの女王の靴下留めだとか言っていたという話である。

そして、医学部教授のドゥヴェルジー博士から実に科学的な結論が示されると、ついにはデュマも納得した。

友人で作家のロジエ・ド・ボーヴォワールも同様の調査の結果、自殺と判断し、友情をこめて悲しみをへたくそな詩で表現している。

ジェラール・ド・ネルヴァルよ
不快な貸部屋(ガルニ)で　寝るのが嫌になっていて
肉体的にも辛かったのだね　吊したくなるほども

『死んだ驢馬とギロチンにかけられた女』の作者で批評家のジュール・ジャナンは、ジェラールの死に関する記事をあらかた読んで、溶けた雪の中を行き来しても自殺の現場を特定できないと判断し、現場について想像で記述している。ジャナンは安っぽい抒情にとらわれて、こう書いている。

「ものみな眠り、ものみな休息する時分、静寂がこの巨大な街に降り、翼の下に雛を抱える鳥のように守る時分、彼は自殺した。……彼は私の若い頃の友人で、目覚めた夢想家だった。……」

《祖国(ペイイ)》紙や《帝国新聞(ジュルナル・ド・ランピール)》紙で文芸欄を担当していた批評家のポール・ド・サン＝ヴィクトルは、ネルヴァルの首つりについて詩的で神秘的な解釈を示した。彼はそれについてどうしても話しておきたかった。

「ジェラール・ド・ネルヴァルは目に見えない世界を憧憬して死んだと言ってもよい。……なんじら『永遠の門』をひらきて、なんじらの敷居で待ち焦がれ、憔悴して、地上の時を過ごした人をいれよ」

《挿絵（イリュストラシオン）》紙の文芸欄を担当したフェリックス・モルナンは、ネルヴァルの遺作『夢と人生』の一部を読んだ人びとの意見に賛成して、ジェラールの自殺は自己喪失が原因である、と主張している。

「ジェラールが自己喪失によって自殺したことは、博学にして鋭敏だがひどく悪化した頭脳の持ち主によって書かれた狂ったような密議参入の作品のあちこちに記されている。それには、命を絶つ計画が明白に予告されてもいる。……」

ネルヴァルの死（ギュスターヴ・ドレ画）

《パリ評論》誌編集主幹のルイ・ユルバックはというと、ためらいもなく、「ある状況の圧力の下では、……自殺こそは時として人生において最も理に適った行動である」と書いた。

ネルヴァルの友人たちは次第に道義的責任を感じなくなっていったのである。

画家たちも早速、ジャーナリストや詩人たちの顰《ひそみ》に倣った。彼らはグループで、今や有名になった格子窓から数歩のところにイーゼルを据えつけて、この薄汚れた界隈を描いたのだ。

画家のセレスタン・ナントゥイユ、アレクサンドル＝ガブリエル・ドゥカン、ジュール・ド・ゴンクールは、ヴィエイユ・ランテルヌ通りを描いた解釈版画を制作した。著名な版画家のギュスターヴ・ドレはただこの悲劇の舞台だけを石版画にするのでは満足せず、首をつったジェラールのデッサンの周囲を、テオフィル・ゴーティエの文芸欄記事に登場する次のようなアレゴリーで妖しく飾り立てた。

「……ジェラールは天使やシルフやエロヒムの住む世界、愛しい亡霊や、すでに親しんでいた天の幻影のいる天国へと旅立った」

ヴィエイユ・ランテルヌ通りは着飾った小市民《プチブル》が妻を怖がらせようとする散歩の目的地にさえなった。

ネルヴァルが自殺して丸一年後、詩人ボードレールがネルヴァルを擁護している。ネルヴァルは当時すでに伝説によって、思慮分別を欠いた幻視者と思われていた。

「ちょうど一年前、素晴らしく誠実で、高い知性の持ち主、つねに正気であったある作家が、慎み深く、誰にも迷惑をかけず、その慎みはあまりに深かったので、軽蔑にも似ていたが、見つけられるかぎりもっとも陰鬱な通りに行って、魂を解放したとき、何とおぞましい説教！　何と洗練された殺人がなされたことか！」

ネルヴァルの死後、長年月に渡って歴史的事実の誤りが散見される。一八六五年、作家のアルフレッド・デルヴォーはこの『幻想詩篇』の作者に関する小冊子『ジェラール・ド・ネルヴァル　その生涯と作品』の中で、遺体の発見者は仕事に出かけた下宿人だと述べている。一八六七年、作家のウージェヌ・ド・ミルクールは「同時代人」という評伝シリーズの一冊の『ジェラール・ド・ネルヴァル』の中で、ネルヴァルが亡くなったのを一月二十四日としている。

のちに一九一一年には、詩人のアンリ・ストレンツが「昨今の人物伝」シリーズの『ジェラール・ド・ネルヴァル』で、縊死したネルヴァルを発見したのは中央市場から帰る途中の野菜の栽培者たちだと述べている。シャルル・フェグダルはというと、遺体を発見したのはヴィエイユ・ランテルヌ街のみすぼらしい貸部屋(ガルニ)の女主人だと断言している。

一九二七年、わが友人のジョゼ・ブリュイールが『ジェラール・ド・ネルヴァル　魅力的な狂人』の末尾で、詩人の最期の一部始終を思うままに語っている。

ジェラールは、踏み固められた雪が積もる階段の最上段に座ると、しびれに見舞われた。数時間後、この泥土と貧困の間に、曙光が差し始めるだろう。活力を回復して日々の疲れを何度もとってきたのだ。彼が四十年まえに動き出したのは、この冬の夜に、このいかがわしい宿の敷居でこの格子窓にやって来るためなのだ。

この格子窓の向こうには何があるのか？　闇の他になにもない。が、彼には突然、この闇の向こうに角の門か象牙の門があり、それが開くように思われたのである。……

この下劣な掃溜めは「徐々に照らされ、重々しく動かない青白い外形が過去から解放されるはっきりしない地下道」になった。

すると、彼はただ寒さでふるえながらマントノン夫人の腰ひもをリング状に結び、その輪を窓の格子に通した。

彼はそこにあった石に這い上って時代遅れのブルジョワに見えるように装おうと、帽子をかぶり直す。そして、未知の世界の入口に入るためには、あと少し動けばよかったのである。……

今日、精神医学者は、驚異的なジェラール・ド・ネルヴァルを観念主義的分裂病者に分類している。

†プレヴォ＝パラドル、普仏戦争の最初の犠牲者

優れたコラムニストであるリュシアン・アナトール・プレヴォ＝パラドルは一八六〇年、有罪判決を受けて時の人となった。誹謗したパンフレットを出版した廉で、一千フランの罰金を科されたのである。かくして、彼は三十歳にして自由主義陣営の期待の星となった。

だが、一八六三年の国民議会選挙に出馬するも、落選。

二年後、アカデミー・フランセーズに入会を許される。この若きアカデミー会員は絶対主義に対して徹底抗戦を続けた結果、みずからも創刊に携わった《日曜通信（クーリエ・デュ・ディマンシュ）》紙が一八六六年に廃刊に追い込まれた。時の皇帝ナポレオン三世に反対する彼の一記事を掲載したからである。

プレヴォ＝パラドルは書いている。

　フランスは美貌の王女附き女官である。この女官は色男に愛されているのに、馬丁と駆け落ちした。……
　そして、身ぐるみはがされ、打ちのめされ、日々気がおかしくなりかけている。とまれ、それが事実である。
　……フランスはそうされるのが好きで、この恥ずべき情夫と別れることができないでいる。

この一歩も退かぬ論客は一八六八年には、みずからの政策綱領をまとめた『新しきフランス』という偏向したパンフレットを刊行している。

翌六九年には、ナントで立法院への選挙に野党候補として出馬するがまたも落選。

この敗北がひどくこたえた。それに、彼が愛していた「優雅な文体」を廃した共和制反対のジャーナリストばかりが成功するのに懊悩した。それで、政府に歩み寄った。

一八七〇年六月十二日、ワシントンへの全権公使のポストを受諾したのである。野党支持の新聞は彼の変節を書き立てた。

公式の代表者になったこの自由主義の元擁護者は、渡米中にプロイセンへの宣戦布告を知った。アメリカの政治家たちに冷遇されて、失望し、わが身を恥じた。同年七月十一日の夜、プレヴォ＝パラドルはベッドから出ると、鏡の前に立ち、胸に向けて拳銃を放った。

十七歳の息子は、喜劇作家のリュドヴィック・アレヴィに預けられたが、父の不名誉に耐えられず、息子もまた拳銃自殺におよんだ。

プレヴォ＝パラドルが自殺でなく動脈瘤破裂で死亡したと思わせようとしたご立派な方々もいた。一八七〇年七月十九日、プレヴォ＝パラドルの後継としてアカデミー・フランセーズ入りした歴史家のカミーユ・ルーセは、入会演説で躊躇(ためら)うことなく次のように声を張り上げた。

「プレヴォ＝パラドルは七月十九日に急逝しました。ザールブリュッケンでの交戦の十三日前のことです。さあ、みなさん、プレヴォ＝パラドルを偲びましょう！　この戦争の最初の犠牲者を偲ぶのです！」

このように「歴史」は書かれるのである。

† 社会によって自殺させられたゴッホ

フィンセント・ファン・ゴッホの生誕百年を記念して出版された著作、ゴッホの作品がつけた高値、アメリカの映画作家たちの空想力、これらが彼の苦悩した顔を世に知らしめた。記者たちはオヴェール＝シュル＝オワーズ県のカフェにつめかけ、カメラマンたちが教会や墓の写真を撮りまくった。

ここ数年、ゴッホについてたくさんのことが書かれている。書簡を綿密に調べ、彼の妄想を分類し、精神状態を描き出し、彼の自殺が説明された。かわいそうに、フィンセントが望んだわけでもないのに。

詩人で劇作家のアントナン・アルトーは著書『ファン・ゴッホ、社会による自殺者』（一九四七）の中で、一八九〇年七月二十七日の悲劇について従来とは違う解釈を提示している。

> ゴッホは自我に到達できないのを怖れ、精神錯乱の発作で自殺したのではない。それどころか、彼は自我にたどり着き、自分がいかなる存在で、何者であるかを発見したところだった。そのとき、社会の一般的意識が、彼が社会を離れたことへの罰として、彼を自殺させたのである。

また、哲学者のカール・ヤスパースは、ファン・ゴッホは統合失調症だったと主張している。いっぽう、ポーランド生まれの精神科医フランソワーズ・ミンコウスカは、ファン・ゴッホは幼年期以来の精神異常者、癲癇患者とみなしている。

夢見がちな理想主義者であるファン・ゴッホは、五歳の子供の母親で、アルコール中毒の娼婦と生活をともにした。彼は彼女をどうしても「立ち直らせ」たかった。

また、彼と関係のあった別の売春婦は、おそらく冗談のつもりで、クリスマスプレゼントとして彼に片方の耳を要求したのであろう。それなのに、ゴ

— **AUVERS-SUR-OISE**. — Dimanche 27 juillet, un nommé Van Gogh, âgé de 37 ans, sujet hollandais, artiste peintre, de passage à Auvers, s'est tiré un coup de revolver dans les champs et, n'étant que blessé, il est rentré à sa chambre où il est mort le surlendemain.

オヴェール゠シュル゠オワーズ——7月27日日曜日。オヴェールに滞在のオランダ国籍の画家で、37歳のファン・ゴッホなる人物が、田園で拳銃を自分に向けて発砲した。負傷で済んだので自室に戻ったが、翌々日に死亡した。

ゴッホの死を報じた唯一の新聞。《エコー・ポントワジアン》紙、1890年8月7日

ッホは自宅に帰って、剃刀で耳を切り、丁重にそれを届けたのだ。

それらは幻覚と宗教に由来する錯乱を伴った興奮状態の発作である。彼はその間隙を縫って、絵を描いていた。

ゴッホの最後の絵画は実に表現力豊かで、鳥が麦畑の上を飛ぶのが描かれている。この絵画に、苦悩と疲労困憊を見てとることができよう。……

一八九〇年七月後半、ゴッホの健康になんらかの憂慮すべき症状が現れた。彼は五月二十一日よりオヴェール＝シュル＝オワーズに滞在していた。

不眠が続き、独り言を発しながら、長時間の徘徊を繰り返した。彼は宿の主人のタヴーにこう打ち明けた。

「もう耐えられない。命が尽きそうだ」

鳥の群れが麦畑の上を飛ぶ、風変わりな絵を描いた後で、ゴッホは七月二十七日の日曜日、小丘の中腹にあるオヴェール城まで登り、鳥を殺したと言われている。

その建物の裏手で、ゴッホは心臓に向けて拳銃を放った。重傷を負ったが、丘から降りてくる力は残っていた。血の染みを隠すため上着のボタンをかける元気もあった。彼はカフェ・ラヴーの店内を無言で通り抜けた。

夕食の時間にゴッホが姿を見せなかったので、店主は下宿人の部屋に上がって行った。ゴッホは顔を壁の方に向けて、ベッドで横になっていた。そのとき、フィンセントは身体の向きを変えて、血で汚れたシャツを見せながら、素直にこう言った。「ほら……。自殺しようとしたんだ。……死に損なったよ。……」

ラヴー夫妻は動転して、マズリー医師を呼びにやった。しかし、フィンセントがガシェ医師を呼んでほしいと言うので、ガシェ医師が息子のポールを連れてとんで来た。彼らは午後九時頃、フィンセントの質素な小部屋に入った。フィンセントは彼らに、これは自発的な行為であり、正気で実行したと明言した。

一本の蠟燭のほのかな光で、ガシェ医師は傷を診察した。その傷は「腋窩腺のやや手前、左の肋骨の縁の領域に、紫がかった光輪に包まれた、黒ずんだ暗い赤色の小さな丸を生じさせており、か細い血の線が滲み出していた。弾丸は心臓より下方で外側に打ち込まれていた。……」

ガシェ医師は、傷の手当てをした後、マズリー医師と室を出た。二人は「深刻な症状がないので様子を見ることにした。「しかし、銃弾の摘出は不可能だった。……」

ファン・ゴッホはガシェ医師に弟テオの自宅の住所を教えるのを拒んだ。ガシェの息子は怪我人の看病をして、静かな一夜を過ごした。翌くる日、勤務先のグーピル商会で事情を知った弟のテオが、兄の枕元に駆けつけた。夕方、ファン・ゴッホは傷について医者の見解を尋ねた。治る見込みがあると弟が言うと、フィンセントはこう答えた。「それが何になろう。生きている間、悲しみが続くのだ」

ゴッホはその夜意識を失い、七月二十九日午前一時に息をひきとった。

この異邦人の画家が自殺したと知った、オヴェールの司祭のテシエ神父に、霊柩車の貸出しを断られた。そこで、革新自治体であることを誇っていた、メリーの村役場から霊柩車を借り受けた。フィンセント・ファン・ゴッホは七月三十日、オヴェールの小さな墓地に埋葬された。

† ブーランジェ将軍は自殺しました

気球「巨人号（ジェアン）」を所有していた、著名な写真家ナダール（本名フェリックス・トゥールナション）の息子は写真家のポール・ナダールである。一九三八年、このポール・ナダールに会ったときも、彼はマルグリット・ド・ボーヌマンとジョルジュ・ブーランジェ将軍のすてきな恋の思い出を当時そのままに記憶していた。

今日では取り壊されたバッサノ通りの邸で、その思い出をしばしば語ってくれたものだ。三人での夕食、ジョルジュの思いやり、ラディッシュが好きでなかったマルグリットの作り笑いについて等々……。

Le Petit Journal

TOUS LES VENDREDIS
Le Supplément illustré
5 Centimes

SUPPLÉMENT ILLUSTRÉ
Huit pages : CINQ centimes

TOUS LES JOURS
Le Petit Journal
5 Centimes

Deuxième Année — SAMEDI 10 OCTOBRE 1891 — Numéro 46

LE SUICIDE DU GÉNÉRAL BOULANGER
au cimetière d'Ixelles

ブーランジェ将軍の自殺（《小新聞》紙挿絵入り増補版、1891年、10月10日）

私はポール・ナダールから一八八九年一月二十七日の夜の思い出話も聞いた。その日パリで補欠選挙があり、右派陣営から出馬した「好戦派」のブーランジェはその夜、レストラン「デュラン」のサロンにいて、通りからパリジャンの熱狂的などよめきが大きくなるのを耳にしていた。マルグリットはその傍にいて、この勝利を思い、涙を流した。この勝利のためにやがて彼女は恋人を失うかもしれないからである。

ブーランジェが選挙で二十四万五千二百三十六票を獲得したことに、群衆は熱狂していた。通りでは「ブーランジェよ、エリゼ宮へ！」と叫ばれていた。いっぽう、官邸であるエリゼ宮では、大統領サディ＝カルノーがスーツケースを閉じて、逃げ出すタイミングを図っていた。

ちょうど真夜中、将軍が権力の方に出発しようとしたその矢先に、マルグリットが咳払いをした。ジョルジュは彼女の手をとると、その涙を湛えた目をじっと見つめた。そして、政治的勝利を諦めた。

その先は周知の通りである。二人での甘美な亡命。ロンドン、そして、ジャージー島で過ごしたが、マルグリットは結核を患って苦しみ、その地を離れてブリュッセルへの移住を希望した。

将軍は相変わらず狂ったように惚れていたので、瀕死のマルグリットをベルギーに連れて行った。一八九一年五月、ブリュッセル近郊のモンテイエ通りに身を落ち着けたのである。が、ジョルジュの看護と愛情もむなしく、マルグリットは七月十六日に帰らぬ人となった。絶望した将軍は旧友にこんな手紙を書いている。

あのひとはもういない。生涯で唯一の幸福な数年を与えてくれたすてきなひとは。……あのひとは世を去ってしまった、私をたった一人残して。

あのひとの親族から遺体を所望されたが、私は断った。私が是が非でも守り続けるつもりだ。毎日午後お墓に行って、あのひとに会い、話をすることが唯一の慰めなのだから。

ブーランジェは最愛の人のために築いた墓が完成したとき、死を決意した。九月三十日をみずからの命日と定めたのだ。その前日、彼は二通の遺書をしたためた。一通は政治に関するもの、もう一通は恋愛に関するものだった。

明日自殺する。わが人生で唯一の喜び、唯一の幸福であった女性がいない生活などもう耐えられない。二ヶ月半の間、私は格闘した。もう限界だ。マルグリットに再会できる望みはいささかもない。……私は愛しいマルグリットのために建てたイクセルの墓地の地下埋葬所に葬ってもらいたい（これは私の固い意志だ）。……私の遺体は彼女の真上の真ん中の仕切りの中に安置してほしい。いかなる場合でも、それが誰であれ、上の仕切りに埋葬されてはならない。……

できるだけわが愛するマルグリットの柩に似た柩を作ってほしい。そして、その中に、私の肖像と私が死んだときに生えている髪の毛の房を入れてほしい。

墓石には、愛しいマルグリットの碑銘の下に、同じ字体と同じレイアウトで次のように記してほしい。

ジョルジュ
一八三七年四月二十九日
一八九一年九月三十日
どうして私はおまえなしに
二ヶ月半生きたのだろう！

ブリュッセルにて、全文自筆で作成。一八九一年九月二十九日、死の前日。

そうして、将軍は母親宛に手紙を書き、「ブーランジェ将軍は自殺しました」という短信を送附すべき人びとのリストを作成した。

彼は眠って、早朝に起床した。十一時頃、車で墓地に送らせた。

将軍がマルグリットの墓に薔薇の花束を供えたとき、友人のデュタンが近づいてきた。「お加減が悪いのですか？　おやつれのようにお見受けしますが……」

彼らは墓地を散歩しながら話した。将軍はかつてないほど快活な様子だった。

それでもまだ、デュタンは心配だったが、「お送りしますよ」とブーランジェから言われ、デュタンが乗ってきた馬車を帰すように命じられると、ようやく安心した。

しばらくして、一発の銃声が聞こえた。デュタンは歩を止め、引き返した。ブーランジェ将軍が墓の側に倒れていた。両のこめかみに穴が空いている。将軍はマルグリットと永遠に結ばれたのだ。

一八九一年九月より毎年、権力よりも愛を選んだこの将軍の崇拝者たちが恋人たちの墓へ献花しに訪れている。

†　一八九八年　ドレフュス事件関連の自殺

一八九八年に注目されるのは、ドレフュス事件に関する自殺がスキャンダルを巻き起こしたことである。三月三日、パリのセーヴル通りにある家具附きの貸部屋（ガルニ）の一室で、能書家のルメルシエ＝ピカールの遺体が発見された。窓のイスパニア錠に首をつったのである。彼の両脚は曲がり、床に着いていたので、一部では暗殺を偽装したのではないかという噂も持ち上がった。

事実、このルメルシエ＝ピカールはドレフュス事件に関与していたのである。彼こそがドレフュス有罪の決め手となるいくつかの書類、特に陸軍駐在武官の手紙の偽造を引き受けていたのだ。反ドレフュス派のジャーナリストであるアンリ・ロシュフォールなどは、この手紙を本物と信じ、《非妥協者（アントランジジャン）》紙一八九七年十二月二十五日号に掲載している。

この自殺は出来すぎているように思われた。

一八九八年七月七日、カヴェニャック陸軍大臣はアルフレッド・ドレフュスの有罪を主張し、明々白々な証拠を提出した。

ところが、翌日、参謀本部情報部長のピカール中佐が陸軍大臣の虚偽を告発する公開書簡を発表した。すると、中佐は逮捕され、サンテ監獄に拘留されたのである。

ピカール中佐によって真犯人であると告発されていたエステラジー少佐とその愛人マルグリット・ペイも偽造と偽造の行使ですでに収監されていた。

八月十三日、新たに関係資料の偽造が発覚した。ピカールの後を襲った参謀本部情報部長のアンリ中佐は尋問され、複数の文書偽造を認めた。「軍のことを第一に思ってのことだ……」と中佐は述べた。

彼の意図の純粋さにもかかわらず、アンリ中佐は逮捕され、モン・ヴァレリヤンの要塞に拘留された。

翌日、人びとを驚愕させる事件が出来（しゅったい）した。アンリ中佐が独房内で、剃刀を使って喉を切ったのである。

午後七時頃、アンリ中佐の世話をする当番兵が夕食を運んだ。ドアをノックしても返事がないので、当直の士官に報告した。ドアが打ち破られると、中佐の冷たくなった遺体が発見された。

この悲劇について数ヶ月後、エステラジー少佐がもっと不思議な、異なった陳述をしている。

モン・ヴァレリヤンの独房で、アンリ中佐は手紙を書き始め、食事をさっと済ませました。配膳係が食器を回収しにきたとき、文字がびっしり書かれた数多くの紙を前にしているアンリ中佐を目撃しています。中佐は相変わらず書き物をしていました。真夜中頃、カヴェニャック氏の大臣官房所属の某中佐が平服でアンリ中佐に面会しに来ました。

……彼はアンリ中佐と一時間以上一緒にいました。そして、彼は出てくると、こう言いました。「アンリ中佐にはすべき仕事がある。四時までそっとしておきたまえ」と。五時頃、独房に入ると、アンリ中佐は死亡していました。ところが、アンリ中佐が書いた罫紙の紙片は見つかっておりません。八月でしたから、火はありませんでしたし、燃えた紙の切れ端すら見つからなかったのです。

サンテ監獄に収監されていたピカール中佐は、この手の自殺に関して動揺を隠さなかった。そして九月二十一日の軍事法廷で、自分は自殺をしないとこう表明することになる。

私の独房で、ルメルシエ＝ピカールのようにひもや、アンリのように剃刀が見つかったら、暗殺だと思ってください。なぜなら、私のような人間は決して自殺など考えもしないからです。……

†　私のためにロシアの伯爵が自殺したのよ

カロリーナ・オテロの回想録には、ベル・エポック期に起きた恋愛による自殺のなかでも指折りの話が記されている。

一九〇〇年頃、女性歌手や高級娼婦を愛する一心で、頭に銃弾を撃ち込むことが洗練された趣味とされたのである。

有名なこのスペイン出身の舞姫は、恋人の一人であるミハイル・ピリエーフスキー伯爵との情熱的な旅行や愛の散策について語った後で、伯爵が嫉妬に悩まされて自殺した状況をざっくばらんに語っている。

ピリエーフスキーと再会するのにときめきなんてなかった。あのひとへの感情はことごとく、私の中では完全に死んでいたのだから。それなのに、あのひとはいまでも愛していると言って聞かなかった。冷たくされようが、何を言われようが、言い寄るのをやめなかった。私につれなくされたせいで、あのひとは情熱をかき立てられたのだと思う。私は当時それに気がつかなかったし、ついには諦めてくれたものと思っていた。ところが、まったくそうではなかった。あのひとは賭博場に行くと、気がふれたように賭け、全財産を失うと、私の住むクレベール大通りのホテルの階段でみずからに銃弾を撃ち込んだのだった。

不幸な男はボージョン病院に搬送されたが、数日後に帰らぬ人となった。

ラ・ベル・オテロはこう締めくくっている。

ピリエーフスキーの死後、彼が賭博場に八万フランの借金があるのを知った。私が支払ったのは言うまでもない。……

私はクレベール大通りのホテルを引き払った。耐えがたいたくさんの思い出に襲われるので。アンリ＝マルタン大通りに居を移すことにした。……

ついでに言っておくと、この自殺が広まったおかげで、ラ・ベル・オテロは賭博場に支払った八万フランをすぐさま回収している。

† シヴトン事件

パリの代議士にして、フランス祖国同盟の会計係であるガブリエル・シヴトンの自殺はここ半世紀の、典型的な未解決事件であると考えられてきた。

モーリス・バレスが『わが手帖』で、レオン・ドーデが『習作と文壇』で、またフェルナン・オゼール、ジョルジュ・ボナムール、メルメクス（本名ガブリエル・テラーユ）、アドリアン・ダンセット、その他おおぜいの作家が、一九〇四年にスキャンダルを巻き起こした政治と痴情の悲劇を解釈しようと試みたのである。

一九〇四年十二月八日午前七時に、パリで《プレス》紙の号外が発行され、ガブリエル・シヴトンの自殺が世に伝えられた。シヴトンはヌイイー大通り二〇番地の二にある自宅の書斎で窒息死していたのである。

午後三時頃、すでに冷たくなった遺体を夫人が発見したのだった。上半身が暖炉の中に入っており、頭部には新聞が被せられていた。

シヴトン夫人は当初こう証言している。有害なガスに中毒した夫が窓を開けようとして立ち上がったが、力尽きて電話の上に倒れたのだと。

予審判事は疑い深く、執拗だったので、とうとう夫人も事の一部始終を白状した。「主人はうつ伏せに倒れていました。主人の頭は暖炉の中にすっぽり入っており、薪を模したガスの装置の真上に載っていたのです。ガスのコックが開け放たれており、頭部には新聞が開いて置かれていました。……左腕は身体に沿って伸びており、右手で私の肖像を握っていたのです。……」暖炉は新聞紙で詰め物がされ、念入りに塞がれていた。シヴトン夫人は机の上に一通の手紙をみつけたとも述べている。その手紙で、シヴトンは「暖炉の詰め物を取り除き、事故だと思わせる」よう望んでいたという。未亡人はその通りにして、手紙は捨てたと主張した。

フランス祖国同盟の名誉会長で詩人のフランソワ・コペーは仲間を率いて、《ゴーロワ》紙の編集部に乗り込んだ。「人殺し！　悪党！……　シヴトンを殺した奴らめ！……」と腕を扼して怒号をあげた。

公衆は政治的暗殺を信じたがっていた。シヴトンの名は少し前からすでに、当節の時事ニュースにおいて相当な重要性を帯びていたからである。

一九〇四年十一月四日、ナショナリストの国民議会議員ガブリエル・シヴトンは、議会の審議中に陸軍大臣のアンドレ将軍を殴打したのだ。

官報はこの出来事を次のように伝えている。

シヴトンの自殺の再現写真

……シヴトン氏は席を立つと、陸軍大臣殿に駆け寄り、顔面を二度殴打した。
騒ぎは長引いた。……

アドリアン・ダンセットが『第三共和政下のある不可解な死』という研究書でいみじくも述べているように、シヴトンは大臣に「往復びんた」を食らわしたのである。

この暴力行為によって、シヴトンは議員特典を解かれ、慣例どおりに訴追された。ガブリエル・シヴトンとナショナリスト陣営は、足並みをそろえ、この裁判に乗じて大々的なキャンペーンを繰り広げるつもりだった。弁護士のアンリ・ロベールは、被告に無罪判決が下って反響を呼ぶのはまず間違いないとお墨附きを与えていた。それに、国民は十二月九日に開廷される、この調書事件の裁判に関する情報を待ちかねていたからである。

ところが、この裁判のまさに前日に、当事者が死亡して、社会に大きな衝撃を与えた。あちこちの通りやカフェ、劇場の入り口で、人びとは新聞を奪い合った。このセンセーショナルな事件を議論し、じきにテロという言葉が口にされるようにもなった。というのも、政治的勝利を翌日に控え、シヴトンが自殺したことに納得がいかなかったからである。

こうした当てこすりに反駁しようと、刑事官補たちは、このナショナリストの代議士の尋常ならざる私生活の秘密をリークした。その記事を新聞の読者は冒険小説みたいに夢中になって読んだのだ。

一八九六年、ガブリエル・シヴトンは寡婦フラモンド・マリアと結婚する。マリアにはマルグリットという連れ子がいた。マルグリットはたいそうな美少女で、親しい人からはマルゴと呼ばれていた。

翌年、この美少女が訴えた、欲情した義父から露骨な態度をとられたり、性的暴力の被害に遭っていると。

医学的な診断の結果、彼女の証言は虚偽とされ、マルゴは修道院に送られた。なお、一八九八年に、マルゴは騎馬従者と恋仲になるという罪を犯して修道院を追放されたことを言い添えておこう。マルゴは好色な義父の家に戻ってきた。シヴトンが悪しき悦楽を再開するのに時間はかからなかった（マルゴはシヴトンの死後、そのいくつかをみだらな内容を交えて語った）。

もっとも、この家庭での暇つぶしも、シヴトンの欲望を鎮めるのには不十分だった。シヴトンは二人の女中ルイーズとアンナにも言い寄っていたのである。

一九〇三年、マルゴはメナールと結婚した。メナールなる人物は、モーリス・バレスによると、「鳥のように意地悪く、非常に小さい頭の持ち主」だという。

メナールは若気の至りともいうべき性病に罹患すると、妻に移すのもやむなしと考えた。この所業を知って、シヴトン夫妻は、メナールにもっと分別のあるふるまいをせよと要求した。数週間後、今度はマルゴが発病した。

メナールはシヴトンと仲違いしたが、マルゴはシヴトンとの密会をやめていなかった。十二月六日火曜日までは何事もなく過ぎた。スキャンダルが持ち上がったのは、マルゴが義父との尋常ならざる関係を夫に告白したときである。狼狽した夫はシヴトン夫妻を呼びつけた。夫人が娘の家に行くと、娘は実母にみずからの不品行を包み隠さず話したのである。

怒りを覚えつつも半信半疑の代議士夫人は、ヌイイー大通りの自宅に戻って、卑劣な女たらしを難詰した。むろんシヴトンは否定した。そして、マルゴに罪を着せようとして、建物の管理人に証言を求めた。管理人はちょうど、この尻軽女のじつにいかがわしい手紙を所持していたのである。

「まったく薄汚い嘘つき女、このあばずれめ！」と母親は娘の家に戻って声を荒げた。が、それでもマルゴは主張を曲げず、母にこんこんと説いたのである。

母と娘は人でなしのシヴトンをやりこめるため、対決の準備を整えた。マルゴとシヴトンがやりとりするのを、夫人は衝立の後ろに隠れて聴くことにしたのである。しかし、話の最中に、侮辱された夫人が隠れ場所から出てきて、ガブリエルを貸馬車に引きずり込んだ。夫人によれば、シヴトンは真実を洗いざらい白状すると言ったという。「私は人でなしだ」と認めたが、弁解しようとこうも言った。「マルゴはじつにすきものだったよ……」と。

事は家庭内風紀の込み入った話にとどまらない。シヴトンが会計係を務めるフランス祖国同盟の会計に、七万フランの使途不明金が持ち上がったのである。これはシヴトン夫人が外国の株券で全額を返済した。

一九三四年、シヴトン暗殺説を再燃させようとして、殺し屋の情報が《カンディード》紙の紙面を飾った。この殺し屋は警察とグルで、二重スパイの前科者だった。この殺し屋によれば、謎の人物たちから命令されてやったという。

一九三六年には、週刊誌《葡萄月(ヴァンデミエール)》誌が、先の記事に二、三の節を追加して、暗殺説を再度取り上げた。この殺し屋が、シヴトンの顔を暖炉のこんろの上に置く前にシヴトンを棍棒で一撃叩いたと附け加えたのである。

こうした根拠のない、後づけの告白は一切認められず、今日では自殺説が決定的になっている。

†
カール・マルクスの娘婿による達観した死

一九一一年十一月二十七日日曜日午前十時頃、パリ南郊の街ドラヴェイユの一戸建て住宅で、ラファルグ夫妻の遺体をこの家の庭師が発見した。

共産主義の指導者であるポール・ラファルグは着衣のまま、ベッドに横になっていた。夫人のほうは隣室で肘掛け椅子に腰掛けたままだった。

ラファルグは自殺の前に、手紙を書き終え、使用人たちの証書を作成し、遺言書の規定に署名し、甥のロンゲ医師宛てに夫妻の死亡を知らせるこのような電報を準備しておいた。「ラファルグ夫妻死ス。スグ来ラレタシ。庭師ドゥセ」

友人たちには次のような文面で自殺を決断した理由を知らせている。

心身ともに健康だが、苛酷な老齢を迎える前に、私は自殺する。老齢になれば容赦なく、快楽や生活の喜びがひとつひとつ失われ、体力知力も減退するので、気力も低下し、意志は挫け、他人の負担になってしまうからである。

数年来、私は七十歳を超えて生きまいと心に決めていた。人生を去るにあたって、その時節を定め、その遂行方法をシアン化水素酸（青酸）の皮下注射にした。私は最高の喜びのうちに死ぬ。私が四十五年前から一身を捧げてきた信条が近い将来、大勝利を収めることを確信して。

共産主義、万歳！　国際社会主義、万歳！

《パリ生活》誌のコラムニスト、ジャック・ベルナールはこの集産主義学派の指導者について数ページを割いた。ラファルグは死ぬまで「生涯にわたって主張していた否定の理論に忠実である」ことを貫いたのだという。ラファルグの伝記記事が新聞各紙を飾り、次のような事実が知れ渡った。「ラファルグには三種の被圧迫民族の血が流れている。父方の祖母は白黒混血（ムラート）で、母はユダヤ人、母方の祖母はカリブのインディアンである」

この筋金入りの革命家が政治に関心を抱いたのも早かった。

ラファルグはボルドーとトゥールーズの高校（リセ）で猛勉強した後、パリ大学医学部に進学した。一八六五年十月、ベルギーのリエージュで開催された第一回国際学生会議のとき、彼の生き方を決定づける出来事が起こった。ラファルグはこの会議で登壇し、演説をプルードンの言葉「所有とは窃盗である。……神とは悪である！」で締めくくったのである。

翌日、多様な民族の若者たちがデモを行った。ラファルグの勧めで、フランス代表団の学生たちも黒旗を持って参加した。

六人のデモ参加者はパリに戻ると、教育諮問委員会に召還され、最終的にフランスの全大学から除籍された。

委員会の決定理由はこうである。「きわめて罪深い過激な行動に及んで、フランス国旗を侮辱し、……宗教を侮辱し、社会秩序の根幹をなす原理を激しく攻撃したこと、……演説および行動で、自国の政府を愚弄したこと、以上のことに鑑み……」

かくて、ポール・ラファルグはロンドンで医学を修めることになる。そして、このとき、カール・マルクスと知り合い、弟子となり、友人となり、娘婿になったのである。

その後、一八七一年には、パリ・コミューンに積極的に関与した。コミューンが鎮圧されると、スペイン国境の町バニエル＝ド＝リュションに避難し、身元を偽って暮らした。身元が発覚すると、スペインに逃れた。

一八八二年、大赦でフランスに帰国すると、ブルジョワ社会と現体制にたいして激しい戦いを繰り広げ、政府に報復した。有罪判決を何度も受け、一八九一年に、リールの代議士に選出されたときなど、獄中にあった。再選はなかったが、議会の演壇で集産主義について見事な演説をぶったこともある。

ところで、ラファルグの計画的な自殺について、ジャーナリズムでは賛否両論さまざまな記事が書かれている。ラファルグが「七十歳を超えて生きまい」と書いたことが問題とされたのである。

《時代（タン）》紙は抗議する。「どうして七十歳なのか？……高齢者も有用である。……」と。

十一月二十九日附の《毎朝（マタン）》紙では、ジャーナリストで小説家のクレマン・ヴォテルが、平均的な知性の読者の意見を代弁している。「気の毒な御仁だ。ラファルグは古代のストア派のように世を去ったと思っているが、失望した子供のように死んだ」

社会主義者のジャン・ジョレスは、自分が創刊した新聞《人類（ユマニテ）》紙（十一月二十八日）で、この老革命家のストイックな死を称讃している。とはいえ、「ラファルグが自分自身を疑ったのは間違いだった。彼にはまだやるべきことがあった。……彼の生涯は彼の信条に基づいていたのである。……」と述べるのを忘れてはいない。

また、翌二十九日の同紙では、社会主義者のマルセル・サンバが賛意を呈している。「見事な死ではないか！……生気あふれ、決められたときに、衰弱する前に一緒に世を去ること！　この死は私には誇り高く、素晴らしいことに思われる。壮麗な夕日のように。……ポール・ラファルグは聖人として、殉教者として、絶望者として死んだのではない。賢人として死んだのだ。……」

それにたいし、《プチ・パリジアン》紙は批判を展開している。十一月三十日の記事にはこう書かれている。「ラファルグの死が賢人の死だとよく言えたものだ。真の賢人とは、そんな気はなくとも、思想によって生を支配する人ではあるまいか?」

反ユダヤ主義の《自由公論（リーブル・パロール）》紙は、ラファルグの死を人種問題として取り上げる好機と捉えた。「このしるしをユダヤ人の神経症だと認めよう。われわれの人種ならばどんなに取るに足らぬ労働者でも疲労や生の試練に勇敢に堪えるのに、ユダヤ人は反対に、嬉々としてそれを描き出し、絶望の危機から逃げ出すのである。……」

ラファルグ夫妻の葬儀は非常に賑やかな出来事だった。ラファルグ夫妻の遺体が納骨堂へ運ばれるにさいし、二万人もの人びとが附き添ったのである。追悼演説は、フランスの社会主義者ジャン・ジョレス、ドイツのマルクス主義者カール・カウツキー、ルイ・デュブルイーユ、ブラック（アレクサンドル・マリー・デルソー）、ベルギーの社会主義者エドワルド・アンセーレ、ロシアの革命家ウラジーミル・レーニン、ロシアの社会主義者イリヤ・ルバノヴィッチの面々が行った。

演説者たちは異口同音に、ラファルグの活動と自殺を絶賛した。「みずからの手で、平静で揺るぎない意志で死んだ人物」であると。

しかしながら、ラファルグは死亡したときもう代議士でなかったので、政府は関係するのを避け、この盛大な葬儀に代表を派遣しなかった。

† 乃木将軍の自殺は古代人の自殺のごとし

一九〇五年の日露戦争における旅順攻囲戦で、大日本帝国を勝利に導いた将軍乃木希典(のぎまれすけ)伯爵は一九一二年九月、明治天皇の崩御に際し、殉死した。

この偉大な軍人の自死が、フランス国民五千万人の琴線に触れたのである。この「殉死」について、ジャーナリズムは報じた。

乃木将軍の勇壮さは世に轟いていたので、新聞の報道ですぐさま敬意と讃美の声があがった。一九一二年九月十八日、《プチ・パリジアン》紙は次のような論評を掲載した。「乃木将軍自死の報は、フランスで驚愕と称讃をもって迎えられた。人間の生に執着しないとは古代人の自殺のごとし。……」

保守系の新聞である《ゴーロワ》紙でさえも、白人の道徳と黄色人種の道徳との間に顕著な違いがあることを強調したうえで、フランスの読者に日本人の勇気をほめたたえる大義名分を与えた。

異教徒には異教徒の偉大さがある。日本人には日本人の偉大さがある。異なった形式ではあるが、冷静に沈思した末の熱情が見事に発露する中、自己の信念に随ってみずからの命を犠牲にする人に敬意を表することに吝(やぶさ)かではない。

《時代(タン)》紙にも同種の賛辞がある。

キリスト教の犠牲が存在しない世界で、これに勝る行為はない。他の文明で、犠牲が行われることがいかに意外なことでも、その偉大さを称讃しないわけにはいかないであろう。

讃美と賛辞が行きすぎだとして不満をもった、《人類（ユマニテ）》紙は、九月二十一日に「過大評価！」という見出しの短評で異議を唱えている。

……乃木将軍に敬意を表して、熱狂的に叫ばれるのも止んだのであるから、この立派な行為はとりわけひどい愚劣さを示していると思われると言っても差し支えあるまい。

……乃木将軍の自死には、盲目的で絶対的な狂信の表明と少しの愚かさしかもう見ることができない。

教皇至上主義の保守系新聞である《万有（ユニヴェール）》紙（一九一二年九月十七日附）では、もっと節度のある言葉で同様な批判がなされている。

この名誉ある軍人の行為が偉大なことは認めるが、彼は誤れる宗教に随ったのである。……彼の行為に感心するのではなく、彼の精神異常を哀れむべきであろう。……

賢しらなことでお馴染みの劇作家アルフレッド・カピュによると、半世紀ほど前の日本の軍人の自殺であれば、気にも留められなかったという。なぜなら、「ヨーロッパの自尊心はその当時、日本人を人間と認めていなかったから」である。

したがって、完全に文明化されたわけではない民族に、ハラキリの慣習があっても無理からぬことと思われていたという。

カピュは解説する。

ところが、それ以来、われわれの自尊心は貶められた。そして、この日本人という新参者を対等の者、同類の者と遇するようになった。……われわれは腹を切らないので、日本人もこの慣習を廃するものだと思っていた。それだけに、この高名な日本の軍人の自殺には、呆然とするばかりか失望している。

一九一二年十月二十七日の《小新聞(プチ・ジュルナル)》紙挿絵入り増刊号では、クローダンが、毎週連載している気ままに綴った詩で、天皇の崩御にさいし、殉死を固辞した侍医を取り上げている。

クローダンの詩は「殉死を固辞する人」というタイトルで、数万人のフランス人の笑いを誘った。

ああ！　陛下が崩御されました
泣きましょう　ひたすら泣きましょう
どれほど耐えがたいことか
私たちが天にお送りする
ささやかなお供え物は
むろん　ミカド[訳註]ではありませぬ
…………………………
陛下はこの世を去られたので
あとはもう　私たちは跪き
みずからの命を
陛下に捧げるのみです

その用意はできております

けれども　全国民に先駆けて
手始めにお附きの者が
神聖な行為をすべきでは？
まずは陛下の侍医殿が
お手本を見せるべきではありませんか

……………………

侍医は応えてこう言う。

さような決めつけはご無体な
私は死ぬなら　兎のように
つまり　待つ方が良いのです
そう仰有られようとも
ハラキリは嫌ですからな

〔訳註〕ミカドは竹籤を用いたゲーム。天皇の尊称「帝（みかど）」とゲームの「ミカド」をかけている。

†マックス・ランデーが演じたラストシーン

二枚目映画俳優のマックス・ランデーをご存知の人は、最近の痛ましい事件を知って、ショックを受けたはずだ。

二年前の春、女心を奪う伊達男マックス・ランデーは、美少女ジャンヌ・ペテール嬢を誘拐した。マックスは自分が出演した数多い映画の中のワンシーンを一度だけ実行に移して、夢さえも海のように青い、コート・ダ・ジュール方面に姿をくらましたのだ。……四ヶ月後、パリの著名人たちがこの大スターの結婚式に列席した。

マックス・ランデーとその若妻（弱冠十八歳）はヨーロッパ各地をめぐり、各首都の豪華なホテルで秘かに幸福を享受した。

最後にスイスに滞在した後、ひと月前からフランスに戻っていた。友人たちは二人の帰りを待ちかねていたのに、二人はクレベール大通り八八番地のホテル・バルティモルに身を落ち着けていたのである。

二人はたちまちパリの生活に魅せられた。しばしば外出し、二人はすっかり気が合っているようだった。

ところが、一昨日、マックス・ランデーは夫人と一緒に真夜中に帰ると、ホテルの受付にこう電話したのだった。「ひどく疲れているので、明朝は構わないでおいてもらいたい。誰とも面会しないから」と。

……翌朝の十時頃、ペテール夫人が娘に電話をかけたが、誰も応答しなかった。すっかり驚いたペテール夫人は自家用車でホテルに向かった。部屋に直行すると、ドアを何度も叩き、それから呼びかけた。沈黙が支配していた。ホテルの支配人のブラン氏がとんできた。「お願いです。ドアを壊してください」とペテール夫人は懇願した。不吉な予感にとらえられていたのである。ただちにドアが打ち壊された。部屋はまだ薄暗い。カーテンは閉じられたまま。明かりに照らされると、恐ろしい事態が明るみになった。マックス・ランデーと若妻はベッドに並んで寝ており、緋色のマントにくるまっているように見えた……が、それは血だったのだ。二人とも左の手首から血がゆっくり流れ、シーツを染めていたのだった。

近くのテーブルには、柄が象牙でできた小型ポケットナイフが開かれたまま置かれていた。彼らはこのナイフを使って静脈を切開し、しだいに死に瀕していった。……アコニチンが半分入ったグラスの傍に、ベロナールが数錠、……友人たちに宛てた大量の手紙があった。……

《ジュルナル》紙、一九二五年十一月一日

ピクシニ通りの病院に搬送されたが、二人とも息を引き取った。治療の甲斐無く、ひと言も発することはなかった。

多くの新聞が、裕福で幸福で有名なマックス・ランデーが、なぜ愉しい生活に終止符を打ったのか見当もつかない、と書いている。

マックス・ランデー事件を解明する手紙が数通ある。喜劇スターが市参事会員アルマン・マサールに送った手紙から引く。

もう精魂尽き果てました。こんな人でなし女と生きるのは不可能です。今晩、妻に私の嫌悪をぶちまけたら、一緒に死のうと言われました。そうすることにします。

いっぽう、悲劇の数日前、マックス・ランデー夫人は女友達への手紙にこう記している。

主人に殺されるんじゃないかと思うと、毎日がこわいです。……

†ローウェンスタイン、空中で自殺

世界有数の富裕な投機家であるアルフレッド・ローウェンスタインは一九二八年七月三日午後六時、自家用飛行機に搭乗し、ロンドンのクロイドン空港からブリュッセルに向けて離陸した。午後八時三十分に、ダンケルクから三キロ離れたフォール＝マルディック海岸に着陸したが、ローウェンスタインの姿はなかった。

パイロットのドルーズは社長の自殺について質問を受けると、こう返答した。「いや、いや、思い違いをされています。ローウェンスタインさんにかぎって自殺なんてありえませんよ」

尋問に立ち会ったジャーナリストは、この銀行家のタイピストの証言を報じた。「自殺なんてありえませんわ。ありえません、絶対に」

世界中の新聞に興味をそそる見出しが三段、四段にわたって踊った。

大富豪の銀行家アルフレッド・ローウェンスタイン、自家用飛行機から姿を消す

アルフレッド・ローウェンスタイン、小説の主人公のように人目を引く最期を選ぶ……

ベルギーの億万長者が突拍子もない自殺!……

一九二八年七月六日、《ジュルナル》紙は「アルフレッド・ローウェンスタインの途方もない生涯——彼の百万フラン、自家用飛行機、城、財政上の偉業、スポーツでの偉業」とうたった記事を掲載した。

この号では、ロンドンでの取材で収集されたネタが発表されている。「クロイドン空港の職員がこう証言している。ローウェンスタイン氏は飛行機の離陸数分前、コックピットの前部の座席から立ち、トイレのドアの掛け金を外してみて、半開きのコックピットのドアから一瞬外を見た、と。……」

どんなにつまらぬニュースでも餌として一般大衆に投げられた。一般大衆はこうした行方不明が国際金融市場に重大な影響を与えることを知ったのである。

ロンドン証券取引所では、前日五十一ドルだった水力発電の持ち株が二十ドルで取引され、終値は三十九ドルに再び上がった。読者の興味を引いて止まないのは、金持ちの私生活である。

「この銀行家は英国に狩猟用の馬を一頭所有しており、飛行機でロシア産キャビアを受け取り、適度に太らせた若い雌鳥をペリゴーヌ地方やオート＝ガロンヌ県から特別列車で輸送させていた。……」

一九二八年七月十九日、この比類なき人物の遺体をグリ＝ネ岬から八千メートル離れたフランスの水域で漁師が発見した。

ポール医師による検死も、臓物の化学検査も、アルフレッド・ローウェンスタインの変死の実情を解明できなかった。しかし、パリで招集された調査委員会は公式に自殺説を主張したのである。専門家たちが、飛行中に機体後部の扉を開くことは不可能だと主張しているのに。

以下は唯一の正確な参考資料であるパイロットのドルーズによる公式な証言である。

私たちは海岸から五、六マイル離れていました。高度千三百メートル上空を飛行中、ローウェンスタイン氏は席を立って、用足しに行きました。氏がなかなか戻って来ないので、身体の具合が悪いのではないかと、ホジソン氏が様子を見に行きました。トイレが空だと分かったとき、彼はひどく驚きました。もう疑うことはできません。ローウェンスタイン氏はドアを間違えたのに違いないのです。……

† 革命詩人にとって一巻の終わり

昨日、一九三〇年四月十四日午前十時十五分、詩人のウラジーミル・マヤコフスキーが書斎（ルビャンスキー横丁三番地）で自殺した。予審判事のスィルツォフ党員は本紙の記者に次のように述べた。収集した情報によれば、この自殺は完全に私的な理由が原因であり、この詩人の社会活動、文学活動とは一切無関係だという。

《イズヴェスチア》紙、四月十五日

四月十四日午後八時。——脳解剖学研究所の教授陣は、マヤコフスキーの脳を研究のために採取した。その重量は一七〇〇グラム。人間の脳の平均重量は一三〇〇グラムから一五〇〇グラムの間である。……

《文学通信(ガゼット・リテレール)》紙、四月十七日

フランスでは、このロシアの大詩人たるマヤコフスキーについては、ベルギーの絶対自由主義者のヴィクトル・セルジュが一九二四年に《クラルテ》誌に書き、詩人でロシアにジャズを紹介したヴァレンティン・パルナフが一九二七年に《欧羅巴(ユーロップ)》誌で、作家で翻訳家のウラジーミル・ポズネルは一九二九年に紹介していた。フラ

ンスで彼の名が広まったのは、一九三九年にエルザ・トリオレの著作『マヤコフスキー　詩と思い出』が刊行されたおかげである。当時、モスクワにマヤコフスキー博物館があったが、おそらく現在もあるだろう。マヤコフスキーの死にさいし、五万人以上の人が葬儀に参列したし、彼の生まれ故郷の村はマヤコフスクと名づけられている。

マヤコフスキーは一八九三年、グルジア（ジョージア）に生まれた。一九〇八年、ロシア社会民主労働党に入党。逮捕に放免、入獄に釈放を経て、一九一〇年、絵画を描き始める。一九一四年、エルザ・トリオレに秘かに恋をし、初期の詩篇を書いた。これらの詩篇はやがて山火事のようにソビエト連邦中に広まることになる。

一九一六年から、この未来派の反逆者は、絶望というロマン派的なテーマを、ギヨーム・アポリネールの作風をまねて、踏襲した。

『背骨のフルート』では、ピストルに言及している。

　　ますます私は考える
　　銃弾で自分にケリをつけようと

一九一七年の『人間』では、剃刀が加わる。

　　そして心臓は銃弾に高鳴る
　　そして喉は剃刀を夢見る

一九二三年の『これについて』では、彼は自殺の強迫観念に立ち返る。これは数ヶ月後に、シュルレアリストによって利用されることになる。

旅は簡単だ
腕を伸ばすだけでいい
そして待ちきれない
銃弾が
あの世に
口笛を吹くような道を引くだろう

自殺の考えにとりつかれ、彼は一九二六年にもこう書いている。

この生で死ぬのは容易い
生を確立することはさらにいっそう難しい

マヤコフスキーは一九二二年に初めてパリを訪れ、一九二九年が最後となった。この二回の訪問の間に、突如、マヤコフスキーに名声が転がり込んだ。街を歩いていると通行人から指をさされたり、有名人の証であるサインを求めて追いかけられたりした。

共産党に捧げられた、レーニンについての長大な叙情詩は大成功を収めた。

スターリンは、マヤコフスキーはソビエト時代の最大の詩人であると主張した。

名声に包まれているにもかかわらず、一九三〇年四月十四日、詩人は拳銃で心臓を撃って自殺した。三十六歳だった。

彼の傍にはこんな別れの手紙が遺されていた。

すべての人に

私は死にますが、何ぴとも私を責めないでほしい。それに、どうか陰口も叩かないでください。私はそれをひどく恐れているのですから。

ママ、姉さんたち、同志たち、許してほしい。これはとるべき手段ではない（誰にも勧めません）。けれども、私にはどうすることもできないのです。

リーリャ、愛してほしい。……

……いわば

「一巻の終わり」

愛の小舟は砕けた

日常生活にぶつかって

私はみずからの生を清算する

互いの痛みを

不幸を

侮辱を

検討するのは無益なこと

幸福であってください！

ウラジーミル・マヤコフスキー

《ワップ》の同志たちよ、私を臆病者と思わないでほしい。

本当に何もすべきことがない。……

私の机の中に二千ルーブルある。税金の支払いに使ってください。残りは国立出版局から受け取ってください。

健やかに……

V・M

マヤコフスキーの柩は黒と赤の布で覆われ、トラックに載せられて火葬場に運ばれた。鋼色のデッキに、ビス、金槌、金属部品で制作された冠が載っていた。その冠には「金属のごとき詩人に、金属の冠を」と刻まれていた。

† 億万長者イーヴァル・クルーガーの自殺

マッチ王イーヴァル・クルーガーの自殺により数千に及ぶ人びとが破産の憂き目に遭った。

一九三二年三月十三日、パリにて

その二日前、マッチ王といわれたイーヴァル・クルーガーは、パリのヴィットーリオ・エマヌエーレ三世大通り（現在のフランクリン・D＝ルーズベルト大通り）の自宅で胸にピストルの弾を撃ち込んで自殺したのである。

国際金融の世界で最重要人物が自殺したとなれば、おのずと影響がある。今後、その影響の大きさを見積もるのは難しい。

イーヴァル・クルーガー氏は先頃、仕事で米国に滞在していた。大型客船イル・ド・フランスに乗ってフランスに寄り、パリに数日間滞在してからストックホルムの本宅に帰る予定だった。ああ！　クルーガーも多くの人と同じように世界恐慌によって大打撃を受け、彼が経営する多くの企業からなるトラストも、最近あちこちで猛威をふるった惨事を免れなかった。

クルーガーが財界を代表する実力者となったのは、勤勉だったからである。彼は銀行、鉄鉱山、金脈等、多様な企業を含む経済活動に手を広げていた。彼は中でも「マッチ王」で、一九三一年には、その財産の総額が三百億フランに達していたのである。

国際的な報道機関はどこもこのセンセーショナルな死を報じた。記事にはこの大企業家がマッチ専売権を有する国のリストが掲載されたが、それは四十五ヶ国にも及んでいた。また、報道によれば、彼はスカンジナヴィア銀行に返済を三月末に迫られた一億二千万クローナを調達できていないということだった。《巴里夕暮(パリ＝ソワール)》紙はストックホルムに敏腕特派員のジュール・ソエルヴェンを派遣し、クルーガーの死が引き起こした甚大な影響を調査させた。

スウェーデンという人口六百万人の国に、名目的価値で推定百億フラン以上の証券に直接、悪影響を与えた大恐慌が起こったことは、それだけで一国の経済を揺るがすに値する。……

この不可解な事件の核心に他ならないのは、イーヴァル・クルーガーその人の秘密であった。彼の声望は同国人の誇りだった。ソエルヴェンはこう書いている。

イーヴァル・クルーガーの自殺はパリに衝撃を与え、金融市場にパニックの風を通過させた。最新の情報がこの颪を嵐に変えた。……
……これまで小学校では、彼の名が勤勉さのモデルとして教えられてきた。ところが、現在では、各所に、ベルリンやパリの至る所にだが、複数の愛人がいて、豪華なプレゼントを贈っていたことが発覚している。……彼はニューヨークから財産なしで戻って来たので、パリでは警戒され、ほとんど敵意を示された。しかも、彼の健康状態は悪化していた。……差し迫った倒産と進行麻痺の恐怖に彼は怯えていたのである。

ベッドの上でこのスウェーデンの金融家が死亡しているのが見つかった。ベッドカバーはめくられていた。着衣に乱れはない。襟が開いた上着と深い切り込みのあるベストを身につけ、仰向けに倒れていたのである。心臓からあふれた血がシャツの表面を流れていた。ピストルがベッドの左側、彼の傷口から数センチの所にあった。ピストルの弾が心臓に命中し、彼は即死したのである。テーブルに遺された三通の遺書はいずれも公けにされず、遺体発見後、司法の審理は行われなかった。遺体はスウェーデンに返却された。

一九四一年、ジャーナリストで小説家のリュディ・カンテルは《巴里夕暮》紙で、この不審死のニュースを再び取り上げて、「イーヴァル・クルーガーは殺害された」というセンセーショナルな見出しで新たな情報を伝えようとした。金融家の弟トルステン・クルーガーの申立てにもかかわらず、大衆は捜査に関心を示さなかった。また、一九四九年には、《パリ＝プレス》紙上で、ジャーナリストのジョルジュ・アルケがクルーガー事件を再燃させたとき、クルーガーの名はすでに一般大衆からは忘れ去られていたのである。しかし、その見出しは人目を引いた。「マッチ王は自殺していない。殺された……と主張するスウェーデン人も……」

マッチ王は殺されたのか、それとも自殺したのか?……「それがどうしたというのだ」読者はページをめくりながらこう言ったもの。「斯クノ如ク世界ノ栄光ハ過ギ去リヌ」[訳註]と。

〔訳註〕教皇の就任式において教皇に述べられる言葉。人間の権力の脆さを表している。

† ガス自殺した内務大臣

昨日、内務大臣ロジェ・サラングロ氏が、リールの自宅で死亡しているのが発見された。……大臣は「限界にきて」いた。重度の鬱状態にあったから、自殺に及んだのである。……

先頃、サラングロ氏を非難するキャンペーンが展開されていたが、収束したはずだった。先週、議会で首相に喚問が行われた後、内務大臣に対する告発の無効を宣言する採決を大多数の賛成で採択していた。

その日、サラングロ氏は喜びを噛みしめていた。投票結果を見て、それを隠さなかった。

《プチ・パリジアン》紙、一九三六年十一月十九日

フランス社会党の政治家で人民戦線内閣の内務大臣ロジェ・サラングロの自殺は、当時大きな反響を呼び、フランス社会党などと連立政権を組むフランス共産党の政治局は、それを「ファシズムの犯罪」とか「人民に敵対する犯罪的策動」だと呼んだ。一九三六年十一月十九日附の《人民（ポピュレール）》紙は大きな活字の見出しで「大臣は奴らに殺された！」と告発した。

というのも、右派の週刊紙《グランゴワール》が内務大臣の「脱走事件」について批判する激しいキャンペーンを展開していたからである。このキャンペーンは当初より大方の新聞から非難されていた。《グランゴワール》紙の報道によれば、第一次大戦

テレビの無敵のヒーロー「スーパーマン」が結婚式前日に自殺

アメリカの大衆は彼の冒険にもう関心を寄せていなかったから。

婚約者が奇妙な予感にとらわれ、こう叫んだ。「あの人は引き出しを開け、拳銃を取り出したわ」その直後、階上で発砲音が鳴り響いた。ジョージ・リーヴスは息絶えていた。

中の一九一五年十月七日、ロジェ・サラングロは軍を脱走し、第五十一師団の軍事裁判所で欠席判決により死刑を言い渡された、ということである。将校や自転車伝令員時代の戦友の証言が多数あったが、そのことはサラングロ内相にとってあまりにやりきれないものだったようだ。しかし、十月十四日、喧々囂々の白熱した審議の末に、レオン・ブルム首相がサラングロの潔白を議会に認めさせたのである。この採決によって「侮辱と中傷のキャンペーン」は下火になった。四二七票対一〇三票で、ロジェ・サラングロは潔白であるという論拠を議会は承認したわけだ。

公に潔白を認められたにもかかわらず、内務大臣は自殺した。

彼が兄弟に宛てて書いた手紙の文面にのみ、みずからの自殺について説明をしている。

アンリへ
過労がひどく、中傷はあまりにひどい。……それに加えて、悲しみに打ち負かされた。……

ロジェ・サラングロは家政婦のメナール夫人に宛てて、名刺に書いた短い遺書で、釈明している。

メナール夫人へ
ご迷惑をおかけし、申し訳ありません。……

† マリリン・モンロー、名声のまっただ中での服毒死

マリリン・モンローことノーマ・ジーン・ベイカーの死亡証書には、一九六二年八月五日三時五十分の日附が

記載されている。それは世紀の自殺だったのだ。

三十六歳の世界屈指の美女が、ネンビュタールの丸剤を飲んで中毒死したのである。悲劇の数時間後、フィフス・ヘレナ・ドライヴ一二三〇五番地のスター女優の所有地には警戒線が張られた。野次馬の進入を阻止する必要に迫られたのだ。

このセンセーショナルな死は世界中の新聞の一面を飾った。

映画『帰らざる河』の人気女優が、土曜から日曜にかけての夜に自殺した。日曜の朝、家政婦のユーニス・マレーはマリリンの家に明かりが点っているのを見て心配し、中に入ろうとしたが、いつもと違って、ドアは内から差し錠がかかっているのを確認した。誰も電話に応答しなかったので、家政婦はグリーンソン医師に連絡し、グリーンソンがイングルバーグ医師に連絡した。マリリン・モンローの健康状態を知っていた二人の臨床医は、窓ガラスを割って窓から入った。

医師たちはベッドに横たわる患者を発見した。マリリン・モンローは全裸で、淡黄色のシーツをかけて亡くなっていた。モンローは硬直した手で白い電話をつかんでいたが、それを持ち上げる力は残されていなかった。

悲劇に先立つ木曜日、マリリン・モンローはひどく落ち込んで、グリーンソン医師に睡眠薬を求めた。この精神科医はネンビュタール四十錠を処方した。日曜の朝、この医師はベッドの側に、睡眠薬の空の容器を発見した。……

それは世界に猛威をふるったようだった。

新聞屋の店頭には、最も悲しみを誘う、最もばかげた、最も魅力的な見出しがあらゆる言語で踊っていた。

「マリリン・モンローを不幸にした恋」、「栄光の絶頂での死、マリリンは最後の夜、最後の役を演じた」、

「遺体公示所（モルグ）に安置された米国一の美女の遺体」、「バルビツル酸剤を服用したマリリン、アイドルが服毒死！」、「マリリン・モンローは伝説が望んでいたとおりに死んだ！」、「マリリン・モンローの死に世界中が泣いた！」

報道記事に続いて、論評記事が書かれた。論じられたテーマは、スターという職業の危うさについて、映画界における抑鬱病について、有名スターの精神障害について……等々である。「マリリンの自殺は職業上の事故だ」と主張された。

このテーマは論じ尽くされた。記事のなかには、マリリン・モンローの死について、詩人ランボーがいうところの感覚の錯乱を引き合いに出すものまであった。

八月八日になると、作家のロジェ・ヴァイヤンが《カンディード》紙上で、マリリン・モンローを追いつめたのは大衆であると非難した。

> 有名人でもまったく人気のない女がマリリン・モンローに対抗して女性を集めた。自分の技量でキャデラックを手に入れられないこと、キャデラックを贈ってくれる男性にめぐり会えないことを知っているすべての女性を。愛されないすべての女性、隠れてしか愛されないすべての女性をだ。
>
> 男性もまた同様である。特に、彼女を所有することを夢見て眠るが、とうてい叶わない男性だ。厳格な人たちは、快楽を得たり、買ったりした後にはかならず、その愛くるしい女性を侮辱するものだ。孤独な夜にはあれほど渇望していたくせに。
>
> 彼らがマリリン・モンローを追いつめたのだ！　彼らが彼女に自分の才能を疑うように仕向けた。彼らは彼女をスタジオから追い立て、精神科医に引き渡した。
>
> 要するに、彼らがマリリン・モンローを打ちのめしたのだ！　静かに眠りたまえ、善良な人びとよ！

映画界の著名人たちもコメントした。フランスの映画監督アンリ＝ジョルジュ・クルーゾーは歴史的名言を遺

劇場で再現されたマリリン・モンローの自殺

している。「マリリンは永遠の悲劇を、孤独の悲劇を生きていた」

イヴ・モンタンはコメントを一切差し控えた。

映画『王子と踊り子』で相手役を務めた俳優ローレンス・オリヴィエは、この悲劇をこう説明した。「彼女は風向きの犠牲者だ。……宣伝によって彼女の周囲につくられた風向きのね。……」

華々しさを競ったライヴァルたちの追悼コメントは短かった。エリザベス・テイラーが述べたのは「大好きでした」。グレース・ケリーは「彼女のような人は二人といません」と髪を揺らしながら言った。

「とてもやさしかったわ!……」ジーナ・ロロブリジーダが賞賛と好意の最後の証言として思い浮かべたのは、たったそれだけだった。

ごまんといるマリリン・モンローのファンは放っておかれない。ファン向けの活動が行われた。アメリカの制作者は大急ぎで、検閲にひっかかった映画の一部分でも、どんなに瑣末なテストフィルムでも、昔のルポルタージュでもかき集めた。『マリリン・モンローの世界、感傷的な巡礼』がシークエンスごとに編集されたし、『マリリンの不幸』という映画が撮影されて、テレビ向けに細かく分割された。グッズ販売業者は世界で当代随一の美女の肖像が描かれた灰皿、ライター、ネクタイ、デザート皿、湯たんぽ、ブルゾンを販売した。

マリリンのヌードが描かれたファイアンス製の塩入れもあった。レコードはいずれも再編集され、煽情的なレコード・ジャケットに封入されて販売された。レコード・ジャケットの中には、「マリリンと過ごす一夜」の方法が記載されたものもあった。

アパートの壁にマリリンの写真を貼ってください(一八×二四の十二枚の再販のアルバムが三ドルで販売中)。部屋の照明は淡く当てて、このレコードをおかけください。……そうすれば、官能的で哀愁を帯びた一夜をお過ごしいただけます。……

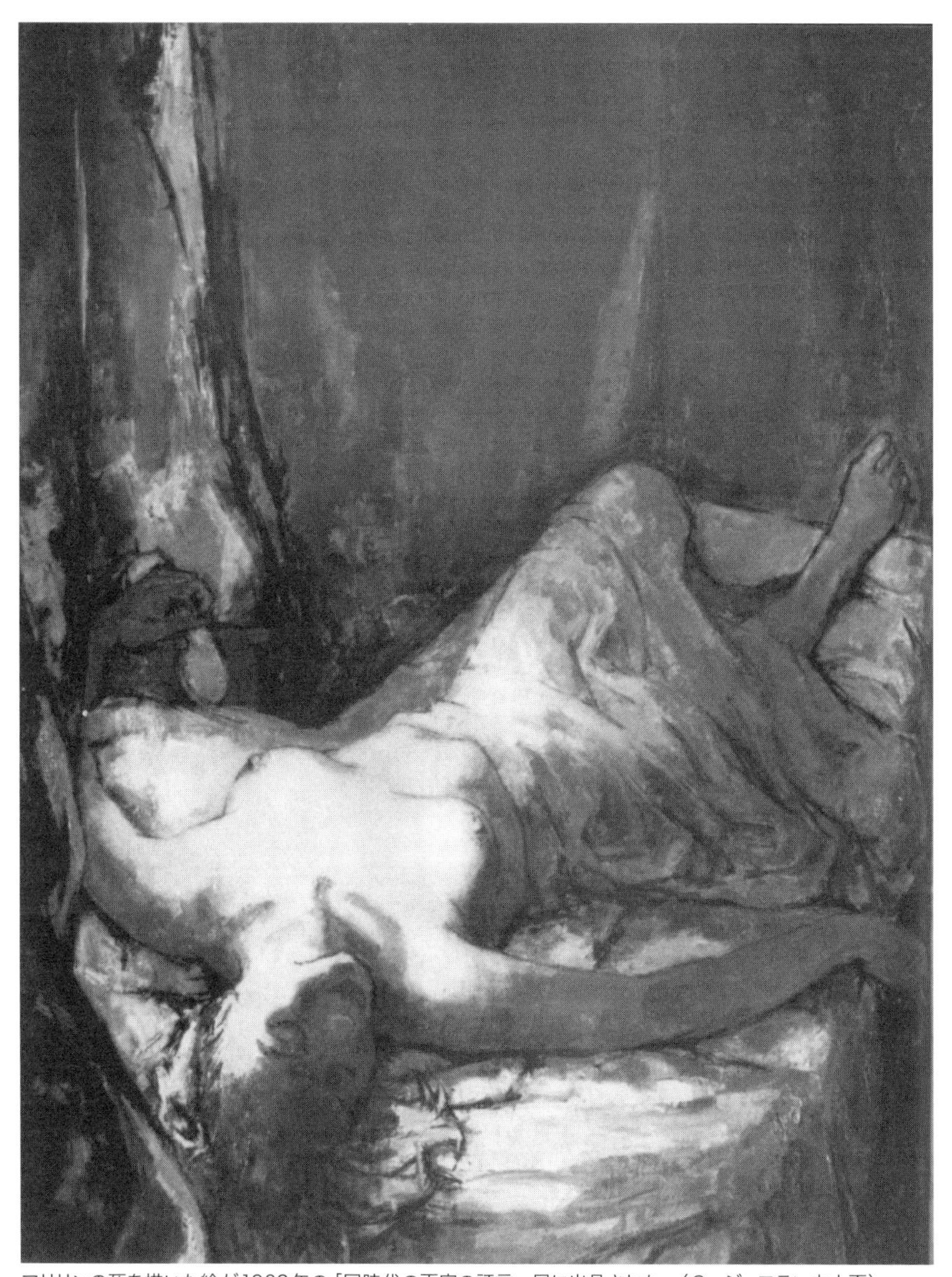

マリリンの死を描いた絵が1963年の「同時代の画家の証言」展に出品された。（G・ジョフラン夫人画）

マリリンの死から作品を書いた詩人たちがいた。マリリンから数千ドルを遺贈された詩人で劇作家のノーマン・ロステンは、彼女の死を歌ったはしりである。

誰がノーマ・ジーンを殺したか？
私だ！　と大都会が言った
市民の義務として
私がノーマ・ジーンを殺した

誰がノーマ・ジーンの死を見たか？
私だ！　と夜が言った
それに、ベッドのランプも言った
私たちもノーマ・ジーンの死を見た、と

英国の左派の週刊誌《ニュー・ステイツマン》誌には、グラスゴー大学教授エドウィン・モルガンの詩篇が掲載された。

どんな無邪気？　どんな罪？　どんな目？　誰の胸？
傷ついた孤児、死者のベッド
白い霊柩車、ロサンゼルス！
ディマジオ、ロサンゼルス、ミラー、ロサンゼルス！　アメリカ！
……

彼らは彼女の手をベッドサイドの電話から引き離さねばならなかった
しかし、そのとき彼女が言えなかったこと
おそらく彼女はこう言っただろう、「私には私の人生しかない
後悔していない　間違いがあったら
責任は私にある
……
……ロサンゼルス？　ロサンゼルス？
……
アメリカの子の白い霊柩車があなたを追いかけつづけるのだろうか？

未完の映画『女房は生きていた』の撮影中、マリリンが全裸で泳ぐ有名な場面（シーン）を撮影する幸運に与った写真家などは、ゴシップ担当記者によると、その写真を新聞社やポストカード製造業者に売却して、十万ドル以上の儲けを得たという……。

また、マリリンの肖像画を専門とした二人の画家のケースも引いておこう。彼らは顧客の需めによって請負価格で、マリリン・モンローが寝そべったり、座わったり、立っていたり、笑っていたり、ふてくされたりした姿を描いた。また、マリリンにイヴニングドレスを着せたり、セーターを着せたり、あるいは全部脱がすことも可能だった……。額縁の有無も選択でき、「理想のマリリンをお申しつけください」というのが宣伝文句だった。

そうしたなか、ついに、一九六三年三月二十一日、《仏蘭西日曜日（フランス＝ディマンシュ）》紙がセンセーショナルなニュースを報じた。「ついに、マリリン自殺の真相、信じがたい浮気……」

のちにスパイ小説「ＳＡＳ」シリーズを書くことで有名になるハリウッド特派員のジェラール・ド・ヴィリエが暴露記事を書き、読者と大統領ケネディ家を驚かせた。ヴィリエは何人かの証人に質問して、こう結論づけた。

「マリリンはケネディ大統領の実弟を希望なく愛していた」と。

マリリン・モンローが自殺したのは、ロバート・ケネディがマリリンの愛情を拒絶したからである。この愛は感情的に苦しむ中で極度に興奮した女性の真実の気まぐれである。……

口の軽いメーキャップ係のアラン・スナイダーが《仏蘭西日曜日》紙の特派員に打ち明けたのは、次のような話だ。ある日、マリリンはアメリカで非常に有名な俳優で、ケネディ大統領の義弟ピーター・ローフォードと夕食をともにしたはずである。彼はフランス国営放送（ＲＴＦ）が放送した『影なき男』のＴＶシリーズに出演した俳優としても知られている。この夕食にロバート・ケネディも同席していたに違いないというのだ。

マリリン・モンローは夕食前に私を自宅に呼んで、およそ三時間、メーキャップさせました。マリリンはまあまあだとしか思っていなかったけれども、その夜ほど美しかったことはありません。

こうしたハリウッドのゴシップがあるからといって、マリリン・モンローが愛で死んだことが証明されたわけではまったくない。

イタリアでは、抜け目ない俳優のトゥリオ・ピスコポが、この世界中に広がる興奮を舞台に利用したのである。彼は初めて芝居を書くことを思いついた。この『マリリンのためのレクイエム』は一九六二年の末から翌年初頭にかけて大入り満員だった。

マリリンに似ているという理由で、ブロンドの髪をした若手女優エヴァ・ヴァニセックが起用され、マリリンの最後の晩の行動を舞台で再現したのである。毎晩、心を痛めた観客は、彼女が最後の電話をし、致死量の丸薬を飲み、死ぬのを観た。満面の笑みを浮かべて……。この若い女優の才能はこの戯曲の成功と何の関係もない。なぜなら、観客が拍手を送ったのは彼女にたいしてではないからである。

この公演の趣味の悪さや、『マリリンのためのレクイエム』を上演したローマの劇場の支配人の厚かましさを考えると、エヴァ・ヴァセニックがどうして着衣のままで自殺のシーンを演じたのかが理解できない。史実に基づかない誤りをおかすとは嘆かわしいではないか！……

一九六四年一月には、マリリンの三人目の夫であった劇作家のアーサー・ミラーは考えた。人気女優の悲しい最期は利用するのにこしたことはない、と。

アーサー・ミラーはニューヨークで、マリリンの生死を描いた戯曲『崩壊した後』を上演した。

この利用に一部の観客とマリリンの二人目の夫ジョー・ディマジオはショックを受けた。大リーグの大スターであったディマジオは「理知的な露悪趣味」として、アーサー・ミラーに対しての非難を求めた。

本書は自殺の百科事典ではないので、あまたの量の縊死、窒息死、水死、拳銃自殺の全部が全部を挙げることはできなかった。なにしろ自殺者は社会のあらゆる階層に広まっているからだ。

たとえば、商人や知識人、トタン屋兼鉛管工や審美家、破産した実業家や恋愛小説に出てくるショップ店員の犠牲者……等々である。

さらには、君主、国王、大公、理想の死者、バイエルンのルードヴィヒ二世、マリー・フォン・ヴェッツェラとルドルフ皇太子、細君を殺害して悲しみに暮れたド・プララン公爵……。

それから、本書では、劇作家のベルンスタンやアヌイの戯曲のワンシーンも、ジョルジュ・オーネの一節も割愛せざるを得なかった。

頁はいくらあっても足りない……。

III

自殺のテクニック

「自殺は難しい技術である……」――ロラン・バクリ

それぞれの年代で特有の自殺方法が選ばれている。(《衛生学年報》誌、1831年)

†古典的な方法

一般に古典的な自殺方法といえば、首つり、入水、火器、飛降り、刀剣類、圧搾、毒薬である。どの方法が最も普及するかは時代や場所によってさまざまだ。衣服やヘアスタイルのように、自殺にも流行がある。

一八五一年、法医学者のアルフォンス・ドゥヴェルジーは《公衆衛生と法医学年報》に、一八三六年から四六年にかけてパリの死体公示所に搬送された、全自殺者に関する研究を発表した。

当時の流行は入水自殺だった。事実、この期間には、千七百六十六体の死体のうち千四百十四体が水死体だったのである。

その他の自殺方法は合計しても全体数の十分の一にすぎなかった。

飛び降り　……　五六
刃物　……　一六
毒薬　……　一一
圧搾　……　七
縊死　……　一一四
火器　……　九八
石炭による窒息死　……　四六

精神科医のアレクサンドル・ブリエール・ド・ボワモンがまとめた統計によると、一八三四年から四三年にかけて、パリの検事局が記録した自殺のリストでは、窒息死がトップに立っている。

一、石炭による窒息死
二、水死
三、絞首
四、火器
五、飛び降り
六、刃物
七、毒薬
八、圧搾
九、断食

この頃、パリで人気を博したのは石炭による窒息死である。石炭が入手しやすく、その使い方が知られていたからである。しかも、この方法はとても心地よく死ねると評判であった。

反対に、地方では、石炭による窒息死はさほど普及していない。

フランスにおける一八三五年から四五年にかけての主要な自殺方法の一覧表では、自殺者総数二万三千八百七十三人が次のように配分されている。

八〇一五　水死
七四〇二　縊死
四〇八二　火器
……

一六七三　窒息死

……

統計学者のアルフレッド・ルゴワが綿密に算出した年別の統計を見ると、一八二六年から六〇年の間に、自殺者の好みが政体とともに変化していることが分かる。

縊死　一四八〇六
水死　一一八四五
火器　四三九〇
窒息死　三三二四
刃物　一五二二
飛び降り　一三八〇
毒薬　七五六
その他　二二八

普仏戦争（一八七〇）の後には、新しい変化が注目される。すなわち、パリでは縊死が人気を博したのである。一八七三年から一九〇六年にかけて、この方法は三六パーセントでトップを維持している。これに続くのは刃物だが、二一・五パーセントを超えなかった。

第一次世界大戦（一九一四〜一八）後には、進歩をみせた火器が大当たりをと

確実に死ぬために拳銃、棍棒、火、ガスを使用……それなのに失敗

ロサンゼルス、6月12日(UP)――失業者のラルフ・シュバートさん（三四）は自殺するのを確かに怖れてはいたが、妻と三人の子供に捨てられると、とにかく死ぬことにした。それで、彼はやるべきことをきちんとやっておいた。

机に自動拳銃をしっかり取りつけ、引金に電気式コーヒーミルに固定された長いリボンを通して、銃弾が発射されるようにした。そして、拳銃の銃口の前に椅子を置いた。

……

って、パリの自殺者の二六・一パーセントが脳を飛び散らしたり、心臓に撃ち込んだりしたのである。

一九二〇年から三七年にかけて、流行（はやり）の自殺方法は、灯火用ガスを使った中毒死（二八％）だった。感電死はどうかというと、これに関心を示したのは命知らずの工作家のみである。

首都パリでは縊死のファンは減少したけれども、農村や地方ではこの伝統的な手法が今もって人気だった。

一九五〇年から五五年にかけて、フランスでの主要な自殺方法の順位表を見ると、依然として縊死が首位に立っている。

縊死　六〇・七％
火器　一〇・一％
水死　九・一％
ガス中毒死　五・四％
……

紐で 銃で 水で……3度自殺を試みた男

リヨン、12月30日（AFP）——ルプロンジュ（アン県）の耕作者で、3児の父親であるフォンタネルさん(三五)は、自殺を3度企てている。

最初は首をつったが、たまたま訪ねてきた隣人に紐を切られた。2度目は、ナイフで喉を切ったが、重傷を負っただけ。3度目は、畑を横切ると、近くの川に身を投げた。岸に引き上げられ、マコンの病院に搬送された。重傷であるという。

縊死がファンを失わないのは、おそらく昔から信じられていることによるのだろう。実際、縊死のさいに快感が得られると書く者もいる。首つりをしたが息を引き取る前に救助された、という自殺未遂者の告白を報告している著作もあるからだ。彼らはおしなべて、えもいわれぬ快感から引き離されたと証言している。

この有害な俗説のせいで、一九五六年九月十二日、ニューヨークの図書館員が命を落とすことになった。

「アルフレッド・ハンマー（27）がニューヨークのアパートで首をつっているのが発見された。異常な好奇心の犠牲になったのである」

捜査員は首つり人の傍らに一冊の本が開かれているのを見つけた。チャールズ・ダフの『首つり入門』である。のちに明らかになったところでは、ニューヨークのさる神学校の図書館に勤務するこの青年は、首つりと首つり人の研究に熱を上げていたという。

ハンマーはその本に書かれている最期の感覚を知りたかったので、ロープを布で包む気の遣いようだった。絆創膏で口をふさいでから、両手を前で縛り、身をかがめて、手を縛ったまま、背中の後ろへと上手に手を通した。

そして、椅子に上って、準備しておいた結び目に頭を通し、両足を椅子から離した。

実験の後、両足を椅子の上に戻せると思っていたが、そんな力は残っていなかったのである。

アルフレッド・ハンマーがチャールズ・ダフの入門書を注意深く読んでいたら、もっと分別のあるふるまいをしただろう。実際、一〇三ページにはこう書かれてある。

「絞首による症状が現れるよりもはやく、体重によって中枢神経は失神を起こさせる。……」

多くの専門家が、首をつってえもいいわれぬ快感を得たという告白は眉唾物だと考えている。

とはいえ、いくら警告を発しても、首つり愛好家たちの行動を止めることはできなかった。

もっとも、首をつるひもの素材はいろいろである。たとえば、ベルト、電話線、シャツ、ズボンの裏地（エティエンヌ・セゼコキ、独房における首つり、一九五〇年四月）。エプロンの切れ端（カトリーヌ・ル・モアル、ポン＝ラベ、一九五二年十一月）。アイロンのコード（ユルバン・アセマ、ニース、一九五二年十二月）。ネクタイ（エルヴィン・ショプフゼル、パリ、一九六三年五月）等々。

改良を加えた縊死の事例も知られている。

一八七五年八月十日、新聞各紙は、クビになった鐘つき男が二箇所で吊られる自殺を企てたことを報じた。

「元鐘つき男のB××は飲酒癖および職務怠慢を理由に数日前に解雇されていた。……」

UN SUICIDE ETRANGE

風変わりな自殺

この鐘つき男は重度の鬱だった。かつては毎日何度も打っていたパリの小教区の鐘の音を聞くにつけて、そんな苦痛には耐えられないと明言していた。

「二日前、B××が自宅で死亡しているのが発見された。B××はテーブルを、窓とドアの中間、すなわち部屋の中心に移動させたが、テーブルの上に横になる前に、自分の両足を縄で結び、縄の先は窓のイスパニア錠に堅く固定していた。首の周りも別の縄で固定され、その先はドアノブに繋がれていた。……」

このように両側が結ばれると、B××はテーブルに横になり、縄をきつく結び直した。そうして、テーブルをひっくり返すと、首と足で宙づりになったのである。


首つり自殺と同様に、服毒自殺に使われる毒物は多様である。わけても、監獄では、あらかじめ指輪の伏込枠に毒薬を隠しておかなかった場合、自分自身で毒を生成したのである。

フュアルデス事件の被告の一人であるバンカルの死は、のちのちまで語り草となった。バンカルは一八一七年、独房で、硬貨を浸しておいた小便を飲んで自殺した。

一九五三年一月の末、フレーヌ監獄では、アントワーヌ・カレジアという囚人が紙巻き煙草の端から濃縮されたニコチン抽出しそれを飲んで服毒死に成功した。

独創性を発揮したのは囚人たちだけではない。

一九四八年五月六日、ディジョンに住むギイ・スコッティという二十歳の若い亭主が、嫉妬によるいざこざの末に、「インク壜二本の中身を飲んで、自殺しようとした」。

絶望者は病院で、胃を洗浄した後、妻からの和解の手紙を受け取った。

この手紙は鉛筆で書かれていた！

一九五二年十月二十五日、ヴァレンシエンヌで、タルデューが煙草二箱を食べて自殺した。

日々の行動を重んじて、自殺の実現に各自が独特な調子を与えるむきもある。

一八七四年、パリ在住のG××はガスを使って死ぬことにした。寝室の窓を閉めて、暖炉をぴったりと塞いだ。そして、ガス栓を開けて、二、三の所用を済ませに出かけたのである。

その夜、彼は管理人に火がついた蠟燭を貸りた。

彼は静かに踊り場まで上って、ドアを開け、部屋に入った。

凄まじい爆発が起こって、建物全体が揺れ、彼のアパートの窓から炎がはげしく吹き出した。人びとが駆けつけて、ガスのメーターを止めた。物的被害はたいしたことはなかった。G××のほうは、焼け焦げて変わり果て、自殺に成功していた。

複数の方法を同時に使うことも珍しいことではない。たとえば、こんな例。

ナイフで刺された縊死者

ポントワーズ近郊のラブヴィルで、ポーランド人ジャン・ディナズコが自殺した。

一九四八年十月二十六日、猟師たちが木に首をくくった男の遺体を発見した。遺体には胸部に刺し傷があった。ナイフは見つかっている。

《夕暮仏蘭西（フランス＝ソワール）》紙、一九四八年十月二十七日

頭部に五発発砲してセーヌ川に飛び込んだ男

パリのテュルビゴ通り在住のジャン・T××さんは、自殺を決意し、旧式の拳銃をつかむと、頭部に向けて五発発砲した。

軽傷だったので、ポン＝ヌフのほうへ行って、土手を降り、セーヌ川に飛び込んだ。

目撃者たちに救出されて、川岸に戻され、パリ市立病院に搬送された。命に別条はないと思われる。

《自由巴里市民（パリジアン・リベレ）》紙、一九五三年十一月三日

自分の死を小さなアクセサリーで飾ることに腐心した趣味人にも遭遇する。

カナダの富裕な相場師ハリー・ボーンズは一九三六年四月、頭部に「純金の弾丸」を撃ち込んで自殺した。この自殺者は遺書を書いていた。遺書によれば、彼は人知れぬ悲哀が原因で自殺したということだ。それに、自分の財産を考慮して、「平社員のようには死にたくありません」とも述べている。また、こうも記している。「ずば抜けた腕前を持つ宝石商に豪華な弾丸をつくらせました」

カナダには古典的な方法を改良した事例がまだある。一九四九年三月十日、トロントで、二十三歳の女性パール・ポリスカックスが自殺をはかるにあたり、ありきたりに刃物を用いたものの、心臓を刺すのはうまくないと考えた。

パン切りナイフで両足切断を試みたカナダ人女性！……

トロント、三月九日（ＡＰ）――パール・ポリスカックスさん（23）はパン切りナイフで両脚の切断を試みた。自室で発見されたとき、血まみれになって、「主よ、御許に参ります……」と叫んでいたという。

《夕暮仏蘭西（フランス＝ソワール）》紙、一九四九年三月十日

絶望して舌を切り口にナイフを突き刺してとどめにピストルを使用

カーン近郊カリクスの可動橋操作士マチュラン・G××は、兄と姉の前で、口の中にナイフを突き刺し、喉を切った。それで死ねなかったので、ピストルを頭部に発砲した。……

《戦闘(コンバ)》紙、一九五〇年六月六日

†異色な方法

古典的な方法による自殺の傍らに、酔狂と独創性が異例のケースを形づくる自殺のコレクションをまとめることができる。

一六七六年四月二十九日、セヴィニエ夫人は娘に宛てて、毒女を以て鳴るブランヴィリエ夫人が試みた自殺についてしたためている。

以下にド・クーランジュ氏の手紙を引きます。ブランヴィリエ夫人がどんなやり方で自殺しようとしたかを教えてくれましょう。

《ブランヴィリエ夫人は杖で自分を刺したのですが、どこを刺したのか当ててごらんなさい?……目ではありません。口でもありません。耳でもありません。……ただちに救助されなければ、夫人は亡くなっていたでしょう》

自殺者の女性
みずからを
窯で焼く

女性が自分を冷蔵庫で冷凍

アンダイで自殺
スペイン人が自分の手首と喉を切る
……そして　ジャム壜に血を集める

櫛を飲み込んで
自殺した男

歯ブラシで自殺しようとした女性
しかし　なったのは胃痛のみ

ドライバーを
頭に刺して
自殺

自殺しようと
ひげそりの刃と
編み針を飲み込む

身元不明の絶望者が
サン・ジェルマンの森で
ゴム製の内袋、ビールの小壜
チューブ入りのアスピリンを使って自殺

クリーム缶に頭部を入れて自殺した男

ウォール街で大爆発
アメリカの銀行家が砲弾（ミニチュア）を口に入れて爆発させる

酒飲み、雑巾で窒息して自殺を図る

嫉妬し絶望した夫
インク壜2本を飲む

70歳代の老人
煙草2箱を 食べて
自殺

男が猫のしっぽで自殺

男がダイナマイトと火を点けたマッチを口に入れる

ロープが切れ男は首つりでなく
溺死

ライオン用ピットへ
男が飛び込み

金槌でこめかみにナイフを打ち込んだ男

この杖の話に強い印象を受けた立派な侯爵夫人は、五月六日の書簡で再度ブランヴィリエ夫人について触れ、ド・コーマルタンの指摘を引いている。

……ブランヴィリエ夫人のことに大変な関心が寄せられています。夫人は杖を使って自殺しようとして、できませんでしたが、コーマルタンさんはこの杖についてひどく無分別なことを申しました。「あたかもミトリダテスのようだ」と。……あなたもミトリダテスがいかに毒物に慣れているか御存知でしょう。用途についてはは言わずもがなですね。……

一八一〇年、ヴェネチアの靴屋が人目を引く自殺を考えついたが、失敗に終わった。

マッテオ・ロヴァトはみずからを去勢した後、神秘主義思想の影響から、十字架に磔になっての死を命じられたと信じ込んだ。数年にわたり、この計画を実現する方法を研究し、丹念に刑の道具を準備した。

小道具をすべて作り終えると、ロヴァトは茨の冠をかむり、腰には白いスカーフを巻いた。そして、自分で作った木の十字架の真ん中に身を置き、十字架の下の枝に固定した受け木に左足をのせ、その上に右足をのせた。彼は長さ五プス（約十四センチ）の釘を両足ともに貫通させ、槌で木に打ち込んだ。それから、鋭くとがった長い釘の頭を地面に打ちつけて、釘を両手に貫通させた。こうして釘が突き刺さった両手を持ち上げ、十字架の柄の両端に前もって開けておいた穴の所に持って行き、その釘を穴に挿し込んだ。左手を固定する前に、左の脇腹を切出しナイフで刺した。自らを十字架に固定し終えると、ロヴァトは十字架に結びつけておいた綱を使って、十字架を傾けた。十字架は建物の正面に面した窓の外につり下がった。

翌朝、十字架にかかった男が発見されたとき、右手だけ十字架から外れ、体全体がつり下がっていた。靴屋の傷はのちに治癒している。

一八三三年にいっぷう変わった自殺が起こったのもまたイタリアである。五十五歳のコルシカ人デマレは数ヶ月来、ナポリ王国のカステラマレ・ホテルに滞在していた。このデマレはコルシカ島の街バスティアの死刑執行人の倅で、幼い頃よりたくさんの処刑に立ち会い、父親の助手を務めていたという。

一八三三年十一月の現地の新聞には次のように記載されている。「先頃、自宅でギロチンにかかった男が発見された。不幸な男が使用したギロチンには脱着可能な斧が装着され、斧は重量七十キロにも上った。……」

近隣の人びとは、デマレが自室に鶏や猫を連れ帰って来るのは、自分の発明の実験に利用しているのだろう、とうすうす勘づいていた。

「死刑執行人の元助手は白いフランネルの服を着ていた。彼の首はきれいに切断され、頭部はそれを受けるために用意された白いサテンのクッションの上に落ちていた。……この装置が設置されていたのは黒い布がかかった机の上で、やはり黒布に覆われた二つの小さな踏み段によって、自殺者の体は机の上に届くようになっていた。……その全体は二枚の大きな赤いカーテンが囲んでいた。……」

この自己処刑の様子は、警視と法医学者の報告書をもとに再現することができる。

デマレは仰向けに寝ると、ギロチンの刃のほうを向いて、刃を吊るしている紐を解いた。

近くの家具の上には火の点ったランプが置かれていたことから、自殺者が自分が発明した装置が動くのを見たがっていたのが分かる。

テーブルには、遺書が置かれていた。遺書には、バスティアでギロチンに処せられた人びとの魂が安らかにならんために、自分の貯金を使ってミサを挙げてほしい、と書かれていた。

もう一件、自分で自分をギロチンにかけた人がいる。この人は死後も長らく評判を呼んだ。一八四七年のことである。

パリの中央市場で仲買を務めるD××は、モンデトゥール通りとプレシュール通りの角にある自宅で、首が切断されて遺体となった状態で見つかった。

ルノワール警視はD××の部屋で精巧に組み立てられたギロチンを発見した。D××はこれを使ったのだった。

この血まみれの刃が装着された装置の前には、マットレスが敷かれていた。マットレスの上には、遺体が横たわっていたが、頭部だけ消えていた。

捜査によって判明したのは、D××は死亡する前日、大勢の友人に手紙を送り、自殺の意志を伝えて、葬式に招待していたということである。手紙の末尾にはこう記されていた。「私の頭部についてはご心配なく。処置済みです。……」

このメッセージから殺人という線は退けられた。D××の友人宅を捜査しても何の成果も上がらず、事件は処理済みにされたのである。

D××は仲買業をアルチュール・G××という男と共同で経営していた。D××の死後、G××は事業を独りで何年も切り盛りしたのち郊外に隠棲した。

そうして一八六六年の八月、そのG××が六十八歳で歿すると、相続人は驚愕することになった。鍵のかかったタンスから、D××の頭部が発見されたのである。エタノールに浸けられ完全に保存された状態だった。

水晶の広口壜には封書が附されており、表書きにはこうあった。「わが死の後に開くべし。アルチュール」

それによって一八四七年の謎が解き明かされた。


共同経営者であるD××は私の一番の親友だった。D××は、自分が私より先に死んだら、最後のわがままを忠実に聞き容れるよう私に誓わせた。

ある夜、私はD××からの手紙と、アパートの鍵を受け取った。手紙の指示どおりにした。

私はギロチンにかかった不幸な友を見つけた。私は頭部を拾い上げて、持ち去り、保存した。彼の望みど

1930年3月に指物師が自作したギロチン（《プチ・パリジアン》紙増補版）

おりにだ。
頭部はわが相続人のうち最年少の者の家に保管し、わが家系で代々伝えられることを望む。

このニュースは一八六六年九月に、《エヴェヌマン》紙や《ヌーヴェル》紙で報じられた。

十九世紀の医者たちはバラエティに富む風変わりな死に方を記録に書き残しているが、その中にはジャーナリストたちが食指を動かす事例もある。

一八六三年、数年前に妹が自殺している三十歳代の女性が、砥石を嚥下して自殺を遂げた。……検死の結果、砥石が食道に進入し、気管を圧迫したことが判明している。
さらには、自殺者が「自分にケリをつけるため」に飲み込んでいた多数の物体が発見された。木製の熊手、ポケットナイフの刃が胃には残留し、三本の釘、一本の木ねじ、編針の破片が小腸にはあり、これらは自殺未遂の頻度が高いことを示していた。
《医学心理学年報》一八六四年

一八七五年八月、ヴィリエ＝シュル＝セーヌで、J・A××という時計製造工が、これまでに犯した発明の失敗に嫌気がさして自殺した。この不幸な男は、大型の丸い時計を自分の足に結びつけてから、天井の釣り金物に首をつった。……その時計は翌朝、時計工が発見されたときにも、まだ動いていた。

ダルマチアのカッタ－ロ（現在のコトル）で、要塞砲兵部隊の中尉が大砲を撃って自殺した。中尉は大砲に一人の個人の砲弾を詰め込むと、定規を使って導火線に火をつけ、大砲を撃った。……（一八八五年七月）

数ヶ月後、こうした堂々たる態度の自殺に心惹かれた二十五歳の志願兵が、同様のやり方で自分に向けて砲撃した。

第三砲兵隊第十二砲兵中隊の技術軍人副長のB××は、実習学校の演習に派遣され、仲間からも愛されていた。B××は砲兵中隊の倉庫に侵入し、弾薬の保存状態の検査を口実にして、大砲の砲口に入り、引き綱を引いて、大砲を発射させた。彼はまっぷたつに割れた。（一八八六年三月）

一八八七年三月五日には、「運のいい自殺（ポルト・ボヌール）！……」と題されて掲載された珍妙な報告がみられる。

少女ベルト・B××は酒に酔って逮捕され、派出所に連行されると、予想だにしないやり方で自殺を企てた。巡査部長にトイレに行く許可を願い出ると、箒の柄を戸に立てかけてそこに閉じこもった。そして、窒息死をする目的で、自殺者は便器に頭を突っ込んだのである。

巡査は少女が出てこないことに気づいて、ドアを開けようとした。ところが、ドアが内側で固定されていたので、ドアを壊すことにした。

少女B××はふつうでない姿勢をしており、窒息しかけていた。適切な治療を受けた少女は意識を回復し、厳重な監視下に置かれている。

この経験は彼女に手錠（ポルト・ボヌール）をもたらすかもしれないだろう。

一八八七年十二月三十一日、スペインのカルタヘナにある市立劇場で、頭部を爆発させた観客の隣に座っていた女性が、その巻き添えをくって重傷を負うという事件が発生し、世界中の人びとの度肝を抜いた。

昨年の十二月二十九日、カルタヘナの劇場で、公演中、一階席の観客が、火のついたダイナマイト一本を口に入れて自殺したのである。……
この観客の頭部がこなごなに飛び散ったせいで、この分別のない自殺者の隣に座っていた女性は顔や手に傷を負った。……

無分別な自殺者には警戒が必要である。日本では、一九六三年八月に、自殺者の片脚によって犠牲者が出ている。

自殺者の切断された片脚によって
乗客一人が死亡
七人負傷
日本の列車

東京、八月三日(AFP)

日本で残酷凄惨な場面。昨夜、横浜–大船線の食堂車で、自殺した乗客の切断された脚のせいで、乗客の一人が死亡、七人が負傷した。
自殺者が走行中の列車の窓から飛び降り、反対方向から来た列車にはねられた。自殺者の脚部が切断されて、飛び降りた側の列車に勢いよく跳ね返された。脚は食堂車の窓を割り、一人の乗客の腹部に直撃した。この乗客は転倒して即死。七人の乗客が窓ガラスの破片で負傷した。居合わせた多数の乗客も気を失った。なお日本の慣習によれば、自殺者は靴を脱ぐものだという。

《フランス通信社（ＡＦＰ）》、一九六三年八月四日

一八八八年八月のこと、男性がバルベス大通りのベンチに腰かけて、陶製のパイプを静かにふかしていた。……この男性は悲劇的な行為など微塵も予感させることなく、パイプに煙草を詰めていたが、唐突にそのパイプを食べてしまったのである。

目撃者によれば、男性は故意にそうしたのだという。目下捜査中である。……

同じ頃、リヨンでカフェの店主の自殺が報じられている。人生と富にうんざりして、紙幣を食べて自殺したのである。

「男は紙幣を食品に混ぜて食べ始めた。そして、それをソースもパンもなしに咀嚼しようとつとめたが、ついには窒息死した」

おそらく相続人が要求したのであろう、検死が行われて、自殺者の喉と胃の中から一千フラン分の紙幣が回収された。

医師ポール・モロー・ド・トゥールによれば、絹の帽子を口に押し込んで窒息死するという風変わりなことを思いついた帽子屋の事例がある。

帽子屋は発見されたとき、すでに死亡していた。帽子のてっぺんには、自殺理由を述べた小さな説明書がピンで留められてあったが、いっぷう変わった方法を選択した理由には触れられていなかった。

一八八九年頃、医師ジュール・エミール・ペアンの患者に、自殺を企てて頭に短剣を刺したものの、それでも生きている男がいた。

この男は家賃未納の件で女房と口論になっていた。男は刃渡り十センチの短剣を取ると、自分の頭のてっぺんに垂直に向けた。そして、ハンマーでもって、短剣の鍔(つば)まで打ち込んだのである。それ以上は打ち込めなかった。頭に短剣を刺しても、金も得られなければ、死にもしなかった。何も感じなかったのである。知能も、感覚機能も、動きも元のままだった。

男は刺しどころが悪いのに困惑して、医者を呼びにやることにした。医者は短剣を抜こうとしたが、いくら手を尽くしても上手くいかなかった。

デュブリゼ氏が呼ばれた。二人の医師ともさほど適任ではなかった。医師たちは病人を抱き上げて、短剣の柄を引いた。だが、凶器は頭蓋の内壁にしっかりと固定されて、びくともしなかった。病人は近隣の工房に運ばれて、強力な力で引き抜く方法がとられた。両側の縦かまちの間に、機械の動力で動く鉄製の強力なやっとこが取り付けられた。病人は床に座らされ、しっかり固定された。短剣の刃はやっとこに挟まれると、静かに引っ張られた。病人が少し持ち上がるにつれて、刃が引き抜かれ、病人は再び床に落ちた。彼はすぐに立ち上がると、歩いたり、話したりし始め、デュブリゼ氏を馬車まで送って行って、「ありがとうございます」と礼を述べた。

刃は先端のほうがやや曲がっていた。刃が刺さっていたのは、後頭蓋窩という堅固な部分だと判明した。病人はサン＝ルイ島のペアン医師の病院に入院したが、炎症や麻痺の症状が進行することもなく、一週間後には退院した。

このケースは唯一無二とは言えないものの、ふつう釘を刺した場合の健康状態はあまりいいわけがない。一九一一年、元ガリバルディ義勇兵はみじめな生活に疲れ、とがった釘を石を使ってこめかみに根気よく打ち込んで自殺した。

その四十年後の一九五一年、ポズナンの精神病院では、二十歳の在院者が、頭部に長さ六センチ半の釘を打ち込んだ。

この精神病者はコンクリートの床に腹ばいになって、両手で釘をつかみながら、額を激しく打ちつけて前頭骨に打ち込んだのである。

ハットピンを心臓に刺した囚人もいる。ピンの頭をミサ書の表紙で強く押しつけたのである。

今どきの人は榴弾、ダイナマイト、起爆剤で自殺する。たとえば、一九五二年には、イタリアで、男が二本の信管を準備して、電線に繋いだ。

それから、信管を両耳に入れ、ベッドに横になると、スイッチを押して爆発させ、頭蓋を吹きとばした。

《戦闘(コンバ)》紙、一九五二年八月一日

一九五三年十二月、ポーサック＝サン＝ヴィヴィアン在住のジルベール・F××(22)は、両耳の後ろに、蓄電池につながれた二本の信管を取り付けた。

そして、信管を爆発させて頭を吹き飛ばした。

《夕暮仏蘭西(フランス＝ソワール)》紙、一九五四年一月十四日

サン＝ミシエル＝モンジョワ(マンシュ県)で、イタリアのメルゴッゾ出身の石切工I・ペローニ(64)は、石切場で使用する信管を点火して口に入れ、自殺した。

《解放(リベラシオン)》紙、一九五五年八月九日

ここ三十年、爆発による自殺は頻発したが、瓦礫の下敷きになるという最後の満足感を得るため建物を爆破し

た自殺者にめぐり会うのは、異例中の異例なことだ。

四十一歳の時計工にしてフランス語教員のポール・B××の事例である。B××は一九六三年八月二十五日の夜、ミランド（ジロンド県）で、両親の家を爆破した。

この不可解なる人物は憲兵班長にあえて手紙を書いて、世間の注目を浴びる手段で自殺すると予告していた。自宅でギロチンにかかることは、もう時代遅れになっている。今日の主流は、コツコツと制作した電気椅子で自殺することである。

たとえば、ラン在住のラジオの小売業を営むジャン・S××は、専門知識を駆使して自殺した。S××は不渡小切手の事件で郡の裁判所に召還されていた。彼の遺体は兵舎の地下室で発見された。そこが彼の仕事場だった。


彼は地下室の内で電気抵抗の装置を組み立てていた。アメリカの電気椅子の代用品として、鉄板のヘルメット、それに手首と足に装着する腕輪と足輪を自作した。

スイッチのボタンを押し、凄惨な方法で人生に決着をつけた。

《パリ＝プレス》紙、一九五三年十一月三十日

アメリカで感電死
自作の電気椅子で

六十六歳のクラレンス・ハドソンが、ワシントン州ウェナチーの自宅アパートで、電気椅子に丸まって、座った遺体となって発見された。

死者は手に針金を握ったままだった。針金は自作の電気装置に接続されていた。両足を濡れたタオルの上に置き、頭部をもう一枚の濡れたタオルで包んでいた。両方のこめかみに一枚ずつ硬貨が粘着テープで貼り付けられ、硬貨と変圧器にコードが繋がれていた。

日本にも事例がある。

日本で、二十歳になる農業を営む若い男が、自分の左手と右脚をテレビ受像器に電線で結んだ。男は昨日、自宅で感電死しているのを警察に発見された。

フランス通信社（ＡＦＰ）、一九六〇年九月六日

電気椅子に続き、イタリアの青年が開発したガス室のミニチュアが登場している。

昨日、両親がヴァカンスに出かけた隙に、クラウディオ・Ｐ××（20）は厚板で箱を作り、接着芯地で密封した。この箱には頭部を入れる穴しかなかった。

学生が台所で死亡しているのを隣人が発見した。クラウディオは頭部をこの箱に入れており、箱には長いゴムチューブを通ってガスが流入する仕組みになっていた。……《夕暮仏蘭西（フランス＝ソワール）》紙、一九六〇年七月二十日

緊急に自殺する場合には、様々なものを飲みこむ人がいる。たとえば、櫛、歯ブラシ、釘、針、剃刀の刃、グラスの破片、鍵、ボタン、キリストの十字架像、宝石、万年筆等を飲み込むのである。

ケープタウンの病院で
イギリス人の青年が二四二四本の釘を飲んで手術を受ける

これは癲症（せつ）の特別恐ろしい症状ではなく、単なる自殺未遂である。事実、病人は自殺を望んで小さな釘を三百グラム飲み込んでいた。

《フラン・ティルール》紙、一九四七年八月十四日

この記録を破ったのはエヴルー監獄の囚人である。

サーディン缶切りを二本、長さ約十センチの大きな釘を数本、木ねじ数本、カーテンリング数個、かなり

ここ十年間の「工作」による自殺のあれこれ。

チェスマンの死に動揺、イタリア人学生が自作の「ガス室」で自殺

アメリカ人男性が自作の電気椅子で感電死

電気技師、自作の電気椅子で自殺

日本人、テレビを電気椅子に改造……自殺

の大きさの三角形状の窓ガラスの破片……

以上のいっぷう変わったリストは、エヴルー監獄の囚人ピエール・アンノックの胃の中から発見された物体である。彼は数日前に首つりで失敗した後、一九四七年十月六日に自殺をはかった。

アンノックはエヴルーの病院に救急搬送され、手術を受けた。やや下方にあった胃は正常な位置を回復した。

《フラン・ティルール》紙、一九四七年十月九日

それから五ヶ月後、ギャングの一員がパリの警察署で鍵の束を飲み込んでいる。

滞在禁止と五つの有罪判決を受けたジョルジュ・シュミット三十六歳は、フォンテーヌ通りで、トミーガンを手にして、タクシーから降りたところを逮捕された。

サン＝ジョルジュ地区の警察署で、ミショー警部が容疑者を尋問したとき、容疑者はポケットから鍵の束を取り出すと、止める間もなく、それを飲み込んだ。……ビシャ病院に搬送され、ここで捜査員に引き渡された。

《今夜(ス・ソワール)》紙、一九四八年三月十七日

一九四八年四月二日、「掏摸(すり)界の王様」との異名を持つ名人で、五十四歳になるアルフレッド・ビンディは、セーヌ県の軽罪裁判所第十四法廷に出廷した。

ビンディは地下鉄内で女性旅行者から五十九フランが入った財布を盗んだところを逮捕されたのである。法廷で、彼が自殺を企て未遂に終わったことが言及されると、新聞各紙は書き立てた。

ビンディは逮捕された晩、その有名な手さばきが年齢のせいで衰えたことを悟って、死を決意した。柔らかな

サスペンダーをまるめると、飲み込んだのである。

かつての名人はこう告白した。「お恥ずかしいかぎりよ……捕まっちまったのが……たった五十九フランで……」

パリのラリボワジエール病院で手術を受けたビンディは、六ヶ月の拘禁と罰金四千フランの有罪判決を受けた。一九五五年には、イギリスで若い女性がレコード盤を飲み込み、自殺に成功した。

……四月八日、リリアン・G××は胃痛でうめき、翌日の夜になると、ヒ素や催眠薬の代わりにレコードの破片を飲み込んだことを夫に告白した。

この若妻は祖母の死をいたく悲しんでいた。《自由巴里市民（パリジアン・リベレ）》紙、一九五五年四月十六日
このイギリス人女性と同様の行為を、一九六三年、ニューヨークで、十六歳の少女が行っている。自殺の原因は恋愛だった。

緊急入院した少女は、医者にこう話した。「死にたかったの。プレスリーに恋心を抱いてたのにダメだったのよ！」

崇高さを追求したい、最後に人を驚かせたい、注目を浴びたい、そうした欲求から、コンプレックスを抱えた自殺志願者たちは演劇的な状況のなかで死んでいく。

たとえば、一九五二年十二月二十八日、二十五歳にしてテキサス屈指の大牧場経営者であったウィリアム・コックスは、自家用飛行機を岩山に墜落させた。

「燃料タンクが空になるまで飛び続けるよ。そして、採石場に地上三千メートルから墜落するのだ。……」

こう話すと、コックスは機体を岩山に突入させた。友人たちは三時間にわたり、無線電話を使って深刻な会話

をコックスと交わし、自殺の計画を思いとどまらせようとしていた。

「……私の人生はあまりに面倒だった」と彼は友人たちの願いに答えた。

「……降りたくない。……降りたくない。……降りたら、厄介ごとがさらに増える。運転免許証も取り上げられてしまう。……」

《夕暮仏蘭西(フランス＝ソワール)》紙、一九五二年十二月三十日

一九五四年七月十六日、二十一歳のチェコスロヴァキアの学生ヨーゼフ・ハイエークも、ドイツにあるニュルンベルクの動物園でライオン用ピットに進入し、同時代人たちの度肝を抜いた。青年が壕を泳いで渡り、猛獣に近づくのを見物人は怯えながら見た。たちまち一頭のライオンが青年にとびかかった。そこに調教師のマルガレーテ・シュトルヒが駆けつけた。マルガレーテは語っている。

私は大きな声でついてくるように呼びかけました。若者はいったんは立ち上がりましたが、また倒れてしまったのです。……ツェーザルという、当園で一番大きなライオンが若者の首に襲いかかりました。若者はぴくっと震えて、動かなくなったのです。

《パリ＝プレス》紙、一九五四年七月十八日

矛盾したことではあるが、生活をよりよくする目的で開発された製品を使って自殺をはかる人たちもいる……。

飛行中の自家用飛行機から飛び降り自殺

ワルシャワ、7月18日（AP通信）

空中での自殺。ポーランドの引退したパイロット、エウゲニウシュ・ポドルスキー（六九）は飛行機からパラシュートを装着せず飛び降りて自殺した。

ワルシャワの飛行クラブの会員であるポドルスキーは最近、妻が急死し、深く悲しんでいた。

1963年7月18日

ロイター通信は一九五二年十月二日、全世界の新聞に伝えた。ミルウォーキー（米国ウィスコンシン州）在住で、四十四歳のマーガレット・アルバートが、「窯で焼かれて」自殺した、と。

アルバート夫人は電気釜の点火レバーにひもを繋ぐと、それから、窯の中に這うように入った。そして、窯の内部におさまると、ひもを引いた。

一九五八年三月十七日、フランス通信社（ＡＦＰ）が同種のニュースを伝えている。話題の主はまたも女性である。

ニューヨークのアリス・ディロン夫人は冷蔵庫の中身を空にしてから、全裸でそこに入って、自殺した。

《日曜新聞（ジュルナル・デュ・ディマンシュ）》紙、一九五八年三月九日

自殺志願者たちは最先端技術に目がない。

最先端の技術である原子力を用いて自殺をしたいと、大勢のアメリカ人が請願している。核実験のたびに、アメリカの陸軍大臣は絶望した人びとから多数の手紙を受けとっている。この人たちは、「最新鋭」の方法で自殺しようと、核実験の対象となる小島に行くのを望んだのである

とはいえ、いずれの申請も本気では受けとめられなかった。

新記録が飛び出すアメリカでは、一九五九年に、世界初となる宇宙空間での

33回転の自殺

ニューヨークで少女が33回転盤のレコードの破片を食べて、病院に救急搬送された。「死にたかった。だって、エルヴィス・プレスリーへ恋を温めてきたけどだめだったから」と少女は医者に説明している。それで、絶望した少女は、自殺をしようと、エルヴィスのレコードの破片の山を選んだのである。

1963年7月30日

再起不能の「蛇の王」未亡人
死をはかって鎖蛇のケースに手を入れる
6回噛まれたが、救助される

1959年、蛇使い女の人目を引く自殺未遂

自殺が起こった。

十九歳のウォルター・ムーアが選んだのは、高度二万五千メートルのロケットから飛行士が離れるのと同様な死だったのである。

宇宙飛行の訓練生ウォルター・ムーアは、一九五九年三月八日日曜日、デヴィス・モンサン空軍基地（アリゾナ）にある実験用操縦室に侵入した。彼は高度二万五千メートルの飛行環境を再現させることを可能にする装置を作動させ、それから宇宙服を脱いだのである。

翌日、彼の遺体が見つかった。完全にずたずたになって。

それとは反対に、最先端の発明を軽蔑するために、古めかしい方法で自殺した文明人もいる。

一九六〇年十一月二十六日、夕刊各紙が、スイス出身の建築家ウージェヌ・ヴィッタの奇妙な自殺を報じた。ヴィッタといえば、シャンゼリゼ大通りに並ぶ「マリニャン」、「ノルマンディ」、「ティロル」等の建物を手がけた人物である。

三十八年前からパリに住む、六十三歳になるこの洗練された人物は、セーヌ・エ・オワーズ県にある彼の所有地の一位（いちい）の木から採取した赤い種子を噛んで、服毒自殺を図ったのだった。

ここで問題となるのは、二重の理由で注目すべき中毒である。優秀な専門家から《パリ＝プレス》紙に提供された参考資料によれば、この赤い種子は人体に有害とはいえないとのことなのだ。

この赤い種子にはパビンアルカロイドが含有されている。それが四グラムで兎を殺すのに充分だが、人間を死に至らしめた前例はない。……

それでも、一つの解釈を提示しておこう。この毒は生きることを望まない人に作用するのかもしれない。

それがこの建築家のケースであった。彼は「創意のない仕事で理想をつぶされた」ことに絶望していた。大聖堂を建てたかったのに、スナックバーの入った低賃金住宅の注文を受けたことで悲嘆していたのだ。ウージェヌ・ヴィッタは情熱を失った。体重は二十五キロに落ち、痩せ細っていたのである。

ヴィッタは現代世界の不条理を証明しようとして、メッセージを残した。丁寧に畳まれた四十枚の白い紙が大きな封筒の中に入っていた。その一枚には、次のように書かれていた。

「それが私を殺した生活だ。その生活と役に立たない書類の山！……」

どんなに巧妙な自殺も、必ずしも成功するわけではない。

古めかしい方法の二件

自殺しようと頭に25キロの石を落とした男

マルセイユ、3月15日（《夕暮仏蘭西》紙外電）

バニョル・シュル・セーズ（ガール県）近郊のサン・ポール・フォン在住の石工シャルル・リュビさん（六〇）は、長年にわたって持病をかかえており、完治しないことに絶望していた。彼は死を決心した。

彼は25キロの立派な石を選び、高さ3メートルのテラスの上に苦労して持ち上げた。手すりの上にぐらぐらしたままの状態で置き、紐を結びつけて、テラスの下に座り、紐を引っ張った。

まさに計算通りだった。石は彼の頭部を砕き、確実に死なせたのである。

《夕暮仏蘭西》紙、1963年3月16日

パリの建築家、有毒植物を噛んで自殺

パリのオペラ大通り在住の建築家ウジェーヌ・ヴィッタ（六三）は、ラ・シャペル・スー・クレシーに所有する地所で倒れているところを発見された。

捜査員は、有毒の植物を摂取して自殺したと考えている。発見時、それがまだ口に含まれていたからである。

《夕暮仏蘭西》紙、1960年11月26日

一九五七年の年の瀬、恋人の旅立ちを悲しんだ若いイギリス人女性モニカ・エドガーは、何も分らない一歳半の息子ライオネルを手伝わせて、死のうとはかった。

彼女はカービン銃の引金と寝室のドアノブとをひもで結んだ。ベッドに座って、銃身を自分の胸に向けた。準備が整うと、ドアを開けるよう息子に頼んだ。子供はそのとおりにした。が、カービン銃がちょっとそれていたので、モニカは銃弾の一部を胃に受けただけだった。

六週間の入院の後、モニカは危険な状態を脱した。

一九六〇年十月十二日、バイヨンヌの消防隊が医療秘書のシモーヌ・C××を死から救い出した。彼女はトランクの中に入っていた。ブタンガスの小壜を使って、ガス自殺しようとしたのだ。

トランクには両親の住所が記されたラベルが貼ってあった。

生きていたときと同じように、死ぬときも素朴に死のうと、農民も労働者も、むしろ慣れ親しんだ道具や物を使って自殺している。

一九五九年四月十六日、農婦が喉を切って自殺したが、それに使用したのは秣切り（まぐさ）である。この農具は、パン屋が用いるナイフに似た、上下に動く大型の刃物である。

D××夫人は生活習慣を何も変えていなかった。ポワズイユ＝ラ＝ヴィルの農場で、朝早く起き、牛の乳を搾り、牛乳屋が定期的に回収する街道端に牛乳の缶を置いたのである。

労働を終えると、納屋に行き、仰向けに寝そべって、秣切りの開口部に頭を差し込んだ。そして、操作レバーを押して、その刃で喉を切った。

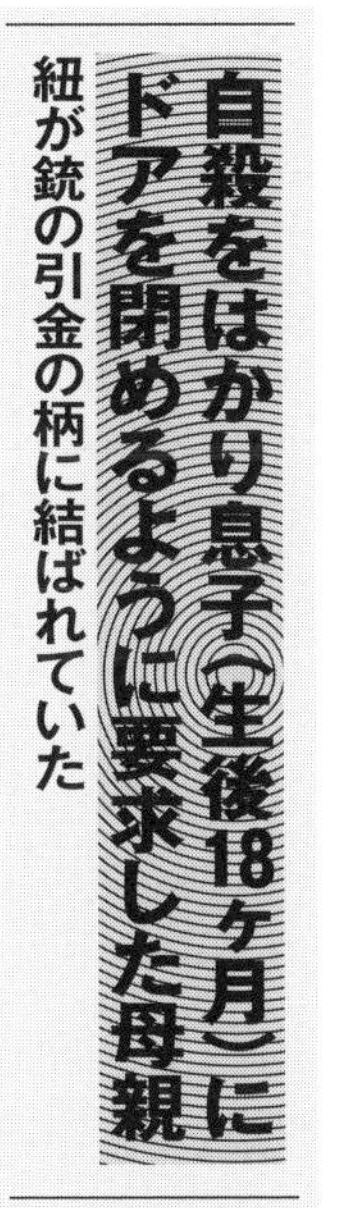

自殺をはかり息子（生後18ヶ月）にドアを閉めるように要求した母親
紐が銃の引金の柄に結ばれていた

1957年12月23日

思い違い！

4人の男に首を絞めさせた男

ニューヨークの宝石商、癌だと思いこむ

（本紙駐在特派員　A・ド・スゴンザック）

ワシントン、3月29日（特別電信）

天に昇る月の青白い光にくっきり浮かび上がった、木のような高さのある巨大なサボテンが、アリゾナの砂漠の石ころだらけの土地に長く伸びていた。この幻覚を起こさせる環境で、痛ましいうめき声を上げながら走っていた、1台の古い車が、州都フェニックスの北方約10キロのサマラの丘の山腹で停まった。5人の男が車から降りてきた。4人の若い黒人と1人の小柄で年とった白人である。

黒人たちは持ってきたロープの中心に輪奈結びを作ると、それを白人の首に通したが、白人は抵抗することなく、されるがままにしていた。黒人たちはロープの両端に分かれ、相反する方向に引っ張った。ロープは切れた。犠牲者はささやいた。「やりたまえ。だが、苦しませないでくれよ」黒人たちはもう一度ロープを引っ張った。数分後、黒人たちが疲れて引っ張るのを止めると、老人の体は壊れたマリオネットのように倒れた。

犯罪でなく自殺

男を拷問した人びとは、男のポケットを素早くひっくり返し、男が所持していた、2百万フラン弱の価値のある数個の宝石を持ち去った。

数日後、「カウボーイ」が馬に乗ってそこを通りかかって、死体を発見した。警察は「他殺である」と宣言したが、誤りだった。事件はそれ以上に不自然だった。自殺だったのである。

男は自分を殺害するため失業者を集めた

白人サム・レズニックはニューヨーク州の繁盛している宝石商だった。彼の最大の喜びは、財産に囲まれ、妻リアンの愛情に包まれていることだった。3年前、心臓に障害と糖尿病の初期症状が現れた。彼は医師たちの忠告に基づいて、商店を売却し、快適で温暖な気候のフェニックスに移り住んだ。

しかし、やがて彼は不治の癌に罹っていると思いこんだ。毎日、地方新聞の求職欄に目を走らせていた。それも、とりわけ、きわめて絶望的なケースに関心をもっていたのである。彼は何度も失業者を集め、彼らに自分を殺してくれるように持ち出した。彼らの1人が警察に通報した。しかし、この異常な要望をする張本人の身元が特定できなかったので、警察は事件を無条件に処理済みとした。

犠牲者が自殺を選んだ

ようやくレズニックは1人の志願者を見つけることができた。この志願者の男性は、1人で殺害することを恐れたので、自分と同様に友人たちを金の力で雇った。宝石商は彼らにこう説明した。「私が家を出たら、車でついてきてほしい。通りに人がいなくなったら、拳銃で後頭部に1発撃ってほしい」と。しかし、4人は拳銃を買う金すら持っていなかったのだ。

犠牲者が車の中にロープがあるのを見て、絞首を提案した

2週間後、警察は4人の男をつきとめた。警察は当初、彼らの話を信じなかった。しかし、彼らの話の細部がきわめて正確なので、刑事はついに納得するに至った。4人は殺人罪で起訴されたものの、軽減情状を考慮されるだろう。

嘱託殺人による自殺という例外的なケース。《夕暮仏蘭西》紙、1962年3月30日

一九五四年二月二十二日、マルセイユの建設現場で、労働者ドミニク・G××四十一歳が鋸盤で自殺を試みた。彼は作動中の鋸盤の帯鋸に頭部を三度押しつけた。その度に、鋼鉄の刃が肉と脳頭蓋に食い込み、不幸者は後ろに押し戻されたのである。……

《フラン・ティルール》紙、一九五四年二月二十四日

エレベーターボーイのロベール・H××は、パリのオスマン大通りの建物で自分が何年も操作してきたエレベーターに故意に押しつぶされた。

……H××はエレベーターで八階に上ってから、階段で七階まで降りた。エレベーターの鉄柵に頭を通し、籠を下降させた。籠の下降によって彼の頭椎は砕かれたのである。……

《夕暮仏蘭西（フランス＝ソワール）》紙、一九五五年六月九日

一九六〇年十一月十八日、シェテンヴィル（セーヌ・エ・オワーズ県）で、屠畜作業員レイモン・B××五十四歳が自殺を図った。屠畜用の銃で頭部に発砲し、沼に身投げしたのである。

†舞台背景の選択

作家のマクシム・デュ・カンは、ロマン派の詩人アルフレッド・ド・ミュッセが言ったとされる言葉を伝えている。ミュッセは二十歳になるかならないかの時分に、詩人のウルリック・ギュタンゲールの家で休暇を過ごしたことがある。ギュタンゲールの家はトゥルーヴィル近郊のサン＝ガティエン＝デ＝ボワにあった。ミュッセは、

風が吹き抜け、人気のない、荒涼とした海岸の一端を望見したとき、こんな言葉を洩らした。

「自殺するのにもってこいの場所だな！……」

それは戯言に過ぎなかった。景色がどれほど憂愁を帯びていてもそれだけで通行人たちを死に導くことなどできないのだから。


啓蒙思想家のドニ・ディドロはジャン＝ジャック・ルソーをさして評価していなかったが、モンモランシーの池端を一緒に散歩したことは面白がって思い起こしている。

「この池です。ここで死のうと、何度も飛び込もうとしたのですよ」

「どうしてそうしなかったのです？」とディドロが尋ねた。

ルソーはちょっと躊躇（ためら）ってから、こう答えた。

「手を入れたら、あまりに冷たくて……」

幻滅して人生にいち早く決着をつけたい人は普通、最後に眺める景色など気にはかけない。いわんや自分の命を奪う水温をや。

控えめな人はその場で、日常の生活の範囲内で自殺する。肉屋なら肉屋の店内、役人なら役所、葬儀屋なら墓場で！

ニース復興事業の不正事件に巻き込まれ男性が墓地で首つり死

ニースの復興事業が原因で死者が出た。死亡したのはD××さん。既婚者で世帯主、葬儀屋の従業員だった。D××さんは今朝八時頃、マントンの墓地で首をくくったのである。

墓地、地下埋葬室や葬儀屋で死にたいと思うのは、神経衰弱にやられた墓掘り人夫と葬儀屋の従業員くらいのものだ。

とはいえ、細心でつましい自殺者の中には、友人や相続人たちに面倒をかけたり費用を負担させたりしないよう、こうした寂しい舞台背景を選ぶ者もいる。

一九四六年、パリ郊外の葬儀屋の店先で、頭を拳銃で撃ち抜いた客がいた。この男は葬儀屋の店主にこう謝罪している。

> 申し訳ございませんが、しかるべき葬儀をお願いできましたらと存じます。ただそれだけでございます。……ご入り用な情報をご提供します。……
>
> 重ね重ね申し訳ございませんが、誰よりもあなた様にお手続きをお願いできれば好都合です。葬儀費用が左ポケットに入っております。……さようなら。花は不要です。……申し訳ございません。……

こう書くと、自殺者はこめかみに弾丸を撃ち込んで倒れたのである。

アメリカでは、葬儀屋の組織網が全国に張りめぐらされていて、この種のふるまいに驚く者はいない。一九五一年四月一日の《夕暮仏蘭西(フランス=ソワール)》紙に、次のようなニュースが報じられている。

「私は墓地で死ぬ」
地下埋葬所に入り込み窒息死した男

1893年の自殺と同様に、
1962年に自殺した男

厄介事から免れようと……男性が自殺未遂 葬儀店の中で

十二年におよぶ家族にまつわる厄介事に決着をつけようと、チャールズ・ウォルター・レッドフォードは昨夜、ストリキニーネを飲み、葬儀屋の店頭に出向いた。そして毒が回り始めると、店内に入った。……彼は受付けの従業員に、御社と埋葬保証契約を結び、まもなく死ぬのを待ちながら、肉体につきまとう厄介事を免れたい旨を申請した。

しかしながら、レッドフォードは死に至るに必要な時間を見誤っていた。彼は病院に搬送され、一命は取り留めたのだから。

「次にはうまくやるさ」とこう彼は断言した。……

舞台背景を合理的に選択したケースの中には、いま述べた事例以上に不適切なケースがある。次に挙げるように、隣家に行ってガス中毒死するというのは、なんとも悪趣味である。

隣家でガス中毒死した女

失恋が原因と思われるが、ルドン在住の小売商シモーヌ・ミシェルさん(37)は、隣家に行って、ガス中毒死した。彼女のところにはガスがひかれていなかったからである。

《パリ＝プレス》紙、一九五三年六月六日

他人の家で自殺する人間の無神経さについては、一八六九年の《クロニック》紙にもこんな記事が掲載されて

《非妥協者》紙挿絵入り号、1893年12月7日号の表紙

いる。事件当事者の女性の会話である。

「どうかしたの？　ずいぶん怒ってるみたいだけど」

「アタマにくることがあったの、ぞっとしない騒ぎが」

「どういうこと、話してよ……」

「あのね、カレが私の家に入ってきて、真っ青になって私の手を取り、『さようならを言いに来た』って言うの。『さようならって？』『そう、破産したんだ。けりをつけないといけない』そう言って、ポケットからピストルを取り出すと、自分の顎の下に当てて、パン！　パン！　だから私の鏡が割れちゃったのよ、ガチャンとね！」


死後スキャンダルを起こしたいと考える人は、商店、舞踏室、役所、レストランで死ぬのを恐れない。教会でさえ恐れない。

ロシアの文豪ドストエフスキーは突飛なふるまいをしかるべく際立たせる手腕に長けている。場違いなところに来て、自分の頭部に発砲するという突飛なふるまいをドストエフスキーは描いている。

『罪と罰』のスヴィドリガイロフはいけ好かない奴である。この男に強姦された少女は、絶望のあまり、入水する。その後、この男は耳が不自由で口がきけない少女も犯した。弁解の余地もないことだ。その犯罪の重さに苛まれて、ついには町外れの静かな一角に自殺しに行こうと彼は決心する。

鐘楼の前を通ったとき、彼は軍人を見かけた。公の証人がいるのは面白いと思った。しかし、歩哨のほうは、「それは相応しい場所でない」と考えていた。

スヴィドリガイロフはポケットから拳銃を取り出して、撃鉄を起こした。

兵士が眉を上げた。

「おい、ここでするのか、冗談じゃないぞ!」

「もちろん」

「場所をわきまえろ!」

「関係ないよ。実際、この場所がふさわしいのだ。訊かれたら、オレはアメリカに出発したと答えればいい」

彼は拳銃を自分の右のこめかみに押し当てた。

「ここでそんなことをしてはいけない。場所をわきまえろ!」兵士が目をますます大きく見開いて答えた。

スヴィドリガイロフは引金を引いた。……


教会での自殺はごくまれで、一九五四年までは、あえてパリのノートル=ダム寺院の内部で自殺をはかる者などみられなかった。

一九五四年一月二日十二時四十分、最後のミサの後、信徒席の右側で発砲音が鳴り響いた。聖テレザ像の足許の敷石の上に、男が倒れており、その傍らには七・六五口径の拳銃が転がっていた。

「ちゃんと胸に当てていたのに……それてしまった……」

男はパリ市立病院に搬送された。

月並みな悲劇である。二十三歳のリオネル・ナトリは一年半前から附き合っていた女性に捨てられた。この浮気で粗忽な恋人は生後十ヶ月の赤ちゃんを残していった。警察は逃げた女の足どりをつかめなかったので、リオネルは一人死ぬことにしたのである。

パリのノートル=ダム大聖堂という崇高な場を、自殺の舞台として選んだことに非難が沸騰した。

彼はこう弁解した。「事件が新聞に大々的に報道されれば、彼女の耳に入るのではないかと思って……」

しかし、この事件はほとんど話題に上らなかった。秘密が厳守されたのだ。その日のうちに「復聖式」が、晩課の前にひそかに執行された。

事実、教会法には、自殺に関するありとあらゆるケースの瀆聖が想定されており、教会浄めの儀式が用意されている。神聖を汚された建造物は即刻閉鎖され、聖別されたパンと葡萄酒を聖櫃から片附け、聖水盤からは聖水を取り去らねばならない。

次には、できるだけ早くに復聖式の儀式が執り行われるのが望まれる。儀式は、特別の祈りを唱えながら、教会内外の壁に聖水を振りかけるのである。

教会での二度目の自殺は同年四月三日にリヨンで起こっている。

夫婦の悲劇の結末だった。

幸福な数年を過ごした後、ジネット・G××は一九五二年に、浮気な夫のジャンと別れ、二人の子供を引き取った。

二年近くの時が経ち、彼女はマルセイユに身を落ち着けたが、ジャンがやって来てもう一度やり直してほしいと懇願した。彼女が拒むと、ジャンは彼女を殺害した。それから、リヨンに行って、贖罪教会で自殺した。この教会こそかつてジネットと結婚式を挙げた場所であった……。

一九五四年という年は、教会での冒瀆が、三度目を記録している。

十月二十六日、ムルト＝エ＝モーゼル県ユルモンの司祭で、司教座参事会員のマルシャルは、三人のミサの侍者に取り巻かれて祭壇に登ろうとした。そのとき、薄暗がりの中、大きなキリスト十字架像の傍で男が一人眠っているようなのに気がついた。

司教座参事会員は信者に近づいて気分でも悪いのかと尋ねた。返答はなかった。信者は首をくくっていたので

聖具室係が仕事場で自殺　（《フラン＝パルール》紙挿絵入り増補版、1899年1月21日）
イタリアのサン・ロモの教会の聖具室係は、長年にわたり自殺の強迫観念に悩まされ、自殺未遂を繰り返していた。この度は、教会の塔にのぼり、鐘の縄で首をつった。

ある。

「この信者は、奇妙にも頭にはアンダーシャツを被っており、首には電線を巻いていた。……」電線のもう一方の端は十字架のキリストの足に結ばれていた。「彼はベンチに滑り落ちていて、座っているようだった」

自殺者はレオン・デプレ、四十一歳。日雇い農民で、「悪い星の下に生まれた」というのが口癖だったという。（《夕暮仏蘭西（フランス＝ソワール）》紙、一九五四年十月二十七日）

劇場はこだわりのある人びとに好まれる。

一八五四年五月二十九日、さるプロイセン人将校が、パリのオペラ座の桟敷席に行って頭を撃つのが結構だと考えた。

一八五四年六月四日の《フィガロ》紙には、この事件が次のように報じられている。

プロイセン人のクルイネは天の慈悲を期待して、死ぬ前に、シャピュイの歌う『預言者』をしまいまで聴くことを自分に課した。しかし、……おしまいまで聴く気力はなかった。……彼はつぶやいた。「神に誓って、自分の力が許す限り、ここで聴いていたのは確かである」。彼はピストルの銃身を顎の下に当てて、発砲した。不幸な男は仰向けに倒れた。

居眠りをしていたさくらたちのリーダーは、銃声を聞いて目を覚ました。戦いの音をまねて、爆竹を鳴らしたのだと思い込んだ彼は、拍手の合図をした。「その結果」と《フィガロ》紙の記者はこう締めくくっている。「シャピュイの入場に拍手されたのと同様に、クルイネの退場にも拍手が起きた」

一八八一年六月にも同様な事件が出来して、『ザモラ』の舞台が混乱した。今回は音楽が当事者の決断を左右したわけではない。

金曜日の夜、桟敷席の三十五番に座っていた二十五歳の青年ド・ラブリーさんが自殺を図った。……『ザモラ』のバレエの間だった。突如、四発の銃声が鳴り響いた。観客は怖れをなして、逃げ出していた。自殺者周辺の桟敷席は数秒で空っぽになっていた。舞台監督は幕を下ろせと命じた。「検札係長のピシュリー氏は自殺者の救助に向かい、自殺者を介抱した。身元不明の男は右手に拳銃を握り、左手にはクロロホルムの小瓶を握っていた。彼はそれを吸ったのである」。軽傷であるのが病院で確認された。

この青年のポケットには、次のように書かれた手紙が入っていた。

誰も好きじゃない。生きる理由も何にもない。たぶん死ぬことが幸福なのだろう。生きるか死ぬかはコインの裏表で決めるとしよう。どのように自殺しようか。刃物？　毒？　ピストル？　コインの表裏がまた決めてくれるだろう。自殺する場所はオデオン座か？　オペラ＝コミック座か？　オペラ座か？　これもコインが決めてくれよう。……自分の名を明かそうか？……またもコインだ。

署名は「ドスモワ伯爵」だった。

縁日の射撃場という賑やかな舞台背景は、とりわけ失恋した若者たちを惹きつける。一九四八年四月二十六日、ミュールーズ在住で、恋に破れたアルチュール・グロスは、メスの縁日の射撃場で自殺を企てた。

彼は最初の四発を的に撃ってから、五発目で自分のこめかみを撃った。……

《今夜》紙、一九四八年四月二十七日

ル・アーヴルの縁日でも、一九五三年六月十九日、二十三歳の船乗りが射撃場の拳銃で自殺している。

午後七時頃、プレグァン（イル＝エ＝ヴィレーヌ県）出身の若い航海士リュシアン・V××が、花を的にした射撃場にやって来て、射撃用の銃を求めた。……

店主が小銭を引き出しにしまっている間に、リュシアンは銃身の長い銃を自分の心臓に向けて、引金を引いた。射撃場での自殺はその年の流行みたいなものだった。

バティニョルの祭りの最中
若いパン屋の従業員が自殺未遂
射撃場の拳銃で

一九五三年十二月十一日真夜中頃、二十歳のロラン・R××はバティニョル大通りにある「パリの喜び」という看板を掲げた射撃場の店先にやって来た。R××は二二口径のロングライフル銃を用意してくれるよう注文した。

「点数のいい標的を狙いたいんだ」と彼は言った。腕前は見事だった。しかし、最後の銃弾を厚紙の的に向けるのではなく、右のこめかみに撃ち込もうとした……。

「不幸でならないのだ」 R××はすすり泣きした。「誰もやさしくしてくれない」

（《解放(リベラシオン)》紙、一九五三年十二月十二日）

この自殺未遂事件から十日を経て、二児の母で二十一歳の住みこみ女中のシモーヌ・F××が、射撃場の二二口径ロングライフル銃で自殺した。

午後五時、日もとっぷりと暮れようとしていた。クリスマスの露店の光の下を群衆が行き来している。ポワソニエール大通りにある射撃場の主人が少女に言った。

「また、お越しで。いつもの銃ですね？　さあ、どうぞ！」

ブルネットの美少女はその日七つ目の的を狙おうとしていた。

4発は的に
5発目は……
こめかみに

バティニョルの祭りで
パン職人の青年が自殺を図る
縁日の射撃場の銃を使って

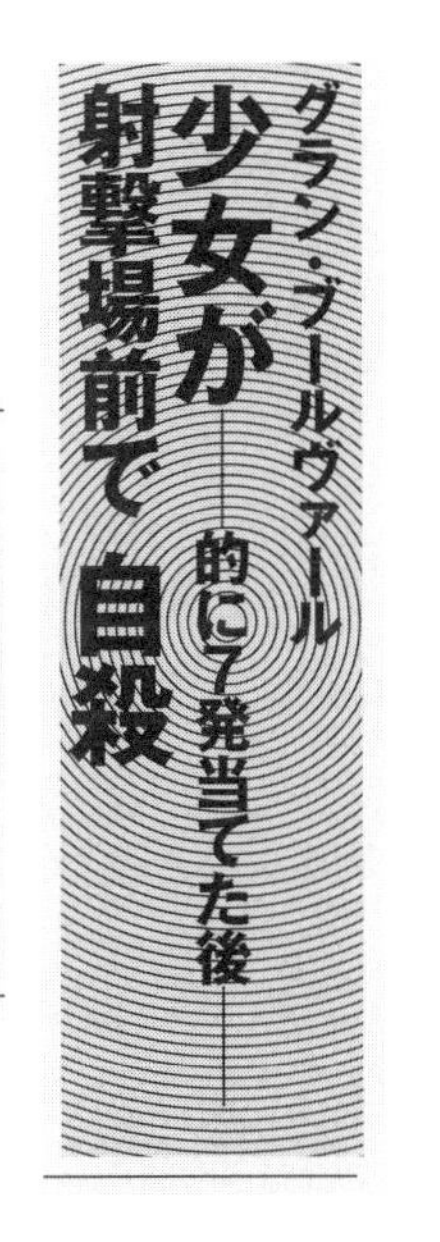
グラン・ブールヴァール
少女が射撃場前で自殺
——的に7発当てた後——

身元不明の女性
パリに上京して
射撃場で自殺

見物客たちは少女の腕前に感心していた。好位置に当たるたびに感嘆の声が上った。中心近くにかたまって三発当たった後、的の真ん中に命中した。

「大当たり！」と主人は叫んだ。

と少女は周囲を見て、賛美者たちにぺこりと会釈をした。そして銃を左胸に素早く向けた。

病院に向かう途中、警察車両の中で少女は息を引き取った。

シモーヌは十二月十五日に、主人一家に暇乞いをしたとき、自殺をほのめかしていたらしい。


田舎では静かな場所に事欠かない。庭園で、積み藁の後ろで、馬小屋で、穀物倉で、水飲み場で、肥溜めで、と無差別に自殺が起こる。いっぽう、通りに野次馬がごった返す都会では毎年、大建造物と公園で、世間を憚って自殺する顧客が後を絶たない。

著名人の中には身元を知られるのを懸念して、大都市の最も目立たない街角を探しに行く者もいる。たとえば、在パリ・オーストリア大使館の職員ド・ヴィンプフェンの自殺である。彼は一八八三年一月一日、シャンゼリゼの男子公衆便所に隠れて、頭部に拳銃を発砲した。

パリの魅力に逆らえない大勢の外国人は、パリの古い建物を愛するゆえにパリで死ぬ。

通称パスキンで知られるブルガリア人の画家ユリウス・ピンカスは、ル・アーヴルからパリに戻ってきて、モンマルトルで自殺している。

彼は一九三〇年六月二日、クリシー大通りの自分のアトリエで静脈を切って、首をつった。

『盲目の梟』の作者である、イランの大作家サーデグ・ヘダーヤトは一九五〇年に、パリで暮らすという夢を叶えた。そして、四月九日、シャンピオネ通りの部屋でガス自殺した。パリの空の下で死ぬために！

パリといえば、ノートル＝ダム大聖堂の鐘楼、凱旋門、ビュット＝ショーモン公園の橋が、長らく飛び降り自殺の名所になっていた。

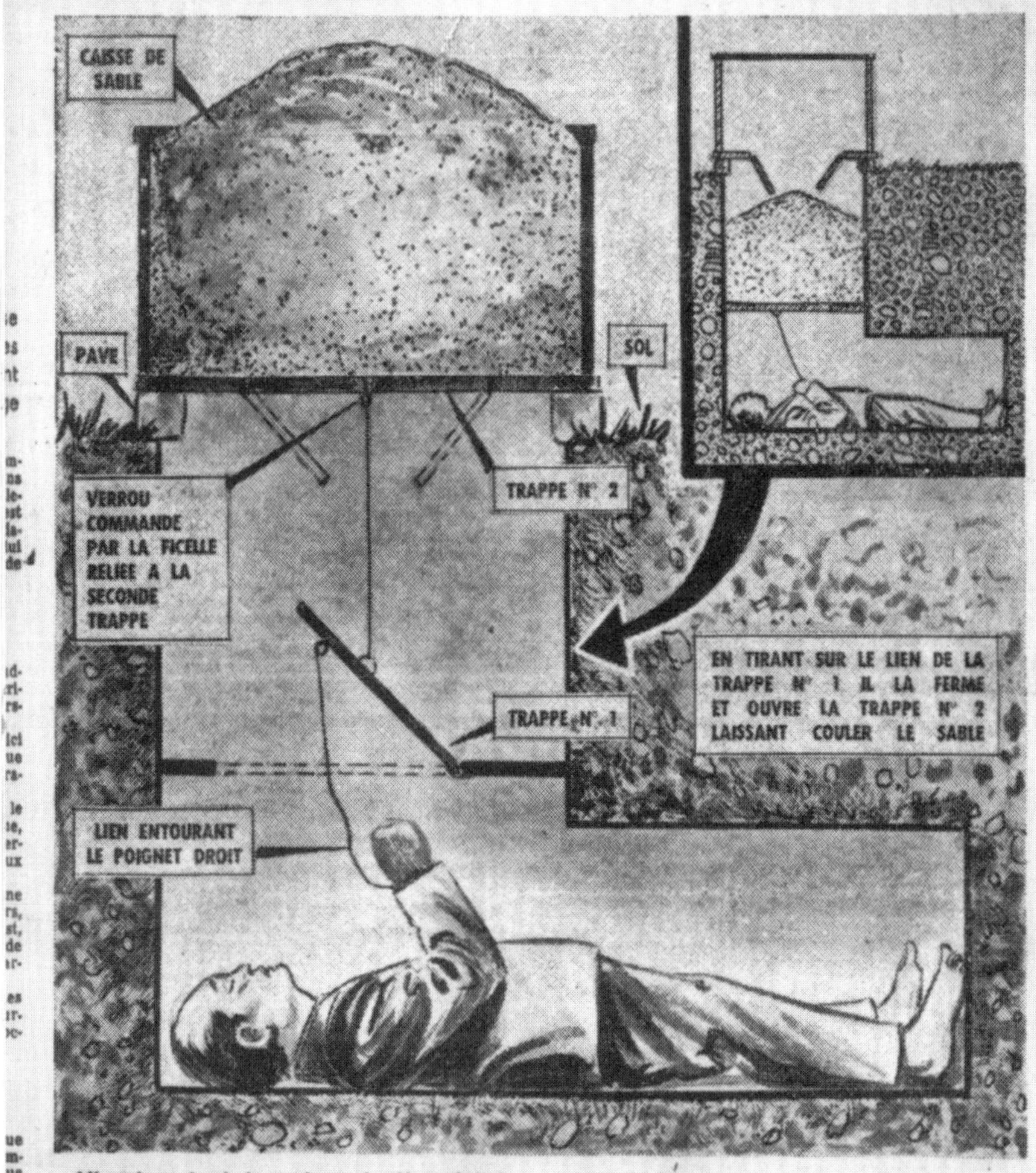

il avait construit une « machine à mourir »

Allongé au fond de sa fosse, le désespéré, à l'aide du lien entouré autour de son poignet droit, ferme la trappe de son coffrage-cercueil. Le panneau de cette première trappe est relié par une ficelle au verrou qui bloque les deux battants d'une seconde trappe formant le plafond de la caisse de sable placée au-dessus de la fosse. En se fermant, le panneau de la première trappe raidit cette ficelle dont la tension ouvre le verrou. La seconde trappe s'ouvre et libère le sable qui vient s'accumuler sur le coffrage-cercueil, bien fermé.

自殺の装置

ビュット＝ショーモン界隈では、この有名な橋のポストカードが今なお売られている。その説明書きには、「パリ――ビュット＝ショーモンの自殺橋」とある。

今ではもう凱旋門での自殺は流行らない。簡単すぎるからという話だ。

凱旋門は午前十時から午後五時の間に、平均四千の人が訪問し、そこを監視されることなく歩き回っている。職員は最小限に抑えられており、エレベーター業務を行う四人の警備員と切符売り場の女性一人、それにパンフレット販売の女性一人しかいない。

また、デッキ部分の縁は高さ五十センチにも満たない。

一九四九年六月四日から五八年十月十六日まで、こうした特権を行使した自殺者は皆無だった。十月十六日、ペピタ・ペレス・ガルシアという十九歳のスペイン人女性が飛び降りた。翌々日、オリヴィエ・M××五十七歳がその真似をした。

バスティーユ広場に建つ七月革命記念柱の上からの自殺は滅多にない。

今日、自殺者たちにかくも支持されているエッフェル塔も、竣工から九年間は自殺志願者の関心を一切惹かなかった。エッフェル塔で最初に自殺が起こったのは一八九八年一月十五日になってからで、ルネ・シポンによる。

一九三九年六月、エッフェル塔竣工五十周年のまさにその夜には、チェコスロヴァキアの中尉ベネシュがエッフェル塔から身を投げた。自国で堪え忍んだ、ドイツの支配を嫌悪してのことだった。

「けり」をつけようとエッフェル塔に登った自殺者の中には、気が治ったり、人に邪魔されたりして降りる人がいる。それよりしょっちゅうなのは、眩暈（めまい）で怖くなって降りる人だ。

ただ考えを変えて、他の場所に自殺しに行く者もいる。慢性的な神経衰弱に陥っていた元道化師のティティの場合がそれだ。彼は一九五一年、エッフェル塔の四階で三十分躊躇（ためら）った挙げ句、塔を降りて、自宅の台所で首をくくった。もっとも、首つりにも手こずったようだ。紐が何度もダメになってしまったらしい。道化師は憤慨して、警視への手紙に書いている。「……死のうにもデブすぎていたことに呆れます」

不思議に思われるのは、パリの地下鉄では、自殺がさほど起こらないことである。パリの地下鉄は、百八十六キロの全行程で、毎年多数の乗客を運んでいるのにだ。

事実、記録によれば、年平均、六十件の自殺遂行のうち、成功したのは十五件しかないという。

この危険な方法はパリの人びとの気をほとんどそそらない。

とはいえ、一九五八年四月十一日、若手の美人女優がドメニル駅で列車に身を投げている。

二十七歳のニコル・ラドミラルは、かつては『田舎司祭の日記』に出演してスターになったが、その後映画監督からのお誘いがなくなったことを嘆いていたという。

バスティーユ広場
7月革命記念柱の
てっぺんから
飛び降り自殺した男
「ここでの自殺は前代未聞」と
警備員

《夕暮仏蘭西》紙、1961年1月6日

† メイド・イン・アメリカの自殺法

一九三〇年以降、アメリカの映画界では、選りぬきの舞台背景と衣装によって、最高に演出された自殺が観察された。

ハリウッドでは忘れられたスターたちが、自身の代表的な役柄の衣装をまとって自殺している。帝国将軍の軍服、ローマのトガ、パニエドレスを着た遺体が、山と積まれた。

仕事にあぶれた女優の卵たちは有終の美を飾ろうとして、服を脱いだ……。そのうちの一人であるペグ・エントウィスルがとうとう日刊紙の一面を飾った。この街の高台にある、「ハリウッド・ランド」という言葉を形づくる巨大な鉄板の文字の上から、まっ裸のままで岩の上に飛び降りたのである。

この若い女性は最初の文字を固定している足場によじ登って、五十メートルの高さからサボテンの茂みに突っ込んだ。搬送先の医師は彼女の身体からサボテンの棘三千本あまりを完璧に抜いたけれども、彼女は四日間苦しんだ末、帰らぬ人となった。

一九三二年には、メトロ・ゴルドウィン・メイヤー（ＭＧＭ）を代表する映画監督の巨匠の一人ポール・バーンが、まるで映画を撮っているかのように、自分自身の死を演出した。

この精力あふれる人物がはじめて自殺をはかったのは、妻バーバラ・ラ・マーの死後のこと。彼は彼女の六人目の夫だった。

その悲しみが和らぐと、「プラチナ・ブロンド」というニックネームで知られる蠱惑的な女優ジーン・ハーロウと結婚した。彼女は十八歳だった。二ヶ月間の夫婦生活で苦悩し、彼は自殺に駆り立てられた。

彼はその脚本を準備していた。

彼は服を全部脱ぐと、熱愛する妻の香水「ミツコ」を体にたっぷり振りかけ、美女の私室の白い絨毯の上でポーズをとった。妻の鏡台の下で頭に銃弾を撃ち込んだ。こんなラブレターを遺して。

最愛の人に
私が犯した恐ろしい過失を償い、卑しむべき恥辱を拭うには、残念ながら、この方法以外にありえない。
愛している。
追伸――昨日のことは冗談にすぎなかったよね。

ジーン・ハーロウはこの私室を改装させた。当時、クラーク・ゲーブルを相手役にしてハリウッドで制作された、野心作『紅塵』を撮り終えていた。ジーンは、これまでの出演作で、すでに押しも押されもせぬ大スターに

Dramatique suicide d'un banquier américain

世紀末の洗練の例、ダイナマイトのベルト。アメリカ人銀行家のドラマチックな自殺。(《ソローニュ地方新聞》紙、1900年5月20日)

なっていた。

一九三七年六月、ロサンゼルスの病院で彼女が息を引き取ると、ショックを受けた多数のファンが自殺している。

一九三五年には、メキシコ出身の美女ルーペ・ベレスは、その褐色の髪、黒い目、胸元によって、ヨーロッパの奥地でも知らぬ者とていない存在だった。名声が衰えつつあるのが分かると、彼女はまるでショーを演じるみたいに死ぬ覚悟を決めた。「メキシコのスピットファイア（痛癪持ち）」とあだ名されたこの美女は、ハリウッドのコラムニストたちにゴシップのネタを提供していた。彼女の奇行は物議を醸し、蠱惑的な「ターザン」俳優ジョニー・ワイズミュラーとの交際は、不和が表沙汰となって破局した。友人たちの忠告にも、ルーペ・ベレスは聞く耳を持たなかった。彼女は国際的スターとしてのキャリアと自由な女性としての生活を両立していくのを望んだ。それは契約には含まれていないことだったが。

皺が刻まれ出すと、彼女は不安になってきた。契約はさらに少なくなった。「過去の人」に分類されるのは嫌だった。一九四四年、彼女は死を選択する。見事なフィナーレを飾ること、世界中から称讃されて退場することを彼女は夢見ていたのである。

彼女は舞台背景を準備した。歓迎会という口実で、リヴィングルームに珍しい花のかごを百二十個配置させた。それから、メーキャップ係や美容師を呼んだ。二時間かけてメイクをしてもらうと、満足したと言って、金ラメのイヴニングドレスを身にまとい、いちばん豪華な宝飾品を身につけた。

ひとりで夕食を摂るというのに、若き日を懐かしんでメキシコ料理をふた品ずつ誂えた。デザートが済むと、女中たちに暇をやった。それから、「セコナール」（鎮静剤）のチューブの中身を飲み干した。空のチューブは蘭の花かごの下から発見されている。

花々に囲まれて、白いサテンの長椅子に横になって、死を待った。

ところが、演出はことごとく台無しになってしまった……。香辛料の利いた料理を食べたあとに「セコナール」を飲んだせいか予想していたようには心地よく死ねなかったからである。彼女は気分が悪くなった。嘔吐して、長椅子を汚してしまった。やっとの思いで何とか歩くことはできた。浴室までよたよた歩いて行ったが、途中で花かごや花瓶をひっくり返してしまった。

華やかな自殺を望んでいたルーペ・ベレスは、発見されたときには、便器に顔を突っ込んで亡くなっていたのである……。

アメリカの大都市での定番自殺といえば、大勢の観衆が見守る中で、飛び降り自殺をはかることである。たいそう不安気な観衆や、興味津々の野次馬が詰めかけて、ビルの三十階のコーニスに登った人物が自殺を決断するのを、ときには何時間も待つのである。こうしたアメリカ風の自殺が一九四八年十月二十七日に、イギリスで起こり、物議を醸した。

ベリル・コリンガムという若い女性が、リンカンの大聖堂の塔の上で一時間四十分間とどまった末、自殺におよんだ。

救助隊員の接近に気づいて、彼女は飛び降りたのである。救助隊は当初から彼女に自殺を思いとどまらせるべく説得を続けていたが、その意志を変えることはできなかった。《夕暮仏蘭西（フランス＝ソワール）》紙

センセーショナルだからといって、都会で自殺を望む人の誰も彼もが、屋根に登るというわけではない。カフェのテラス席も選ばれる。

一九四九年六月十五日の真夜中頃、サン＝ジェルマン大通りのカフェのテラスで、実業家が拳銃自殺した。自分の決断は事前に電話で妻に知らせてあった。

厳選された内輪の数人にだけ立ち会ってほしいと考える人もいる。そういう人は自殺パーティを催すことがある。夜会、食事会、カクテルパーティのさいに命を絶つのだ。

アメリカでは、新聞やテレビのカメラマンが、大勢の群衆に混じって、20数階のコーニスにのぼった自殺志願者が飛び降りるのを何時間も待つことがある。

飛べ 飛ぶな

シカゴ、9月24日（ロイター）——自殺しようとする人が劇的に救助されるのを、数千人がテレビ画面で目撃した。この人物は摩天楼の21階から飛び降りるおそれがあった。1時間以上の間、消防士、警察官、聖職者が、男が意志を実現させないように説得した。最後には、絶望者も彼らのいうことを聞き容れた。

ロイター、1963年9月25日

一八九四年、ロシア帝国の首都サンクト・ペテルブルクで当時指折りの人気女優ミハイロワ嬢は、クリスマスイヴを祝おうと友人たちを自宅に招待した。たいへん愉しい食事だった。アントルメのとき、彼女は一瞬、席を外した。戻ってきたときには、真っ青になっていた。……

彼女はテーブルに向かうと、シャンパングラスをつかんで、一気に飲み干した。

そして、こう叫んだ。

「もう耐えられませんの。みなさんに『永遠の宴会』でお会いするお約束をします」

この不幸な女は意識を失って寄せ木張りの床に倒れた。その直後、息を引き取った。

この若手女優はロシア帝国軍のハンサムな将校を熱愛していた。将校は初めはその愛情に応えていたが、最近は疎遠になっていた。ミハイロワ嬢は自殺した朝、次のようなメッセージを彼に届けた。

「今夜の友人たちを招いた夜食にお越しにならないのなら、私と別れる固い決意をお持ちなのでしょう」

ロシア帝国軍将校は、よその家で夜通しの宴をはっていたのである。

一九〇六年には、南アメリカの酔狂な金持ちがびっくりパーティを催して、世界中で物議を醸した。

昨日、ルイス・アルメイダ子爵は豪華な晩餐に友人たちを招待した。とはいえ、会食者の誰一人として、この愉しい宴会の結末を予想だにしてはいなかったのだが。

シャンパンのときである。子爵は近所で催されている市（いち）から三頭のライオンが入った檻を運んで来させた。招待客はショーの時間だと思って、笑いながら拍手をした。そのときである。客たちは、子爵が檻の扉を開いて、中に入るのを目撃したのだ。恐ろしい場面が繰り広げられた。会食者たちは恐怖で震え上がった。闖入者に刺激された猛獣たちは、吠えながらアルメイダ子爵に突進し、子爵を殺戮したのである。檻から出すことができたのは、ライオンが奪い合っていた子爵の切れ端だけだった。

子爵は賭博で負けて、絶望のあまり事に及んだことが判明している。

《プチ・ジュルナル》紙、一九〇六年十月十四日

一九四七年には、同種の自殺パーティが現代風になっている。舞台はいかにも社交界的なカクテルパーティが創始されたワシントンに移る。

ねえ、向こうをむいて、十数えてください。……すると、友人たちをカクテルパーティに招待したエレガントなアメリカ人女性が自分の頭部に発砲……


ワシントンの社交界でも富豪として知られるオーガスター・フレッチャー夫人は、ポトマック河岸の豪邸で催すカクテルパーティに数人の親しい人たちを招待していた。

夫人は最初に到着した客コリン・ストロングを迎えたとき、口許に笑みを浮かべていた。

他の招待客を待ちながら、二人はたくさんの冗談を交わし合った。と唐突に、フレッチャー夫人はからかい気味にこう言った。

「では、今すぐに、ねえ、向こうをむいて、十数えてくださいな」ストロング氏はこの家の女主人がまた冗談を言っているのだと思い込んでいたので、早速数え始めた。

ストロング氏が四まで数えたとき、背後で銃声が聞こえた。振り返ると、フレッチャー夫人が絨毯の上に倒れていた。自殺に使用したピストルを握りしめたままだった。

夫人はまもなく息を引き取ったと思われる。大至急、医者が呼ばれて、手当をほどこしたが、その甲斐もなく、帰らぬ人となった。

《今夜(ス・ソワール)》紙、一九四七年一一月二十六日

SUICIDE EXTRAORDINAIRE
Résolu d'en finir avec la vie, un homme se livre aux lions d'une ménagerie

尋常でない自殺。自殺を決意した男は動物小屋のライオンに喰われた。(《小新聞》挿絵入り号、1908年9月27日)
ラヴァルの大市でのこと。シネマトグラフの制作会社に勤務する19歳の男が旅芸人の少女に懸想したが色よい返事をもらえず、絶望して、大市のライオン小屋に侵入した。彼の遺体の近くに少女宛ての手紙が落ちていた。

† 目撃者のいる自殺

目撃者のいる自殺には危険が附きものである。とりわけ目撃者にとって危険極まりない。目撃者は救助した人に責め立てられる惧れがなしとしないし、救助しなかったならば、司法に訴追される懸念がある。とはいえ、町内の人、友人、隣人、親族の最期が非常に派手なとき、その自殺はひとつのショーとなる。

一九四七年十一月二十二日、ムラン近郊でこんな出来事が起きている。

モレ（セーヌ＝エ＝マルヌ県）近郊ドルメル在住のピカールさん（74）は自殺を決意して、二十キロある分銅が二つついた重いチェーンを首に巻いた。

こうして身支度を調えて、人びとが見守る中、この村を通過し、洗濯船の縁に行って、川の水の中に飛び込んだ。

《今朝（ス・マタン）》紙、一九四七年十二月二十四日

救助者は自殺志願者にとってつねに天敵である。

救助されたことに怒り救助者を刺そうとした男……

ランドル＝オー（モーゼル県）の農場の従業員スタニー・ドラジェは、少し以前から自分を蝕んでいる憂鬱に終止符を打とうと決めて、火曜日の夜、縄に首を通した。

目撃した農婦が助けを呼びに行った。ちょうど通りかかったドラジェの義兄が縄を切り、平手打ちを激しく何度もくらわせて、自殺者を蘇生させた。

意識を取り戻したドラジェは、義兄によるこの救助をひどい悪意をもって受けとめた。いきなり農業用フォークをつかむと、助けてくれた義兄に飛びかかったのだ。そのとき、救助者が急所に二発のパンチを入れ、縄から下ろされた攻撃者をノックアウトした。

自殺するといってきかない人を川から引き揚げるのには、小舟に乗って行ったり、泳いで行ったりすることもある。そうかと思えば、手でつかんだり、挙げ句は投げ縄で捕らえたりすることもある。

一九五三年六月二十四日の《夕暮仏蘭西（フランス＝ソワール）》紙には、サルグミーヌで自殺を図った若者を救助した記事が掲載されている。

投げ縄に捕えられた強情な自殺者
再びサール川に沈むが　心ならずも救助される……

ナンシー、六月二十三日

酒に酔っ払っていたと思われる二十五歳の身元不明の男が、日曜日の夕方、サグルミーヌの連合国橋からサール川に身を投げて自殺を図った。その際、釣り人のポール・エンさんが縄を投げたが、自殺者は頑なに拒絶した。

エンさんはついに投げ縄で自殺者を捕らえ、嫌がるところを川岸に引き揚げた。しかし、自殺者はすぐさま橋に上がると、サール川にまた飛び込んだ。

もう一度、エンさんは救助を行い、男が意識を失ったところで、引き揚げることができた。

髪の毛をつかまれて救助された自殺者の事例もある！
ムランで、ポルトガル人デ・アランゴがセーヌ川に飛び込んだ。

自殺未遂を目撃した守備隊の軍人は自殺者の髪をつかみ、消防隊が到着するまで、自殺者の頭部を水の外に出していた。……

《夕暮仏蘭西（フランス＝ソワール）》紙、一九四九年五月二十日

パリでは、セーヌ川での自殺が著しく、そのためパリ警視庁は救助業務を制定し、一般の人に救助を奨励するために各種報奨金を通知することまでしている。

セーヌ川での自殺者救助の報奨金額。一九五一年、自殺者抑制課による設立。

河岸で手を伸ばして行われた救助　四八〇フラン
ボートでの救助　六〇〇フラン
泳いでの救助　九〇〇～一二〇〇フラン
死体の引き揚げ　三〇〇フラン

公的な救助に支払われる報奨金の金額は、一九五八年六月二十七日および七月五日に、市参事会や県会の審議の結果、警視総監の命令（アレテ）五八・三四

	救助者１人	救助者２人	救助者３人	救助者４人
	フラン	フラン／各人	フラン／各人	フラン／各人
河岸から救助（手を伸ばして、鉤竿を使用、ロープを使用等）	2200	1300	740	600~740
小舟で救助	5300	3200	2000	740
泳いで救助	8000~10000	6300	4300	3200
遺体の引き揚げ（小舟）	2000	1200	1000	740
遺体の引き揚げ（河岸）	1800	1000	600	300
単純操作　1000フラン　　複雑な操作　1600フラン				

五五によって、適切にも前頁の表のように引き上げられた。

†残された人へのメッセージ

ヴォルテールは「人生から出る決心をしたすべての人が彼らの考え方や自殺の理由を書き遺していないこと」を慨嘆していた。「それがあれば生者や人類の精神史に有益だろうに」というわけだ。

『カンディード』の作者の死後、自殺者の証言は多数収集された。こうした残された人へのメッセージは多種多様である。首をつる前にただこう書くだけの人がいる。「スープが少々残っていますが、捨てないでください。まだ食べられます」。いっぽう、スタール夫人の『省察集』を読み返して、古典作家たちの偉大な思想の中に、自分の態度の理由を収集する者もいる。また何も説明していないメッセージもある。一八四〇年頃、窒息死して見つかったある女性は紙片にこう記しているだけだ。「今しがた、家にある石炭を使って、この苦しみを終えようと思いつきました」

果てしなく長い手紙があるいっぽうで、簡潔な手紙もある。たとえば、「さようなら。私の人生は終わった」とか「死に時だ」といったように。

ブリエール・ド・ボワモン博士はこんな統計を遺している。千三百二十八通の自殺者の手紙、メモのうち、「六十九通が鉛筆で書かれ、十が壁にチョークで書かれ、八が財布の中にあり、八が石炭で書かれ、八がチョークで書かれ、三がドアに、二が窓ガラスに、二が驢馬の皮に、二がテーブルに、八が小冊子に、五が石盤に、二が天井に、四が鎧戸に、三がズボンにつけて、六が胸元に、五が帽子に、十九が瓶か小瓶に封入、……」

また、統計学者のアンドレ＝ミシェル・ゲリーは『フランス道徳統計試論』の末尾で、自殺者の手紙に表現された主要な感情を分類しており、それをさらにブリエール・ド・ボワモンが四十六種類に分類している。「非難、不平、侮辱、別離、葬儀の指示、悪事の告白、自分の行為の許しを得る願い、身内の将来への心遣い、神の慈悲の信頼、虚偽の動機、唯物論、人生の心残り、死を非公開にすることの願い、聖職者層への侮辱等々……」

ときには、自殺者が死後の嘘によって体裁づくりに努めることもある。たとえば、こういうメッセージがある。

「司祭には、私が脳出血で死亡したとお伝えくださるようお骨折り願います。教会で祈りが受けられ、事の真相が明かされないためです。……」

こうした信仰にかかわるメッセージがあるいっぽう、もっとめでたいものも存在する。たとえば、P××という男の遺書から一部を引こう。この男はリヴォリ通りのアパートで遺体となって発見された。寝室窓のイスパニア錠に首をくくっていたのである。

> 私は五十歳。実直な商人であった両親が莫大な財産を残してくれた。これまで申し分なく幸せに生きてきた。私はたくさんのものを見たし、楽しめるところならどこにでも行った。……
> 私の唯一の願いは安らかに死ぬことで、たとえば急死することだった。ところで、先頃、偶然手にとった医学事典には、私が選択する種類の死と引き替えに、最高の幸福が得られると記されていた。……
> 私が窓で首をつっているのが発見されるとき、知人たちから気の毒に思われないようにと願う。彼らは言うだろう、「幸せ者がいるぞ！　あの人は人間の至福を味わった」と。……財産は貧しい人に寄附する。
> ……

葬儀の参列者について気にかける、永遠の眠りを望む人びともいる。ある人はこう書いている。

> 私の葬儀には貧者たちに参列してもらいたい。とにかく、偽善的なわが子たちには参列してほしくない。

わが子たちは喪に服さなくともよい。……

饒舌な自殺者もいる。科学の役に立つと信じて、死の真際まで言葉を書き留めているのである。この種の先駆けとして、一八三六年に自殺した旋盤工デアルの遺書がある。

私は石炭が人間にいかなる影響を及ぼすかを知ることは、科学に資する有益なことだと考えた。これはまだ行われたことのない実験だろう。それに、私の死は私個人の意志で行うことであり、冷静に行われるものであって、精神異常時ではないことも示したい。……

私は何度も邪魔された。邪魔者を追っ払った。こうした連中は安らかに死なせてさえくれない。ともかく、私は窯に火を入れ、テーブルの上にランプ、蠟燭、懐中時計を並べて、早速この儀式に取りかかった。十時十五分である。石炭に火をつけるのに手間取った。その間に、私は窯のそれぞれに火力を上げるのに必要な管を設置した。

十時二十分。管が落下したので設置し直した。私が見るところ、それは調子が良くない。また管が落下した。また元に戻した。良くなった。

……十時三十分。濃い煙が徐々に部屋に広がる。蠟燭は今にも消えそうだ。ランプはさらによく燃える。私は頭痛がひどくなった。目は涙でいっぱいになる。全体的な不調を感じる。ハンカチで鼻をふさぐと苦痛がやや軽減される。脈が乱れる。

十時四十分。蠟燭が消えた。ランプは燃えている。こめかみがぴくぴくする。血管が切れそうだ。眠い。胃が激しく痛む。脈拍は一分間に八十拍である。

十時五十分。息苦しい。変なことを考えるようになる。息がほとんどできない。もう長く持たないだろう。精神錯乱の症状がある。

〔早速時間と分を混同している。〕
十時六十分。もうほとんど書くことができない。目がかすむ。ランプが消えた。死が苦しいとは思わない。
十時七十分。

ここでデアルの書いた文字は判読不能になる。ランプの光が消えたとき、この不幸な男の命も尽きたのだろう……。（一八三六年の新聞各紙）

イタリアはトリノ在住の失業者ジャコモ・ジアノッティ四十歳も、一九五八年一月に、『我が死の日記』という長文の打ち明け話を記している。

彼は七日七晩の間、一時間ごとに、疲労、喉の渇き、空腹の進行を書き留めた。この文書の中で、彼はあらかじめ友人たちの惜しみない友情に感謝している。当局には面倒をかけると謝罪をした。

彼は力尽きたと感じると、

……ガス栓を目一杯開けた。このトリノの自殺者は一脚の机の前に座って、日記帖を開き、最後の力を振り絞って、こんな感動的な言葉を書くことができた。「ご幸運を祈ります。……」

《夕暮仏蘭西(フランス＝ソワール)》紙、一九五八年一月十五日

一九五九年二月、スュイップ（マルヌ県）の消防隊長のジャン・S××五十六歳は自動車内で木炭を使って自殺した。

彼は死ぬ前に生理的な反応を、次第に震える手で、分刻みで書き留めている。蘇生の専門家であるこの役人は、こうした観察をのこすことで、同僚たちに最後の貢献をしたかったのだろう、と推測される。

いっぽう、人類に貢献しようという高邁なる配慮から書かれたのではないメッセージもある。一九五一年九月にサン＝クルー近郊で青年の遺体が発見された。顔だちには品があったし、衣服からは裕福なのが窺われた。青年の首には、栓がされて蠟づけがしてある透明ガラスの小瓶がかかっていた。その中には紙が入っていて、こう書かれていた。

私は死ぬ！　なるほど死ぬにはまだ若い。……遺体が発見されたら、おそらく同情されるであろう。……私はそれを望んでいない。……天使が夢にあらわれ、こう仰有ったからだ。「われはフランスの守護霊である。……おまえには王家の血が流れている。フランスでは諸政党が主権を奪い合っているが、おまえが主権を掌握するに先立ち、万物の永遠の支配者、すなわち神に謁見せねばならぬ。「死ぬのだ。セーヌの流れに飲み込まれるのだ。何も怖れるでない。おまえが戻って来た暁には、勝利の時が告げられるだろう。われがそう予言した」そう仰有ると、天使は姿を消した。私は天使のお望みを叶える。……とはいえ、天使が私を欺いた場合のために、この書面を残しておく。……私は共和国検事に天使に対する追行の行使を欲する。……

未来のフランス王

正書法を知らなくても書きたいという感情は抑えることはできない。一八五四年、パリのカルチエ・ラタンで、尻軽女の失踪事件が起こった。彼女は植込みのあるレストラン「クロズリー・デ・リラ」の看板娘で、店内を捜索したが見つからなかった。自宅を捜索したところ、かわいそうな娘はタイルの床の上に倒れて、事切れていた。タンスの上には、赤みがかったリキュールの残るグラスが置かれていた他に、大きな文字で「あたしはじ、ふ、んで**ど**ぐのみました」と書かれた紙片が見つかった。
また不実な男に宛てた手紙も遺されていた。内容は以下のとおりである。

つれないあんたわしゅっぱつしてあたしのことおわすれた。あんたのだいじなベラドンナおあたしわのんだ。あたしわしにます。

あたしわあんたがよいいえがらのでで、グリゼットとけっこんできないことわわかってる。あたしはむかしきもちがぐらつくこともあったが、あんたのためにみもちよくしてたし、いつまでもそうしているでしょう。……

あんたわあたしのさいごのこいびとです。……

（エミール・コロンベ『変人たちの最期』一八六二年）

一八五七年十月には、C××・L××が、不実な美女を愛したがゆえに、一通の手紙を書き遺して、自殺した。この手紙は自殺の説明のすぐれた試みとなっているので、《挿絵(イリュストラシオン)》誌の一八五七年十月三十一日号に注釈附きで掲載された。

これまで自殺という痛ましい主題について多数議論され、その原因について際限なく談義された。……自殺は自己を罰する刑罰（カイン、ユダ）にもなるし、偉大な魂の絶望の結果（カトー、ブルトゥス）にもなる。あるいはまた、運に見放された征服者の最後の逃げ場（ハンニバル）でもあれば、自己犠牲の行為、慣習による重圧の場合（マラバールの寡婦たち）もある。ときには、イギリス人が「スプリーン」と呼ぶこの「厭世」の単なる影響の場合がある。しかし、自殺は卑怯であるとも偉大な行為であるとも相反する態度で評価するモラリストたちには不快であっても、以下のことを認めなければなるまい。（自殺を神に対する人間の蜂起として断罪するわれわれの神聖な宗教の教令を尊重しながらも）自殺の主要な原因は……女であると。男は常に女の前で格好をつけている。女が愛によって男を破滅させるとき、男はプライドを失う。もう死ぬしかない。……

C××・L××はこの短いエッセーを書き終えると、かくのごとく自殺したのである。

流行は廃れて久しかったが、ある多感な学生がホテルの机の上に哲学的なメッセージを遺した。一九六三年四月五日、アンティーブ駅で列車に飛び込む前のことだ。

十九歳のジルベール・S××は相次ぐ落胆に生きる気力も失った。テストパイロットの試験に失敗した後、愛する女性と喧嘩したのである。

十三日間の休暇を幸せに過ごすことを期待して、アンティーブのホテル「万事順調（トゥ・ヴァ・ビヤン）」にやって来た。そして、恋人である女子大生カトリーヌの到着を待ちかねていた。

若者たちは街のブラッスリーで落ち合った。が、十分間の口論の末、ジルベールはまたひとりぼっちになった。彼はホテルに戻って、知的な短文の遺書を書いた。それにはカミュ、アヌイ、サン＝テグジュペリの思想が垣間見られた。

私はすべてがほしい。すぐに、それが全体になれ。……

あなたが嫌いだ、あなたのすべての幸せ、是が非でも愛する必要のあるあなたの生によって。

仏教こそが正しい。死は生の証であり、唯一の論理である。……そう、人間は彼固有の最期である。かくて不条理は、どんなものでも同じように、死と共に終わる。……

最後に個人的な事情に若干触れて、全体を締めくくっている。

私は十三日間の幸福を諦める。……私はすべてに失敗した。……私たちを引き離したのはその他すべてのことだ。このような愛は死という最後の障害の中にしか終わりはない。……

追伸で、彼は鉄道自殺をすることをはっきり述べている。

私が頭をレールの上にのせるとき……すべてが終わるだろう。……

それから、彼はカフェ「スポルティング」に行って、ジュークボックスで「シューベルトのセレナーデ」と「チャイコフスキーのコンチェルト」を流した。

かなわぬ恋の犠牲となった十九歳のシモーヌ・G××は、一九六一年四月十日、トレポールの絶壁から飛び降りる前に、自分の自殺の心理的理由を分析している。

パリを出発してから人生の最後の瞬間まで、彼女はサルペトリエール病院の書類裏に告白を記していた。彼女は退院したばかりだった。

というのも、その五日前、彼女は病院に搬送されていたのである。手首を切って、自殺をはかったからだ。彼女の悲劇はありきたりのものである。彼女は離婚訴訟中の男とその息子と同棲し、幸せな数ヶ月を味わった。ある日、母親が子供を取り返していった。父親は息子を取り戻そうとして、この美人の美容師のもとを去って行った。

シモーヌが死へ旅立った日に手紙を書いたのはこの男に宛ててである。

九時、北駅。……あなたたち三人をそっとしておく。悲劇の原因は私なのだから。

私はトレポール行きの列車に乗る。私がトレポールでしようとしていることは、卑怯なことだ。けれども、あなたを愛している。あなたたちが幸せであってほしいし、すぐに忘れてくれたらいいのだけれど。未練があってほしくない。

……列車内、十時。私は列車に乗っている。座席のクッションは柔らかい。というのも、私は一等車に乗っているから。そのぶん高いお金を支払っている。だって、死にに行くのだから。最期まで愚かな人間に出会うのだろう。どうしてあの人たちはそんなふうに私を見るのか。自殺するのは悲しいことではない。卑怯なのだ。私はあなたの愛に値しない。それでも、私がこれからしようとすることは必要なのだ。私の手首の傷は元に戻らない。悪化している。……

……十二時、列車内。私の正面に若いカップルが座っている。私たちが以前そうだったようなカップルだ。……私はカップルを眺めている。羨ましくもなければ妬みもしない。……何も、もう何も浮かばない。震えて泣くだけ。あなたを愛している。

結局、私は少々気まぐれにすぎなかったが、あなたを愛していた。ただひとつだけお願いした。しばらくの間、私が立ち直ろうとするのを助けてほしいと。あなたにその気はなかった。

私は新聞小説のようなことをしたくないが、あなたは正直なところこう思うだろう。十九歳を目前にして死ぬなんてちょっとばかげていると。仕方がないことではないか。十九歳で死のうが、五十歳で死のうが、いつか死ななければならないのだ。……もし私がこのまま生きていたら、再会したくなるだろう。それは私たちを苦しめる。私は私たちが一緒に行った場所をすべて訪れた。……

シモーヌは最後に立ち寄ったトレポールのカフェで手を震わせて手紙を書いている。

これからすることが上手くいかないのではないかと心配している。……十七時になるのを待っているところだ。……

午後五時、三百六十五段を登って、断崖にたどり着いた。頂上にあるキリストの十字架像の足許で夕日を眺めながら、日が沈むのを待った。

日が沈んだとき、シモーヌは飛び降りた……。

最後の手紙に感傷的な性格や哲学的な特徴を附与することを望まず、最後の瞬間まで何でも書くことにした自殺者もいる。

ド・C××は三十歳で莫大な富を享受しており、ディレッタントとして文学に関心を抱いていた。ある日、彼が死んで発見されたが、近くに「死にかけの人の想像」と題する未完の物語が遺されていた。

もうすぐ死ぬ！　書きながら死ぬ！　真夜中だ！　運命の時間だ！　と乱作家たちは言っている。……私は死の道具に火をつけたところだ。……石炭がパチパチ鳴るのが聞こえる。私は書くのをやめない。死の影が私の目を覆いに来るまで。……私は健全なる精神の持ち主である。自殺を成し遂げるのに理由はなく、それが気に入ったからだ。……私は想像の平原を駆け巡る様々な空想が浮かんでくる。私はそれを走らせておく。……昨日、私は煙草を吸いながら大通りを散策していた。……私は大勢の通行人が行き交うのを見ていた。個々の人びとに視線を止めることなく。

私はぶらぶらしていて出会ったすべての人びとをじっくり見ていたように見えたに違いない。しかしながら、どんな考えも、どんな感情も抱いておらず、心を占めてはいなかった。

　こうして、無関心に歩いていると、突然、幼なじみに呼び止められた。幼なじみは彼の身に降りかかった大きな不幸を語ってくれた。彼が物語を話し始めたとき、足許を流れる澄んだ小川の穏やかなせせらぎが聞こえ、私はゆっくりと夢想状態に陥った。

　私は木々の茂みの根元に座った。木々の葉が重なって、太陽の暑さから守ってくれた。私の最愛の人が飾ってくれた力強い栗毛の馬に乗って、私はアラブの野営地（キャンプ）まで駆けて行った。恐怖と死をそこでまき散らすことを考えながら。私はそこで迎えられたが、予期せぬことがあっても、私はまったく動じない。

　私は軽快にとんだ。——石炭のにおいが耐えがたい。——私は子鹿のようにとんだ、食事に参加するために。……私は左隣の住人の声を聞くのがこの世で一番の苦痛だった。彼は引退した食料品屋だった。私は彼に部屋代を支払っているのだから、それだけ意見を言ってもいいはずだ。……

　呼吸が困難になる。……石炭のにおいに慣れる。……——食料品屋との喧嘩が激しさを増した。私たちは傘を開かねばならないほどになる。妻の帽子を濡らさないように。というのも、雨が滝のように降っていたから。……

　頭が重くなる。少々眩暈がする。……——とうとう、この殺戮の場面がシャン・ド・マルスの競馬に変わった。私は非現実の中にいるのだろうと思った。……苦しい。……——それから、水は透き通っていた。私たちの粗末な小舟を動かすことはできなかった。それゆえ、私たちはパレ＝ロワイヤルに夕食に行くことにする。……眩暈がひどくなる。……呼吸がとぎれがち。……書こうにもほとんど目が見えない。……〔この箇所に、ド・C××が書いた文字はほとんど判読不能である〕

　もう時間がないように思う。……私の……力……

この自殺は、一八六二年に刊行されたエミール・コロンベの著書に取り上げられているが、相当丹念に調べたにもかかわらず、この自殺は特定できていない。

一九一一年に、小説家のルイ・ブスナールは死を決意すると、葬儀に参列してほしい友人を自分で選定した。彼は次のように記した自分の死亡通知状を印刷に附している。

「ルイ・ブスナールは謹んで　年　月　日に行われる私自身の無宗教の葬儀にご招待いたします」

彼は日附を空白にしていたが、友人の住所は準備していた。

「……妻の死から立ち直れず、ルイ・ブスナールは六十三歳で死にます。ご参集ください。云々……」

ルイ・ブスナールは『無氏（リヤン）』（一九〇七）という興味深い空想未来小説を刊行している。

たいていの場合、自殺者は残された人に最後の思いやりを示す。

一九四五年十二月八日、ヘイル夫人はガス自殺した。

「ガスに注意！　喫煙禁止！」と書いた自殺者

「ガスに注意！　喫煙禁止！」これが、英国イプスウィッチのヘイル夫人が、ガス自殺をはかるに先立ち、ドアにピンで留めた忠告である。

ヘイル夫人は常日頃から几帳面で、隣人に迷惑をかけることを望まなかった。それゆえ、十通ほどの死亡通知、特に警察と葬儀屋に宛てた通知を残しておいた。

《今夜（ス・ソワール）》紙、一九四五年十一月十日

礼儀正しく死ぬのは、何もイギリス老婦人の専売特許ではない。アヴランシュ近郊の使用人が死の作法を教えてくれている。

アヴランシュ、一九四九年二月十六日

サルティリーの作男ジョゼフ・ルサールは自殺を決意していた。しかし、あらかじめ、友人や主人にその計画を公言しておきたかったので、彼らに別れの手紙を送った。部屋のドアには「不在の場合は、シャトー・ドーにおります」と記載するほど彼は礼儀正しかった。

事実、今朝、指定の場所に水死体で発見されたのである。

自殺者が精神的かつ知的に健康である証拠として、Ａ・ヘンリー・ジョンソンの事例を引いておこう。

元ホテル従業員のＨ・ジョンソンさん（74）は衣装ダンスの中で首をつって発見された。ジョンソンさんはこんなメモを残していた。

「私の精神は健全です。死ぬ前に最後の一銭まで残らず金を遣いきりました。……もう葬儀屋を呼んでもらってかまいません」

《秩序（オルドル）》紙、一九四七年十二月二十四日

一九四八年一月二十七日、メルツ＝シュル＝セーヌ（セーヌ＝エ＝マルヌ県）の住人で五十八歳のアンリ・ペルティエは、ドアにこんな貼り紙をした。

「過敏な方は一人でこの部屋に入らないでください」

室内に入ると、家主が頭に銃弾を撃ちこんだ姿で見つかった。机の上には、ピストルの傍らに縄とガルデール（鎮静剤）のチューブが並んでいた。それは、自殺方法を決定するにあたり、迷っていたことの証であるだろう。

机の上には短いメッセージが遺されていた。「さようなら。おいしいスープをつくってください！」（《パリ＝プレス》紙、一九四八年一月二十八日）

ときには、メッセージの内容が自殺者の悲しい決断とはほとんど合致しないこともある。一九五二年七月十二日、ジャスマン通り二十五番地の二で、ミシュリーヌ・P××が建物の八階から飛び降りた。その直前に彼女がメモ帳に書き記したのは、意外な言葉だった。「喜び、万歳。恋愛、万歳。……さようなら」。なお、この若い女性は木の上に落下して、頭蓋骨を骨折したものの、一命を取り留めている。

一九五三年、ミシェル・イエトは、エッフェル塔の第三展望台（プラットフォーム）から飛び降りたさい、「身分証明書、四つ折り

サン・ディエ
自殺者いわく「首つりゆえ聖水いらぬ」

ナンシー、9月11日（《夕暮仏蘭西》紙外電）―― サン・ディエ（ヴォージュ県）近郊ペール・エ・グランルプト在住で、ド・ラ・コンブ子爵という名で知られている雑役夫のオーギュスタン・ラショー（五六）は、当地で変人という確固たる評判を博していた。

この男の気まぐれには慣れている隣人たちは、木曜日の朝、いつもの目覚めのように、男が怒鳴り散らすのを聞かなかったのに驚いた。静けさには理由があった。子爵は台所で首をつっていたのである。

遺書には、彼の絶望と自殺の理由が脈絡なく説明されていた。最後まで変わり者だった子爵は、このように手紙を結んでいる。「首つりゆえ聖水いらぬ」

「私は楽天家だ」
溺死者のポケットからみつかった日記に記されていた

8階から飛び降り自殺
ミシュリーヌが残したメッセージ
「喜び、万歳。恋愛、万歳。さようなら」

にした便箋、エッフェル塔が描かれた色刷りのポストカードを所持していた。このポストカードには手書きで『聖ロベール〔訳註〕とエッフェル塔の思い出に。署名ミシェル』とあった」という。

職業的習癖や事実への配慮から、ジャーナリストは自殺の前に自分自身の死亡記事を書きがちである。英国ラムズゲート（ケント州）の日刊紙《サネット新聞（アドヴェルティザー）》の主筆レスリー・レンガートの遺体が発見されたとき、上着のポケットの中に赤インクで記した一枚の紙が見つかった。

レスリー・レンガート、一九五三年九月二十五日、自死。××年生まれ。……

《フランス通信社》、ロンドン、一九五三年九月二十六日

外交担当記者、従軍記者のローウェル・リンパスも自分の死亡記事を書いている。彼は一九五七年九月十九日、ニューヨークのチューダープレイスの自宅アパートで死亡して見つかった。ローウェル・リンパスの最後の記事は《ニューヨーク・デイリー・ニュース》に掲載された。彼が三十三年にわたり寄稿した新聞である。

これは私がジャーナリストとしての長いキャリアの中で書いた八七〇〇本の記事の最後の記事である。決定的に最後である。……なぜなら、私は昨日死んだからだ。

« J'écris mon 8.700e article : c'est le dernier parce que je suis mort hier »
écrit un journaliste avant de se suicider

「私は8700本目の記事を書いた。それが最後だ。なぜなら、私は昨日死んだから」
自殺前にこう書いたジャーナリスト

私が自分自身の死亡告知を書くと決めたのは、私がこのテーマについて誰よりもよく知っていると思うからだし、美辞麗句を連ねた記事よりも正確な記事を好むからである。……

それから、リンパスは自己のキャリアを振り返り、自分の著作に触れている。

五、六冊の本は悪くない。実際、一冊は、「平和論」についてはとてもよい。しかし、出版社が見つからなかった。……

花も葬儀も葬列もいらない。……今自殺するのはまったく時宜を得ないことだろう。私はジャーナリストが夢見ることができるなかで、最も重要で、最も人を虜にするルポルタージュを書き上げるために出発したのだから。……

〔訳註〕フランスの画家ロベール・ドローネー（一八八五～一九四一）のことと思われる。エッフェル塔を描いた作品がある。

†　自殺者がさらけ出す性格

窓から飛び降りる前でも、はたまた毒薬を飲む前でも、その最後の瞬間、最後の数秒に、自殺者は必ず各自の美点と欠点とを示すものである。細心な人はすべての用件を済ませ、洗濯物を畳み、靴を揃え、葬式の準備をしておく。ぼんやりした人は窓を閉めるのを忘れてガスの元栓を開け、ガス中毒死しようとする。ケチな人は自殺するときに、服が汚れないよう気をつける。いたずら好きな人は、ドアの向こうで首をつって、ドアを開けたら対面するように細工をする。生真面目な人は妻を裏切ったり、税金をごまかしたという理由で、自殺する。嫉妬深い人は自殺前に三人を殺害する。将来に対して心配性な人は、自分の住処を見つける望みがもうないとなると、川に身を投げる。

最後に挙げたケースの例を示そう。一九四九年七月十五日、ダンケルクで、マルセル・ジュナンが川に身投げしたのは、彼がフランス共和国大統領によって刑務所から追い出されたからである。

……ダンケルクで、歩行者の女性からハンドバッグを盗み、禁固六ヶ月の有罪判決を受けたマルセル・ジュナンは、七月十四日、大統領による恩赦を受け、同夜、拘置所からの出所を迫られた。

その結果、彼は住居と食事を失ったので、自殺を決意した。……

彼は川へ飛び降りたが、橋の下を航行中の平底船に激突した。

重傷である。

この三面記事的出来事は、一九四九年七月十七日の《夕暮仏蘭西(フランス=ソワール)》紙に次の見出しで掲載された。

大統領恩赦で住居と食事を失い
川に身投げした「出所者」

ヴァルター・クノフという、度が過ぎた心配性で、将来への不安に取り憑かれたドイツ人の囚人は、出所の翌日、ハリッチ行きの列車のトイレで首をつった。ハリッチで、ドイツに向けて乗船することになっていた。

前の年に、クノフは、自発的囚人の肩書きでもって刑務所に留まる許可を何度も求めていたのである……。

節約の人

自分で縄を編んだ首つり人

強い自尊心の人

エミールは怠け者呼ばわりされるのに堪えられず妻と義兄を殺害し、自殺

見栄っ張りの人

立派な葬儀が行われるように土曜日に自殺した男

几帳面な人

ブランデク（パ・ド・カレ）で絶望者は残す車のクッションのクリーニング代を

ぼんやりした人

思い違いから男性が自殺

気にしいの人

大統領恩赦で住居と食事を失い川に身投げした「出所者」

用意周到な人

管理人は棺桶を選んでから自殺

時間に細かい人

自殺に失敗しないように列車の時刻を問い合わせた男

†いたずら好きな人

野薔薇の実のむく毛や、ニセのマスタードの容器、くしゃみパウダーを好むような人なら、死ぬときもフランスの古き良き笑いを大切にしようとする。

「ぼくが溺れ死にしたら、マチュー、上等なワインで弔ってくれ……」こう言うと、彼は仲間を笑わせようと、川に飛び込んだ。……

二日後、彼の遺体が川の中の葦の茂みに見つかった……。

ひょうきんな自殺者のうちでも、底意地が悪い者になると、自殺の前に悪ふざけを準備する。彼らは遺言を認める、しかめ面で笑いながら。遺言書で生者たちに、首つり人を偲んで乾杯するよう命じるのである。

友人たちに金を遺した愉快な首つり人
友人たちが彼のために祝杯を挙げられるようにと

サン＝リュス（ロワール＝アンフエリウール県）の農民ジャン・ボワローさんは台所で窓のイスパニア錠に首をくくって自殺した。その下には十五年前に購入した棺桶が置いてあった。

テーブルの上には、命令書と金銭が遺されていた。命令書によれば、息子へは七千フラン、四人の友人へは四千フランを遺贈するとのことだった。ただし、友人たちは仕事着を着て、彼を手押し車で運んで埋葬することが条件となっていた。

そのうえ、四人の受贈者は埋葬後、界隈の豚肉屋でその四千フランを使って、「大饗宴」を催さなければならなかった。……この愉快な首つり人は会食者が飲むワインまで指定していた。……

《今夜（ス・ソワール）》紙、一九四九年十二月十三日

一九五四年六月十一日、コルベイユ近郊のシャトゥレでは、六十八歳のジョルジュ・デールが小銃で頭部を砕かれ、ベッドに倒れているのを隣人が発見した。当地では、彼の死に驚く者などいなかった。なぜなら、このめでたい男ジョルジュ・デールは二十年このかた、それを予告していたからだ。

部屋には立派な柩があった。五十歳の誕生日に自分の寸法に合わせて作らせたものだった。柩の傍らには、墓掘り人夫のために、シャンパンが一瓶と煙草一箱が置かれていた。ドアには「喪中」と書かれた石盤が釘で打ちつけてあった。

デールはユーモラスな手紙を書いて、最後の望みを表明し、自分の葬儀の段取りを決定していた。

葬儀は、彼の望みどおり、喜びのうちに執り行われた。

コルベイユの町の吹奏楽団が行列の先頭に立ち、楽しそうな群衆の前で四人の男が歌いながら柩を運んだのだった。

とはいえ、葬儀のとき、死者がリクエストした「ラ・マデロン」と「おいで、かわいい人よ」は演奏されなかった。遺族の反対に遭ったからである。

墓地を出ると、参列者たちは近所のカフェに行って、陽気な自殺者が死ぬ前に勘定を済ませておいた数本のワインを空けた。

もっと意地の悪い話がある。シャンソン作家ベランジェの友人ジョゼフ・ベルナールが一八五八年に刊行した『ベランジェと彼のシャンソン』の中で、ベランジェが文部省に勤務していた頃に聞いた話を収録している。その物語は真にいたずら好きな人の自殺を伝えている。

文部省でのことである。ある従僕が、度が過ぎて臆病な同僚に仕返しをしてやろうと、ある朝、そいつが入ってくるはずのドアの後ろで首をつった。従僕はじつに見事に手はずを整えたから、そいつは出勤して、ドアを開くか開かないかのうちに、死者の顔と対面することになったのである。従僕は死んでもなおも同僚を脅かして、嘲弄しているかのようだった。この悪魔のような犠牲は完璧な成功をおさめた。というのも、不幸にも同僚はあまりの怖ろしさに不治の中風を患ったからである。そして、この不幸者はほどなくして命を失った。

† 細心な人

この手の人びとは、準備なしには自殺は成功しないと考えている。舞台、衣装、葬儀、地下埋葬所等々、すべてがあらかじめ準備されていなければならないのだ。

立派な地下埋葬所をつくり葬儀費用を精算して、睡眠薬で自殺した女性

ブール＝カン＝ブレスの寡婦サジエ夫人は、自殺を決意していた。夫人は自宅を売却して、百万フランあまりを受領すると、墓地に立派な墓を建てた。その外壁は、「許しても忘れない」とか「愛すれば、顔に出る」とかいった格言とことわざで飾られていた。

夫人はブール＝カン＝ブレスの葬儀屋に出向き、火葬の後、宗教の儀式によらない埋葬を依頼した。

夫人は自分と九十七歳になる父の埋葬のこまごましたことを話し合い、前金で八万六千フランを支払った。葬儀屋の事務所を出るとき、にっこり笑ってこう言った。「もうお会いすることもないでしょうね……」

帰宅すると、夫人は粘着紙と綿を使って出口を入念に塞ぎ、身繕いをして、家を片づけ、催眠薬を多量に飲み、ソファーに横になった。

こうして翌朝、夫人は死亡した状態で発見された。

《パリ＝プレス》紙、一九四九年四月五日

時間厳守は細心な人の本質的な性質である。

自殺に失敗しないように列車の時刻を問い合せた男

アベヴィルのラポルテレトの踏切の遮断機監視人は、ピエール・ルザンさんに呼び止められ、パリ―カレー間の特急列車の通過時刻を訊かれた。

監視人はそれが大事になるとは思わなかったので、ルザンさんに時刻を教えた。特急列車の通過後、監視人の驚きたるやいかばかりであったか。あの労働者のずたずたになった遺体が見つかったのである。

《パリ＝プレス》紙、一九五〇年一月十四日

† 生真面目な人

リール、一九四七年三月二十七日

リール在住で、元税務監査官のジュール・ブルシエさん（79）は、生涯生真面目な役人だった。ブルシエさんは数日来、納税申告書の作成に困惑していた。極端なまでに綿密すぎて、所得を記入すべき欄が判らなかったからである。

元監査官がその作成に困難を感じていることは、周囲の者も解っていた。とはいえ、彼はかつて役所の窓口の向こうでそれを記入していたのだが……。

ブルシエさんは、新たな悩みの種を免れようと、屋根裏部屋の梁に電線で首をつるほど、心を痛めていた。相続人に難問の解決を残すことは気にしていなかった。

《フラン・ティルール》紙、一九四七年三月二十八日

プロ意識による悲劇に続いて、生真面目な神経症患者の懲罰自殺という、たいそう珍しい特殊なケースを引こう。

税務署に詐ったことを恥じて自殺した納税者

デュブジャック（ドルドーニュ県）在住で耕作者アンドレ・ジェルヴェさん（58）が、昨日の午後、自宅で喉を切って、床に倒れているのが発見された。

近くにあったテーブルの上に、血糊のついた料理包丁が、九万三千フランの束と納税通知書とともに並べられていた。

彼は個人的な悲劇に決着をつけたところだった。それは人生でただ一度、税務署に不正行為を働いた納税

者の悲劇だった。すなわち、耕作者は先立って、父の財産を相続していた。だが、財産の譲渡が記入されていなかったのである。

それゆえ、彼は国家に帰属するものを国家に支払わなかったことに罪があると感じたものの、収税吏に不手際をあえて申告しなかった。

正直な男は良心の呵責に苛まれ、自殺をすることで、死後に納税者の義務を果たそうと心に決めたのである。《夕暮仏蘭西（フランス＝ソワール）》紙、一九五一年二月四日

† 嫉妬深い人

嫉妬は危険な助言者である。恋する人は多くの場合、嫉妬によって自殺に走る前に殺人へと促される。この種の愛の表明は新聞各紙で報道され、おなじみである。

フランスのどんな奥地でも、パリのどの区でも、ぴったりの舞台背景を選ぶ暇さえありはしない。気性の激しい男たちは、不貞の女の胸にナイフを突き刺すか拳銃で撃つかして、性急に死刑執行に及んだ後、その武器を自らに向ける。

一九五三年七月、週刊紙《仏蘭西日曜日（フランス＝ディマンシュ）》紙は二十八件の情痴事件について統計を発表した。それによれば、二十八件のうち、二十一件は男性によって、七件は女性によって起こされている。男性による二十一件のうち、十三人が重罪を犯した後で、自殺している。いっぽう、七人の女性のうち、自殺を考えたのはただ一人に過ぎない。これらの簡潔なニュースの型（タイプ）が知られている。

愛人を絞殺し、縊死した男……
妻を殺害し、自殺した男……
恋人に二度発砲し、自殺した男……

だが、幸いにも、穏やかな嫉妬、洗練された嫉妬がある。その嫉妬が「他者」を困らせるために、彼ら自身の死を期待する。たとえば、マルグリット・S××という女性が恋人に宛てた手紙の一節をここで引こう。彼女は一九四四年四月二十九日、セーヌ川に身投げする前にこう書いている。

私と別れるのはあなたでなく、私なのです。……私は死にます。あなたの前、あなたの目の前で。死ぬところを見てほしい。私のイメージがいつまでも、あの女とあなたの間にあってほしいのです。……

他にはまた、一切の脅しはせず、みずからの不幸を知って、そっと自殺する人もいる。

昨夜ナポリで、さる商人の財布を盗んだスリが自殺した。すった財布の中に自分の妻の写真を発見したからである。

《パリ＝プレス》紙、一九五一年

† ぼんやりした人

思い違いから男性が自殺

昨夜、元露天商のアンリ＝ジョゼフ・ゲスパンさんがフォンタラビー通り二十番地の自宅で死亡しているのが発見された。灯火用ガスによる自殺だった。シャロンヌの警視による現場の検証の結果、ゲスパンさんは隠しておいた現金が盗まれたと思い込んでいたことが判明した。隠し場所が忘れられていたので、現金は手つかずのまま見つかった。

《パリ＝プレス》紙、一九四九年十一月十八日

ぼんやりした人は概して自殺をしそこなう。弾を込めるのを忘れたり、ガス栓を開くのを忘れたり、一階の窓から飛び降りたりして……。

一九五〇年十二月、ロンドンで、ダグラス・クロスリーという男が死を決意したものの、やり損なった。なぜなら、軽率なことに、警察署に電話を入れて専門的な情報を問い合わせたからである。

昨夜、電話ボックスから地区の警察署に電話して、拳銃自殺を予告する者があった。この人物は、しばらくしてから再度電話をかけ、ピストルが正常に作動しないことを述べて、修理の方法を質問した。……

《夕暮仏蘭西（フランス＝ソワール）》紙、一九五〇年十二月三十日

† 吝嗇家

一九五三年六月二十三日、ポワチエ地域圏の人びとの心を捉えたのはドゥラヴォー事件だった。ドゥラヴォーなる富裕な地主がリュジニャンの豪邸でさもしく暮らした後に、自殺したのである。この実に厄介な死は家族関

係に何らかの事情があったからなのだが、ここではこの典型的な吝嗇家が、年季の入った服を汚さないようにと講じた最後の予防策を指摘するにとどめよう。

奇妙な自殺である。リュジニャンで生まれ亡くなった、地主のフェルナン・ドゥラヴォーさん（66）の自殺のことである。この吝嗇家は自宅の庭で、猟銃を使って頭を撃ったが、チョッキとズボン下の姿で自殺したのである。二十年来着用していた上着とズボンを台無しにしたくなかったからだという。

《パリ＝プレス》紙、一九五三年六月二十四日

IV

自殺の実践利用

「私が自殺するのは、自分を破滅させるためでなく、
再生させるためである」——アントナン・アルトー

いずれにせよ、新聞は自殺を報じるのを控える
べきだろう。《衛生学年報》、1829年

前章までは、古代から今日まで、どの時代でも自殺が人びとを魅了してやまないことを説明した。本章では、自殺が多少とも巧妙に商業利用された事例をいくつか見てみよう。自殺がホンモノであれニセモノであれ、また自分の自殺であれ他人の自殺であれ、金儲けに利用しようと考えた人びとがいたのである。

一八四〇年、写真家のイポリット・バヤールが自分のニセモノの自殺写真を宣伝目的で利用したのが、自殺写真を金儲けに利用した嚆矢（こうし）である。物理学者で下院議員のフランソワ・アラゴは、一八三九年以来、写真の本当の発明家とは言いかねるルイ・ジャック・マンデ・ダゲールが名声を博するようにお膳立てしていたので、臆病なバヤールに将来の偉人を妨害しないように要求した。それでもこの青年は、内務省から六百フランを支給されて、レンズ一枚と最新設備の部屋ひとつを購入することができた。いっぽう、ダゲールには六千フランの年金が支給されていた……。

イポリット・バヤールは写真展の結果に落胆して、一八四〇年十月十八日、奇妙な文書を広めた。上半身裸で、両目を閉じ、自身がポーズをとった溺死者の写真の裏に、バヤールは次のような声明を印刷した。

> 裏面に写された男性の死体は、バヤール氏の遺体です。バヤール氏は、見事な成果を収め、また今後も収めるであろう、この方法の発明家でもあります。私の知る限りでは、この研究家はおよそ三年の間、粘り強く工夫を凝らし、自分の発明を改良することに腐心しておりました。
>
> バヤール氏は自分が発明した「デッサン」[1]を未完成であると考えておりましたが、アカデミーも国王も、それを見た誰も彼もが、現在のみなさまのように、感心したものです。
>
> それによってバヤール氏はたいそうな名誉をえましたけれども、氏には無価値も同然でした。政府はダゲール氏には過分に与えているのに、バヤール氏には何も与えることはできないと通告してきたのです。それで、この不幸者は溺死しました。
>
> おお！　人の世の移ろいやすきことよ！　長きにわたり芸術家、学者、新聞は氏に関心を寄せていたので

恋人たちは見せかけの自殺を最大限に利用した……（ル・バルビエ兄による画）

す。ところが、昨今では、数日前にバヤール氏が死体公示所に展示されたというのに、誰も氏と認識しないし、呼びかけもいたしません。

紳士および淑女のみなさま、別の話題に移りましょう。みなさまの嗅覚を害さないかと懸念されますので。と申しますのも、この男の顔と手は、それとお気づきになられるほどに、腐りかけているからです。……

(1) イポリット・バヤールは写真プリントを「写真のデッサン」と呼んでいた。

今日では、『バヤール、最初の写真家』を著したジョゼフ＝マリ・ロ・デュカのように、イポリット・バヤールの果たした役割を強調する写真史家もいないではない。とはいえ、一八六三年にバヤールがレジオン・ドヌール勲章を受勲したのは、「財務省主任の肩書き」によってでしかないのである。

一八三四年九月七日には、こんなニュースが新聞各紙を賑わした。

モンマルトルの通りで一日中、紐を販売する住人がいた。この人が主張するには、この紐は、数日前、ペール・ラシェーズ墓地で首をつった酒屋が使用したものであるという。こうして売上げは四十フランに上っていた。

自殺者の紐とマンドラゴラの根の販売は、その後第二次大戦が火蓋を切る一九三九年までなくなることはない。

一八九六年五月には、パリ中の人びとがフォンテーヌ通りのカフェ・コンセール、コンセール・デュクレルクに殺到した。「首つり人」を見て、御利益のある縄の切れ端を買うためである。話題を呼んだのは、歌のリサイ

CABARET du PENDU
3. rue de la Fidélité
DIRECTION
S. Claudius
SILHOUETTES Lyriques
de F Bunout
Concert
Tous les Soirs
à 8h ½
3 rue de la Fidélité
Liqueurs de
la Mon Cusenier
Chansonniers
MONTMARTROIS
Poètes et
Dans leurs Œuvres
1ère Consomon 0:60
Renouvellement 0.30
Soupers

首つりキャバレー

タルでも、パントマイムでもなく、ホンモノの首つりの出し物だったのだ。
劇評家のヴァレリアン・トゥラネルの記事から以下の抜粋を読み返してみよう。

　オーケストラはワルツを奏で、プラッシュの幕が開くと、三十がらみの痩せた男を見ることができた。この男は頭髪もひげもつるつるに剃り、上っ張りを着て、白いズボンを穿いていた。赤い羊毛の胴巻きを身につけて、高さ三メートルの縄に首でぶら下がっているのだ。両目は閉じられ、口はゆがんで苦しげな作り笑いを浮かべ、手は腿に沿ってこわばり、顔と手の血管は腫れていた。……

この風変わりな芸人ジョゼフ・デュランは、十三日間首をつったままだったが、死ななかった。生きていたのだ！

新聞という新聞がこの異例の事態を書き立てた。各紙がそれぞれの解釈を下した。デュランは動脈気管を銀製の管に交換したと主張する新聞もあれば、顎だけでつり下がっていると唱えるのもあった。そうしたなか、医師のブルアルデルが首つり芸人の秘密を暴露したのである。「『頸柱矯正器（ミネルヴァ）』という器具を用いれば、この種のつり下がりが可能になる。この器具は顎骨にもたせかける首輪なのである」というのだ。

秘密が見破られても、首つり芸人ジョゼフ・デュランの芸の価値が下がることはなかった。というのも、少しでも誤った動きをすれば、縄が動いて、この芸人をホンモノの首つり人にしてしまう危険があったからである。もっとも、そのスリルこそがこの見世物の魅力なのだが。

自殺は高邁な理想にも利益を生む。モンテ＝カルロのカジノの庭園には、噂を聞きつけたありとあらゆる種類の自殺者が集まってきていた。そこで特に顕著な、賭博で破産するという困った結果に胸を痛めたさる道徳家の一団が、一九〇八年になって自殺防止を訴えるポストカード・シリーズを発行した。

評判のお守り。芸術のオブジェの中に飾られた首つりの縄。ブロンズ製の木、アラバスターの台座。ていねいにつくられた模型。4フラン25。（パリの占い師ヤルタ夫人のカタログより）

この乾坤一擲の享楽を敵視する団体は、新聞の三面記事を利用しながら、そのシリーズに「お楽しみモンテ＝カルロ」というタイトルをつけた。

ポストカードには、スペイン語、ドイツ語、英語、フランス語のヴァージョンがあり、賭博後に自殺する短い話が記されていた。そして、自殺の場面の挿絵か写真が附いているのである。

ドイツ語版には、浴槽の側で首をつった男性の挿絵の横に、次のような説明書きがある。

ドイツ政界の名士ウィルヘルム・フランケン男爵が、モンテ＝カルロの「パリ・ホテル」の浴室で首をつった。トラント・エ・カラントをやって数百万を失った後のことである。

スペイン語版では、線路をふさいで横たわる男の体に機関車が接近するのが描かれていた。この人物はバルセロナのアルセニオ・ルルという男で、その鉄道自殺が伝えられている。この男が賭博で全財産を失っていたことは言わずもがなである。

フランス語の特製版には、死体が六体ほど描かれている。説明文には「サント・デヴォト」という、自殺で有名な峡谷のことが記されていた。この峡谷では運に見放された賭博者たちがしきりに飛び降りているのだ。

以下の事実が確認されている。今週、モンテ＝カルロ海水浴カジノ会社の職員には多くの仕事があった。「サント・デヴォト」というありがたい谷で夥しく発生したからである。

自殺から利益を引き出す方法はまだ他にもある。英国のトマス・リドウェという若者の事例を見てみよう。一九三六年五月、トマス・リドウェはロンドンの裁判所に召還された。十一年間に五十七回の自殺未遂を起こし、それによって贅沢三昧の生活を享受してきたことを告発されたのである。

捜査で明らかになったのは、この自殺未遂の常習犯は、テムズ川に四度、海に三度も身を投げ、静脈を九度も切開し、ベロナールを中心に様々な毒薬を三十一回も飲み、その他の方法でも十回も試みたというのである。

リドウェは観光シーズンに高級ホテルで仕事をするのが恒例となっていた。多数の目撃者や同じ階の宿泊者が、彼の命を助けざるをえなくする手口で「自殺」を図っていたのである。

リドウェの悩みが単なる金銭問題にすぎないことが分かると、豪華ホテルの宿泊客たちはこの愛想のよい「恵まれない若者」を援助するため、彼らにとってはささやかな額の金銭を寄附していたのである。

この常識的とはいいかねる生活手段を、判事から咎められると、トマス・リドウェは謙虚にこう答えた。

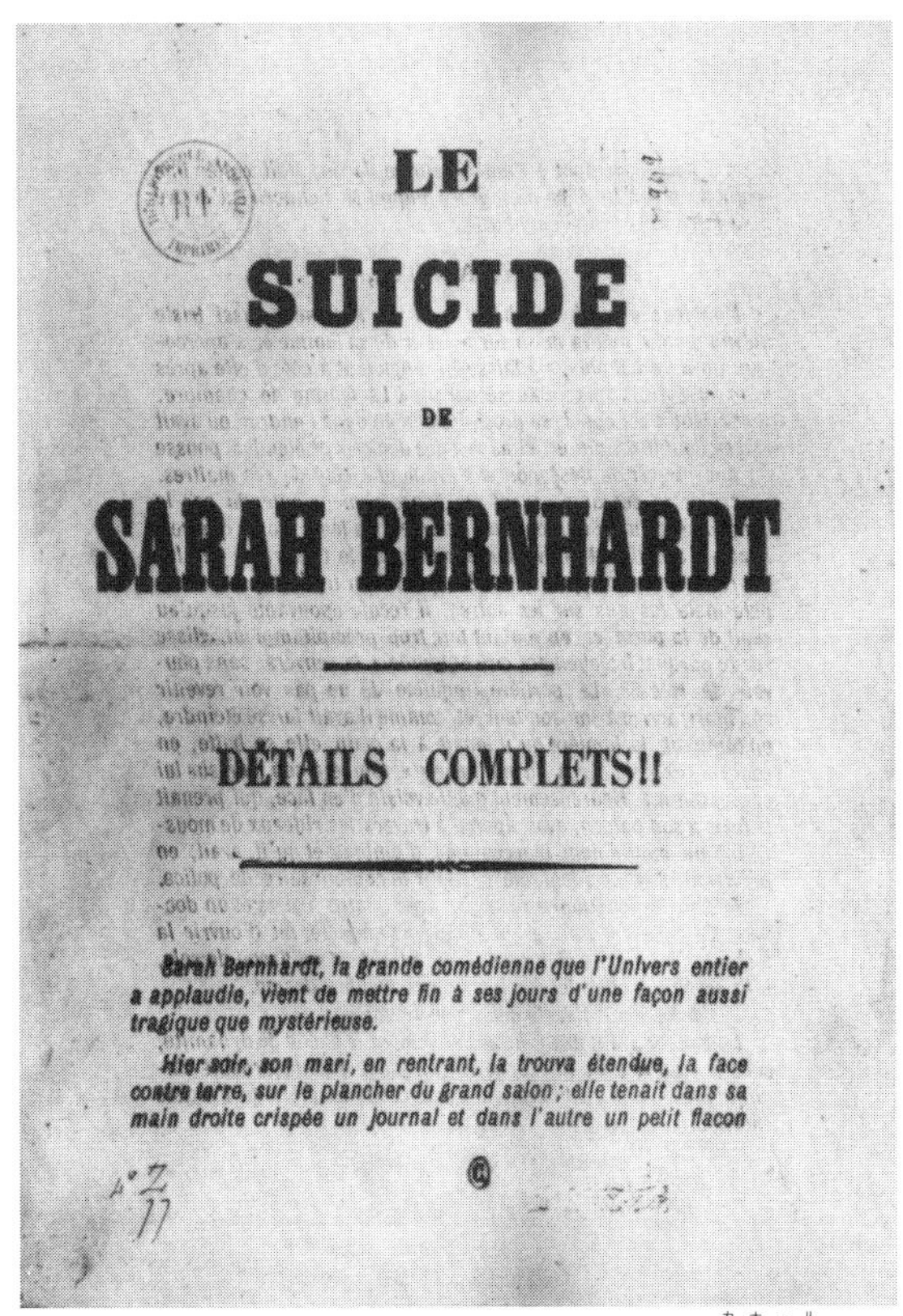
LE

SUICIDE

DE

SARAH BERNHARDT

DÉTAILS COMPLETS!!

Sarah Bernhardt, la grande comédienne que l'Univers entier a applaudie, vient de mettre fin à ses jours d'une façon aussi tragique que mystérieuse.

Hier soir, son mari, en rentrant, la trouva étendue, la face contre terre, sur le plancher du grand salon; elle tenait dans sa main droite crispée un journal et dans l'autre un petit flacon

大女優サラ・ベルナール自殺という偽のニュースを報じた「かわら版（カナール）」は、発禁処分となった。

「このご時世、できるだけうまくやりませんとね」

マルティーヌ・キャロルの芸名で名高い美女、マリー＝ルイーズ・モレもまた、数々の自殺未遂を利用している。むろん、この美女は一度たりとて義援金を集めたりはしなかったが、一九四六年にカンヌで海に飛びこみ、翌年四月十日にはセーヌ川に身を投じることで、影響力のある記事広告を手中に収めたのである。俳優ジョルジュ・マルシャルとの「婚約」の破談が、地中海のパルムビーチから百二十メートル離れた地点での水浴の原因だった。また、この二人の決定的な破局がアルマ橋での水浴を引き起こしたのである。睡眠薬を数錠飲んでから、タクシーに乗り、アルマ橋に到着すると、引き揚げられるのを期待しつつ、セーヌ川にゆっくり入って行ったのだ。もっとも、人気スターである「愛しいキャロリーヌ」は、自分には広告など必要ない、とこの事故の翌日、公言しているが。

「一九四三年以来、モデルやカバーガールとして、あたしの名前と写真は何千部も発行されていましたから……」

水浴をめぐってなされた宣伝をしぶしぶ利用した後も、マルティーヌ・キャロルは結婚と離婚の話題を繰り返し提供している。

こうした故意の自殺未遂の広告に似たものに、歯磨き粉、電池、靴、アイスキャンディのメーカーの広報部が仕掛けたまったくのでっち上げ自殺の広告がある。

一九四六年の日刊紙には、こうした偽造ニュースが氾濫した。有名な靴Xを穿くことができずに絶望した「脚のない女性の自殺」。息が臭くてフラれて自殺した男の不幸、歯磨き粉Yを使用していたら難なく避けられた不幸、等々といった具合に。

広告部長の策略は、本物の三面記事欄にこの種のコミュニケを掲載させることにあった。

吝嗇による自殺

極度の吝嗇によって世に知られたクールブボワ在住の富裕な地主は、およそ15年前、終身年金を支払うことで1軒の家を購入していた。売り主は、波乱に富む青年時代がもとで常に病気がちで、医師の診断によれば、血の汚れや機能低下から考えてせいぜい余命は3、4年だということだ。

ところが、15年の歳月が流れたのに、かつての病人は今では壮健な体になっていた。吹き出物、不機嫌、食欲不振、虚弱等はもうなくなっていたのである。友人の1人から送られたちょっとしたマニュアルを読んだおかげだった。

いっぽうの吝嗇家は、この若返りを目にして、絶望から最近首をくくった。そうすることが、かつては死に瀕していた売り主に、年金を支払わないで済む唯一の方法だとこの吝嗇家は考えたからである。

読者にお知らせするために、この貴重な健康マニュアルをお試し希望の場合、お申し込みの方全員に、マニュアル代、送料ともに無料でお送りいたします。グルノーブル（イゼール県）の薬剤師バンサンまで。

コミュニケの形式で示された偽の自殺による宣伝が現代の出版物を覆った。1946年に《クーリエ・フランス》紙に掲載。

自殺者がすべてを予告

脚本家でもある繊細な詩人アントニー・ディロンデルさんがガス自殺を試みたものの、幸いにも失敗に終わった。つねに細心なディロンデルさんは、部屋のドアに次のような警告を貼る気遣いを見せていた。「爆発の危険があります。入室時は懐中電灯ワンダーを携えること」懐中電灯ワンダーをご使用のさいは、乾電池ワンダーをご使用ください。

脚のない女性が自殺

フランス中の縁日で見世物にされていた、脚のない女性が先頃生涯を終えた。女は少し前より神経衰弱に罹っていた。警視宛ての手紙には、彼女の行為の説明として、皆のようにアール・ルピカールの靴を履くことができないことを怨みに思ってのことであると書かれていた。（コミュニケ997）

絶望して恋する男自殺をはかる

数週間前、ジャン・L××さん（二六）は従妹に愛の告白をした。この若者は、口臭が原因で拒絶され、そのため地下鉄に飛び込んで自殺を図った。彼が、口臭を除去する歯磨き剤オゾネイジュを知っていたら、自殺には至らなかったであろうに。

戯曲『ル・アーヴルの婚約者たち』の作者で、アカデミー・ゴンクールの劇作家アルマン・サラクルーは、この手を使って、父親が製造したしらみ殺虫剤「マリー＝ローズ」を売り出した。

今日では、数滴でしらみを殺す「マリー＝ローズ」はフランス全土で知られている。

自殺を最も良質かつ合理的に役立てるには、自殺を数え上げ、分類し、目録を作成することである。数字を用いた正確さで社会心理学や統計学の規則を明らかにできる。

精神科医のジャン＝ピエール・ファルレは一八二二年に、ギュスターヴ＝フランソワ・エトク＝ドゥマジー博士がそれからおよそ二十年経った一八四四年に、季節、月相、日時と自殺との関係を最初に研究した。サルト県の精神病院の院長エトク＝ドゥマジー博士は、一八四四年、研究の成果を『公衆衛生学と法医学に適用された自殺の統計学的研究』の題で発表した。

博士はサルト県での観察から一連の興味深い結論を引き出すのに成功している。

「自殺は秋冬より春夏のほうが起こりがちである」

「自殺は夜より昼が多い。自殺が最も起こる曜日は月曜日である。日曜日の自殺については、ほぼすべてが聖務日課の挙行中に起こった」

「男性も女性も着衣のまま溺死している。その大部分は岸辺に帽子や靴を置くことを気にかけているだけである。靴は多くの場合、並べて置かれ、爪先を水の方に向けている」

第二帝政期の一八五六年には、パリ大学医学部のアレクサンドル・ブリエール・ド・ボワモン博士が、自殺を「着衣」、「薄着」、「下着のみ」、「裸」で丁寧に分類した。

四五九五件のうち、
三〇八四　着衣
二九一　薄着（ズボンと下着）
九八七　下着（あるいはペチコートと下着）
六四　裸（下着だけ）

博士は几帳面な性分と見えて、忘れずにこう述べている。「残りの一六九件は……情報なし」

ブリエール・ド・ボワモン博士は、夜間と昼間の自殺の差違についても考察している。博士によれば、「朝は自殺者数が最も多い時間帯であり、ピークは八時である」という。第二帝政期には、刃物による自殺は午前五時から午後七時の間に発生している。いっぽう、車や列車に轢かれる自殺は午前七時以前と午後十時以降には一度もなかったのである。

統計学者の専門化が進むと、一八七八年頃、クローゼ師が軍人の自殺を研究した。クローゼ師が提出した数字は興味深い。すなわち、民間人の自殺者は三百六十人なのに軍人の自殺者は六百七十人であるというのである。

軍人のほうが自殺が多い理由について、社会学者のエミール・デュルケムは一八九七年の『自殺論』で、「兵士の不十分な個性化」とその「過度の訓練による無個性」によるとしている。

軍隊の名声を脅かすこの偏執に関心を抱いた哲学者のアンリ・ベルクソンは、いたって簡単にこう述べる。「考えすぎる必要はあるまい。実際、普通に考えられているではないか。軍人、とりわけ老軍人が、他の人より自殺するのは、退屈しているからであると」

さらに人間心理に通暁していたマリオ・バキはこう言っている。「民間人より軍人のほうが自殺者が多いのは、彼らが死に損なったからだ」と。

出典：世界保健機関、パレ・デ・ナシオン、ジュネーヴ、1958年

0-34歳	35-39歳	40-44歳	45-49歳	50-54歳	55-59歳	60-64歳	65-69歳	70-74歳	75-79歳	80-84歳	85歳以上
10.8 5.0	11.7 5.5	19.2 6.0	20.6 6.4	24.7 6.9	25.1 8.2	31.6 9.6	30.3 4.1	27.2 6.9	28.5 3.5	18.3 5.0	20.4 6.2
9.8 1.4		12.5 1.2		16.2 1.1		13.0 2.5		20.0 —			
12.6 5.4	15.8 5.4	22.0 6.8	26.5 9.0	33.4 10.1	39.0 9.9	42.5 9.7	44.3 10.2	44.8 8.0	51.1 8.0	55.2 8.1	56.4 6.6
12.8 5.8	16.4 5.8	23.2 7.4	28.3 9.6	35.7 10.9	41.5 10.7	45.0 10.1	46.7 10.7	47.0 8.3	54.2 8.4	58.2 8.6	61.2 7.2
10.6 2.6	9.4 2.0	10.9 1.5	9.3 2.8	11.7 2.6	12.7 1.5	12.6 4.0	12.2 3.3	13.4 3.0	12.0 2.2	14.6 —	12.5 —
13.0 6.4	12.3 3.7	10.3 3.3	9.4 2.8	16.4 3.4	19.0 7.9	22.0 2.6	25.8 13.2	39.5 16.2	52.0 9.1	81.3 42.9	36.4 10.0
30.3 18.0	24.3 15.9	23.6 14.8	32.3 16.7	37.5 18.6	48.2 22.7	55.7 30.9	68.9 40.9	86.6 56.9	110.5 65.2	121.6 77.3	127.5 131.8
28.9 24.6	33.6 33.2	27.4 27.0	61.8 41.6	82.9 29.5	69.9 40.5	64.5 34.2	52.4 29.2	45.0 43.2	58.2 39.1	81.4 52.8	250.0 31.3
20.6 10.6	27.3 12.9	32.1 15.9	40.5 20.4	47.6 23.5	50.6 23.5	48.8 20.7	42.5 23.5	47.1 21.6	53.6 20.8	80.7 26.1	97.0 21.9
6.0 2.3	19.2 3.7	15.6 7.3	27.8 9.5	33.8 13.5	15.7 23.1	11.4 13.0	34.8 17.0	53.8 16.0	71.6 13.4	— 47.8	
27.8 11.9	24.4 18.2	42.2 15.6	54.9 17.3	60.0 24.8	75.1 22.6	57.7 26.7	60.8 25.8	58.3 22.1	54.4 29.8	56.3 34.4	121.5 44.7
8.8 3.0	10.5 4.3	22.2 6.1	22.3 9.3	35.9 13.0	40.7 20.4	44.5 18.5	50.6 16.0	61.8 11.4	85.0 21.9	91.3 16.3	92.6 31.8
34.0 21.3	38.4 15.7	47.9 17.5	56.0 30.9	66.5 28.3	73.4 28.9	67.7 22.1	66.2 23.2	49.2 42.1	35.6 18.3	51.3 31.4	141.2 9.1
7.2 3.1		13.2 4.3		19.6 4.6		26.5 6.2		33.3 7.4			
45.7 13.2	51.2 12.2	60.2 13.9	60.8 16.9	73.4 23.0	68.4 17.6	69.7 15.2	48.4 11.0	73.0 15.0	71.0 —	47.1 5.9	69.0 —
16.1 5.1	22.8 5.4	22.8 6.4	41.1 11.0	50.0 14.2	55.9 14.8	52.6 16.1	57.0 18.7	63.5 16.7	82.6 19.5	96.1 20.3	125.3 17.9
3.7 0.9		0.8 6.0		1.9 6.1		2.4 9.3		1.9 7.7			
6.7 3.5	8.5 3.5	11.3 4.6	17.6 4.2	22.3 7.0	22.9 7.6	26.7 7.7	25.7 7.0	28.1 7.1	28.7 7.4	31.4 9.8	37.4 9.3
13.4 3.1	14.0 4.7	18.5 7.3	23.9 4.3	27.4 4.6	27.3 3.0	21.6 9.8	8.8 10.5	19.2 11.5	16.2 —	17.7 —	10.8 —
3.7 3.1	4.8 4.1	8.8 4.7	12.9 7.7	17.4 9.0	17.4 12.7	14.7 14.1	23.7 16.9	34.0 17.1	29.2 11.0	58.7 12.7	51.7 9.0
7.6 2.4	16.3 3.7	17.6 3.5	27.5 6.4	35.3 2.5	47.1 7.4	40.2 6.4	65.7 8.6	59.6 9.8	63.4 9.4		
9.2 4.9	11.5 6.2	14.3 8.6	18.0 13.1	24.8 16.6	29.8 17.9	35.1 20.2	41.7 21.0	43.0 19.0	45.7 13.9	50.3 12.8	39.7 7.2
4.4 3.7	4.5 5.3	9.6 10.6	19.1 9.3	17.6 17.8	30.4 15.6	33.4 12.0	19.8 10.8	22.2 7.9	30.5 1.6	23.8	— —
8.9 2.0	4.9 4.7	6.7 —	19.9 2.3	2.7 2.4	15.8 —	11.6 —	14.5 15.1	11.9 —	7.9 —	— —	43.5 —
18.9 7.0	26.1 11.4	37.9 15.3	45.6 9.8	48.7 15.4	60.4 18.3	58.3 16.8	54.7 14.0	58.4 10.9	54.8 13.3	69.3 11.5	56.5 8.9
28.2 8.4	34.5 9.2	35.4 15.5	43.7 27.1	60.1 31.4	54.3 24.9	67.7 22.1	68.0 13.6	76.0 27.0	78.4 21.1	103.9 14.0	90.6 —
15.7 7.4	18.6 8.5	17.4 7.9	22.8 10.4	24.6 16.1	31.9 12.2	35.8 12.1	47.8 7.8	46.5 8.5	45.1 5.1	36.3 5.0	27.4 4.3
13.6 1.4	10.5 1.5	20.7 6.0	25.8 5.0	22.4 13.6	39.7 15.5	28.1 17.3	9.3 21.9	37.4 9.9	34.7 5.0	48.7 —	28.7 —
26.2 7.5		35.2 11.3		34.1 6.7		27.5 6.2					

26カ国の人口10万人に対する自殺の割合（全年齢、性別、年代別）

国名		全年齢	5-9歳	10-14歳	15-19歳	20-24歳	25-29歳
カナダ	男	10.7	—	0.3	2.6	6.1	10.5
	女	3.4	—	—	1.1	2.2	3.3
チリ（1950-1951）	男	11.4	—	0.8	7.6	10.2	12.2
	女	2.7	—	0.5	4.3	5.1	3.6
アメリカ合衆国（全国民）	男	16.0	—	0.4	3.9	8.7	12.2
	女	4.6	—	0.2	1.3	2.6	3.8
アメリカ合衆国（白人）	男	17.2	—	0.4	3.9	8.6	12.6
	女	4.9	—	0.2	1.4	2.6	3.9
アメリカ合衆国（黒人）	男	6.1	—	0.2	3.7	9.2	8.4
	女	1.5	—	—	1.0	2.7	3.0
セイロン（現スリランカ）	男	9.3	—	0.6	6.6	17.6	14.0
	女	4.5	—	0.4	8.5	12.3	6.8
日本	男	31.6	0.1	1.1	37.6	84.8	54.9
	女	19.0	—	0.7	26.4	47.2	28.0
ドイツ（西ベルリン）	男	43.6	—	2.6	17.9	31.6	51.9
	女	27.3	—	1.3	17.7	18.6	16.2
ドイツ（連邦共和国）	男	26.0	0.1	2.4	12.5	24.8	23.8
	女	13.0	—	0.5	7.3	10.1	9.7
ザールラント州（ドイツ）	男	13.1	—	—	—	5.4	13.7
	女	6.2	—	—	—	—	—
オーストリア共和国	男	33.0	0.4	1.4	9.5	31.5	29.1
	女	15.0	—	—	11.8	12.7	12.5
ベルギー王国	男	20.0	0.3	—	3.8	8.0	9.7
	女	7.3	—	0.4	1.1	1.9	2.2
デンマーク王国	男	32.0	—	1.0	11.4	16.7	29.0
	女	14.8	—	—	4.6	9.8	10.2
スペイン（1951-1953）	男	12.3	—	0.5	3.8	6.4	9.7
	女	4.0	—	0.2	2.0	3.5	3.5
フィンランド共和国	男	32.4	—	2.2	11.4	27.7	38.4
	女	8.5	—	0.6	3.7	4.6	7.6
フランス共和国	男	24.7	—	0.4	4.4	7.7	13.2
	女	7.8	—	0.1	2.9	3.6	3.4
アイルランド（1952-1954）	男	4.7	—	0.2	0.6	1.6	2.3
	女	1.3	—	1.1	1.1	0.3	1.0
イタリア共和国	男	9.8	—	1.0	2.6	7.2	7.3
	女	3.8	—	0.2	3.1	4.8	2.9
ノルウェー王国	男	11.7	—	—	3.7	2.8	12.7
	女	3.3	—	—	—	—	2.7
オランダ王国	男	7.5	—	0.2	1.2	4.5	5.2
	女	4.6	—	—	1.0	2.1	1.8
ポルトガル共和国	男	15.0	—	1.8	4.8	10.0	10.2
	女	3.7	—	1.3	4.6	5.0	3.2
イングランドおよびウェールズ	男	14.3	—	0.4	2.6	5.4	10.3
	女	8.4	—	0.1	0.7	1.9	4.0
スコットランド	男	9.6	—	0.5	1.7	2.5	7.9
	女	5.9	—	—	1.6	3.3	3.3
北アイルランド	男	5.4	—	—	1.7	2.0	4.6
	女	1.3	—	—	—	—	—
スウェーデン王国	男	27.2	—	0.7	4.8	11.1	23.1
	女	8.5	—	0.4	0.9	5.1	8.5
スイス連邦	男	31.4	—	2.5	12.3	27.5	27.5
	女	12.4	—	0.5	3.8	8.9	8.3
オーストラリア（純血のアボリジニを除く）	男	15.1	—	0.3	6.0	13.6	13.0
	女	5.4	—	—	1.0	1.4	4.5
ニュージーランド（マオリ族を除く）	男	12.9	—	—	2.9	6.2	18.8
	女	5.1	—	—	1.5	6.5	5.9
南アフリカ連邦（ヨーロッパ系住民）（1951-1953）	男	24.1	—	0.2	9.7	16.0	20.8
	女	6.7	—	—	2.8	5.0	5.9

V

自殺と文学

「私が送った生活が自殺を妨げる」
——ブレーズ・サンドラール

『ウェルテル』は自分だけのために
書かれたと思うときが
誰しもあるはずだ。——ゲーテ

小説家のアンドレ・ジイドは主張している。小説を読んで自殺を図るような繊細な人は、小説を読む以前に、その人の中に死を宿している、と。なるほど、この理論は諸々の事例で実証されている。しかし、この『贋金つくり』の小説家が指摘し忘れていることがある。たしかに、このジャンルの作品は、新聞・雑誌に掲載された自殺の実話に著しく似せて制作されているけれども、作者に才能がなければ、読者を死に至らしめるほど感動的な物語に変容させられないということだ。

†　一五九五年　ヴェローナの恋人たちの不滅の貞節

シェイクスピアの作品のうち最も人気のある五幕物悲劇『ロミオとジュリエット』は、舞台とされる時代が十三世紀に設定されているが、その元になった伝説は一五三三年にただ『ラ・ジウレッタ』というだけの表題で刊行されている。一五二九年に歿した貴族ルイジ・ポルトの手になる作品だった。

二十年後、マッテオ・バンデッロが同じテーマで中篇小説（ヌーヴェル）を書いている。それから、ボワトーがこのイタリア人を模倣した短篇をフランス語で出版した。一五六二年に刊行されたこの短篇は、その後アーサー・ブルックによって改訂、脚色され、英語に翻訳された。アーサー・ブルックの書名は次のように当時の流行に倣って長くて詳細である。

ロミオとジュリエット（ロミウスとジュリエット）の悲話、真の貞節のめずらしい例、老僧のしたたかな助言と陰謀も含む

ウィリアム・ペインターも『悦楽の宮殿』の中で、ボワトーの仏訳をもとにした作品を収録した。ペインター

の作品ではタイトルが「ロミオとジュリエット」となり、シェイクスピアはそれを踏襲している。

文芸評論家のマローンによれば、シェイクスピアのこの悲劇の初演は、一五九五年のことだろうという。シェイクスピアのこの作品も、それ以前の作品と同様に、物語はヴェローナで展開される。敵対し、代々殺しあいを演じるキャプレットとモンタギューの両家。その末裔のロミオ・モンタギューはジュリエット・キャプレットを恋し、ジュリエットもロミオに恋心を捧げる。幾度か逢引きを重ねた後、恋人たちは共犯のローレンス師に祝福されて、極秘裏に結婚した。

ところが、若い夫はジュリエットの従兄を刺殺してしまう。ヴェローナの大公はロミオを追放に処した。ロミオとジュリエットの別離の場面は、演劇史上最も感動的な別れの場面である。ドラクロワはその場面を取り上げて、一八四六年の官展（サロン）へ出品する主題としたし、その作品は銅板画、刺繡、多色刷版画で複製された。ロミオが出発した後、ジュリエットの父はジュリエットを結婚させようとする。ジュリエットはモンタギュー家の子孫と秘密裏に結婚したことを打ち明けることができなかったので、ローレンス師の許へ走った。策士であるこのフランシスコ会修道士は一計を案じた。すなわち、死んだような見かけにする飲み物をジュリエットが飲む。そして、彼女は一族の墓に運ばれる。そこでローレンス師が彼女を甦らせる。彼女は再びロミオと一緒になり、夫婦で幸せに暮らす。

その飲み物たるや効果覿面であった。キャプレット家の者はジュリエットの死を嘆き、彼女の遺体を墓へ運んだ。ところが、不幸にも、ロミオは、真実を伝えるメッセージを受け取る前に、ジュリエットの悲報に接してしまったのだ。

ロミオはヴェローナに戻ると、墓地に赴き、死んだものと思っている女性の墓で服毒死する。

ロミオ　愛する人。妻よ。死神はおまえの蜜のような息を吸ったが、おまえの美しさには力を行使できなかった。おまえの美しさの輝きはおまえの脣の上で、頰の上で深紅である。死神の青ざめた旗はそこにまだ翻っていない。……愛しいジュリエットよ、どうしてまだそんなにきれいなのか？　実体のない死神がおまえに恋したのか。おまえをとどめる嫌われた怪物が暗い墓で恋人になったとしか思えない。そうであることを怖れるので、私は一緒に留まっていたい。深い闇が支配するこの宮殿から何があろうともう出たくない。ここにいよう、おまえの侍女たる蛆虫とともに。私が永遠の眠りにつくのはここなのだ。この世に倦み果てたこの肉体を不吉な星々の軛から解放しよう。おお、私の目よ、最後に見つめるがよい。腕よ、最後の抱擁をしてみよ。唇よ、私の息の戸口よ、つきまとう死との永遠の契約を正当な接吻で結べ。さあ来たれ、苦々しい導師よ。来たれ、不快な案内人よ。絶望した水先案内人よ、海に疲れた小舟を岩礁に導いて、砕くのだ。この杯を最愛の人のために。（飲む）おお、優秀な薬剤師よ。この薬はよく効くな。死ぬには一度の接吻で事足りる。

（息絶える）

ジュリエットは人為的な眠りから覚めると、ロミオの短剣でみずからの胸を突き刺す。

ジュリエット　これは何？　杯だ、私が真に愛するあの方が握っておられる。この毒で早まった最期を遂げられたのか。おお、ひどいお方。すっかり飲み干してある。私がお供するための一滴も残されなかったとは。あなたのお唇に口づけしたい。お唇に毒がまだ残っているかもしれないから、私を慰めながら死なせるための。（口づけする）お唇はまだ温かい！

第一の歩哨　侍童、案内してくれ。道はどこだ？

ジュリエット　声がする。ぐずぐずしていられない。おお、親愛なる短剣よ。（ジュリエットはロミオから

ピュラモスとティスベからロミオとジュリエットまで、愛による自殺のモチーフが文学に利用されている。

短剣を抜く）ここにおまえの鞘がある。（胸を刺す）わが胸で錆びつかせ、死なせてほしい。

（ロミオの遺体の上に倒れて、息絶える）

†一七七四年　死に至らせる小説『若きウェルテルの悩み』

『若きウェルテルの悩み』はおそらく自殺の文学史において最重要の作品であろう。ゲーテのこの小説は爆発的な成功を収めた。刊行から数ヶ月を経ると、ウェルテル熱に取り憑かれた若者たちが続出した。至る所で、ウェルテル風の格好をしたり、煙草入れ、扇、皿、ボンボン入れをウェルテルのモチーフで飾ったりする人が出現した。流行の香水は「ウェルテル水」という名称だったし、庭園には、ウェルテルの骨壺の周りにしだれやなぎが植えられたのだった。ウィーンでは、ウェルテルのバレエが上演され、拍手喝采を浴びていた。

市（いち）では、このゲーテの作品の大衆向け翻案が販売され、四つ辻では、次のようなウェルテルの最期の嘆き節が歌われていた。

みずから死んだ男の
物語をお話ししましょう
男の名はウェルテル
ゲーテ博士が書きしもの

悲しいことであるが、『ウェルテル』を読んで自殺した性質の弱い人びとについてまとめておくことにする。

「ウェルテルは世界一の美女以上に自殺の原因となった」とスタール夫人は書いている。

数多いウェルテル熱狂者の悲劇のうち、スウェーデン人青年カルステウスを最初に挙げよう。彼は一七七七年三月、キールでピストル自殺を遂げた。枕元には『ウェルテル』が大きく開かれていたのである。また、ハレでは、靴屋の修理見習いが屋根裏部屋から舗道に飛び降りた。警察は彼のポケットの中に『ウェルテル』を発見した。それから、ワイマールでは、一七七八年一月に、クリスティアーネ・フォン・ラッセルベルクが不実な婚約者から蔑ろにされて、イルム川に身を投げた。ドレスの折り返しの中に、『ウェルテル』を所持していた。一八三五年、悲嘆に暮れた母エリゼ・フォン・ハヘンハウゼン夫人はこの死に至らせる小説を告発した。息子カールがこの小説を読んで二十歳になるかならないかで自殺に追いやられたからである。

道徳を擁護する人びとはこの「死に至らせる小説」の作者を非難するようになった……。

ハンブルクの牧師ヨハーン・メルキオール・ゲーツェは一七七五年に刊行した著作で、そんな類いの本（ぼろぼろになった駄本（シャルテケ））をよくも称讃した批評家たちに異を唱えた。ゲーツェによれば、そうした本の唯一の目的は「英雄的行為として才ある若者のおぞましい自殺を示すこと」だというのである。同年、シュレッテヴェイン教授は二冊の小冊子を刊行し、ゲーテは「公の害毒人」を扱っていると憤慨した。

フランスでは、一七七六年の時点で、この作品の翻訳が二種類あった。一冊はワイマール公の侍従ジグムント・フォン・ゼッケンドルフ男爵の訳、もう一冊はG・デヴェルダンの訳である。そして、一七七七年には、『若きウェルテルの情熱』と題された三冊目が刊行され、その後、様々な翻訳が十二種ほど出ている。

翻案、模倣、パロディとなるともう数え切れない。パリの劇場では、ウェルテルの正劇、喜劇、ダンス、歌が舞台にかけられている。――たとえば、歌（アリエッタ）が含まれる喜劇『ウェルテルとシャルロッテ』（一七九二）、五幕物の正劇『ウェルテル』（一八〇二）、風刺歌謡が歌われる正劇『ウェルテル、あるいは繊細な心の錯乱』（一八一七）等である。

『若きウェルテル、あるいは激しい情熱』は、一八一九年にポルト・サン・マルタン劇場で、一八二五年にヴァリエテ座でパリの人びとの笑いを誘った。このじつに愉快なヴォードヴィルでは、薬種問屋の女将シャルロッテから殺鼠剤をもらったウェルテルは、それを使って自殺する。この場面で歌われた、デゾギエとジャンティルがつくった次のような小唄がヒットした。

明日陽がまた昇るとき
死によって…… 死によって……
死によって病気が治る！

一八三九年、L・コレによる『ゲーテの青春』、一八九二年にマスネのオペラ『ウェルテル』、一八九三年にはサラ・ベルナール座で、ゲーテ原作で、ピエール・デクーセルによる五幕物の戯曲が満場の拍手を浴びた。

この完璧な作品を書くのに、ゲーテは実際の事件を脚色するだけでよかった。スタール夫人からポール・ブールジェ、シャトーブリアンからフロマンタン、ミュッセからフローベールに至るまでのすべての文学に影響を与えることになるこのウェルテルの死をゲーテに抱かしめたのは、次のような三面記事的な出来事だった。

若きブラウンシュワイク公使館書記カール・ヴィルヘルム・イエルザーレムがヴェツラールでピストル自殺。

ゲーテは法学部を卒業後、このヴェツラールという小さな街で数週間を過ごした。当地で彼は、民事裁判官の美しい令嬢シャルロッテ・ブッフを私に（ひそか）、けれども激しく愛していた。

しかし、シャルロッテにはJ・クリスティアン・ケストナーという婚約者がいたので、ゲーテは心の中で泣いて、彼らの許を離れた。長いこと、ブッフ家の夕べを懐かしんだものだった。

ブラウンシュワイク全権公使館書記の自殺を知ると、クリスティアン・ケストナーに手紙を書いて、この悲劇の詳細を問い合わせた。

関係資料を作成しながら、イェルーザレムの悲劇的な死に、自分自身のシャルロッテへの恋の想い出を重ね合わせ、『ウェルテル』をひと月で一気に書いた。夢遊症による真の努力で。

このゲーテの作品に、自殺の一部始終を読み返そう。

隣人は火薬の閃光を目にし、銃声を耳にしたが、静まり返ったままだったので、気にも留めなかった。翌朝の六時、従僕が明かりを携えて入ってきた。従僕は主人が床に倒れており、ピストルが転がっていて、血が流れているのを見た。

従僕は主人に呼びかけ、手をつかんだ。返事はない。喘鳴しか聞こえない。従僕は医者を呼びに走った。……医者が不幸な者の許に駆けつけたとき、主人は床に横たわり、救いようがなかった。主人がピストルで撃ったのは右目の上で、脳漿が飛び出していた。

念のため、腕から瀉血した。血がほとばしった。彼はまだ息をしていた。

肘掛け椅子の背もたれに血がついていたことから判断して、椅子に掛けて机に向かい、この行為を遂行したのだろう。それから、崩れ落ちて、椅子の周りを転がったようだ。窓の近くですっかり力尽き、仰向けに倒れていたのだから。青い燕尾服と黄色のチョッキを着て、長靴を履いていた。……

興味深いのは、友人のケストナーが一七七二年にゲーテに宛てた、カール・W・イェルーザレムについての報告に、同様の記述が見られることである。

……そういうわけで、カールはみずから、右目の上にピストルの弾を撃ち込んだのです。……家の中で銃声を聞いた者はおりません。ただ一人、フランシスコ会の修道院長の神父が銃声を聞き、火薬が光るのを見たのですが、その後は静まり返っていたので、気にも留めなかったのです。……

イエルーザレムは机の前の肘掛け椅子に座って、事に及んだようです。背もたれの下部も肘掛けも血まみれでしたから。そのあと、彼は倒れました。床にも大量の血が流れていました。肘掛け椅子の側には大きな染みがありましたが、そこにうつ伏せに倒れたようです。それから、椅子の周りをまわって、窓辺まで行こうとしていました。が、仰向けですっかり力尽きていました。青い燕尾服と黄色のチョッキを着て、長靴を履いていました。

朝の六時前に、従僕が主人を起こしに寝室に入りました。蠟燭は燃え尽き、薄暗かったせいで、従僕はイエルーザレムが濡れた床に横たわっているのを見ても、嘔吐したのだろうと思いました。が、床にピストルがあり、血に覆われているのに気がついたのです。……

……念のため、彼の腕から瀉血しました。……

† 一八〇七年　シャトーブリアンとナポレオン

ロマン派の青年詩人たちの心を苛んだ厭世観は、紀元一世紀にセネカが次のように明確に説明していることと同じである。

われわれに影響を与える悪は、われわれが存在する場所の中にあるのではなく、われわれ自身の中にある。……どれほど多くの人が死を望んだものだろうか、多数の変更を試みた後で、同じ感覚に戻り、再び何も抱くことができないときに。……彼らには生やこの世が負担になり、歓喜の最中でも彼らはこう叫ぶ。「いつまで同じことを」と。

このセネカの文章は、シャトーブリアンの小説『ルネ』に表現された悲痛な思想に著しく類似している。一八〇二年に『ルネ』が発表されて以降、若者たちは新しい理想に向かった。アカデミー・フランセーズ会員の批評家エミール・ファゲは、シュリー＝プリュドム風の小気味よい断定で、その影響を強調している。

シャトーブリアンはフランス文学史上、プレイヤード派以来、最大の事件である。……『ルネ』が全編にわたって、言い表しがたい憂鬱を湛えているのは、理由（ゆえ）なきことではない。『ルネ』の生みの親であるシャトーブリアンその人が、危うく自殺するところだったからである。『墓の彼方の思い出』に、自殺に失敗した話が記されている。

自殺を図る人間が示すのは、魂の力強さではなく、本性の衰えである。私は猟銃を所持していたが、その猟銃の引金は使い込んであったためか、発射されないこともしばしばだった。私は三発装塡してグラン・メイルの人里離れた場所に赴いた。私はこの銃の撃鉄を起こすと、銃身の先を口に入れ、銃床を地面に打ち付けた。何度も試したが、発射されなかった。歩哨が現れたので、私はその決意を一時中断しなければならなかった。それと知らずに、心ならずも諦めた私は、まだ時宜を得ていないものと考え、この計画を他日に期すことにした。……

シャトーブリアンと同様に、ロマン派の詩人ラマルティーヌも絶望の募った瞬間を経験した。詩人の長篇小説『ラファエル』の中に、それが書かれている。

船の上で、私は彼女と自分の身体を一着の経帷子を着ているように密着させた。その周囲に、手許にあった漁師の網の紐でぐるぐると八重に縛った。私は彼女を抱きかかえた。腕は縛ってはいなかった。彼女と一緒に流れのなかに飛び込むために。……私が両足で起こしていたはずみが、私たちを一緒に永久に飲み込もうとしていたまさにそのとき、私は彼女の青白い顔が、生気のないものの重みとして、私の肩の上に倒れたのを感じた。……

この心中沙汰は、ラマルティーヌにとって悲しい結末に至らなかったが、ラマルティーヌは相変わらず詩篇の中で死の利点を歌っている。

私は讃える、おお死よ、天の解放者よ……　（「不滅」）

今も好まれる故郷の小丘の粘土によって
私の顔はたちまち死衣のように覆われる　（「ドルセー伯爵に」）

また、ロマン派の詩人アルフレッド・ド・ヴィニーの詩篇「サムソンの怒り」の詩句を思い浮かべて、短剣で胸を突いて自殺する世代もあった。

私に死を知らせに来る者の足は
何と美しいことか……

ナポレオンも、ロマン派の毒に突き動かされたことを明記しておこう。一八一四年四月には、王冠を返上しなければならないことに落胆、絶望して、皇帝ナポレオンは「フランスのためにはならない命を絶つ決意」をした。

ナポレオンは服毒の話を遺している。


ロシアでの退却以来、余は絹の小袋に入れた毒薬を首に提げていた。これは余の命令でイヴァンに用意させたものだ。余がコサックの捕虜になるのを懸念してのことである。……

余の命はもう祖国には属していなかった。……どうしてそれほども苦しむのか、と自問した。余が死んで、余の息子に王冠が授けられないかは誰が知ろう？　フランスは救われるかもしれない！

余は迷わなかった。ベッドから飛び降りると、少量の水に毒薬を溶かして、喜びのようなものを感じながら飲んだ。しかし、この喜びもつかの間、余は激しい苦しみに襲われ、うめき声を上げた。これを聞いた者たちに、余は手当された。神は余が死ぬことをお望みではなかった。……セント＝ヘレナは運命だったのだ。


ワーテルローで、ナポレオンが敗戦の中、名誉ある死を求めて危険に身をさらしたことは名高い。

† 一八二一年　ジョルジュ・サンドを魅惑した深い川底

ジョルジュ・サンドは十七歳のとき、自殺したくなるような苦悩を味わった。その頃、サンドは病気の祖母の看病をしていて、毎晩二、三時間しか寝ることができなかった。『ルネ』や『ハムレット』を読んで、サンドは症状を悪化させた。深い憂鬱に落ち込んだのである。

『我が生涯の記』の中で、危険であることを理解していた強迫観念との戦いを、このように語っている。

私は……自殺の誘惑に抵抗する力を受けた。誘惑は時にはあまりに激しく、あまりに唐突に、あまりに奇妙なものだったので、私が罹っているのは一種の精神錯乱だと確認することができた。それは固定観念の形をとり、時折偏執狂に近かった。私を神秘的な魔力で引きつけたのは、とりわけ水であった。私はもう川の辺しか散歩しなかった、そして快い場所を探すことは考えず、深い場所を見つけるまで私は機械的にそれに沿って行った。そして川岸に止まって、磁石に引き付けられるように、頭の中で熱に浮かされた陽気さのようなものを感じていた。そしてこう言っていた、「なんてたやすいことでしょう！　一歩踏み出しさえすれば良いのだから！」

最初この偏執は奇妙な魅力をもっていた、しかし私は自分自身をしっかり持っていると信じていたので、それと戦おうとはしなかったが、やがてそれは私を恐れさせるほどの強さになった。私がその意図を持つや、もはや岸から離れられなくなった。そして私は「ウイか、ノンか？」と、かなりしばしば、かなり長い間自問しはじめていた。ウイならば、私を強く引きつけるこの透明な水の底に身を投げる危険を冒していた。

私の宗教はしかしながら自殺を罪とみなしていた。だから私はこの精神錯乱の誘惑に打ち勝った。私は水に近づくことを自分に禁じた、そしてこの神経的な現象は――というのは、これをそれ以外に定義しようがないからだが――非常にはっきりと現われたので、私は井戸の縁に触れるだけで、身震いを感じ、抵抗することは非常に難しいことだった。……

……自殺への誘惑は他の形で存在しつづけた。あるときは、武器をいじっていたり、ピストルに弾を込めていた時、私は妙な感動を味わったのだ。あるときは、祖母のローションを準備するために絶えず私が触っていた阿片チンキの小瓶が、私に新たな目眩を起こさせた。

私がこうした偏執をどのように乗り越えたか、あまりよくは覚えていない。それは私がもう少し多い休息

HISTOIRE AFFLIGENTE DE DEUX AMANTS
ou suites funestes de la lecture des mauvais livres.

19 世紀前半に発行されたかわら版（カナール）の木版画。恋人たちの悲話、すなわち悪書の読書による有害な影響。

を私の精神に与えたことにより、……ひとりでにやってきた。……

数年経つと、ジョルジュ・サンドはこのことをすっかり忘れていた。恋愛を経験して、死への関心をやりすごしたようだ。一八三四年秋、ヴェネチアからの帰途、嫉妬深いミュッセから喧嘩を売られてうんざりしたサンドは、ミュッセにひとつの提案をした。

「すべてはわたしたちが賭けている賭けなのよ。でも、私たちの心と命とが賭金になっている。それはまったく見た目ほどいいものじゃない。……フランシャールに一緒にピストル自殺しに行きたいの？　それならさっさとそうなさいよ」

ミュッセは、書きたい詩篇がまだあったので、性急に死ぬことに同意しなかった。

† 一八二九年　アルフォンス・ラッブの『ある厭世家の手帖』

絶望してしかるべき理由があったとはいえ、アルフォンス・ラッブは、当時の知識人の悪しき慣習には従わなかった。存命中、彼はいかなる個人的な悲しみをも明かして世間の関心を引こうとはしなかった。

ラッブの個人的な悲しみが公にされたのは、彼の死から五年を経た一八三五年のことである。甥のシャルル・ラッブが、彼の私的な覚書や未発表の作品を、『ある厭世家の手帖』という題名で出版することにしたからである。

ラッブの哲学的なテキストの前には、ラッブの友人であるヴィクトル・ユゴーの詩の断片と、L・F・レリテイエの署名をもった悪意ある伝記が附されていた。

シャルル・ラッブは叔父の原稿を大切に整理した後、L・F・レリティエに序文を依頼した。シャルルはうかつにも、印刷前にその内容を確かめなかった。しかし、本が販売されるに及んで、お人よしな甥も憤慨した。彼は王立文書保管所に、流通している本の回収を願い出た。

一八三六年、初版に替えて第二版が刊行された。第二版は『アルフォンス・ラッブ遺作集』というタイトルで、序文としてジャーナリストのアルマン・カレルによる著者の研究が附されていた。

アルフォンス・ラッブは開けっぴろげでスポーツ好きな若者で、たいそう美男だった。友人たちから「エクスのアンティノオス」というあだ名で呼ばれていたくらいである。ところが、その彼が、スペインみやげの梅毒がもとで、不快の対象になり果ててしまったのだ。

アルフォンス・ラッブは一七八四年、南仏プロヴァンス地方の村リエズに生まれた。青年時代には、当地のブルジョワたちの肝胆を寒からしめようと、スパルタ人を気取って過ごした。円盤投げや槍投げをしたり、真冬に水風呂に入ったり、弓矢で山鶉を狩ったりしていたのである。

生活を愛し、名声を渇望していたが、一八〇八年、彼はやむなく軍に入隊した。軍の会計監査官補佐として、スペインに出征している。伝記作家のレリティエが、この陽気なプロヴァンス人がナイトカフェやダンスクラブで乱痴気騒ぎに耽っていたことを、悦に入って述べている。


彼は酒壜や好色な人びとの肌に囲まれて、とめどない官能のあふれる飼料槽の中を転げ回っていた。そこではイベリアの多情な酒が大量に流れていたのである。……

そうして、迂言法と無遠慮を愛好するこの伝記作家は、乱痴気騒ぎの夜に出会ったジプシー女が、「フランソワ一世およびルイ十五世の王家の血を腐敗せしめた毒をアルフォンス・ラッブに伝えた」と述べている。

この病気については、ラップが覚書きでもっと正確に言及している。

　神は束の間の快楽と、騒々しく素早くて、激しく締めつけるような痛みを創造した。すなわち恐ろしい梅毒を創造したのである。

フランスに帰ると、ラップは法律の勉強を続け、エクス＝アン・プロヴァンスで弁護士になった。ブルボン朝に王政復古した翌一八一五年、ラップは、自分が皇帝ナポレオンに仕えていたことを棚に上げて、君主制を嘲弄した。第一帝政時代の元帥アンドレ・マセナを痛烈に批判して、論戦を挑んだのである。マセナは論文で即座に反駁したが、この論争で期待した利益を得られなかったラップは自由党に参加する。《フォセアン》紙も設立し、それによりマルセイユの重罪裁判所にひっぱられるという栄誉を授けられた。彼は地方での名声に満足しなかった。パリに「上京」して、反対派の様々な新聞、《パンドラ》紙、《鉄柵（グリーユ）》紙、《鏡（ミロワール）》紙、《タブレット・ユニヴェルセル》紙、《クーリエ》紙に寄稿した。

一八二四年、新聞の一つに、ヴィクトル・ユゴーの処女小説『アイスランドのハン』の書評を発表した。後の国民詩人たるユゴーは、この称讃記事が自分の散文の売り出しに一役買ったことを決して忘れなかった。ユゴーとラップは親しくなり、後年ユゴーは「黄昏の歌」の中でラップの思い出に触れている。

　ああ！　一体何をしているのだ？　ラップよ、友よ、
　墓に眠る厳格な歴史家よ！

ヴィクトル・ユゴーがアルフォンス・ラップに出会った頃、ラップはすでに病に冒され、顔には痕跡が残っていた。

ラッブの瞼、鼻孔、唇は腐っていた。ひげや石炭のような歯はすでになかった。髪だけは残っていて、そのブロンドの巻髪を肩と片方しかない目の上になびかせていた。その片方しかない目の誇り高い視線と純粋な微笑みがこの醜悪な顔の上に美のきらめきをまだ投げかけていた。……

この不幸者は、自分が自分の姿を見て嫌悪を抱くとは思ってもみなかった。

私は自分を見ておののいた。これが私なのか？　私の顔にどんな手がこんなおぞましい筋を刻んだのか？

ある日、ヴィクトル・ユゴーがラムネーに紹介しようとして夕食に招待したが、ラッブはこの申し出を断った。なぜなら、自分のぞっとするような醜さのせいで、妊娠中のユゴー夫人が怖がりはしまいかと心配だったからである。

羽目を外した青年時代を忘れることができず、失望し、病んだ彼は、怒りっぽく、疑り深い人間になった。一八二八年五月、恋愛にまつわる深い悲しみが彼を襲った。死が彼の唯一の慰めを奪い去ったのだ。その慰めというのは、彼のおぞましい醜さにもかかわらず、純真な心で愛してくれた若い女中だった。『ある厭世家の手帖』という風変わりで私的な手帖にだけ、自分の肉体的、精神的な苦しみの秘密を綴ったのだ。「私は独りでつらいままです……」と彼はヴィクトル・ユゴーに語っている。

この誇り高い魂も結局は、身体的苦痛には勝てなかった。一八二九年、彼はもう死を準備することしかできなかった。一八三〇年一月一日、ラッブは遺体となって発見された。

人生と同じように、アルフォンス・ラッブは死にも失敗した。彼の死は、ほとんど注目を集めなかった。この自殺の礼賛者は、服用量を超えたアヘンチンキをみずからの意志で摂取したと推測されるが、複数の友人たちが、彼の死因は心臓麻痺である、と主張している。
十二月十三日、彼は「最後の手紙」を書いている。

どんな人間も、多くを感じ、考え、加齢による機能低下の前に命を絶って、その哲学的遺作、すなわち枢の板に書かれた真摯で大胆な信条の告白を残すなら、そこには、愚かしさや下層民の軽蔑すべき意見の支配から免れた、周知の真実以上のものがあるだろう。

私がこの計画を実行するのには、別の動機がある。世界の至る所で、たとえ私の友がどんな立派な人物であっても、私がどのように死んだかを私は知ってほしい。また、無関係な人びと、すなわち私が十分間の会話の対象（誇張かもしれない推測だが）にすぎない大衆にも知ってほしい。私が少しも卑怯者に堕しなかったこと。悲痛を我慢するのが限界に達したとき、新たな発作が起って、その限界を超えてしまったということ。自分を意のままにするという、人間なら誰もが自然から受けている恩恵を平静さと威厳を持って、私は利用したにすぎないということ。以上を知ってほしい。……

自由の信奉するラッツブは、自殺を禁ずる法学者の愚かさに異議を唱えている。

……自殺を企てたこの寛大で有能な人物から恩恵を受けている、ということを諸君は理解していない。この人物は、ものみな等しく扱われることはない現世において催される祝宴で、彼の席と権利を、かくのごとく黙して譲渡してくれているのにである。……

ロマン派の自殺の風刺。レオアルド・アレンサ作、1840 年頃（スペイン国立ロマンティシズム美術館蔵）

†一八三〇年　スプリーン、すなわち倦怠ノ病気

オーギュスト・バルビエは英国から移入された「倦怠ノ病気（スプリーン）」に反対する詩篇を書いて、万物を錯乱させて自殺に追いやるこの新しい風潮に痛棒を食らわした。

詩集『イアンブ（風刺詩）』の作者として知られるオーギュスト・バルビエは、「スプリーン」という詩篇で、「憂鬱」を「蠍（さそり）の王子　イギリスの害毒」と名づけ、いくらかの助言を述べている。

生姜を噛むのに倦み果て、
おまえの最愛の月　おまえの十一月に
われわれの子たちをおまえは幾度恐ろしい紐に吊したか
あるいは熱い鉛で彼らの頭を割ったのか
おまえの紐と憎らしい火薬は消えるがよい
絶え間ない仕事を負った不幸者たちを
おまえの道具をもって訪問するがよい
おお、むごい医者よ　裸同然の乞食たちを見に行け
人生に口づけをされ　それぞれの道で
死に平穏な犠牲を差出している乞食どもを

オーギュスト・バルビエはこのように「スプリーン」に新しい道を示して、自殺が蔓延して世界が終末を迎えるのを想像している。

満腹した享楽的な吸血鬼よ
おまえの情熱のない脣に最も虚弱な人間が
ひからびて窶(やつ)れた血管をゆだねるだろう
敗れて　常にうめいている人びとは
自殺の腕に身をまかせる
そして陰気な検死官よ　死の黒い天使が
生なき世界でついにこんな評決を下す
ここに熱情が原因で死んだ人びとが眠ると

† 一八三一年《人間喜劇》の自殺の数々

社会の描き手にして鑑定家、生理学者、鋭い観察者、風俗史家……バルザックの仕事の非凡な方法については語りつくされている。

創造した人物により生き生きとした奥行きと立体感を与えるために、バルザックが現実から得ていた、「社会的素材」の秘密を私たちは知っている。

「私の意図は現在の時代を表現することです」とド・カストリー夫人宛ての手紙に彼は記している。

バルザックはそれに成功した。彼は本物の舞台背景の中に、社会劇の大波乱とロマン派時代の個人劇の大波乱を設定したのである。

バルザックが『あら皮』（一八三一）を書き上げた頃、自殺が流行していた。恋人たちが「石炭」を使って心中したり、健全な若者たちが自分の頭を拳銃で撃ったり、セーヌ川の溺死者がサン＝クルーの網に毎日かかっていたりしたのである。

正確な観察家たるバルザックが、こうした日常のメロドラマの問題に強い関心を寄せたのも当然である。「人間喜劇」の登場人物のうち、四十二人が死に魅せられている。うち十四人は自殺の計画を温めていたが、実行には移していない。二十一人は自殺するに至り、七人は死ぬことに失敗した。選択された自殺の方法は、一八三〇年から一八四五年にかけてとられた統計に見出されるものである。

石炭による窒息死　四件
入水　四件
縊死　二件
火　一件
剣　一件
剃刀　一件
火器　五件
釘　一件
砕いたガラスの飲み込み　一件
飛び降り　一件
故意の結核　一件

バルザックは一八三一年に発表した『あら皮』の中で、自殺の社会的側面を長々と分析している。

自殺には、なにかしら偉大で怖ろしいものがある。……ピストルの銃口をみずからにむけて魂の平和を得ようとするのは、そのように強いるこころの嵐がそれだけはげしいからにちがいない。金にも飽き、退屈している群衆に囲まれて、慰めてくれる友や女性がいないばかりに、なんと多くの若い才能が屋根裏部屋に閉じこめられ、萎えて朽ち果てることだろう。そう考えれば、自殺という現象は途方もない広がりをおびてくる。……あらゆる自殺は、憂愁をうたった崇高な詩にほかならない。

『あら皮』の主人公であるラファエルは、パレ＝ロワイヤルの賭博場で最後の金貨を失うと、死を決意する。ラファエルは水死しようと考えた。夜になるのを待つために、歩き回り、間近に迫った死の一部始終を思い浮かべた。

……ラファエルは天をあおいだ。そこには灰色の雲や、悲しみをおびた一陣の風や、重くたれこめた大気がただよい、青年にやはり自殺を示唆していた。彼は自分よりさきにみずからの命を絶ったひとたちの最後の気まぐれに思いをはせつつ、ロワイヤル橋のほうに足をむけた。カースルリー卿は喉をかっ切るまえに、われわれのもっともつつましい欲求を満たし、アカデミー・フランセーズ会員オジェは死におもむきながら、嗅ぎたばこをかぐためにたばこ入れを取りにいったという話などを思いおこして、青年はほほえんだ。……彼は橋のアーチのてっぺんにやってくると、陰鬱なようすで流れる水をみつめた。
「身投げするには天気が悪いね」と、ぼろをまとった老女が笑いながら彼に言った。「まったくセーヌ川ときたらなんて汚らしく、冷たいんだ！」
　青年は狂気じみた勇気をうらづけるような、純真そのものといったほほえみをかえした。突然、チュイルリー公園の船着き場にある小屋に、一ピエもある大きな文字で「水難者救援所」と書かれた掲示板がかかっているのを遠くからみて、青年は身ぶるいした。

ラファエルは自殺しない。危険なお守り「あら皮」の効力で、一時的に彼は救われた。しかしながら、バルザックは頭から離れないテーマに立ち返る。ラファエルはラスティニャックに自分の陰鬱な意図を伝え、この一部の隙もない遊蕩児に自殺の方法について教えを請う。

「阿片はどうかな?」

「だめだ! ひどく苦しむから」とラスティニャックの答え。

「窒息死は?」

「卑しいやりかたさ!」

「セーヌ川に身投げするのは?」

「網や死体公示所はきたないぞ」

「ピストルは?」

「しくじったら、顔が崩れてしまう。あのなあ」と彼は続けた。「若者がみんなそうであるように、ぼくも自殺を考えたことがある。二十歳までに、自殺の二、三度くらい誰だって試みてるだろう? ぼくは、快楽で人生をすりへらす以上にいい解決策は見つからなかった。徹底して放埒な生活にふけってみたらどうだ、そしたら君の恋か、あるいは君自身が息絶えるさ。ねえ君、放蕩こそあらゆる死のなかで最上のものさ。……君の立場だったら、ぼくは上品に死んでみせる。……」

バルザックは自殺を容認していない。バルザックは自殺を非難する理由を、『田舎医者』に登場する医師ベナシスに仮託して説明させている。この臨床医は、愛する少女と結婚できなかったときに自殺を考えたことがあった。

……はじめのうちは自殺しようと思いました。いままでにお話ししたようないろいろな出来事が、わたしの内部に、憂愁の感情を極度に発展させたので、わたしは冷然としてこの絶望的な行為を決心したものです。人生がわれわれを見限るようなときには、われわれのほうから人生に見切りをつけたっていいはずだと考えました。つまり、自殺というのはきわめて自然な行為だと思われたのでした。……

……わたしには自殺は、ちょうど自然死が肉体的な疾患の最期の発作であるように、精神的な疾患の最後の発作にすぎないと思われました。ただ精神的な生というものは、人間の意志という独特な法則に従っていますから、その停止は知的判断の表明を伴なうはずではないでしょうか？　したがって、じっさいに生命を奪うのは、思想であってピストルではありません。……

しばらくの間わたしは、古代の異教徒たちの雄大な感情の共鳴者となりました。……エピクロスは自殺を認めました。この考えは、かれの説く道徳の当然の付録じゃないでしょうか？

……この行為を、エピクロスはたたえはしませんでしたが、非難もしませんでした。かれはただ、酒神バッカスに御神酒を捧げながら、《死ぬということは、笑いごとでないが、なにもそのために泣く必要もない》といっただけでした。

エピクロス派のひとびとよりはもっと道徳的で、義務の観念を尊重していたゼノン、およびその門下のストア学派は、特定の場合に、弟子たちに自殺を命じていました。

ゼノンの理論というのは、こうです。人間がけだものとちがうところは、かれが自己の生死を完全に左右できるということである。かりに人間から、自己にたいするこの生殺与奪の権をとりあげて見たまえ、その人間は、他の人間や外界の出来事の奴隷となるにちがいない。

……卑俗な人間は屈辱をも甘受して生きながらえるが、賢者は毒を飲んで自殺する。

……古代人のいろいろな哲学の堆積のなかから、そんな論議を探しだしてきたのちわたしは、神がわれわれに授けたもうた自由意志の掟によってこれを補強すれば、そこにキリスト教的な形をあたえることもできると思いました。神が自由意志を授けたもうたというのも、他日、われわれを最後の審判の法廷で裁きたもうためですが、《よし、その自己弁護をしてやろう》と考えました。

……それでもなおわたしは、宗教をわたしの自殺の幇助者にしたてようとしました。福音書を読みかえし、そこにはっきり自殺を禁止した言葉をひとつも見つけることができませんでした。

……自殺する男が発揮する勇気も、そんなわけで、じつはかれがみずからに下す有罪判決にすぎないのではないかと思うようになりました。死ぬ力のある人間ならば、闘いぬく力だってあるはずです。苦しむことを拒むのは、強さでなく弱さにすぎない。……

そこで自殺が、わたしには、もはやどんな危機にあっても許されるべきでないと思われてきました。魂の偉大さというものをまちがえて理解したために、死刑執行人の斧に打たれる寸前に、みずからの命をたつといった人間においても……

バルザックはこの哲学的な説明に満足しなかった。彼は『幻滅』で、再び「自殺の素質がある人」の意識の事例を研究している。主人公リュシアン・ド・リュバンプレは、自分の家族に不幸を招いてしまい、途方に暮れ、自殺を決心する。

問題の重大さにひきかえ、自殺についてはほとんど書かれていないし、研究もされていない。おそらくこの病気は研究不可能なのだろう。自殺とは、名誉と区別して自己尊重とでも呼びたい感情の結果である。自分を軽蔑するとき、自分が軽蔑されていると感じたとき、人生の現実が自分の希望と一致しないとき、人は自殺し、社会に敬意を表するのだ。なぜなら美点も栄光もひきはがされた姿を社会の前にさらすまいとして自殺するのだから。なんと言おうが、無神論者のうち（キリスト教徒は自殺者から除かなければならない）、不名誉な人生を受け入れるのは卑怯者だけである。

自殺には三種類ある。まず長わずらいの最後の発作にほかならない自殺。これは確かに病理学に属するものだ。それから絶望による自殺。そして理性による自殺である。

リュシアンが自殺しようとしたのは絶望と理性の両方によるが、それらの自殺は思い止まることができるものだ。というのも止めようがないのは病理学的な自殺のみなのである。……

しかし、リュシアン・ド・リュパンプレは自殺から「立ち戻る」ことはないだろう。リュシアンは自殺を遂げる。バルザックは心理学者として、ほとんど精神科医として、リュシアンの固定観念の進展を研究している。『娼婦の栄光と悲惨』では、彼の病が進行するのが見られる。

リュシアンは……自殺という考えが取り憑いて離れなくなる、あの如何ともし難い心的状態に落ち込んだ。この自殺という妄執は、それを実行することこそできなかったものの、すでに彼が捉え込まれたことのある考えだった。何人かの偉大な精神病専門の医師によれば、ある種の体質の持ち主の場合、自殺は一つの精神錯乱の結果だった。さてリュシアンは逮捕されてからというもの、自殺から一つの固定観念を作り上げていた。……

結局リュシアンは独房で首をつることになる。

バルザック作品の他の登場人物は、自殺を失敗した後に、固定観念を免れている。『イヴの娘』のジャーナリスト、ラウル・ナタンは彼を愛する女性によって窒息状態から救い出された。この経験で彼には充分だった。

バルザックによれば、人は失敗した自殺を繰り返さない。

> 自殺を図った青年がそれで苦痛をこうむった場合、再度自殺を図ることはごく稀である。自殺が生からの解放をもたらさないなら、死からの解放をもたらす。

人生にも小説にも例外はある。初めに石炭による窒息から救助されたエステル・ゴプセックは、次にはシアン化物で服毒死する。このときは、自殺に失敗しないように、前もって犬に服用を試みている……。エステルは結婚してド・シャンピイ夫人になってからも、相変わらずリュシアン・ド・リュパンブレを熱愛していた。(『娼婦の栄光と悲惨』)

愛とは別の不安や悲しみは、「人間喜劇」に出てくる自殺者の心や理性と繋がっている。ポーランドからの亡命者ヴェンセラス・シュタインボック伯爵は、石炭こんろを用いて貧しい生活に終止符を打とうとしたが、従妹ベットに救助された。(『従妹ベット』)

ラファエル・ド・ヴァランタンはひたすら死を願っていた。もう金がないことに悩んでいたからである。(『あら皮』)

アルシ＝シュル＝オーブの商人ピグーの息子は、破産して、貧窮を避けるために自殺する。彼の死因は、世間体を案じて、自殺から卒中へと変えられるだろう。(『アルシの代議士』)

オスカル・ユッソンの父はガラス職人で、贅沢の味を覚え、自分が貧乏になると知るや、セーヌ川に身投げした。(『人生の門出』)

バルザックの目には、不名誉もまた、多数の悲劇を引き起こしうるように映る。

ワイン卸商のギヨーム・グランデは頭を撃ち抜いた。破産したからである。(『ウジェニー・グランデ』)

第二槍騎兵の下士官は、軍服盗難の嫌疑をかけられ、有罪判決を恥じて死を選んだ。彼はガラスの破片を飲み込む。(『従妹ベット』)

リュシアン・ド・リュバンプレはパリ高等法院附属監獄の独房でネクタイを使って首をくくった。盗難と殺人の有罪判決の恥辱を怖れてのこと。(『娼婦の栄光と悲惨』)
ユロ男爵の叔父ジョアン・フィシェールも独房で自殺する。オランに拘留され、特別待遇制度の恩恵も受けられず、ネクタイも自由に使えなかった。彼は釘で我慢するしかなくて、釘を胸に突き刺すに至った。横領罪という考えには耐えることができなかったのだ。(『従妹ベット』)
マルト・ミッシュの父は、バブーフの陰謀に巻き込まれ自殺する。(『暗黒事件』)
情にもろい憲兵ラテルは自殺した。なぜなら、彼は愛ゆえに、ブリオン・デ・トゥール＝ミニエール男爵夫人の逃走を幇助するという、職業上の犯罪に手を染めたからである。(『現代史の裏面』)
バルザックの作品に登場する愛の絶望者たちは、三面記事で報じられる自殺の当事者たちにそっくりだ。
老嬢の恋人アタナーズ・グランソンは、恋人の結婚を知って、サルト川に入水した。恋人のコルモン嬢はデュ・ブスキエ氏と結婚したのである。(『老嬢』)
将軍フリップ・ド・シュシー男爵は頭を撃ち抜いた。愛人ステファニー・ド・ヴァンディエール伯爵夫人が急逝したからだ。この不幸な女は理性を取り戻した直後だった。(「アデュー」)
報われぬ愛に疲れたダルガイオロ公爵の兄は、剣の上に身を投げた……。(『アルヴェール・サヴァリュス』)
子爵夫人は共同の生活を再びはじめることを拒絶する。伯爵は猟銃で自殺する……。ガストン・ド・ニュエイユ伯爵はボーセアン子爵夫人と幸せな十年を過ごしたが、夫人のもとを去っていた。少しも愛していなかったが資産家の愚かな跡取り娘と打算から結婚するためである。子爵夫人の人生を壊してしまったことに気がついて、伯爵はボーセアン子爵夫人のもとに帰ったが、二人の関係を結びなおすことは拒絶された。伯爵は絶望して自宅に戻り、猟銃で自殺した。(『捨てられた女』)
コルセット製造の女は、恋人が去ると、セーヌ川に身を投げた。フェラギュスに捨てられたイダ・グリュジェは、入水したのだ。遺体はサン＝クルーの網の中に見つかった。恋するコルセット製造の女は、「死体公示所に並べられないようにヌイイーより川下」に身を投げた。(「フェラギュス」)

ある詩人の妻は、嫉妬から肺結核に罹り、それが原因で命を落とした。この独創的な自殺は、バルザックがマキュメール元男爵夫人に選んだものである。夫人は詩人のマリー・ガストンと再婚しているのである。夫の不貞を信じ込んだこの嫉妬深い妻は、死を選んだ。ある晩、彼女は、ヴィル・ダヴレーの所有地を貫流する小川の岸辺に行き、「汗まみれ」になった後、湿った草叢の中で横になった。こうして彼女は病気に罹った。医師たちの見立てでは、この病気は「落ち葉の頃」に、彼女の命を奪うだろうという。(『二人の若妻の手記』)

バルザックの作品には、古典的な方法より異色な方法を好む登場人物がまだ他にもいる。たとえば、老画家フレンホーハーは、みずからの作品でつくった火刑台の上で死ぬ。この芸術家は、自分が傑作を描くことはできないと悟ったからである。(「知られざる傑作」)

† 一八三三年　サディストのペトリュス・ボレル

恐怖譚を得意として、「狼狂(リカントロープ)」との異名をとるペトリュス・ボレルは、骸骨で飾られた廃墟の城や、幽霊の出没する墓地の魅力に抗することができなかった。

ボレルは疑いもなく当時流行の小道具と濫用して、その時代の最も見事な殺人と最も残虐な復讐を考えつくことができた。

『シャンパヴェール悖徳物語集』の一篇「ユダヤ美女ディナ」の中に、青年エマール・ド・ロシュギュードの自殺が描かれている。

ディナと婚約者のエマールは愛し合っていた。しかし、そこはハッピーエンドを好まないボレルである。ディナが乗った小舟を操舵していたのは、邪な船頭だった。船頭はディナを強姦して、宝飾品を奪いとり、殺害した挙句に、ソーヌ川に投げ込んだ。それを語るにも足りない時間のうちにだ。

エマールは最愛のひとの葬儀の日に帰ってくる。

――おい、君、お爺さん、その穴を大きくしてくれ！　そう言って、エマールは墓掘り人足に財布を投げた。それから、天を仰いで、高らかに叫んだ。

――ディナ！……　イスラエル！……　いつまでも！……

そして、鞍嚢からピストルを抜くや頭を射ち込んだ。

ちなみに、ボレルは次のことも語っている。人殺しの船頭は、平然と犠牲者の遺体を探しに行って、市町村庁舎に「遺体引き揚げの報酬二ピストルを請求したというのである」と。『シャンパヴェール』の別の一篇、医学生の物語「学生パスロ」では、主人公は死を望んでいる。彼がその作業を引き受けてもらうのを願いに行ったのは、死刑執行人のサンソンである。

――わたくしは慎んでお願いにあがったのです。もしもです、寛いお心をもって、名誉と友情をお与えてくださって、わたくしをギロチンにかけていただけますならば、非常な感激なのです。

――なんです、それは？

――是非ともこのわたくしの首を斬っていただきたいのです！

――馬鹿も休み休みにしてくださいよ。君、君はわたしの家までわたしを侮辱しに来たのですか？

――とんでもありません。そんな、とんでもないことです。お願いです。お聞きください。わたくしがお願いしていることは真面目で真剣なお願いなのです。……

――……ですが、結局のところ、わたしがどういうお役に立てるのでしょうか？

――勝手ながら先刻申し上げましたように、わたくしの首を斬っていただきたいのです。

——さあて、さて、真面目に話しましょうや。もうその話は蒸し返さないでくださいよ。悪い冗談だ！

——どうか信じてください、それがこちらをお訪ねした唯一の真剣な理由なのです。……これ以上前置きなしでゆきましょう。事実その通りなのです。実はずっと以前から、わたくし、人生に飽きて、うんざりしておりまして、すぱっと断ち切りたいと思っているのです。ですが、わたくしのかかった罠にはまだ若干希望という餌がついておりましてね、一日延ばしにしていたのです。それが、到頭わたくし、この人間の憐れを背負いこんだ憐れな人足めが、この重荷に潰れましてね、荷物を下ろしに参ったというわけです。

——あなたが、もう人生に飽きた！　なぜです、君？

——人生は意の儘にしてもいいものです。若干の条件では、幸福というような条件があれば、許容することもできます。そして、当然、人生が苦しみしか齎さなければ、無論、それを断ち切ってもいいのです。……洗礼が押しつけられたのと同じです。洗礼をわたくしは捨てました。今日、わたくしは虚無を求めるのです。

——君は狂っている！

——いやいやこんな話は余計なことでした。お宅をお訪ねした本題に戻りましょう。——どうぞ更めてお願いします、わたくしの願いを叶えてやってください。御負担をおかけする分はすべて考えさせていただきます。

——お願いってなんでしたかね？　結局のところ、どうしろと仰言るのですか？

——ほんのちょっとしたことです。ただ、わたくしの首をギロチンにかけていただきたいのです。

——とんでもない、君、そんなことはまるで無茶苦茶な話だ。……。父からわたしは、動産不動産一切合財の遺産代りに、ギロチンを譲られましたよ。しかし、社会はこう言ったのです。——われわれがお前のところに送り届ける者たちのためにしか、この道具を使ってはならぬ、とね。

——僕が送り届けられたのですよ。

――それは違います。

――そうですよ、社会への嫌悪がそうしたのですから。……

――もしも君が本気で死にたいのなら、自殺は容易でしょう。なんでも手近のもので、ピストルでも、君のメスでも……

――いえ、それは厭なのです。うまくゆく保証が十分じゃありません。手許が狂って、へまな突き方をするかもしれません。顔の形が変になったり、ずたずたに切り刻んでしまったり、要するにやり損ないという奴がありますからね。

――あれは厭なものですな。

――ところが、あなたの方法は、極めて迅速且確実です。お願いです、あなたに無理矢理首を刎ねられた大勢の人たちの罪滅ぼしに、どうか友情をもって僕の首を斬ってくださいよ、ねえ。

――できません。

かくてパスロは死刑執行人に断られたので、下院議員の先生に自殺についての税金の計画を書いた。

《国家窮乏の淵にあり、国庫さながら結核第三期症状を呈しつつあります当今、いとも喜ばしき納税者たちが、木税、附加税、平衡税、加算税、再加算税、大加算税、直税、平衡直税、人頭税、再人頭税、戸別税、大戸別税、無理無態税等々を払わんがため、ズボン吊りの果てにいたるまで売り払いおります現今、……それが救援に参じまするは、すべて善良なる市民の義務たるところであります。……

《曾てわが国の習俗に伝播せる自殺が、ここ数年来、広く一般に行われるようになりました。やくざな連中ども、おそらくシャルル十世党もしくは共和党に属する者どもでありまするが、彼等はこの自殺の急速な増加を時代の不幸の故とはいたしました。寔(まこと)にたわけた者共であります！　とまれ、自殺は極めて流行するところと相成りました。キリスト教の御代第三紀とほとんど同じほどの蔓延ぶりであります。自殺は決闘と同様、これを矯正し能わぬものでありますから、これをただ空しく失わしむる代りに、これをして乳を出す牝牛となし、これより甚だ甘味のある歳入を引き出すならば、即ちより上策と思われるのであります。

《されば、小輩の提言するところを、簡略に申せば、以下の如くであります。政府は、生きるに飽きて自殺を希望する者を、ギロチンに倣いたる優美にして快適なる方式を以って屠殺するための、水力もしくは蒸気によって稼動する大工場もしくは施設を、パリならびに各県庁所在地に設置せしむること。胴体及び頭部は、底のない籠中に投下され、直ちに河川の流れによって運び去られ、死体運搬車ならびに墓掘人足の出費を免ぜしむるものとすること。雨量の少き地方に於ては、施設に風車を採用することを可とすること。施設は、当該地の死刑執行人によって監守ならびに運用されるものとし、その者は、司祭が司祭館に居住する如く、施設内に居住し、以て給与を増大せしむることなきものとすること。

《万々集計し、多寡相殺するところ、現在、一県一日一〇名の自殺者が規則的に出ておるのであります。即ち一年に三六五〇名、閏年には三六六〇名、フランス全体で総計して、平常年に三〇万二九五〇名、閏年には三〇万三七八〇名であります。これに支払はるべき通常手数料金を一〇〇フランと仮定いたしますると、──と申しますのは、結婚式における教会の祭壇場の如く、料金累増制の特別室が、貴族用として設けられることも可能だからでありますが──一と首一〇〇フランとして、三〇万二九五〇首で三〇二九万五〇〇〇フランと相成ります。正に、国庫を大いに安んぜしめる、甚だむっちりとして垂涎ものの収益なのであります。この施設設立は、衛生的、道徳的、国家財政的見地に於て、社会の諸要求を悉く満たすものと相成るでありましょう。

ペトリュス・ボレルは、パスロの手紙の中でこうも述べている。「自殺が資産家の事業、産業事業化されれば、急速に自殺が減少するでしょう」

ボレルはその厭世的性格から孤独を高く評価しているし、孤独によって死を望む。そして、ラップのように、自殺の清浄な歓びを歌っている。

　僕はもっと幸福だったころ、屢々　また好んで
　死を愛撫し、自殺の思いに微笑みかけた

ボレルの哲学的な遺言はアルフォンス・ラップの遺言ほどの価値を持たないとしても、『シャンパヴェール』において、それは書簡形式を使って、ラップ同様の激しさで書かれている。

ボレルが出版者のランデュエルからこの短篇集の報酬として受けとったのはたった四百フランだった。その翌年の一八三四年になると、この世間から爪弾きにされた著者は、困窮のあまり、時事的な文章、清純娘表彰式のための演説原稿、農業共進会の開会の辞を書いて食いつないでいた。

一八三六年、シャンパーニュ地方のある村に引きこもり、泥と藁でできた小屋に住んでいた。そこで、長篇小説『マダム・ピュティファル』を脱稿した。

一八四六年、度重なる失敗によって、彼はモスタガネムの入植監察官の職を受け入れた。

ボレルはアルジエで十九歳の少女と結婚し、モスタガネムにある、ボレルが「高等思考（オート・パンセ）」と命名した一種のゴシックの城館に居住した。

不幸にも、過剰に文学的な文体の報告書を書いたため、彼は一八四八年に解雇された。翌年、彼はコンスタンティーヌ地方の居住地域に住み、それからボーヌに移った。

しかし、かつての狼人は「高等思考（オート・パンセ）」に戻りたくなり、手紙を書いて懇願した。一八五一年に元のポストに復職した。

この度しがたい叛逆者は統計報告書の提出を怠った。一八五三年、俸給からの八十五フランの懲戒天引きとオ

ランの知事による戒告処分を受け、そのことでボレルは他の役人を非難した。

一八五五年八月二十七日、検査官ボレルは免職になり、もうどうすることもできなかった。

かつてのエルナニの戦いのダンディは、生きるために、一介の植民者と同じように大地を耕した。日が当たる中、帽子をかぶらず働いた。「帽子なんかかぶらいないよ。……自然のままにしておけばいい」

この論法が彼を日射病にした。日射病が原因で彼は、一八五九年七月十七日、五十歳で死んだ。隣人は彼が死を求めて太陽に身を曝したのだと主張している。

その頃パリでは、ボレルの名はもう完全に忘れ去られてしまっていた。

†　一八三三年　放蕩の孤児ジャック・ローラ

ロマン派の詩人アルフレッド・ド・ミュッセは、ある日、タッテ夫人の邸宅で昼食後、「ローラ」という詩の第一部を朗読した。それを、詩人のウルリック・ギュタンゲール、アントニー・デシャン、批評家のサント＝ブーヴといった客人たちが「大喜びで」聴いていたという。

「ローラ」の着想の出所を知らない者はいなかった。ミュッセはカフェ・ド・パリの常連で、そこで大博打を打っていたが、これもまた常連の青年でC××というのが自殺し、それにショックを受けていたからである。この孤児のダンディは財産をあらかた使い果たしており、最後のルイ金貨を失ったら自殺すると公言していたという。

アルフレッドの兄のポール・ド・ミュッセによれば、この青年は大いなる勇気を示して、自分の「頭を撃った」らしい。

実は、C××はブーローニュの森の木に首をくくったとも言われている。結局、一八七四年八月十日、《研究者と好事家の仲介》誌にオクターヴ・ドルピエールによる囲み記事が掲載され、「ローラ」のモデルがとった行動について正確な事実が伝えられた。

この絶望した洒落者は、当初窒息死を企てていたようだが、不快を感じ始めるや、まだ手許に二万フランが残っていたことを思い出して、すぐさま窓ガラスを割ったという。

「二万フランを使ってから、彼は自殺を遂げた」と囲み記事の記者は書いている。

《仲介》誌の囲み記事には、C××の用いた自殺方法ついては記載がない。

一八三三年八月十五日、《両世界評論》誌に「ローラ」が発表されると、華々しい成功を収めた。その号発売の翌日、十六日に、「アルフレッド・ド・ミュッセがオペラ座に入ろうとして、劇場の階段に葉巻を投げ捨てた。そのとき、この葉巻の吸い殻をこっそり拾い、大切な思い出の品のように紙片に丁寧に包む青年がいた」。

この逸話を伝えるポール・ド・ミュッセはこう言い添えている。「しばしば、アルフレッドは私にこう言った。褒め言葉も、上品な身ぶりも、褒美も、これまで私の心を感動させたことはなかった。この賛嘆と好意の素直な証言のようには……」

五部からなる詩篇のうち、第一部では、ミュッセは同時代人の不信心と放蕩を嘆き悲しんでいる。第二部では、主人公ジャック・ローラの肖像が描かれる。ローラは裕福な相続人で、兄弟のようにC××にそっくりで、彼のように賭博場か売春宿で夜を過ごしている。

放蕩がどこよりも多く繰り広げられ
悪徳が最も古くから　最も多く行われる
世界の街　つまりはパリだが
そのすべての放蕩者の中で　最も偉大な放蕩者と言えば
ジャック・ローラだった　居酒屋の
ほの暗い角灯のふるえる光の下

温かい食事や賭博の席に
この手に負えない子がもうつくことはない

そのモデルのように、ジャック・ローラは破産したら、死ぬことを誓う。

知らない者とていなかった
彼が三年間財産を食いつぶして暮らしたことは
誰もが彼のすることを見て微笑んでいた
彼はお金を使いながら　言っていたものだった
無一文になれば　拳銃で自分を撃つと

第五部の終わりでは、三年が過ぎている。

愛欲、錯乱、酩酊の三年……

ローラは最後の夜を「賤業の女」マリーとともに過ごすことにした。マリーは母に売られた十五歳の娼婦だった。

ローラは愁いを誘う目で見つめていた
美女マリオンが大きなベッドで眠るのを
何だか分からぬ恐ろしいもの　ほとんど悪魔のようなものが

思わず知らず彼を骨まで震えさせる
マリオンは高くつく　彼女にその晩の分を支払うのに
彼は最後のピストール金貨を使ってしまったのだ
友人たちもそれを知っていた　彼はやって来ると
手を握り　それから言った
もう誰も彼が太陽の下を歩くのを見ないだろうと

マリオンは眠った。ジャックは彼女の傍らに横たわって、太陽が街の屋根の上に上がるのを最後に見つめている。女は目覚めたとき、彼の青白さに驚く。

「ねえ」と彼女は震えながら言った「今日はどうしたの?」
「僕がどうかって」とローラは言った「知らないのかい
昨晩僕が破産したのを?
逢いに来たのは別れを言うため
誰もがそれを知っている　自殺しなければならない」
「まさか賭けたの?」「いや、僕は破産した」
「破産ですって」とマリー　そして彫像のように
驚いて目を見開いて床を見つめていた
「破産したの?　破産したの?　お母さんは?
友達はいないの?　親戚は?　この世に誰か?
自殺したいの?　どうして自殺するの?」

ローラは返答しない。マリオンはしばらく考え込んだ。そして、自分の顔をローラの顔に近づけて、口づけすると、彼に救いの手を差し伸べたいと申し出た。

「そのことでひとつお願いがあるのですが」
と、ついに彼女が呟いた。「私はお金を持っていませんし
私がお金を持つとすぐ　母が持って行ってしまいます
ですが、私は金の首飾りを持っています　これを売ってくれませんか?
売ったお金を持って　賭けに行ってください」
ローラは素敵な微笑みで答えた
彼は黒い小whoa帽を取って　何も言わずに空けた
そして彼女のほうに身をかがめて　首飾りに口づけをした
彼女が重い頭を持ち上げたとき、
彼は死人のごとくになっていた
純潔な口づけへと彼の魂は出発していた
そしてしばし二人は愛し合っていたのだった

この詩篇は、長篇ではあるが、人びとに大いに愛読された。

一八五九年六月、ミュッセの弟子を自称するアドルフ・ペローが道徳的な詩篇を書いた。その詩は翌年、「アルベール、ローラへの返答」と題されて発表された。

ペローも師と同様に、フランス人の祖先がキリスト十字架像の前に拝跪していた時代、信仰と美徳の時代を懐

かしんでいるところから始める。そして、主人公の堕落した生活を描く。アルベールは孤児で、放蕩者である。しかし、彼は貧しく、それゆえに、死への激しい欲望に取り憑かれていた。

そのときである。「純潔で純真無垢」なマリーに出会ったのは。彼はマリーが正しい道を踏み外すようにそそのかした。

数時間の陶酔の後、アルベールは恋人に自殺するつもりであることを打ち明けた。

死ぬって？　どうして死ぬの？　と驚いた美女
切れ長の黒い目の美女は口にする　私は身を捧げたのに
あなたは死ぬつもりだなんて何を考えているの？
死ぬって？　でも、青空は光で輝いている
鳥が森で歌い　泉は湧いている
朝露が土地に新鮮さを取り戻させ
太陽が地上に金色の光を広げる
死ぬって？……　愛しているのに！　死ぬって？……　愛されているのに！
昨夜一緒だったのに　さようならを言うなんて
ここに来て冒瀆を口にするあなたよ
愛を信じていないの？　神を信じていないの？

アルベールは説き伏せられて、自殺を断念する。

アルベールは恋人を抱きしめると

恋人は心から泣いて声を詰まらせる
彼はこの世のものならぬ微笑みを浮かべ愛情を示し
大きく溜息をついて、こうささやく「信じる」と

不良青年アルベールを改悛させるという模範となる情事が、アドルフ・ペローに名誉をもたらすことはなかった。

†　一八三五年　ヴィニーとチャタートンの毒薬

一七七〇年、詩人トマス・チャタートンが十七歳で自殺したことは、ロンドンでもパリでもスキャンダルを引き起こした。この神童は一七五二年にブリストルで生まれた。十一歳のときより、三冊の本を出版していた。チャタートンは遊びがわりに哀歌（エレジー）や英雄の歌、韻文悲劇を書いていた。十五歳のとき、古代ザクセンに専心し、十五世紀の言語とスタイルで全篇の詩を書き、架空の人物である修道士ローリーの作であるとした。叙事詩「ヘイスティングズの戦い」、悲劇「ゴドウィン卿」、詩篇「馬上試合」、「ブリストル悲劇　チャールズ・ボールドウィン卿の死」、「慈善のバラッド」、その他驚くべき学識にみちた作品は大きな成功を収めた。その詩行の全体は総計四千行以上に及んだ。これらの作品は長いこと聡明なる修道僧ローリーの作であると信じて疑われなかった。チャタートンは地方である程度有名になっていた。それで、この青年はロンドンを征服しようという野望を抱いた。だが、ロンドンでは黙殺された。うまくいかないことを彼は嘆いた。惨めだった。数週間の奔走も不首尾に終わると、服毒自殺を遂げた。

一八三五年、ロマン派の詩人アルフレッド・ド・ヴィニーがチャタートンの死を利用した。チャタートンの死

は今日なら日刊紙に二十行に要約されて、次のような肉太活字の見出しをつけられるだろう。

ロンドンで才能が認められず
十八歳の詩人が服毒死

ヴィニーはすでにチャタートン事件をもとに小説『ステロ』の中の一挿話を書いていたが、彼が、当時愛人だった女優のマリー・ドルヴァルを喜ばせるために、三幕物の戯曲を制作したのは一八三四年になってからである。ヴィニーの主人公も、実在のチャタートンのように、古語を用いた注目に値する詩篇を書いて、それにローリーと署名している。また同様に服毒死している。物語を面白くしようと、ヴィニーは一家の母であり、恋する女でもある、キティ・ベルというきわめてロマンティックな登場人物を付け加えた。戯曲の最後で、心臓の弱いこの登場人物は、恐怖と狂おしい恋によって命を落とすことになる。

舞台は一七七〇年のロンドンに移る。以下が、チャタートンが英国を痛罵した後、毒を飲むくだり（第三幕第七場）である。

チャタートン　ああ！　地獄に落ちた国よ！　軽蔑の土地よ！　永久に呪われるがよい！（阿片の壜を取る）

おお、わが魂よ、僕はおまえを売ったのだ。だから、これで買い戻そう。（阿片を飲む）

……もう今ではすべてのものから自由、すべてのものに平等だ！──幸あれ、僕が味わった永遠の最初の時よ！──僕の人生の最後の時よ、永遠の黎明よ、幸あれ！──お別れだ……へりくだったり、憎まれたり、あざけられたり、卑しい仕事をしたり、疑われたり、不安になったり、貧しかったり、懊悩したり、そんな生活とはお別れだ。本当に清々する、嫌なことにお別れするのだから。──分かってくれるかな？　僕がいまどんなに嬉しいか分かってくれたら、誰だってこんなに長く自殺を躊躇ったりしなんかしないさ。（ここでしばらく瞑想した後で。瞑想の間、彼の表情は至福で、手を合わせて、こう言う。）

おお、死よ、解放の天使よ、おまえの安らぎは何と心地よいことか。おまえを崇拝することが正しかった。だが、おまえを手に入れる力がなかったのだ。……

この場面で人びとの感動は最高潮に達した。

ヴィニーは慎重を期してこの戯曲に警鐘を鳴らすような序文を書いている。「仕事の最後の夜」と巧妙に題された序文で、詩人が熱中した十七夜の後、『チャタートン』の三幕を脱稿したその夜に執筆した。

ヴィニーは、「裡に秘めた物憂さに苦しめられる」詩人を擁護するこの長い序文の中で、特別の魂がぶつかる深刻な無関心を示している。その魂は、大衆には理解されず、多忙で軽蔑的なエリートの魂にも相手にしてもらえず、国家が利用することもできない。

運が悪くも、詩人であったり、会計係や兵士や卸売商にはなれない気高い心をも持っていたならば、「いったいどんな態度をとるのか」とヴィニーは叫ぶ。……

チャタートンのとった態度は、絶対的に自殺することである。……

それゆえ、それは罪深いのだ。神と人間に対する罪人。なぜなら、自殺は宗教および社会における大罪だからである。まさかそれを否定しようとする人も、反対の意見を述べようと考える人もおるまい。

それは私の確信である。それが皆の確信であるように。それは当を得たことだ。——義務と道理はそう示している。絶望が道理や義務以上に少々強い何ものかではないことを知ることだけが問題だ。

アルフレッド・ド・ヴィニーが十七日間で書き上げた三幕物の戯曲『チャタートン』は、フランス座の委員会で選考にかけられたが、数分後には全員一致で却下された。

しかし、作者の恋人の女優マリー・ドルヴァルに役を約束していた劇場の支配人が、この戯曲をオルレアン公の許へ届けた。そして、公が女王に働きかけることで、稽古がなんとか始められた。

テオフィル・ゴーティエによると、初演には、宮廷人が全員揃ってそこにいただけでなく、「文学、絵画、音楽における重要な人びともそろっていた。……幕があがった。平土間には、芸術、情熱、詩を崇拝する長髪で蒼顔の若者たちが陣取っていた」。

途方もない成功だった。観客は立ち上がって、十分間も拍手を続けた。「これほど熱烈な喝采は見たことがない」と作家のマクシム・デュ・カンは記している。

ところがだ、すぐさま非難がわき起こる。最初に口火を切ったのは批評家のギュスターヴ・プランシュで、《両世界評論》誌に悪意のある記事を掲載した。お次はヴィエネ、最も代表的な古典主義者の一人で、『ラ・フィリピッド』（フィリップ尊厳王について二十四篇の退屈な詩作品）の作者である。初演からひと月後、彼は激しい批判を浴びせている。「私はロマン派の領袖の一角たる、アルフレッド・ド・ヴィニー氏の『チャタートン』を観た。……ヴィニー氏は王政復古期の青年士官にして、女優ドルヴァルの公然の情夫でもある」

陰険にも、この三角関係におけるドルヴァル夫人の夫メルルの役割を強調した上で、このアカデミー会員は、「理解されない小才か見捨てられた恋人たちの心をこの錯乱がとらえる時代にあって」、自殺の危険な擁護となるこの戯曲を槍玉にあげる。「本作は耐え難い三つの幕の中に、病的な知性を山積みにしうる、ロマン派がもつあらゆる愚かさを詰めこんでいるのである」と。

八月二十九日、シャルルマーニュという名の立法議会議員が公式の演説をした。

自殺の擁護です、みなさん！　われわれの生きるこの時代、われわれが、道徳上の伝染病になったような悲しむべき錯乱の頻繁な例を公文書に見出す時代に。……

やがて、ヴィニーの悲劇は思いもかけぬ結果をもたらす。文部省には連日、大臣のティエール宛てに救済願いや脅迫状が送附されてきていたのである。「私は明日自殺します。貴殿が代表する国家が食料を支給してくれないならば。私はまだ真価を認められていない詩人でございます。……」

ブルターニュのへぼ詩人エミール・ルーランは誰よりも情熱的で、自分の頭を銃で撃った。

「その原因を私が気の毒に思っている間にも、彼がそうして死んだとは！」こうヴィニーは憤慨して叫んだ。

そうしたなか、一連のチャタートン擁護に心が動いたマイエ・ラトゥール・ランドリー伯爵は、賞金一千五百フランが隔年に授与される賞をアカデミー・フランセーズに設立した。対象者は「すでに傑出した、その才能によって、文学の仕事を継続するにふさわしいと思われる若き詩人」である。

一八三八年には、ヴィニーとラマルティーヌが、文学の若き期待の星たちに扶養定期金を与える法案を提出したが無駄に終わった。

のちに、ラマルティーヌは『フランス文学歓談』（一八五六）で、才能ある若者を政府が救済するという考えには反対した。『チャタートン』について書いた文章の中で、実際にこう書いている。

社会は誰に対しても、とりわけ十八歳の子供に対しては、自分で自分自身の願望を推算した代価についての責務をもっているわけではない。その人の務めの、現実の代価にしか義務はないのだ。社会への憎悪の叫びは……物事の自然に抗う理由を持ちたい、狂人の叫びである。忍耐心を持たない十八歳の自殺は精神錯乱者の行為である。

一八五二年七月、「驚異の子供」トマス・チャタートン生誕百周年を記念して、アカデミー・フランセーズ会員の哲学者シャルル・ド・レミュザは、《両世界評論》誌にチャタートンの死について論評を発表した。

当時を代表する五十五歳のこの哲学者が、この十八歳で自殺した詩人について評価を下したのである。

この有名な自殺が同情可能なのは、非難をあびているという条件がある時に限られるので、いつの時代にあっても、「社会」に対する糾弾行為の役目を持っていた。飢え死にしないためにさえ、精神と才能を持つことは望ましいし、どんな優越も不幸だというわけではない。

それから、このアカデミー会員は、彼が相応の地位を得ているこの社会から、責任を免除する。

社会からその才能を承認されるには、何か才能を示す必要がある。傑作を発表して、社会に承認を求めるがいい。社会からの反応がなければ、それから不平を言えばよかろう。

† 一八四二年 『パリの秘密』

一八三〇年、二十四歳のウージェーヌ・シューは、ジョゼフィーヌ・ド・ボーアルネとルイ十八世の侍医を務めた父を亡くした。

ウージェーヌ・シューは莫大な遺産を相続したので、ダンディの気楽な生活を送れたのに、文学を志し、苦労する道を選んだ。

数篇の海洋物の短篇や旅行記を発表した後、一八四一年、『マチルド』の成功によって風俗小説のほうに進んだ。

この金持ち貴族が「社会の進歩の擁護者」になったのである。「社会の暗部を曝いて、社会の矯正を要求する

ことに決めた」のだった。シューは大成功を収めた。シューの代表作『パリの秘密』に登場する「みみずく」、

「お突き」、「歌姫」といった人物は、今でも知られている。アルコール中毒の悲劇や、奸計渦巻く社会の病弊のなかに、ウージェーヌ・シューは自殺にひとつの場所を与えたのである。


『パリの秘密』の中から、ダルヴィル侯爵の手際のよい死の物語を読み返してみよう。


ダグラス卿、サン・レミ、それから他の二人の会食者が書斎に入ってきて、武器をしらべはじめた。

ダルヴィル氏は、決闘用のピストルを取って、撃鉄を起こし、笑いながらこう言った。

「これは諸君、あらゆる悪……憂うつ……倦怠といったものに対する万能薬だからね」

そういって、ダルヴィルは、冗談にまぎらして、銃口を唇へあてがった。

「いや！　わたしはべつな特効薬がいいね。絶望したときには、こんなものでは利かないよ」と、サン・レミがいった。

「うん、だが、これは簡単でいいさ」と、ダルヴィル。「パーン！　それでいいんだ。考える暇もないよ……ほんとうに、たいした代物だ」

「用心したまえ、ダルヴィル。そういった悪ふざけは危険だよ。災ってものは、思わぬときにやって来るものだ！」とリュスネイ氏が、またしても侯爵が拳銃を唇へ近づけたのを見ていった。

「なあに、装塡してあったら、こんな真似はできませんよ！」

「そりゃそうだろうが、そういう真似は、やはり無謀だよ」

「いいですか、諸君、決心したら、こういうふうにゆっくりと銃口を歯のあいだに入れる……そうして……」

「ああ、なんてきみはばかな真似をするんだ、ダルヴィル！」と、リュスネイ氏は肩をすくめた。

モンテ＝クリスト伯の復讐自殺（民衆版画）

「そうして指を引金に持ってゆく……」

「ばからしい、ばからしい……いい年をして！」

「引金をちょっと引きゃあ」と、侯爵はなおもいった。「天国行きだ！」

この声とともに、銃声が聞こえた。

ダルヴィル侯は、脳を撃ち抜いたのだった。


……………………………………


このときの会食者たちの驚きと混乱ぶりを描く必要はあるまい。

その翌日、次のような記事が出ていた。

《昨日、思いがけぬ痛ましい事件が起きて、サン＝ジェルマン地区を混乱させた。慎重を欠くあまり毎年このような不祥事をひき起こすが、またしても恐ろしい不幸を招いたのである。集まった情報を綜合すれば、真相は次の如し。

財産家として知られるダルヴィル侯爵はまだ二十六歳の将来を嘱望された身で、二、三年前に彼が熱愛している夫人と結婚したばかりであるが、当日数人の友人を午餐に招き、食事後ダルヴィル氏の寝室へ赴き、そこにあった高価な武器を友人諸氏に見せていたところ、たわむれに侯爵は装塡していないとばかり思っていた拳銃を唇へ近づけたのである……そして安心しきって引金を引いたところ、弾丸が発射して！……不幸な青年は頭を撃ち抜き、ここに不慮の死を遂げるに至った。……》

ウージェーヌ・シューはこう続けている。

ここで新聞記事を引用したのは、クレマンスの夫の死を運命的な歎かわしい無謀に帰した一般の考えを示すためである。

ダルヴィル侯は、ひとり己れの自殺の秘められた秘密を墓場へ持って行ったと言う必要があるであろうか？

そうだ、大きな心と同時に平静さを以って、彼はよく考え、よく計算して、固い決意のもとに、クレマンスに自分の自殺のほんとうの原因についてほんの少しの疑いをもかけさせないようにしたのだった。

ダルヴィル侯爵は当時原因不明であった癲癇患者だったのだ！　クレマンスの継母となった悪賢いロラン夫人はひどい怨みを晴らすために、クレマンスをダルヴィル侯爵と結婚させたのだった。しかし、この若き侯爵夫人はこの奸計に気がついて（ああ、遅すぎたが！）、ロドルフ・ド・ジェロルステイン大公にそれを打ち明けたのである。

次号に続く……！

† 一八五七年　裁判になった『ボヴァリー夫人』

『ボヴァリー夫人』を書くきっかけとなったデルフィーヌ・クーチュリエの自殺に、ギュスターヴ・フローベールが心を奪われたのは理由がないわけではない。

彼自身、生への嫌悪を幾度も抱いていた。『書簡集』を読むと、青年期の絶望の証拠がいくつも見つかる。「私は青春時代を懐かしむことはありません。ひどくうんざりしていました。自殺を夢見ていたものです」別の箇所では、それはもっと正確に書かれている。「……人生は心底うんざりする。これこそ私の信条表明だ！……」

フランスでは、一八三〇年から五五年にかけて自殺が頻発したので、新聞や行商のビラの読者はこうした惨劇しなかった。

の物語に馴染んでいた。しかし道徳家たちは、愛の自殺が文学作品で重要な地位を占めうることを認めようとは

エンマ・ボヴァリーの服毒死は出版から一世紀以上、フランス文学史上指折りのスキャンダラスな自殺である。一八五七年の裁判が、著者の無罪判決で終わっても、意見や批判は鎮まらなかった。

フローベールが書いたこの作品は長らく議論に附された。小説家のアンドレ・ジイドが一九二四年に、『ボヴァリー夫人』についてこう言っている。「特殊な才能、まさにはめこみ部品、『それが何になるのだ』と考えさせる」と。まあ、ジイドがこう言うのは、登場人物のレオンが美青年に恋しないのに腹を立てたからかもしれないが。

大思想家という評判を得ていた小説家のクロード・ファレールは、なにはともあれ自分が独立独歩の人間であることを示したと思い込んでいた。つまりは、『サランボー』と『ボヴァリー夫人』はすこぶる構成がよくないし、一般に主張される以上によく書かれていない」と切り捨てている。

こうした批判から分かることは、愛と恥辱に死んだ不幸なエンマという消え去ることのない記憶こそが重要であるということだ。

フローベールに傑作を思いつかせたのは、ありきたりな三面記事的な出来事だった。

一八四九年九月、オリエント旅行に出発する前に、友人のルイ・ブイエとマクシム・デュ・カンを招いて、『聖アントワーヌの誘惑』の草稿を朗読して聴かせた。

二人の友人は、作品があまりにロマン派的な傾向をたたえていることに異を唱え、もっと身近な現実を見るようフローベールに促した。このとき例として挙がったのが、医師ドラマールの夫人デルフィーヌ・クーチュリエの悲惨な末路である。デルフィーヌは田舎暮らしの平凡さから逃れようとして、一八四八年三月服毒死していたのである。友人たちは、デルフィーヌがルーアンの読書クラブで本を借りていたことや、公証人補との恋愛、彼女の洗練された趣味のことをフローベールに話して聞かせた。

この主題はフローベールの気に入った。フローベールは、彼を失望させたに違いないオリエントへの長旅の間、しばしばそれについて考えた。一八五一年十月、クロワッセに戻ってくると、『聖アントワーヌの誘惑』は放擲して、デルフィーヌ・ドラマールの恋愛事件を小説に仕上げた。彼は『ボヴァリー夫人』を細心綿密に創り上げるのに、五年あまりの歳月を費やすことになる。一八五一年十二月に書き始めて、五六年四月に脱稿した。作品をルイ・ブイエに捧げ、ピシャとマクシム・デュ・カンが主宰する《巴里評論（ルヴュ・ド・パリ）》誌に送った。

その年の十月、この雑誌に「ボヴァリー夫人」が掲載され始めた。第一部に若干の削除を施すのはフローベールの了承を得ていたが、酷評に遭って、雑誌の編集部はいくつかの節をあえてカットした。なかでも、エンマとレオンがパリでのように辻馬車に乗り、日よけを下げて、ルーアンの街中を移動したページの一部を。

この削除は検察の注意を喚起することになった。一八五七年一月二日、印刷業者と《巴里評論》誌の編集長は、フローベールとともに、風俗紊乱罪の容疑で軽罪裁判所第六法廷に召喚されたのである。弁護士セナールの見事な弁護のおかげで、三人の容疑者は無罪になった。

『ボヴァリー夫人』は一八五七年四月、ミシェル・レヴィ書店より刊行された。

フローベールの友人たちが実在の人物デルフィーヌ・クーチュリエが暮していたリィの悲劇の事件について会話を交わしたことを覚えているにもかかわらず、彼は一八五七年三月の手紙で、自分の書物は「まったくの創作です」と述べている。また、六月の書簡ではこう繰り返している。「違います。あの作品を書くにあたり、どんなモデルも存在しておりません。ボヴァリー夫人は純粋な創作です。本書の登場人物はすべて創造の産物ですし、ヨンヴィル＝ラベイはこの世に存在しない土地なのです。……」

しかしながら、周知のように、フローベールは悲劇の現場であるリィを取材している。リィには『ボヴァリー夫人』の登場人物たちが住んでいた。たとえば、デルフィーヌ・クーチュリエはエンマ・ボヴァリーのように父親と農場で暮らしていた。ドラマール医師は結婚したとき、シャルル・ボヴァリーと同じように寡夫であった。小説ではフェリシテとなるデルフィーヌの女中は、オーギュスティーヌ・メナージュといった。彼女は女主人の死後も長生きし、若き日の思い出、「お気の毒な奥様の自殺前」を好んで思い起こした。彼女の証言のいくつかは、作家のジョルジュ・デュボスクによって発表されている。女中は女主人の服毒の場面を鮮明に記憶していて、フローベールの描写と比べたものだった。「奥様はどんな毒をお飲みになったかお話ししたがりませんでした。……皆が涙を流していました。……そのときお嬢様が膝に乗ってお願いされたのです。奥様はとうとう真実をおっしゃいました。もう、あの小説よりも不幸だったのです」。デルフィーヌ・クーチュリエに悲劇的な情熱を起こさせたのはルイ・カンピオンという人物で、この男はアメリカに亡命したが、その後パリに戻ってきて大通りの真ん中で自殺している。不思議な巡り合わせだというほかない。

ヒ素中毒の症状をリアルに描くために、フローベールは自分の身体でそれを研究した。彼は批評家のテーヌにこう書き送っている。「私は自分の口でヒ素を味わい、中毒しましたので、二度続けて消化不良になりました。嘔吐を伴う実際の消化不良に二度見舞われたのです。……」

エンマが「舌の上に何かひどく重いものでものせているように、しょっちゅうぱくぱく口をあけて」いる場面や、彼女が震え、青っぽい顔をしている場面を読むと、第二帝政期の司法官が不愉快になるほど綿密に描写しようとしていることに気づくだろう。

……エンマの歯はがちがちと鳴り、見開かれた目はうつろにあたりを見まわした。何をたずねても、ただ首を横に振るだけ。二、三度、ほほえみさえ見せた。うめき声はしだいにたかまった。にぶい遠吠(とおぼ)えのような声も出た。ふと、もうだいぶいいようだから、起きたいと言った。とたんに痙攣(けいれん)がおそった。エンマは叫んだ。

「あっ！　苦しい、助けて！」

シャルルはベッドのわきにひざまずいた。

「正直にお言い！　何を食べたんだ？　言っておくれ、後生だ！」

ここでは、「奥様はどんな毒をお飲みになったかお話しなさろうとはなされませんでした」というドラマール夫人の女中の話が思い出されよう。

それでも、小説のこの場面ではエンマの娘はまだ登場しない。夫シャルルがエンマを「かつて見たことのないようなやさしい目で」見つめるだけである。

「ええ、そ……それを読んで！……」エンマはかすれる声で言った。

シャルルは机にすっ飛び、封を切り、声に出して読んだ。「だれを責めることがありましょう……」読みさして、目をこすり、またはじめから読み返した。

「やっ！　たいへんだ！　だれか来てくれ！」

彼は「毒を飲んだ、毒を飲んだ！」とただ繰りかえすばかりだった。……

それから、「医師にして哲学者」であるラリヴィエール医師の訪問がある。この登場人物はフローベールの父アシル＝クレオファス・フローベールを一部モデルとしている。

「さあ君、しっかりしたまえ！　お気の毒だが、もう手遅れです」

そして、司祭が終油を持ってやって来る。自殺者の部屋に司祭が訪れるが、この箇所は激しい非難を浴びた。一八五七年の裁判中、検事エルネスト・ピナールが長広舌をふるったのは、この一節についてである。

……エンマは毒を飲みましたが、どうしてでしょうか？「ああ！　これで死ねるなら、楽なものだわ！」

とエンマは思う。「いまにきっと眠くなって、それで終わりなのね」

検事はこのフレーズを引用して、司祭を前にした瀕死の女性の態度に異議を唱えた。

自殺の遂行および自殺前夜の姦通に関しまして、後悔の念もなければ、告白もなく、改悛の涙もないのに、彼女は臨終の秘蹟を受けようとしております。彼女は今し方、無に帰そうと考えておりましたのに、どうして秘蹟を受けるのでしょうか？　不信仰の罪、自殺、姦通について、マグダラのマリアの涙やため息がないのに、どうしてでしょうか？

ピナール検事はこの長い論告でこの細部にはこれ以上立ち入らなかった。そして、典礼の文句と官能をそそる暗示の混在していることを追及して、宗教倫理侮辱罪を証明しようと試みた。彼は卑しむべき手回しオルガン（オルグ・ド・バルバリ）の演奏者が、司祭が臨終の床にあるエンマに祈りを唱えている間、彼の音楽を聞かせているのは非難に値すると考えている。

それがこの光景なのであります。いっぽうでは、司祭が臨終の床にある人に祈りを唱えています。たほうでは、オルガン弾きが瀕死の人の家で残酷で、熱狂的で、絶望的な笑いを掻き立てているのです。……「痙攣がエンマをベッドの上に打ち倒した。みんなは枕（まくら）べにつめ寄った。彼女はすでにこときれていた。」……

これらの細部を弁護士は反対のやり方で解釈した。

元内務大臣で弁護士のアントワーヌ・セナールは、見事な辣腕で手回しオルガンやエンマの熱狂的な笑いの一節を活用することができたのである。

みなさん、ご覧ください。臨終のときに、彼女の過ちと悔恨がどれほど悲痛で恐ろしく描かれているかを。……彼女が通りに聞くこのぞっとする歌をうたっているのは、あの盲人です。彼女が姦通の逢引きから汗と汚辱にまみれ帰るときに、この歌をうたっている盲人を見ていたのです。……

抜け目ないこの弁護人はラマルティーヌがフローベールに述べた意見も引き合いに出した。ラマルティーヌは田舎の別荘で《巴里評論》誌に連載された『ボヴァリー夫人』を読んで、フローベールに近づきになるのを求めたのである。

あなたは私に、二十年この方私が読んだ中でも最高の作品を与えてくれました。……私は最後の数ページを非難しました。あなたは私を苦しめました。文字通り苦しめたのです。死はこの罪と不釣り合いです。……

それに対し、エドモン・アブーは、書物の献呈に感謝しつつ、エンマの死の動機を面白おかしく批判している。

作品のこの場面を面白くし、ボヴァリー夫人の自殺をよりいっそう正当化させるために、この気の毒な女性が、あの公証人に強姦されて、それから五百フランを渡されるというのであれば、私も気に入ったでありましょう。

借金のために服毒死することが稀有な例だとお分かりになりませんか。窮地を脱する方法は他にもたくさんあります。とはいえ、汚らわしいけちな公証人に強姦された若妻なら、ヒ素を口にしてもおかしくありません。

フローベールは『ボヴァリー夫人』のプランを複数書いているが、その最初の下書きでは自殺を明示していなかった。ただ「病気。彼女の死。……」と書いているだけである。

第二の草案になって、フローベールはこう書き留めた。


自殺、エンマは薬局からヒ素を盗む――臨終――正確な医学的詳細……午前三時、嘔吐に襲われる。死。

† 一八六〇年　エドモン・デュランティの不幸

フランス文学史の泰斗ランソンの『近代フランス文学史書誌提要』には、エドモン・デュランティの名は言及されていない。また、『美男ギヨーム事件』や『アンリエット・ジェラールの不幸』のような作品も、フランス文学の各種教科書にまったく言及されていない。ゾラの自然主義は先駆者たちの自然主義を決まって隠蔽している。

デュランティはプロスペル・メリメの私生児だとの説もあるが、些末なことだ。

一八五六年、エドモン青年は新しい文学の愛好家数人と《写実主義(レアリスム)》なる雑誌を創刊したが、五ヶ月しか続かなかった。

一八六〇年、『アンリエット・ジェラールの不幸』の刊行は波紋を呼んだ。小説家のバルベー・ドールヴィイは熱狂してこう叫ぶ。「本作は『ボヴァリー夫人』以降に出版されたこのジャンルの本の中で最も優れ、最もよく編まれた小説である」

そして、自然主義グループが誕生し、『メダンの夕べ』や『ゾラ全集』が刊行され、象徴主義が生まれ、第一次大戦、第二次大戦が起こった。

エドモン・デュランティは忘却の淵に沈んだ。

一九四二年、《新フランス評論（NRF）》誌は不当に忘れられたこの作家に敬意を払った。ジャン・ポーランは技巧を凝らした序文でバルベー・ドールヴィイの言葉を拝借することもためらわない。

「デュランティの小説はいずれも緻密に編まれ、時宜に適ったときに出た。……」

ある一家の物語である『アンリエット・ジェラールの不幸』の中で、デュランティはアンリエットの内気な恋人エミールの自殺を語った。エミールは、彼が愛していた女が結婚式を挙げた日に自殺するのである。


エミールは教会に行って、アンリエットに会う勇気がなかった。彼はアンリエットが結婚していないことを期待していた。

青年はサン＝アンセルム教会周辺の通りを歩き回りながら、人びとが出てくるのを待っていた。どうなったかを知るために。

エミールは最初に会った人に尋ねる度胸がなかった。心ならずも、彼の脣（くち）は閉ざされていたから。とうとう、声がきれぎれに聞こえてきた。「ジェラール嬢は――いい結婚式だ――夫も申し分ないよ」

それを聞くと、頭にあったもやもやとした考えが一掃された。もう考えられるのはただひとつ。川に行くことだ。

ずいぶん前からこの哀れな青年は、死ぬことで復讐、慰め、休息、希望、すべてが手に入れられると考えていた。

彼は右も左も見なかったし、天気が晴れでも曇りでも関係がなかった。恋人も母も、未来も過去も、誰も何も存在していなかった。しかし、彼はあらかじめ透き通る川、清らかな水、根元が川に浸った若い柳、川岸の芝生、そして、とりわけ、この丸くなった窪みを見ていた。彼がこの窪みを前日に選んでいたのは、この窪みからなら音も立てずに川の真ん中に入って行けるので、釣り人たちに救助されないですむと計算していたからである。

ひとつだけ子供じみた考えが浮かんだ。グラスの底から表面に上がってくる空気の球のように。

「それはどんな結果を引き起こすだろう」と彼は思った。

彼は目を閉じ、蹲り、滑り落ちた。頭から水の中に。彼はポケットやハンカチも大きな石でいっぱいにしていた。重量を増やし、水底から浮かび上がってこないようにするために。

川面にはゆがんだ大きな円が描かれた。泳ぐ人がたてるようなぴちゃぴちゃという音が聞こえた。そして、以前と変わりなく、川はまた静かに流れていた。

午後六時、ヴィルヴィエイユから二里(リュー)のところで、川を上っていた二人の船乗りが遠くから川下のほうに流れてくる大きな黒い物体に気づいた。

「おい、土左衛門のようだ」と片方が叫んだ。

「上(かみ)のほうに行こう」ともう一人が言った。

彼らは操舵して、その物体のほうに向った。彼らがそれが屍体だと認めたちょうどそのとき、物体は沈んで見えなくなってしまった。

彼らは鉤竿を使って川の中を探り、ついにそれを船に引き上げた。

「川に落ちたのは少し前だな」と船乗りは言った。屍体のすでにむくんだ顔を見つめて。「まだ若者じゃないか」

「盛装しているな」ともう一人が言った。「川縁で滑ったのだろう」

「やれやれ」と船乗りは言った。「どうして、街から遠くないところで見つかったのだろうか？　七、八時間前に水に入ったのかな？」

「水底に引っ掛かっていたんじゃないか」

「身分証を見よう」と船乗りは言った。

彼らは屍体を触ってみた。

「ポケットの中は小石でいっぱいだ」と男の一人が言った。

「それじゃ、自殺だな」ともう一方。「じゃあ、財布を見てみよう」

彼らは革の小さな手帖を開くと、名刺が見つかった。それには、「エミール・ジェルマン、センドゥイクス通り三十七番地」とあった。

「いい日になったな」もう一人が言った。「十五フランの儲けだ」

二人の船乗りはヴィルヴィエイユの港附近に上陸した。

「大漁だったよ」と彼らは言った。「土左衛門を拾ったんだ」

すぐさま港の男たち五、六人が岸を降りて、見物しに来た。女たちも駆けつけ、それから岸に上がって、近所の人びとに叫んだ。

「土左衛門だよ！　土左衛門だ！」

人びとは家から出てきて、船の中で硬直して横たわる屍体を見物に来た。三十分間に八十人がやって来た。

「誰だか知っているかね？」と人びとは尋ね合った。

「ジェルマン副知事のご子息だよ。ジェルマン夫人のおぼっちゃんさ。若いのにかわいそうに。自分の意志で川に身投げしたようだ。何歳だ？　かわいそうに、自殺なんかして！」

† 一八六二年　「理想」を鳴り響かせる人

一八六二年三月、ステファヌ・マラルメがちょうど二十歳のとき、《芸術家（アルチスト）》誌に二篇の詩「鐘つき人」、「不遇の魔」が掲載された。かくも高級な文学誌に自分の作品が掲載されたのは初めてだった。何しろあのテオフィル・ゴーティエとテオドール・ド・バンヴィルが寄稿していた雑誌なのだ。

マラルメはボードレールの『悪の華』を愛読していたが、父と義母に二度本を取り上げられている。「心につきまとう憂鬱」の師の影響力から彼は逃れようとはしなかった。

マラルメはボードレールの忠実な弟子として教えに従い、魔王（サタン）に首つりを約束する。

理想を鳴り響かそうと大綱を引張るが　それも空しい。
〈悪〉が私の純潔な心の中に収まり返って座を占めてからというもの
〈声〉はもはやとぎれとぎれに　空虚にしか　私に届かぬ。
――だから、いつかいずれは、空しく引張り続けた末に、
おお、〈魔王〉よ、私は綱の石を取りのけて　自分の首を縊るだろう！

「不遇の魔」は「蒼穹を物乞いする者」、すなわち「『夢』の乳をかつては吸ったごとく」苦痛の乳を吸う人びとを歌っている。

多くの者は夜の峡谷で喘いだ
この血が流れるのを見る幸福に酔いしれて
死は物言わぬこれらの額にされる接吻

「不遇の魔」の初出では、二十一聯中五聯までしか掲載されておらず、ヴェルレーヌの連載「呪われた詩人た

ち」（一八八三）に引用されて初めて、有名なジェラール・ド・ネルヴァルの死の暗示を読むことができる。

人びとが彼らに軽蔑を吐きかけたとき
裸で、偉大さを渇望し、雷を願い
これらのハムレットは陽気な不安をたっぷり飲まされ
街灯へ首つりに滑稽に行く

†
一八七五年　エミール・ゾラのあやまち

エミール・ゾラの『ムーレ神父のあやまち』をめぐって、当時は、ゾラが単に「聖職者の禁欲についての病的でヒステリックなキリスト教の考え方」を槍玉にあげたにすぎないと考える人びともいた。他には、心ならずも罪へと導かれたアダムとイヴの魂の状態をゾラは復元しようとしていると考える人もいれば、ゾラはポルノ作家で、卑猥な作品を書いたと考える人もいた。

ゾラのファンは、ゾラが小説の舞台にしたパラドゥの緩慢な描写に熱狂した。この類いの原生林には歌、香り、愛しい動物、ふくよかな匂いで満ちあふれていた。

セルジュ・ムーレ神父が恢復期を過ごしたのはこのパラドゥである。ここで、高熱を出したムーレ神父は、自然の健全な生き方を見たのだった。神父は自分が聖職者であることを忘れた。彼はもう、木漏れ日や、空と葉叢の美しさを享受する、回生した一介の若々しい男にすぎなかった。

ムーレがパラドゥで最初に散策するとき、ムーレを介護する役としてゾラが選んだのは、この土地の番人の姪アルビーヌだった。この少女は動物たちの実例を見て、愛に身を捧げる覚悟をした……。

セルジュは自然の規則に従って、愛に誘い込まれるままだった。
セルジュとアルビーヌは鳥が囀り、花が咲き、「木々が拍手する下で」愛し合った後、自分たちの罪を悟った。迷いから覚め、立ち直ると、セルジュは良心の呵責を感じるようになった。信仰を取り戻し、修道士の厳しさに引きこもり、身ごもったアルビーヌを捨てた。この野生の少女は文明化された決着、すなわち自殺を選んだ。とはいえ、アルビーヌは植物が奏でるシンフォニーの魅惑を忘れなかったので、彼女はパラドゥの花々を使って自殺した。

それからアルビーヌは、庭園の中に死をもとめて最後にもう一度、歩きなれた彼女の散歩道(プロムナード)をたどった。……並木道を縁取っている草花にもわたしをささげたい。五月になると緑の草々が豊かに美しく生え出て、太陽の熱烈な愛撫を受けることができるように、わたしはここを死の床に選ぼうかしら。……そして突如、花壇のところまでやって来た瞬間、夕べの芳香の中に死を見いだした。アルビーヌは駆け寄った、悦びに笑みがこぼれた。わたしは花々とともに死ぬべきなのだわ。……

アルビーヌは彼らの愛の園で薔薇、月下香、菫、撫子、百合、木立瑠璃草、ヒヤシンスを摘んだ。また、香料植物、檸檬草、薄荷、熊葛を引き抜いた。ゾラはそれらの効能を念入りに描いている。
アルビーヌは花々を摘み終えると、部屋を飾って、死のうとする。

……まずコンソールの上のランプの後ろにはユリ、背の高いレースのようなユリがその清らかな白さで光を和らげるのだった。それから数束のカーネーションとアラセイトウを、古いソファーの上に置いた。ソファー自体が、布地に装飾を施され、赤い花束があしらわれていたが、百年の年月を経て色あせてしまっていた。布地が見えなくなるほど、ソファーにはたくさんのアラセイトウとところどころにカーネーションが配され、壁に沿って置かれた。それから寝所（アルコーヴ）の前に四つの肘掛け椅子を並べた。最初の椅子はキンセンカ、二つ目はケシ、三つ目はオシロイバナ、四つ目はヘリオトロープで一杯にした。肘掛け椅子はすっかり花の陰に埋もれて、肘掛けの先端しか見えないので、花の円形ソファーのようであった。それからベッドをどうするかであった。枕元近くにサイド・テーブルを引っ張ってきた。その上に大きなスミレの山を築いた。それから、ベッド一面、持ち込んだヒヤシンスやゲッカコウですっかり飾り立てた。花という花が厚い層を成して、前や足もと、頭の所、壁との隙間にもあふれ出し、いく筋もの花房の流れが漏れだしていた。ベッドはもはや大々的な花ざかり以外のなにものでもなかった。しかしバラが残っていた。アルビーヌは、バラをいたるところにすこしずつばらまいた。バラがどこに落ちたかも気にとめなかった。コンソール、ソファー、肘掛け椅子、あらゆるものがバラを受け止めた。ベッドの一角はバラの洪水であった。しばらくの間、バラの雨が大きな束となって降り注いだ。重々しい花の驟雨（しゅうう）が降りしきり、床の空所にたまって花の泉となった。……大寝室の飾り付けは終わった。いまこそわたしはここで死の床に就くことができる。

一瞬アルビーヌは立ち上がって、自分の周りを見回した。そして考えた。死がそこに来ているかどうかと探してみた。それから香料植物やシトロネルやメンソール、クマツヅラ、ウイキョウをかき集め、それをねじったり折ったりして、詰め物を作った。それをもってドアーや窓の小さな割れ目や穴をふさいで回った。つぎに粗い目に織った白のキャラコのカーテンを引いた。そしてじっとだまったまま、ため息ひとつ漏らさずに、ヒヤシンスとゲッカコウの花咲き乱れるベッドに横たわった。

それは最後の悦楽だった。目を大きく見開いて、部屋に微笑みかけた。この部屋で愛を知ったのだわ。この部屋で幸せに死んでいこう。……アルビーヌは、ますますきつく手を胸に組み、意識が遠のき、末期を迎えて、喘いでいた。アルビーヌは息を止めてくれる口づけを求めて、口を開けていた。その時ヒヤシンスとゲッカコウが燻（くゆ）り、バラのコーラスにも勝るほどに深い最後の吐息でアルビーヌを包んだ。アルビーヌは花々の末期（まつご）の喘（あえ）ぎのうちに息絶えた。

アルビーヌの死を知っても、ムーレ神父はなんら動揺することなく、落ち着きを払っていた。空を見つめて、ムーレは天使の群れを想像していた。その一方で、大勝利を収めた自然主義の名において、ムーレの妹のデジレが、アルビーヌの墓の傍にいる彼のところに来て、声を張り上げてこう叫ぶ。

「セルジュ、セルジュ、ウシが子を産んだわよ」

エミール・ゾラはこの『ムーレ神父のあやまち』でこそ、才能を遺憾なく発揮しているように思われる。

† 一八七六年 ジャン・リシュパン「陽気な首つり人」

ジャン・リシュパンのスキャンダラスな面は今日、作品からはおろか、私生活からさえも看過されている。ともすると、ごろつき文士、自転車乗り文士、精神病院逃亡者文士が喜々として作り上げられているというのにだ。リシュパンは高等師範学校を卒業したエリートであるのに、意気盛んな頃には、市のレスラーの一団と大型馬車で暮らして、同時代の人びとに衝撃を与えた。マルセイユでジャーナリストになる前には、ブレストで船乗りをやったり、ナポリで荷揚作業に従事したりもしていた。

一八七六年、詩集『浮浪人たちの歌』を出版すると、道徳秩序ををつねに愛でる人びとから反発に遭い、公然猥褻罪に問われて禁固一ヶ月の刑を受けた。

大女優サラ・ベルナールの若き日の恋人としても知られるジャン・リシュパンは、首つりの文学的流行の感化を受け、「陽気な首つり人」の中で、美女への愛のために自分の首に縄をかけるとき感じる快楽を歌った。

オレはよく知っている　蕩かす声を聞くことは
たっぷり毒を飲むことだ　オレはあおった
オレは知っている　それで苦しむことを　オレは怖れる　それで死なないことを
だが明日なんてくそ食らえだ！　オレは今を愉しみたい
おまえの美しい身体がオレに抱かれる夜
「この身体はおまえの絞首台さ」という奴がいたら
「首つりにしてくれ！　いいぞ　愛してくれ！」とオレは言っただろうに
そして自ら首に縄を巻いたのにな

人生を懐疑的に愛していたリシュパンは、自殺を糾弾した。『冒瀆』の中で、自殺のことを子供っぽい言動だとしている。

ふうん、自殺するって……それで？……　何か破壊したいなら
まあいいでしょう　だが、しばし物質から
いくらかの種子を引き離すために　尊大な態度をとることは
まさに割に合わない仕事だし　ガキの遊びだね

哲学的な意図を含む戯曲『曳舟』では、自殺を人間の尊厳の名のもとに拒絶している。

誇り高く　手に負えないほど傲岸なこのオレが
敗北を認めて　柩の中に眠るだって？
冗談じゃない　できないね　この旅籠屋の戸口から逃げよう
……
無限の曳舟をオレは死ぬまで引く

『浮浪人たちの歌』や一八八四年に発表されたソネット「おまえの父さん母さん」を書いたにもかかわらず、ジャン・リシュパンはアカデミー・フランセーズ入りした。

彼が死んだとき、遺族はサラ・ベルナールの柩のような白布張りした見事な柩を注文した。

†　一八八四年　ナナの娘

A・シルヴァンとH・ルヴェルディエによる大衆小説『ナナの娘　ゾラ氏の自然小説への反論』では、あまたの犯罪が登場するなか、二件の自殺にもページが割かれている。次に、花屋の美女アンドレ・ナルヴィエルが自殺を図るくだりを引こう。アンドレは自分がナナの娘であると知って困惑していた。

彼女は、ムーレ神父の恋人を彷彿とさせる、芳香による死を試みるが、婚約者に救われることになる。


……アンドレは全身が麻痺していくのを感じていた。彼女のまわりでは、祭典の花束が甘い香りを発散していたのである。私はこうやって死にたい。それは私なりの死になるのだ。……もう生きる気力もないもの。

彼女は目前に迫る未知なる死に興味を抱いた。それは、虚無への逃走であり、死ぬときの一時的な感情であった。また、ありのままの絶望を本気で演じている役柄の稽古のようなものであった。彼女は寝室にすべての花束を運び込み、ベッドの上に山積みにした。

オレンジの花、白薔薇、菫が山積みとなって、芳香を放っていた。前日、花屋の女子店員たちがつくったリラの大きな花束が、そこにいくつか加えられた。

彼女は大きな花束を解いた。こうして束縛を解かれると、この春の娘たちはおそらくいっそうの呼吸をすることになっただろう。

彼女は戸を閉めて、暖炉を塞ぎ、外気を遮断して、根気よくあらゆる隙間を塞いだ。

そして、彼女は衣装ダンスを開けた。中には婚礼の衣装が薄い紙に包まれてあった。彼女はそれを肘掛け椅子の上に広げ、鏡の前に座った。髪を解くと、ウエーブのかかった髪に膝まで包み込まれた。

彼女はオレンジの冠を被った。

こうしてたいそうきれいになると、鏡に向かって微笑むのを禁じ得なかった。漠とした香りが両のこめかみを締めつけていた。

彼女は外出着を脱いで、短いスカートを下した。

綿のストッキングを脱いで、透かしの入った絹のストッキングに穿き替えた。

しばらくの間、下着を胸まで滑らせて、よく似合うレースでふちどられ、青いリボンで結ばれた結婚式用の下着をつけた。彼女は白いサテンのコルセットで腰回りを締め、刺繍入りのスカートを穿き、ウエディングドレスを着用した。それは節織絹布（ファイユ）で作られ、長い引き裾があった。アンドレは髪を肩にたらした。そして最後に自分を見つめた。彼女は自分が少し蒼白く、目に隈ができているのを知った。だんだんと息苦しくなり、呼吸が乱れていた。……

どんでん返しにあふれたこの小説の作者たちは、何週間も待たされた末に高級娼婦のナナと結婚したユチンスキー大公の、結婚直後の自殺も描いている。

　この馬鹿正直な貴族は、ナナの改悛と誠の愛情を信じていたが、ナナは宗教儀式を済ませると、そんなことは芝居であることを臆面もなく認めたのである。

「あなたを見るとぞっとするの」とナナは答えた、彼女の緑の目で横柄に見据えて。

「なんですって。あなたが約束してくれた愛、ずいぶん前から待ち望んだ幸福、私の心の鼓動が期待したお互いの優しさ……」

「嘘とお芝居です。かわいそうね。もううんざり、本当にもう！」

「この女性が彼自身の不名誉について彼を非難したばかりの」悲劇の部屋を出て、大公は別の部屋に行った。

　大公は、窓のカーテン留めに取りつけられたカーテンを吊っているひもを結わえて、ひもの端の一方を輪奈結びにした。

　喫煙温室の中で、彼がナナに贈った鸚哥(いんこ)が息苦しそうな声でこう叫んでいた。

「ヒトゴロシ！　ヒトゴロシ！」

　大公は輪奈結びを首に通し、差し錠を使ってドアの内側から閉めて、ベッドに上がると、天井の針隠しに吊り下げられたランプを取って、絹ひもの端の一方を鉄のリングに取りつけた。

　そして、彼はベッドから飛んだ。空中でゆらゆら揺れた。……

　三十分後、リュックがスタニラス・ユチンスキー大公宛の市の文書を銀製の盆に載せて運んできた。ドアを叩いたが返事がなかった。

　ドアが閉まっているのに気がついて、リュックは開けようとした。

ドアは開かない。

それで、彼は寄せ木張りの床に寝そべってドアの下の隙間から覗いた。硬直した二本の足が宙に揺れているのが見えた。

「おお、おお！」と彼は声をあげた。……

† 一八八四年　貞操帯

一八八四年には、大衆新聞小説が憂慮すべき規模に達していた。加速度的なペースで発行され、作者たちは売らんかなで死体を山積みにすることも躊躇(ためら)わなかった。往々にしてページごとに殺人が起るのである。なんと、犯罪は金になるのだ。トップクラスの「宝飾品で飾り立てた女性たち」が気を狂わせる。微笑のために破滅する。口づけのために自殺する。……

この時期に発表された膨大な作品の中から、ここでは『貞操帯』を取り上げよう。なぜなら、作者のカザノヴァが巧妙な方法で自殺を利用しているからである。それを紹介するのに、まずはこの小説の第一章を要約しておこう。

控訴院の判事で大金持ちのルージャン男爵は、うぶなアドリエンヌと結婚した。

初夜の晩、愛の部屋で二人きりになると、新郎は夫婦の貞操について、人間の性(さが)の脆弱さについて、貞操帯の使用について長広舌をふるった。

一週間後、男爵は男爵夫人の化粧部屋に入ると、始終紳士らしくふるまい、銀が象眼された檸檬の箱を夫人に見せた。箱の中には四本の貞操帯が入っていた。

不幸なアドリエンヌは、戯れにそのひとつを試すことを受け入れた。彼女は男爵が鍵を二重にかけたのに（のちに）気づく。

彼女は何度も鍵を求めた。……彼女は要求し、懇願した。……暴君は貞操帯は閉じられたままだと宣告した。……

幸いなことに、神は純な魂をお忘れにはならないものだ。アドリエンヌは、独身のころに知り合ったレイモン・フェラルに再会したのである。魅力のあふれるレイモンはただひたすら勇気の赴くままに、隠された錠の型を取らしてくれるよう彼女を説得した。彼女は女の恥じらいを捨てて、受け入れた。

第一章で、レイモンは男爵夫人が一人でいる邸に秘かに入り込む。おお、思いもかけない悦び！ レイモンは鍵を持っていたのだ！

彼は鍵を差し込み、押しつけ、二度まわす。……開いた！

男爵夫人は自由の身となった。……夫人は熱狂したようになってレイモンをつかみ、わが胸に引き寄せて、「抱いて」とささやいた。

レイモンはその言葉に従った。互いの腕の中で彼らは何もかも忘れた。……と、そのとき、急に部屋の扉が開かれた。

二人とも起き上がった。おびえた眼差し、血はたぎり、まだ至高の交接において抱擁していた。……ド・ルージャン男爵が部屋の敷居に立ち、手に拳銃を握っていたのである。

裏切られた夫は復讐を選んだ。

「……私は自分がマダムがおっしゃるほど卑しい心の持ち主でないのを証明したい。私はあなた自身がご自分の判決を実行する慰めを与えよう」

LA CEINTURE DE CHASTETÉ 

Tout-à-coup son regard se fixa sur le cadavre. (Page 28.)

Pendant qu'il se livrait à ces fureurs sauvages, le noble scélérat ne se doutait pas que Firmin, le valet modèle, outrait le zèle jusqu'à épier son maître lui-même.

Le laquais, tout entier à son amour de l'art, n'était point demeuré inactif dans la faction dont M. de Roujan l'avait chargé.

Muni d'une vrille, un instrument de son métier, il avait perforé lestement la porte extérieure de l'antichambre du boudoir.

『貞操帯』の挿絵

二人がその意味を飲み込めず、自分を見つめているのを見ながら、男爵は、ポケットから乳白色の液体の入った小壜を取り出して、こう言い添えた。

「これを使えば、おまえたちは苦しまずに死ぬことができる。おまえたちの顔が醜く変わり果てようと、私の心は痛くも何ともない……」

小壜の栓を抜き、それぞれのグラスに十滴ほどの飲み物をたらした。たちまち水は濁り、乳色になった。

作業を終えると、男爵は犠牲者たちに言った。

「おまえたちが今でもキリスト教徒なら、神にご加護を求めなさい。おまえたちはすぐに神の御前に出ようとしているのだからな」

……突然、男爵夫人はグラスをつかみ、すばやく口に運ぶと、飲み物を最後の一滴まで飲み干した。彼女がグラスを円卓に置いたときには、青年もグラスを空けていた。

それから、彼らは抱き合い、死を待った。二人が死によって引き離されないという考えに喜ばんばかりだった。

二分が過ぎたろうか。突然目が閉じられた。寝椅子に並んで腰かけていた彼らは、雷に撃たれたように、同時に仰向けに倒れた。

……男爵が再び閨房の敷居にやってきた。ゆっくりと死の褥に近づくと、不愉快なカップルの前で足を止めた。

顔をひきつらせ、憎しみと復讐のすべてが彼に残酷に醜悪な表情を与えていた。

胸は飢えた猛獣のそれのようにあえいでいた。

……彼は椅子に登って、大きなカーテンを支える鉄でできた長い棒の強度を確かめた。

忠実な従僕フィルマンに指幅の太さの丈夫な紐を三メートル分持って来させた。それから、窓辺に置いた椅子に上ると、紐の端を輪奈結びにし、もういっぽうの端を鉄の棒に固定した。輪奈結びが地面から二メートルの高さで垂れ下がるように。

椅子から降りると、男爵は寝椅子の足許に横たわる不幸なレイモン・フェラルのほうへ向かって行った。そして、たくましい腕でレイモンを持ち上げると、窓辺に運んだのである。

それから、尋常でない強さで椅子の上に彼を持ち上げると、背もたれに凭れさせた状態にし、輪奈結びを首に通して、力のかぎり締めた。

この圧力に青年はいくらか痙攣的な動きをみせた。

ド・ルージャン氏は寄せ木張りの床に飛び降りて、さっと椅子を引いた。

フェラルの身体は宙でぶらぶらしていた。

犠牲者の両目が大きく開き、充血し、落ちくぼんだ。

白い顔がうっ血した。

口はものすごく開き、舌は垂れ下がり、恐ろしく膨らんだ。

恐ろしいこわばりが四肢をねじ曲げていた。

一、二分すると、すべての動きが止まった。レイモン・フェラルは本当に生きるのを止めていた。もはやむごたらしく醜くなった骸にすぎなかった。……

男爵は、首つり人を放ったらかしにして、アドリエンヌが眠る寝椅子に近づいた。彼女は相変わらず人工の眠りに沈んでいた。

……悪魔のような微笑を浮かべて、彼は彼女を一瞬見つめた。そしてこうつぶやいた。

「もうすぐおまえの恋人がどうなったかが分かろう。おまえのレイモンが、ひどく醜くゆがんだ顔であるのをおまえが見るときにさ」

それから、寝椅子を移動させて、若妻が目覚めたとき、ひもの先端で揺れ動くその恋人の遺体と向き合うように配置した。……

……生気が戻ってきた。アドリエンヌは深いため息をついた。神経質に目をしばたたかせながら、目が半分開いた。彼女は肘を立てて身を起こしながら口ごもった。

「いったいここはどこ?」

突如、窓辺につり下がった死体に、言語を絶する恐怖をもって目が釘づけになった。そのとき、男爵は言った。

「願いは叶いませんでしたな。あなたたちは死によって隔てられた。なんとまあ、あなたの恋人は陰気な顔つきをしておりますな」

若妻は甲高い悲痛な叫び声を上げた。

「人非人!」と彼女は叫んだ。「本当に、悪魔よりひどい」

……男爵はひと言も答えず、小壜をつかんで、グラスの水に二十滴たらした。そして、若妻の興奮した脣(くち)に差し出した。

彼女はじっと見つめて、こう尋ねた。

「それで死ねるの?」

「そうだ」男爵は容赦ない憎悪が鳴り響く調子で答えた。

アドリエンヌは有毒な液体をひと息であおった。ベッドの上に卒倒した。……

『貞操帯』の作者カザノヴァは、一八八四年、風俗紊乱の容疑で起訴された。

† 一八八九年　ポール・ブールジェ『弟子』

一八八三年十一月、コンスタンティーヌの重罪院は被告シャンビージュに七年の強制労働の判決を下した。シャンビージュは愛人のG××夫人に心中を持ちかけて、自殺に追い込んだ容疑で告発されていたのである。シャンビージュのほうは自殺未遂に終わり、生き延びていた。

このシャンビージュ事件を元に書かれた作品こそ、ポール・ブールジェの小説『弟子』である。ブールジェは哲学に関心を抱いており、始終憂鬱な考えに落ち込んでいた。『弟子』が刊行される三年前、詩人のジュール・ラフォルグが《現代の人びと》誌に、ブールジェとのこんな会話を発表していて興味深い。

「こんにちは。ブールジェさん。相変わらず悲しそうですね。まあ、どうしたのですか」
「私は生きている……」
「では、生きていて何がそんなに悲しいのですか」
「死ですな！」

ポール・ブールジェは、愛に死ぬ人びとに繰り返し称讃を表している。彼は「ジャンヌ・ド・クールティゾル」という詩篇で、彼女の悲劇を語った。この若い女性は満足に愛されていないと思い、自殺した。いっぽう、その恋人も短剣で自分を突いた……。

作者は自殺の偉大さを称讃したいがためだけに、こうした設定を作り出したように思われる。

美徳にも犯罪にも適さないこのご時世に
気高く思われるのはこうした心の持ち主のみ
彼らだけが失われた善に値していた
おお、死よ　よき女神よ　おまえを待つことなく
平然と　おまえのほうへ赴いた人びとの
疲れて敗れし目に　眠りをもたらしたまえ

一八八九年、『弟子』を発表すると、ポール・ブールジェは時の人となった。どこのサロンでも、哲学教育の道義的責任を議論することや、計画的な自殺について賛否を表明することは、品のよいことだとされていた。

服毒死や殺人が起こり悲劇的な結末を迎えるブールジェのこの小説は、大ベストセラーとなった。『弟子』の主人公ロベール・グレルーは、決定論の哲学者アドリアン・シクストの弟子であり崇拝者である。崇拝する師の理論を実践したくて、この青年は少女を誘惑することに決めた、愛の芽生えについての様々な、心理的な反応を書き留めんがために……。

ジュッサ＝ランドン侯爵家に家庭教師として雇われていたロベール・グレルーは、令嬢のシャルロットをモルモットとみなした。

ブールジェは、ロベール・グレルーという世間知らずな、良識に反した人物を、大変ていねいに構想している。この青年哲学者は「思想の力で心が麻痺し、獲物を狙う魂の持ち主」であり、愛に精神のメカニックしか見ていない。私たちが読むのは彼の告白である。

ロベールは誘惑の実験が成功したことに確信をもつと、結果を早めようとする。犠牲者に手紙を送って、自殺すると脅迫した。毒も用意してある。もしシャルロットが真夜中までに訪ねて来なかったら、計画を実行すると

決心している（自分自身をも偽って！）。

もし真夜中に彼女が私の部屋に訪ねて来なければ、毒薬を飲むと決めていた。……

真夜中になる前に、やさしいシャルロットは部屋着を着て、やって来た……。「死んでおしまいかと思いました。……」

誘惑者はすぐさま、涙を流す無分別な女の唇に口づけした。シャルロットは当惑と歓びで赤くなって離れた。

……

「死ななければなりません。……死なせてください。……」グレルーは見せ場を演じた。死をもたらすガラス瓶をちらつかせて、脅しを続けた。「事がこうなっては、僕、死ぬほかはありません……あなたはこの僕をいやがって、ほかの人の妻になろうとしていらっしゃるんだから……」

彼は読書の内容をすべて覚えていて、こうはっきり言う。

「この瓶の四分の一きりで……どんな苦しみも癒ります……五分もしたら、何もかもおしまいです。……あちらにいらっしって下さい。来て頂いて有りがとう存じます。十五分したら、僕は今のこんな苦しみをしないわけになるんです、幾月もいく月もあなたから離れていたあの堪らない苦しみなんか……。では、さようなら、どうぞ僕を一と思いに……」

すると、シャルロットは瓶をとって、小さな赤いラベルを読んだ。そして、こう声を上げた。

「いえいけません、あなたお独りではいけません、おひとりでは……。あたし、御一緒に死にます。……」

彼女は毒を口に運ぼうとする。ロベールは彼女の傍に寄る。彼女は頭を彼の肩にのせ、愛を告白する。

「……あたし、随分前からあなたのことを、ええ随分前から……そんなこと、あたし、もうこうなっては、喜んであなたに言えます。だって、もうこれぎりの命なんですもの……。あたしを御一絡に連れてって下さいますわね。二人一緒にあの世へ、ね、二人一緒に?……」

「よろしいです」と私は彼女に答えました。「死にましょう、二人一緒に。いや、決して嘘は言いません。しかし、今直ぐではなしに……」

したたかなロベールはぐったりした彼女をベッドまで連れて行った。作者によれば、「感覚の陶酔と魂の恍惚が甘やかに溶け合った口づけ」が行われたという。

しかし、性交の後、「愛撫に飽き、快楽に疲れて」、恋人たちは寄り添って休んでいた。心理学者は約束したことを後悔していた。自分の教養の深い自我と、自分の誇る頭脳を単なる気まぐれのために犠牲にすることを。

……私はそれらすべての宝を犠牲にしようとしていたのでした。……私は「約束のため……」と答えねばならなかったのですが、「昂奮の気まぐれのため」と答えてしまったわけです。自殺の一条は、先ほど、シャルロットと永久に別れるのだと思って、あまりのことに気を顚倒させていたのでした。それだのにどうした事でしょう。私たち二人は今、互いに愛し合っているのでした。もう別れることのできない間柄になっているのでした。

四時が鳴った。シャルロットは目を覚まし、毒薬の瓶を要求した。……

「いやいけません」私はベッドの前に脆いて、彼女の両手を握りながら叫びました。「いや、まったくです、できる事ではありません……。僕は僕の前で、僕のために、あなたを死なせたくはない、あなたを殺したくはない……。シャルロットさん、後生ですから、こんな縁起でもない事はやめにして下さい……。……さ、どうです、生きようではありませんか。ね、生きましょう……」

ブールジェの主人公は冷静に被験者の反応を観察している。彼女の顔に「女らしい感情の弱さ」と「眼つきには、こちらの言うことを聴き容れたらしい様子」を窺って。しかし、侯爵の娘は生き恥を曝すことを潔しとしなかった。

「……さ、毒を頂戴。返してあげますよ、お約束は……。あたし、死にます、ひとりで……。でもあたしを、こんな罠にお陥れになるなんて……卑怯です、卑怯です、卑怯です！……」

城での生活は耐え難いものになって、シャルロットはもはや誘惑者を見ることさえしなかった。彼女が彼に与えた最後の面会のとき、ロベールは誘惑の進展を記した彼のノートを彼女が読んだことを知った。このノートには、無自覚な良識のなさで、少女の心理的反応がいちいち書き留められていた。

家庭教師は城を去らねばならなかった。朝早く彼は立った。ところが、クレルモンに来たとき、シャルロット・ド・ジュッサの殺害容疑で逮捕されたのである。シャルロットは服毒死したのだった。

証人尋問の間、被告は黙秘を続けていたが、被害者の兄のアンドレ・ド・ジュッサが証言に立った。兄は重罪院で、シャルロットから打ち明けられた秘密を明かした。かくして、ロベール・グレルーの無実が宣告されたのである。ロベールの命をこうして救っておいて、アンドレは彼を拳銃で撃って殺害した。シャルロット・ド・ジユッサ＝ランドンの名誉は回復された。

†一八八九年　下士官の自殺

一八九〇年五月十五日、リュシアン・デカーヴと刊行者たちの裁判は無罪判決で終わった。陸軍省の告訴を受けて、予審は、寡婦トレス六十一歳とその甥ピエール＝ヴィクトル・ストック二十六歳に対して、軍隊への侮辱と公序良俗に反する内容を含むリュシアン・デカーヴの作品を編集販売した容疑を指摘していた。このスキャンダルを引き起こした作品のタイトルは『下士官』と言った。

この風俗小説の中で、リュシアン・デカーヴは「権力による悪辣な不正が急な勢いで増大すること」を容易く証明していた。軍隊生活の危険、軍隊に蔓延する不正、下士官の劣悪な精神状態を強調するため、彼は自殺に追い込まれた登場人物を何人か描いていた。なかでも特徴的なのは特務軍曹テトレルの自殺である。テトレルは連隊の会計で少々の不正を働いていた。そんな彼がある夜、任務をなまけて、ブラッスリーの娘デルフィーヌの腕の中にいたのである。その夜に、「下士官」の一団は、悪所で酔っ払うと、軍のこの不正直者に悪ふざけをしてやることにした。

「あいつがいる場所なら知っている。……通りがかりに迎えに行こう」

「デルフィーヌのとこにいたら、応じやしないだろ」と誰かが言った。

「いやいや、ひとつ方法がある。……」

デルフィーヌが住む家具附きのホテルの前に着くと、シュアールという愉快な男に率いられた者のうちの四人が、汚い階段に入り込んだ。シュアールは部屋のドアを叩く。重々しくゆっくりしたわざと変えた声で、彼は命令した。「法の命令だ。開けたまえ!」テトレルが裸足で寄せ木張りの床を鳴らすのが聞こえた。いたずら好きな連中は影に潜んでいた。シュアールは彼らを冗談で煽っていたが、言い終わらぬうちに……

シュアールの言葉は銃声で遮られた。喉を切られた女性の叫び声、人が倒れる音も聞こえてきた。……そして、ドアが開けられたが、下士官たちはドアの向こうに誰も見えず、死体にぶつかるのを怖れて、敷居をまたぐ度胸がなかった。その間、ざわめきが家中に伝わった。恐怖におびえる犠牲者の金切り声があたりを領した。……とうとうファヴィエールが、突如おずおずと差し出された蠟燭を奪いとって、部屋の中に駆け入ったのだった。

彼はまず下着姿のデルフィーヌに気がついた。ドアを細めに開けると、デルフィーヌがベッドの傍にうずくまっているのが分かったのだ。彼女は間断なく叫んでいた、両手をまるめて両耳に当てて。彼は彼女が怪我をしているのかと思った。が、彼女が片方の腕を伸ばして、彼女から二歩先で、うつぶせに倒れているテトレルを指した。テトレルは素足で、頭部は小さくなり、あたりに血が広がっていた。

人びとが集まってきて、ファヴィエールの背後にひしめいていた。特に、女たちは、怯えつつも飽くなき好奇心を持って遺体のほうへ身を乗り出していた。突然、デルフィーヌがまた、逆上した甲高い叫び声をあげた。……人びとは彼女のほうに行った。……シーツや下着にまで、脳漿の破片と頭蓋冠の断片が附着していたのだ。彼女の指の一本もそれで汚れていた。……そして、彼女は意を決して指を振ったりぬぐったりしようとはせず、採血される子供のように、それを伸ばしていたのである。

翌日、……通常の任務を再開したテトレルの同僚たちは、団結して、この自殺が開けた空隙を埋めた。記憶を消したかったり、引け目を感じたりするからではない。むしろ、その夜のエピソードを洩らして自分の評判を危うくすることから逃れようとしたのだ。

『下士官』の挿絵

命令会報に、陸軍大佐の見せしめの命令が発表された。

宗教思想に無関係でも、動機がどうあろうと、自殺は卑劣な行為である。しかも、われわれ兵士にとって、自殺とはただ卑怯な行為であるだけではない。脱走でもある。われわれの命は国家に属しているのであり、国家は近い将来、われわれにそれを要求するかもしれないからである。

テトレル特務軍曹は自殺という卑怯な脱走行為を遂行した。彼は彼が対象であった選択に値しないことを示した。また、軍による葬儀も執り行わないのみならず、何びとも参列することなきことを命ずる。……

†一八九〇年　クララ・デレブーズの貞節な死

背徳漢のアンドレ・ジイドでさえ、フランシス・ジャムの最も純粋なヒロイン、クララ・デレブーズの古風な魅力に抗うことができなかった。『コリドン』の著者は一九〇一年にこう述べている。「クララ・デレブーズは柘植(つげ)と蔓日日草の匂いを放っていた。今ではもうフランシス・ジャムは読まれないが、その匂いは吸われ、かがれている」

このご時世、十五歳の少女が武器を手に志願して襲撃に参加し、性教育の授業を不良女子高校生があざ笑っている。そんな時代に、クララ・デレブーズの貞節な自殺はじつに古風な様相を呈している。

自然主義の流行もポール・ブールジェによる精神病理学の実験も気にかけることなく、フランシス・ジャムは一八八九年頃、この作品を執筆したが、この小説の時代設定は一八四八年にしている。

クララ・デレブーズは金髪で薔薇色の肌をもち、目はよく晴れた日の空の色である。おばあさまからもらったまっ白なモスリンのドレスを着て、空色のベルトをしている。彼女は蝦夷菊や水仙で飾られた日よけ帽を被って、とてもかわいい。けれども、罪の考えに苛まれている。不純なことを考えたのだ。要するに、ジョアシァンおじの婚約者がおじの膝の上に座ったのかと自問したのである。

「神さま、どうかわるい考えを起こさずにいることができますように。わたしは、きよらかな娘でいとうございます。つまらない好奇心を遠ざけてください。おばあさまの引き出しの中にあるジョアシァンおじさまの手紙を読みたいなどという気持ちにならせないでください。わたしのたましいは、ちりぢりに苦しんでおります。聖母さま、どうかわたしどものために、おとりなしくださいませ。どうか地獄に行かずにすみますように。……」

こう祈ったけれども、クララにはまだジョアシァンおじの手紙を読みたいという気持ちが残っていた。おじがポワント・ア・ピートルからかつて寄越した手紙を読めば、おじの最愛の女(ひと)ローラ・ロペスの自殺の真相が解明されるからなのだ。

……ああ、どうしてぼくは、あのかわいい人の訴えに耳をかたむけてやらなかったのだろう。どうして、フランスまでいっしょに行ってやらなかったのだろう。どうして、ぼくをもっと信じて待っていてくれなかったのだろう。ああ、ぼくはあわれな人間です。……

……こういうことを思い出していると、ぼくの心臓はドキドキと高く鳴ってきます。そして、今にもとまって、ぼくのかわいいローラに会いにお墓の中へ行けるような気がするのです。

しかし、きみが彼女の寝室のテーブルの上に発見したというあへんチンキのびんは、どこで手に入れたのでしょう。こういう毒薬を、なんの処方箋もなしに売ったりするものでしょうか。いやいや、何をいってもかいのないことです。彼女のくわだてを阻止することができたとしても、運命のさだめにさからうことは何者にもできないことです。このおそろしい事件は、起こるべくして起こったのでした。

この悲しい秘密は、ぼくたちだけのことにしておいてください。世間の人たちの目にスキャンダルとうつるようなことのために、あのなつかしい思い出がけがされたりしてはならないからです。……

あのかわいそうな子は、ぼくの愛情を疑っていたのでした。すでにおなかの中には、悲しい愛の果実が育っていたのですが、それがぼくには不安と悩みのたねになっているのだと誤解したのでした。そして、妊娠というスキャンダルをさけようとする気持ちからよりも、むしろ彼女とのかかわり合いをのがれようという利己的な気持ちから、彼女をフランスへ追いやったのだと思いこんだのでした。やがて父親になるのだと思うと、ぼくはうれしさでいっぱいだったのですが、どうしてその気持ちをかくしたままでいたのでしょうか。

……

……彼女のなきがらはぜひとも、やがていつの日かぼく自身もねむりにはいるはずの墓地へうずめてやってください。この、永遠の婚約者は、当然デレブーズの名を持つはずであった人、デレブーズ家の墓地のかたわらにねむるのは当然すぎることです。……

……ぼくの愛するローラの霊よ、安らかにねむっていておくれ。全能の神のおあわれみが、きみとともにありますように。消えて行ったいとしい人、きみはただ、ぼくの無慈悲な心と情熱との犠牲になったのだ。このぼくはたったひとり、悲しみと悔恨の思いに責めさいなまれながら、この地上に生きのびて行くのだ。こうして残酷にもたったひとり残されたこのぼくに、きみは、ぼくたちの愛撫のはぐくんだ悲しい果実をもおいて行ってはくれなかったのだから。

その日曜日、つつましい教会で、クララは聖トマス・アクィナスの祈りを唱える。ミサ典書を開くが、心ならずも動揺させられてしまう。手紙のこと、ジョアシアンおじ、謎のローラのことを思い浮かべる。その名は墓石に彫ってある。
ミサから出るとき、クララは寄宿舎の友人の兄ロジェ・フォシュルーズに再会する。ロジェは魅力的で、詩が好きだった。ロジェは少女が成長したことに目をみはる。彼はクララの両親の家で昼食をとり、食事の後、いくつかの詩を読む。翌日、狩りのとき、クララはロジェのために花を摘む。彼女は彼に彼の詩のことを話し、涙を流す。

「ねえ、そんなに泣かないでください。ぼくもほんとにつらくなってきます……」
かろやかな手つきで、少女のすべすべした金色の首すじを、彼はやさしくなでてやる。すると少女は、不意にこの年上の友にすがりつき、頭をかれの胸にうずめて、さらにながく泣きじゃくる。

休暇(ヴァカンス)が終わり、クララは寄宿舎に戻る。彼女は休み時間のときも仲間と遊ばなくなる。自習のとき、ジョアシアンおじの手紙を読み返す。「苦痛のためにぼんやりした表情で」、何度も繰り返して。彼女は末尾を唱える。「……きみは、ぼくたちの愛撫のはぐくんだ悲しい果実をもおいて行ってはくれなかったのだから」

ああ、三目前から、少女の心をぎゅっとしめつけているおそろしい思いとは、このことなのだ。わたしは妊娠している、妊娠しているのにちがいない、一昨日、手紙を読みかえしたとき、心の中で彼女はそう叫んだ……そして、今また、いっそうはげしくわれとわが身にそういい聞かす……あのとき、彼女はなんともいえない神経的な苦痛に苦しんでいた。錯乱した意識の中に、とつぜん気ちがいじみた考えがうかんできたのだった……「ぼくたちの愛撫のはぐくんだ悲しい果実」
クララは思った。そうすると、ただ「愛撫」するだけでこどもが生まれるのだろうか。「愛撫」されたために、かわいそうなローラはおなかが大きくなったのだろうか。ああ、わたしにもそのことがわかっていたらなあ。なんてみじめなわたしなんだろう。

あの「あかずの家」のそばで、わたしがロジェを腕の中にあつい思いをこめて抱きしめたとき、わたしのたましいは、きっと罪深い迷い心にとらわれていたのだろう。


純粋すぎる少女は寄宿舎の凍てつく廊下で熱と不安につきまとわれている。

彼女は処女のお腹の中でロジェの子供が動くのを感じたように思った。良心の呵責が絶え間なくうなりで耳をいっぱいにした。彼女は幻覚、悪夢に取り憑かれる、自殺を決心した三月の朝まで。


……その部屋のすみに戸棚が一つおいてあり、デタンジュ夫人はそこに村里でいざ薬が必要というときに役にたつすべてのもの、いくつかの粉楽や水薬までも集めていた。それぞれの小びん、広口びんに、デタンジュ夫人は、老人らしい筆跡で、薬の名を書き入れていた。硫酸、あへんチンキ、アルニカ、鎮痛薬(カンフル)など。

クララ・デレブーズは戸棚をひらいて、あへんチンキをとり出す。こういう行為に出るということは、ほとんど突発的に思いついたのだった。十分前、おじの手紙を焼いていたときには、まだその考えもじゅうぶん形をなしていなかった。……

部屋を出て、庭のほうへ行った。父親の姿に気づいたが、父は彼女が目にはいらないらしかった。父はロビンソンを連れて、狩りに山かけるところだった。彼女は、足をゆるめた。ぼんやりと、自分の服を見た。いいようのない深い許しみに、口のあたりがふるえた。自分のおなかは大きくなっているのだと思った。母のことを、ロジェのことを考えた。もう思うまいと首をふるのだった……

今、彼女は墓地へ来ていた。デレブーズ家の墓所とローラの墓との中ほどあたりにいた。白いヒヤシンスの花が咲いていた。

ひざまずいて、上着からびんをとり出し、栓をぬいた。左手で、さくの格子にすがりついた。目を閉じ、一息にあへんチンキを飲み、そのままじっとしていた。

こうして、クララ・デレブーズは、一八四八年三月十日、十七歳で死んだ。彼女のために祈ってやってほしい。

† 一八九四年　粗野な心

若い弁護士のジャン・アジャルベールは、文学におけるその将来がようやく約束されるようになった一八九四年五月、ルメール書店から新作を刊行した。『粗野な心』という悲哀小説だったが、期待した成功は収められなかった。しかも、自然主義の勝利に勢いづいていた彼は、スキャンダルな箇所に配慮を怠っていた。

悪意ある運命に人生の望みを失った恋人たち、ジャックとディディーヌの自殺の物語は槍玉にあげられた。物語の中で運命はジャックに五年の兵役という悪いくじを引かせた。

最後にもう一度だけ、彼らはやってきて、抱擁し、公園のベンチに腰を下ろした。そのベンチで頻繁に情熱的な誓いを交わしていたのだ。


「……だめだ。ぼくにはどうしたってできない」とジャックはささやいた。

「だめ。しなきゃならないの」

ディディーヌは彼の手首をつかんで、自分の顔をジャックの顔に近づけ、目を見合わせた。彼の寂しく甘えた眼差しに彼女が燃やすすべてのエネルギーを注ぐためのように。

「ぼくのディーヌ……」

「ジャック！」

だが、彼女はのけぞって、急に立ち上がった。若者の手にきらめく武器に怯えて。

「だめよ……だめ……そうしなきゃならないのだから……」

そして、尻込みしたことを恥じるかのように、座わり直して、拳銃を握った。……

「ああ、そうよ。……死にたい。まあ、あなたがもう望んでいないのじゃないかと怖かった。私たちが誓ったように、したいものだわ。……私はたった一人で自殺したかもしれなかった」

彼女は裁ち鋏を持っていた。鋏は彼女のポケットに入れてあったが、服を切らないようにコルクに刺してあった。

「しなきゃ。……しなきゃ」

そう言いながらも、彼女は視線を逸らしていた。ベンチの背もたれの上を機械的に手を動かして、指を木の接点の凹凸の上で止め、穴に従って動かした。

「しなきゃ。……しなきゃ」とディーヌは繰り返していた。「ほら、さあ……」

木のフレーム部分に、彼女は彼らが最初に逢引きした日を発見した。……ナイフでそれを彫ったのは彼女だった。彼女は背もたれに彼ら二人の組み合わされた名前も見つけた。

「さあ、私が仕上げをするから……。見つかってしまったら、すぐ警察に通報されるでしょう。……だから、誓って。それは私の名前の最後の文字になるでしょう……。しなきゃ……。誓って」

彼は誓った。彼らの上で、大蠟燭の炎のように、街灯の黄色い窓に明滅する光を浴びて、可愛い恋人は髷を留めるヘアピンでベンチの横木に一文と二人の名前を削った。それを終えると四発の銃声が間歇的に鳴った。三発は彼女の両のこめかみと口、一発は彼だった。それぞれ三発ずつと決めていたが、彼は一発で十分だった。

二人の名前はジャックとディディーヌ……。「生きて引き離されるよりは、死んで結ばれたほうがいい……」と書かれていた。二人の遺体を取りのけて、凝固した血糊と飛び散った脳漿をきれいにしてから、警官がそれを解読したのである。……

†　一八九六年「黄色い部屋」に描かれた耽美家の死

世紀末の群小作家たちは、象徴主義の頽廃や当時流行していた文学の巨匠たちの凝り性気質に影響されて、みずからも奇異な物語を洗練された趣味で書き綴ることを望んだ。世紀末の群小作家の一人であるシャルル・ブエは「黄色い部屋」という中篇小説で、ある耽美家の自殺を語っている。耽美家のレジナルド・ル・ガルはヘアピンで心臓を突き刺す前に、熱烈な手紙をしたためた。

……私の最後の呼吸は愛の行為である。だから、その代わり、忘却しか望まない。……

レジナルドは緋色の組み合わせ文字の押された美しい和紙にこの手紙を書いた。彼は肘掛け椅子で反り返った。

レジナルドは手紙を封筒に入れ、オレンジの封蠟を押し、そこに指輪の跡をつけた。簡潔なモットーを、英語で二語「ネヴァー・モア」と記した。

彼は手紙を書いた漆塗りの円卓の上に、彼の前に置かれた小箱を開いた。箱から小壜と金のピンを取り出した。ピン先には金剛石(ダイヤモンド)が先端を覆ったラピスラズリの大きな珠がついていた。女性たちがダイアデムの豊かな三つ編みに刺すピンだった。

彼はその先端を小壜に浸した。そうして、ベッドに行って、横になった。

同夜、パリの新聞には次のような三面記事が掲載された。「風俗画壇きっての有名画家レジナルド・ガル氏が自殺した。現在のところ、この事件に関してこれ以上の詳細は報じられない。この事件はおそらく依然として誰にとっても謎が残っているだろう。レジナルド・ガル氏に自殺するいかなる理由があったか分からないからである。しかしながら、愛への絶望によって、彼は死を決意したのではないかと思われる。彼は毒を塗ったピンを左胸に刺した。まず即死だったであろう。……」

† 一九〇三年　さよなら、フェリシー

アナトール・フランスは、自殺とその影響を物語った小説『楽屋裏の話』を書くに当たり、十八世紀の有名な花形女優クレロン嬢に幻覚を引き起こした三面記事的出来事を基にしている。クレロン嬢は『回想録』の中で、自分の人生に起こった悲劇について語っている。一七四三年、ブルターニュの仲買業者の息子で、三十歳代のド・S××という男が、彼女の許に通いつめていた。彼女は友情しか与えなかった。ド・S××は彼女とわりない仲になるのを欲して、彼女が彼だけのものになり、他の人との交際は絶ってほしいと頼み込んだ。彼女は、「花々で引き留めることはできる」が、「鎖で引き留めておくことはできない」ことが解ったわと切り捨てた。それが原因で男は命を絶った。

この嘆かわしい事故から数ヶ月間、クレロン嬢は、ド・S××の幽霊に取り憑かれた。毎晩十一時きっかりに、窓の下に叫び声を聞いたのである。

私の召使い、友人、隣人、そして警官までもがいつも同じ時間に同じ叫び声を耳にしていたのです。……

この驚くべき事件を、一九〇〇年の演劇界に移して書かれたのが、アナトール・フランスの小説『楽屋裏の話』である。俳優のシュヴァリエは若手女優フェリシー・ナントゥイユと幸福な数週間を過ごしたが、その後拒絶されてしまう。そうされても諦められないシュヴァリエは、フェリシーを脅迫する。彼女はそんな警告など無視して、新しい恋人のロベール・ド・リニーと一緒にヌイイーの別荘へ向かったのである。

フェリシーは別荘で庭にかすかな物音を聞いたような気がして、窓越しに見つめた。何も見えなかったので、また眠りについた。

恋人たちが目覚めたのは七時だった。フェリシーは急いで服を着替えた。リニーがランプを手にして階段を先に進んだ。

「ランプを消さないうちに、外へ出なさいよ」

彼女は入口の扉を開いた。そのとたんに、彼女は大声を立てながら尻込みした。彼女は石段の上に、まるで十字架のように両腕を開いてつっ立っている、ひょろ長い、真っ黒なシュヴァリエの姿を見たのであった。彼はピストルを手にもっていた。ピストルは光ってはいなかったが、フェリシーはすぐにそれがピストルであることがわかった。

「どうしたの?」と、ランプの芯を下げていたリニーが訊ねた。

このとき、シュヴァリエは力強い声で叫んだ。

「いいかね、よく聴いてくれ給え。そして、僕の側によらないでくれ給え。僕は君たちが一緒になることを邪魔するんだ。これは僕の最後の意志だ。さよなら、フェリシー……」

そういって、シュヴァリエは銃口を口にあてがった。

フェリシーは廊下の壁のところに跪いて眼をつぶった……。そして、彼女が再び眼を開いたときには、シユヴァリエは入口に横ざまに倒れていた。彼はさながら見つめてでもいるように、笑ってでもいるように、瞼を大きく見開いていた。彼の口から流れ出た一条の血潮が石段の敷石の上を伝っていた。痙攣的な身震いが彼の腕を動かしていた。しかし、やがて、彼の身体は動かなくなった。

ピストルの音をきいて、リニーはかけつけて来ていた。それからまた、すぐに、彼の身体を敷石の上にそっと置いた。リニーはマッチを擦ったが、風がすぐさま火を吹き消してしまった。とうとうついたマッチ光で、彼は弾丸がシュヴァリエの頭蓋骨の一片をもぎとり、そのために脳膜が掌の凹みくらいの大きさだけ、表面に出ているのを見た。この血まみれた、灰色の脳膜は、きわめて不規則的な形をしていたので、その輪郭は地図の上に表わされたアフリカ大陸を彼に連想させた。そして、彼はこの死骸の前に立って、ふと尊敬の念にとらわれた。彼は死骸のわきの下をかかえて、細心の注意を払いながらそれを控え間まで引っ張って来た。そして、ここに死骸を置いてから、彼はフェリシーの名を呼びながら、家中を探しまわった。

リニーはフェリシーを台所の扉から外に出させると、恋仇の遺体のほうに戻って来た。そうしたくはなかっただろうが。彼はこうした非常識な死に方に非難を浴びせた。

「それは自殺するもいい。しかし、気取った、滑稽な自殺をして何になるというのだ。この男は自宅で自殺することはできなかったのかしら。もし彼の決心が動かすべからざるものであったなら、この決心を真の自尊心をもち、慎み深い方法で実行に移すことはできなかったであろうか？ 義侠に富む男がもし彼の立場にあったら、きっとそういう風に行動したに違いないのだ。そうすれば、人は彼の記憶に同情と尊敬とを惜しまなかっただろうに」

リニーは検死医による検死に立ち会った後で、警視の解説をうわの空で聞いた。

「嫉妬の惨劇というやつは、少しも珍しくはないよ。このヌイイーでも、毎年、自殺者の平均数は大体きまっているよ。自殺者のうち、三十までは勝負事のためだ。そして、その残りが失恋とか、貧窮とか、不治の病などに原因するものだね」

不幸なフェリシーはその死の記憶に苛まれた。彼女はロベールに会うたびに、自殺者の穴の開いた頭を見たと思った。自殺者の口角からは一筋の血が流れ、謎めいた笑いが浮かんでいた。

アナトール・フランスはアルマ大通りの瀟洒な独身用アパートで、この昼下がりの情事についての小説を脱稿した。コメディ・フランセーズ入り直後のフェリシーは数週間振りに、ロベールに再会する。フェリシーは裸で、キスをされるのに頭を後ろにそらし、目をほそめ、口を半開きにしていた。そのとき、フェリシーはうなるような叫びを上げた。ベッドの下の白い毛皮の上に、体を屈めた自殺者の死体を見たと思ったのだ。

フェリシーはこの最後の幸せな交わりの後、美しい目を悲しげに向けて、諦めたようにこう言った。

「わたしたち二人は、ほんとによく愛しましたわね。でも、これで何もかもおしまいですわ。わたしたちはもうお互いに何でもないのですわ。今後は決して……。あのひとがそれを望んでいるんです」

この小説は最初一八九四年十二月に《現代生活（ヴィ・コンタンポラン）》誌に簡約版が掲載された。構成が巧みでうまく書かれているのに、一九〇三年に刊行されたときには、受けてしかるべき成功を獲得することはできなかった。

† 一九二〇年 ジャック・リゴーの四回の自殺

初期のシュルレアリストのグループ内では、ネオ・ロマンティスムの高揚の中で、自殺に関心が寄せられた。この行為は道理に反していることから、若い詩人の多くは夢中になった。彼らの中には、自殺をめぐって、その優雅さを表現したものもいれば、有用性を示したものもいる。いっぽう、自殺を危険な理想にするという、きわめて斬新な試みをする人びともいた。一九二〇年、ジャック・リゴーが《文学（リテラチュール）》誌に発表した、風変わりな物語には、想像上の自殺が描かれている。

一回目に私が自殺したのは、恋人を困らせてやるためだった。この貞節な女は、突然私と寝るのを拒んだのだ。彼女が言うには、良心の呵責にさいなまれて、愛人の上司を裏切れなくなったそうだ。私が彼女を愛していたかどうか、そんなことは知ったことではない。二週間も会わないでいたら、彼女を求める気持ちはかなり薄らいだことだろう。彼女の拒絶にあって、私は怒り心頭に達した。どのように彼女を傷つけてやろうか？　彼女が変わることのない深い愛情を私に抱き続けてきたことは言っただろうか？　女を困らせるために自殺したのだ。当時の私がまだほんのガキだったことを考えれば、この自殺は許されるだろう。

二回目に自殺したのは、怠惰のせいだ。金もなく、仕事に対しては働く前から嫌悪を抱いていたので、ある日、それまでの人生同様、何ら確信もなく自殺したのだ。今日私がこんなに元気でいるのを目にしたら、この死を責める気にもなるまい。

三回目は……これをもうひとつだけ聞いてくれるなら、他の自殺の話は勘弁してやろう。ある夜、私は床についたところだった。その夜はいつもより特に倦怠に苛まれていたわけでもなかった。突如私は決心したのだ、と同時に、今でも正確に覚えているが、たったひとつの理由をはっきりと口走ったのだ、もう沢山だ！と。私は飛び起きて、家の中でたったひとつの武器を探し出した。先祖の誰かが手に入れた小さな拳銃で、これまた古びた弾丸がこめられていた。（なぜ細かなことを強調するのか、もうすぐわかるだろう。）裸で寝ていたので、部屋の中で素っ裸だった。凍えそうだった。私はあわてて毛布の下にもぐり込み、撃鉄を起こした。口のなかで鋼鉄の冷たさを感じながら。その瞬間、炸裂寸前の砲弾のうなりを耳にしたときのように、心臓が高鳴るのが感じられた、これからすることが取り返しのつかない事態であることに直面しながら。安全装置をはずし、引き金を引いた。が、弾は飛び出さなかった。私は拳銃を小卓に置き、少し発作的に笑ってしまった。十分後に私はもう眠りについていた。これはちょっと重要な話だと思うのだが、仮にもう一度……当然だ！　言うまでもなく私は二発目を撃つ気にはまったくならなかった。重要なことは、死ぬことでなく、死のうと決心したことにあるのだから。

この作品の発表から九年後、ジャック・リゴーが実際に拳銃自殺すると、このテクストは特別な意味合いを持つに至った……。

「虚無の巡礼者」とか「シュルレアリスムのブランメル」と言われたジャック・リゴーは、自殺に関心を抱いていた。身体的な条件は申し分なく、金持ちで魅力的なこの若者は、二十歳になったとき、四十歳で自殺することを誓っていた。

彼はこの誓約に忠実に自殺した。思い入れもなく、四十歳の誕生日に。

一九二九年十一月五日、リゴーは身繕いにたいそう気を遣って、長椅子に寝そべり、頭をクッションの上に置き、怯むことなく心臓に拳銃を発砲した。

彼はこう書いていた。「憂鬱と不都合を蓄えた人間は、死に対して好奇心を持ち合わせないなどということさえなければ、自殺の中におそらく最も無私無欲の行いを見出すだろう」

ジャック・リゴーが《文学》誌に寄稿していた頃、彼の気がかりを真に受けるものはいなかった。作家のドリュ・ラ・ロシェルは『未知なるものへの愁訴』で、からいばりの登場人物を創り上げるのに、リゴーの行動から着想を得た。「内輪の栄光の境遇」で生きることで、リゴーは「自殺を乗り越え」ていたからだ。

ついには彼は度はずれな行動をとった。彼は自殺を話題にした。無尽蔵の信じやすさを信じて、彼はこの三面記事の源泉の秘密を暴こうと心に決めた。容認された手順に則り、あらゆる種類の危険な冗談を用いることで、多くの行動家や情熱家の存在にあって主役を演じているこの行為を、人の一生の初聖体拝領式と葬式の間に地位を占めている儀式のうちの、最も時代遅れな、最もうんざりする、最も驚くところのないものにまずはしなければならなかった。手の内にあらゆる切り札がそろっていると考えられる勝負の一手で、陳腐なこと、効果のないこと、すでに見たこと、愚かなこと、滑稽なことを示すのは、彼には造作もなかった。

さて、いかにしてそこから出るか？　どのように理屈をひっくり返して、ついには正当化させるか？　まっすぐに進むしかなかった。

こうして、滑稽だが、不条理ではなく（それらを怖じ気づかせるには言葉が大げさすぎる）、おもしろみがなくて冷淡な行為が、可能となった。

「その朝、横になりながら、電気のスイッチを入れようとして、ついうっかり、あやまって引金を引いてしまった。……」

……それはゴンザーグとその友人たちを夢中にさせた。

しばらくの間、彼は幸福の絶頂、内輪の栄光を生きた。彼は自殺を乗り越えていた。もはや彼は、自分が死んでいるのか生きているのか、引金を引いたのか、マッチを擦ったのか、分かっていなかった。……

リゴーの死の数年後、ドリュ・ラ・ロシェルに自殺する番がまわってきた。

†一九二三年　サラクルーのペシミズム

アカデミー・ゴンクールの会員アルマン・サラクルーは、青年期の思い出として当時の戯曲をおそらく保管しているが、一般には隠されている。そのうちの一つ、一九二三年の日付のある『ガラス玉』もサラクルーの『全戯曲集』に入る見込みはなかった。

この作品には絶望した青年が登場する。縁日で青年は「自殺する理由」を探し求めている。理想を追う青年期の象徴であるこの青年は、できそうもないことを婚約者に要求する……。

道化師が壇上で準備をしているとき、青年が道化師に声をかける。彼は道化師と周囲の人たちに自分の悩みを明らかにする。

青年　……（道化師はかさばった箱を叩く。……）私は諸世紀のがらくたの中で命の有用性を守るのに、途方にくれてしまいました。……

道化師　私がどのように生きてきたかを尋ねられたな。

……

道化師　（道化師はポケットから箱を出す）これだ！（箱を開ける）

青年　この箱には何が入っているのですか？

道化師　（顔に塗りたくって）泥だ！

今度は青年が自分の顔に泥を塗りたくった。そして、射撃場の主人（あるじ）に「死体を食べる虫とこの世の謎」を質問する。それから、彼は大声で言った。

青年　再び生と接触するには自殺によるしかないのでしょうか？　行動だ。行動あるのみ。……さあ、みなさん、自殺の時代が始まるのです。……目的に達するには、問題は手段ではなく良識です。（青年は自殺する）

アルマン・サラクルーのペシミズムは、シュルレアリスムのもっともよき時代に書かれた、『世界一周』の中にも見つかる。

ピエール　……僕が行く至る所で頭が下げられ、苦痛が行列をつくっている。

観客は行列をつくらなかった。この作品はその質の高さにもかかわらず、観客の入りが悪く、十一回目の上演でやむなく中止となった。

† 一九二四年〜一九二五年　《シュルレアリスム革命》誌

一九二四年十二月一日発行の《シュルレアリスム革命》誌創刊号で、次のようなアンケートが開始されていた。

生きて、死ぬ。その場合、意志の割合はどれくらいなのか。夢を見るように自殺するように思われる。われわれが提起しているのは道徳的問題ではない。

自殺はひとつの解決だろうか？……

一九二五年一月十五日、《シュルレアリスム革命》二号に、このアンケートへの回答が不快なコメントとともに掲載された。

私たちの同時代人が秀でるのは知性によってではない。そうではなくて、彼らがその能力に頼らざるを得ないのは、彼らの不幸のためなのである。人間以上に支離滅裂なものは何もない。人間にある質問をしてみたまえ。別の質問に答えるか、端から問いをきびしく非難する。われわれに自殺がひとつの解決案であるかどうかを問う資格があるのか？　どうかゼロから考えていただきい。「道化者のジャム」を信じれば、自殺の問題を提起することが、その問題を解決することであり、人間を苦しめる途方もない不幸のただなかで、自殺が人間に中断を与えるかを問うことは、人間に最後の安堵を垣間見させ、それによって、自殺に追いやることであるらしい。人がそれについてただ熟考するなら、集団で自殺するだろう。以上のことから、この五十代の人物はわれわれにお説教をたれることができるようになった。しかし、親愛なるアカデミー・フランセーズの候補者殿よ、自殺がひとつの解決案なら、われわれは人を自殺に追いやることを誇りに思うのですが。ただ、われわれがそのことを少しでも信じさえすれば。

シュルレアリスムを奉じるこれらの若者たちから忌み嫌われたフランシス・ジャムの返答は、以下のとおりである。

お寄せ頂いたのはじつにくだらないご質問です。……万一ひとりの気の毒な子供が、それが原因で自殺したら、諸君は人殺しということになりましょう。呪われたことです。良心がわずかでもあるのでしたら、諸君の唯一の手段は告解場に駆け込むことです。

私はこの手紙の全文の掲載のみならず、ご母堂への送附も許可します。

レオン゠ピエール・キンも「これほど愚かしい質問はありません」と答えている。アンドレ・ルベはアンケート調査人を「夢見るように自殺すると主張するとは愚かなことである」と評している。『金髪の黒人女』の著者ジョルジュ・フレストはこう冗談を言っている。「当然、ヒ素の溶解だ、たとえばね！」

詩人のフェルナン・グレッグはこのような数行を記して憚らなかった。

死の彼岸の国は生だ
生とはまた常に――辛酸をなめること
君の魂は運命から運命へと続く
君の船が太陽を海から海へと追うように

作家のマルセル・ジュアンドーは自分の作品（『親しいゴドー氏』）から引用した。

真理は、私が常に在り続けるだろうということと、神だ。
自殺は無益である。

ジャン・ポーランは自分を模倣している。

当然だが、おそらくわれわれの生を軽く動揺させる、唯一の固有の行為の困難さを大げさに言うことはできない。われわれはすこぶる良い状態で死ぬことはできない。しかし、そのために自殺が必要である。病気になって得をする人はほとんどいない。

アンケート調査人はわざとらしい返答や滑稽な回答の多さに嫌気がさし、怒りはじめ、返信の相手の何人かを罵った。

専門的見地から、モーリス・ド・フュリー博士から次のようなご回答をえた。いまいましい愚か者だ。

「自殺は『ひとつの解決』になりえない。なぜなら、それは病理学の領域に属するからである。自殺は不安の絶頂である、不安が情緒的な気質の絶頂であるように。ここで申すことは以上である」

それから、ポール・ルセーヌ教授である。

「私は、死は一時的な不注意に起因すると常に考えた。生は人間にとって当然である。人間が死ぬのは、実は彼の不手際による。それゆえ、十分に注意していれば、人間は不死であろう。残念なことに、実際には、高齢になるまで絶えざる注意は非常に難しいので、一般的に人間は死ぬ。しかし、実は、死は一種の自殺や不手際によるのである」

反対に、彼らにとって称讃に値する回答もある。アントナン・アルトーの回答は注目を浴びた。

解決ではない。自殺は依然として仮説だからである。私は、他の実在と同様に、自殺も疑う権利があると主張する。

……………………………………………………

自殺とは、保守的な考えをする人びとによるわずかな空想の産物にすぎない。が、厳密な意味における自殺の状態は私には理解しがたい。神経衰弱者の自殺は何らかの表象についていかなる価値もない。しかし、自殺を引き起こす人間の魂の状態、物質的な事情、突発の瞬間は見事である。……

……………………………………

私は人生にひどく苦しんでいる。私が手に入れられる身分はない。確実に、私はずいぶん前から死んでいる。すでに自殺者だ。すなわち、自殺させられたのだ。

さて、以前の自殺についてどう考えるのか？　すなわち、存在の別の側、といっても、死の側からではなく、そこから途中で引き返した自殺についてどう考えるのか？　それだけが私にとって価値があるだろう。私は死の欲求を感じない。私が感じるのは、存在しないことの欲求、愚劣さ、放棄、断念、鈍感な出会いの慰めに陥らない欲求である。その欲求はアントナン・アルトーの自我であり、それはそれより脆弱である。

シュルレアリストの世界で思われていたこととは反対に、ヴィクトル・マルグリットは申し分ないやり方で返答した。

自殺は他の解決と同様、ひとつの解決である。しかしながら、私はもし人生という多少とも覚めた夢に人間の意志が現れるとすれば、人が永久に眠りにつくことを決めたまさにそのときであると考えている。……意志の存在を信じなければならない。……せめてこの現れの中には！　それを疑うことは夢をひどく色褪せさせるし、そのために死という貴重な面白みを失わせることになろう。

マン・レイは幾何学的な落書きのようなものを送った。

この雑誌の共同主催者のピエール・ナヴィルは、哲学的な論述で回答を始める。

人生に解答はない。さまざまな配慮は、その理由に私が従おうと、私の欲望の対象そのものとは別のものになるとは思われない。

当たり前であるが……。彼はこの宣言でメッセージを締めくくっている。

……私は私の存在を信じない。……

それから、才能に恵まれた若い作家ルネ・クルヴェルの返答がある。

ひとつの解決か？　そうだ。

偽装品のモザイクは長続きしない。社会的結合の全体が、われわれの肉体そのものを形作る不安に勝ることができないことは理解している。いかなる努力もこの強力な発作、この神秘的な躍動に決して抵抗しないであろう。その躍動はベルクソン氏の生の躍動（エラン・ヴィタル）ではなく、その反対の脅威、すなわち死の躍動（エラン・モルテル）である。

その自殺を目撃する機会があり、自殺の当事者が当時最も親しく最も私に親切な人であり、私の成長とゆがみにとって、それは愛や憎悪がもたらすどんな死後の試み以上に作用を及ぼした。なので、物心がついて以来、私は、死を容易にする人間は重大な力（それを神や自然と呼んでよい）の従順で道理をわきまえた仲介であると感じた。この力はわれわれを平凡なる地上のただなかに置き、勇敢な人びとだけを、待機の天体からはるか遠くのその軌道に運んで行く。

愛により、恐怖により、梅毒により自殺すると言われる。それは正しくない。誰もが愛し、愛していると思っている。誰もが怖れている。誰もが多かれ少なかれ、梅毒患者だ。自殺は選択の手段である。自殺する人びとというのは、非常に強い魂のある感覚に抵抗するという、ほとんど普遍的な臆病をいささかも持たない人びとである。その魂の感覚は非常に強いので、新しい次元にいたるまで、ひとつの現実の感覚と看做さなければならない。この感覚だけが、自殺という、解決のうちおそらく最も正しく、最も決定的なものを受け入れることができる。

……………………………………………………

人間の成功はごまかしであり、価値のないものだ。感情的な幸福が辛抱することを可能にするのは、消極的に催眠剤の方法による。私が受け入れた生は、私自身に対する最もすさまじい論拠である。私を何度も惹きつけた死は、私が同様に臆病な習慣と呼ぶことができる、俗語的な本質のせいで、死ぬということへの恐怖を見事に超えていた。

私は扉を開けたかったが、あえてしなかった。私は間違った。私はそう感じ、そう思う。そう感じたいし、そう思いたい。執拗に探したが、人生に決着点が見つからないので、解決案である最後の、決定的な行為のなかに垣間見られないかと、まだいくらかの試みをする力が私に残っているだろうか?

ジェラール・ルメール、一九二五年七月十日

ルネ・クルヴェルが嘘をつかなかったのは周知のことだ。

このアンケートへの間接的な返答として、《時代(タン)》紙はアベル・エルマンの言葉を掲載した。「ソクラテスはシュルレアリストではなかった!」また《ジュルナル・リテラチュール》紙では、フランシス・カルコがこの新しい運動の集団についてこう見解を述べている。「シュルレアリスムなどくだらん!」

エルネスト・ド・ジャンジャンバック神父は《シュルレアリスム革命》誌の編集部に次のような興味深い宣伝の手紙を送った。

拝啓

近ごろある若い男が、ジェラールメール湖に身を投げて、自殺をしようとしました。その若者は一年前、ジャンジャンバック神父と呼ばれ、フランクリン通り一二番地、トロカデロのイエズス会士たちの学校に通っていたのです……。そのために、人はジェラールメールでのスキャンダルをもみ消そうとしたのですが、この若者の意図するところは反対に、この自殺が大騒ぎを引き起こすことだったのが、私にはわかっています。なぜならその若者とは私のことだからです。あなた方がこの手紙を受け取られるとき、私はいなくなっていることでしょう。しかしもし私の情報では十分でないときは、ジェラールメールの近く、ルトゥールヌメールで小学校の教諭をしている従妹のJ・ヴィリー嬢に連絡を取っていただいてかまいません。

ジャンジャンバック神父は、この早すぎる死の通知にもかかわらず、一九五三年パリのボ・ザール通りで、神、サタン、聖職者、アンドレ・ブルトン、ベルギーのモラリストたちとのいざこざについての著作を発表した。

†一九二五年　アンドレ・ジイドのいかさま師たち

彼のいくつかの小説のように、アンドレ・ジイドは、『贋金つかい』でも若者の悪しき本能を強調している。『コリドン』の作者はJ3や革ジャン族(ブルゾン・ノワール)といった若者たちの反抗を予見していた。『贋金つかい』では、登場人物の三人の非行青年が「強者同盟」を結成する。この同盟のモットーは「強い人間は生に執着しない」である。この遊びの首謀者たるゲリダニゾルは、くじで選ばれたメンバーが従う義務のあるひとつの試練を考えついた。小さな紙のいかさまによって、くじを「強者同盟」の新メンバーのボリスに当たるようにした。したがって、ボリスは、自習室のチョークで丸印が付けられた場所で、自分自身を拳銃で撃つようにくじで決まった。

もちろん、陰謀の加担者たちの頭の中には、模擬行為が重要なだけで、最後の瞬間にボリスに与える拳銃は装塡されるはずはなかった。悲しいかな、ジッドとはそういう人物ではない。この陰険な作者は悪い仲間たちに拳銃に装塡させることを考えたのである。

「強者同盟」は自習室で様々な反応を想像しながら、運命の時を待っていた。彼らの一人が不安になって、急用があるといってその場から去ろうとした。

……今度はボリスが立ち上がった。……

で、ボリスは、記された場所まで進んで行った。彼はじっと眼を据え、まるで自動人形といったように、ゆっくり足を運んで行った。むしろ夢遊病者とでもいうようだった。右手にはピストルを握っていた。だが、それはそのまま上衣のポケットに隠していた。いざとなって、はじめてそれを取り出したのだ。運命の場所は、前にもすでに語ったように、教師の机の右、閉め切りになっているドアのかげ、ちょっと引っ込んだところだった。したがって、机の前の教師からは、体をこごめでもしないかぎり、彼の姿は見えなかった。ラ・ベルーズは、身をこごめた。最初彼には、妙に厳粛な孫の態度が、何か不安に思われはしたものの、何をしようとしているのか分らなかった。彼は、大きな、つとめて威厳を見せた声で、こう言った。

「ボリス君、直ぐに席へ……」

だが突然、彼はピストルを見た。ボリスがそれをこめかみに当てたところだった。老人は、はっとさとった。そして血管の血が凍りでもしたように、忽ち激しい悪寒を感じた。彼は立ち上ろうとした。ボリスのところに駆けよろう、そしてその手を引き止め、大きな声を立てようとした……しわがれた呻きといったようなものが唇を洩れた。彼はそのまま釘づけにされ、体の自由がきかなくなって、がたがた震えていたのだった。

ピストルが撃たれた。ボリスは直ぐには倒れなかった。隅のところに引っかかったように、一瞬体は立っていた。ついで、首が肩に垂れ、その重みが体を引いた。そして、全身ががっくり崩れた。

ちなみに、この作品では、作者はすでにオリヴィエという登場人物にも自殺を図らせている。オリヴィエはあとで回復するのだが、このよた者はガス自殺を図る前に叔父のエドヴァールと一夜を共にしたのだった……。

オリヴィエの友人が魅力的なオリヴィエと交わした会話について語っている。「僕はオリヴィエに、人間は生命力の過剰によって、あのドミトリ・カラマゾフが言ったような感激によって、自殺出来るということが分るかときいてやったんです。……彼は、『自分にも自殺ということは分る。だがそれは歓喜の絶頂――もうそれから後は下り坂になるよりほかに途のないのを確かめてからのことなのだ』と言いました」

† 一九二五年 アンリ・ミショーによる「自殺」の特集号

一九二五年、アンリ・ミショーは自分の進む道を模索していた。当時、彼はフランツ・エレンスとともに、《緑の円盤(ディスク・ヴェール)》というベルギーの文芸雑誌を編集していた。《緑の円盤》誌の「自殺」特集号には、アントナン・アルトー、マルセル・アルラン、ルネ・クルヴェルの他、チャールストン時代の数人の若い文学者たちが原稿が寄せており、アンリ・ミショーも一篇の小論を発表している。

ゼロは算術にしか存在しない。
一から一を引くことは可能でない。もし一が人ならば。
決して存在をやめない人間がいた。私はその反対なら納得するだろうし、言葉を言い終えないだろう。今すぐに私は自分の人生をコインの表裏で決める。それは人生に何か価値があるからだ。

しかし、私は恐れている。死んだのに、ある意味ではまださらに生きねばならないことを恐れているのだ。それはまさしくすべてに絶望し、疲れて自殺した人のおそろしい悲劇だ。彼はすべてに決着をつけ、無になろうとする。ところが、ここで、彼はそうしても、何らかの存在、何らかの被造物となり、新たな生をまた始めることになるのだ。

あなたは何を望んでいるのか？　われわれは別の論理を持たない。……

……勇敢な人びとによく知られた恐怖症。工場で、彼らがレバーのパネルの前にいるときだ。

適切なレバーを下げれば、あなたの近くで発破を爆発させて、工事現場か、百五十人の人間か、あるいは煉瓦だけを二里（リュー）吹き飛ばすことができる。

レバーを下げるだけでいいのだ。吹き飛ばされるのが大勢の人間か煉瓦だけかを知るには。

自殺者はレバーを下げて、待つ。

人間の胎児を仮定してほしい。胎児は八ヶ月間、羊膜の中から逃れるのを待っていて、ようやく逃れることができる。それが自殺だ。

そしてここにいる。胎児は外に出てきた。赤ん坊だ。予定日前の赤ん坊だ。彼が手に入れたのは早く大人になることだ。

さあ、自殺者よ、同様に驚くのだ。

†
一九二六年　ルネ・クルヴェル『困難な死』

初期のシュルレアリスムのメンバーであったルネ・クルヴェルは、《シュルレアリスム革命》誌のアンケートへの回答のとおり、自殺を遂げた。彼の小説『困難な死』（一九二五年）には意志的な死やまっすぐに死へ至らせる魂の状態が描かれている。

ここにブロック夫人がいる。客間から書斎に通じるドアのノブに右手をのせて。ここにブロック夫人がいる。不幸の体現者だ。ブロック夫人は、九発鳴り終わるのを待ってから、ブロック氏が死亡したことを知らせる。

ブロック氏は死んだ。この家の女主人はこう説明するはずだ。ブロック氏は死んだ、自殺した、首をつった、と。……

招待客たちは席を立って駆けつけた。女性たちは自分のむき出しの腕を目の前に持ってこようとしてもできなかった。この見世物を何も見逃すまいと決めていたのだ。

首つり。さあ考えてください。……

……一人の男が死体を下ろすよう提案する。女性たちは手を叩く。壁に凭れてよろめいたブロック夫人は招待客を見た。彼らは今では長椅子に寝かされたディミトリの周囲で興奮している。彼らは彼を生き返らせようというふりをしたとき、言い訳して、立ち去った。やはり紐を分け合ってから。

奥様、この紐は幸運をもたらしますよ。警視がやって来たとき、紐はどんなに小さな切れ端ももうなくなっていた。お気の毒なブロック夫人。……

ルネ・クルヴェルは二十六歳で自殺の不安に苛まれていた。彼は『困難な死』の中で、二件の自殺を書いている。ディミトリ・ブロックの自殺と、その息子で薬物常習者、男色家のピエールの自殺である。自殺はピエールの妹の心を掻き立てた、祖母の思い出に影響を受けて。

「私は祖母が繰り返しこう話すのを聞きました。『ブロック家では多くの者が自殺する。自殺は赤毛のようだ。ある一家に生まれてくれれば、それから逃れられない。望みうる最良のことは、一世代か二世代、飛び越えてくれること』……」

ディアーヌはこの家族と赤毛についての愚かしい理論を笑っても無駄だった。彼女は自殺を実際の脅しと受け取ったのだ。

しかも、この脅しは約束の性質を帯びていることもある。多くの日々、不安や憂鬱を感じ、さらには単なる疲れを感じているので、いくらかの殺意のある行為には、それを試みるにあたって、真昼間のかなり暑い通りの奥深い戸口の涼しさがある。それゆえ、彼女はこう結論を下すより他に何も考えられなかった。「私たちは無駄に六階に住んでいるのではない」や「拳銃は使うためにある」と。

結局、彼女の兄のピエールが自殺することになる。不良少年たちにあまりに愛を注いでいた、アメリカ人画家の友人アーサーの不身持ちに嫌気がさして。

……夜間でも閉店しない薬局がある。

ピエールは睡眠薬の正確な致死量を知っていた。彼は薬局にまっすぐ行った。

薬局に入って、薬剤を買った。それを手に握りしめて、人気のない大通りのベンチに走った。彼は横になって八錠飲み、コートの上で手を組み合わせ、骨の髄まで冷えるに任せた。夜間、冷えて、死に、自由になった。

一九三五年、ルネ・クルヴェルは病に罹り、彼の作品の登場人物のように自殺した。

ルネ・クルヴェルとジャック・リゴーの自殺の後に、青春時代に回答した《シュルレアリスム革命》誌のアンケートを忘れることができないシュルレアリストたちが彼らの他にも存在した。アシル・ゴルキーが一九四八年に首つり。オスカル・ドミンゲスが一九五七年十二月三十一日に踝と手首の静脈を切開。ヴォルフガング・パーレンは一九五九年に拳銃自殺、同年に、ジャン＝ピエール・デュプレーも。そして、カート・セリグマンが一九六二年に自殺。……

† 一九二六年　シュルレアリスムの思想

エルネスト・ド・ジャンジャンバック神父は一九二六年六月十九日土曜日、《シュルレアリスム革命》誌に再度寄稿した。

ソレームのベネディクト会大修道院への隠遁

夕刻の瞑想のとき、私は新聞に次の見出しを見つける。

神経衰弱に陥った女性アーティスト
レジーヌ・フロリがロンドンで自殺

その下に小さな軽飛行機も見つかる。

　T中尉が、
　その旅行を終えた

ミュージックホールのスターである素晴らしいアーティスト、レジーヌ・フロリがある劇場の舞台裏で、拳銃で自殺した……

幕の下りる直前に心臓に銃弾を撃ちこんで……

すべては謎に包まれている……。私はレジーヌ・フロリの魂のためにデ・プロフンディス（深き淵より）を朗読した!!!　花々の女王よ。

サルト川に出した大修道院の宿泊所……。ここは蔓を絡ませるバラの木に囲まれている。

　宿泊所には一つの部屋があり、
　その部屋には私がいる
　私は自殺について考える
　私は女について考える
　私は死について考える
　私は軽飛行機について考える

こうした考えはすべて黒みがかった青紫色にいろどられ、私はといえば、花でもなく鳥でもなく、大司教ですらない。……

僧院の憂鬱を知っているあらゆる人々にはこの告示を。——絶対と向かいあったあらゆる孤独は脳を圧迫する。

詩人たちについての解説である！

† 一九二九年『恐るべき子供たち』

ジャン・コクトーは『恐るべき子供たち』を三週間で書き上げた。そのとき、彼はサン＝クルーの病院で阿片の解毒治療中だった。

批評家たちが様々な才能をもって、この魔術小説にふさわしい言葉を探求した。

主人公たちの「残忍な無邪気な言動」や「夢幻的で汚れた危機」が話題になった。批評家のロジェ・ランヌはジャン・コクトーについての研究でこう明確にしている。この詩人はこの作品で、最も内奥のフェティシスムを表現している。「青少年期は本人の手で不可避的に死に至らせられる」

小説家のジョゼフ・ケッセルは刊行の翌日にこう書いた。「生、夢想、死を限定的に歩んだ人の作品である」

小説家で批評家のエドモン・ジャルーは、「最後の破滅まで出来事らしい出来事は起らない」と指摘した。

この最後の破滅とは、ポールと姉エリザベートの自殺である。映画は、この不思議な物語を手頃な値段にしようと試みているが、レヴィタンの作品を見た観衆は、美術セットの魅力の意味を理解することにいくばくかの困難を感じた。

「神話の岸辺をさまよっている」観念的な部屋で、二人の恐るべき子供たちが現実世界、大人の世界から離れて暮らしていた。

読者がポールを知るのはある冬の夜、ポールが美男のダルジュロスから雪の球を胸の真ん中に受けた夜のことである。

エリザベートは不思議な部屋でポールの手当をする。この部屋はその異様さで訪問者を驚かせる。訪問者はジェラールで、学校でのポールの友人である。ジェラールはエリザベートの美貌とポールの友情に惹かれていた。しかし、他の人びとがまもなく二人きりの生活を乱しにやって来る。ひとりは、「ビー玉みたいな名前」のアガートで、エリザベートがモデルとして働いている高級裁縫店で出会った。もうひとりは、金持ちのアメリカ人マイケルで、エリザベートと結婚するだろう。マイケルは「笑いながら、エトワール広場の豪邸や何台もの車や巨万の富を贈った」。マイケルはこの小説では、少ししか登場しない。エリザベートとの結婚直後、車を運転中に、ダンサーのイサドラ・ダンカンのようにスカーフで首が絞まって死んでしまうからである。

この裕福な寡婦は、エトワール広場の豪邸に抽象的な部屋、無人島、秘密の一隅をなんとか再現しようとする。ところが、ポールが、自分はアガートを愛しているということに気づく。エリザベートは弟を失わないでおくために、手紙を破り捨て、ポールに嘘をつき、ポールを愛するアガートを欺く。まさにモーリアックの小説のように。彼女はジェラールをアガートと結ばれるようにした。

彼らは結婚し、エリザベートは勝利した。彼女は無人島からポールを失わないで済んだ。どうして、ジェラールがダルジュロス、悪魔のようなダルジュロスに会わなければならなかったのか？　雪の球の次は毒の球だったのだ。

「ほら、このおもちゃを彼に渡してくれ」とリセ・コンドルセの元生徒が言った。

ジェラールは無意識に破局を引き起こした。彼はこのおもちゃを持ってきた。愚かにも、かつてのクラスメイトに再会したことに満足して。彼はポールに、彼の目にはありきたりに映る彼らの再会について語った。

「……ダルジュロスからこうも聞かれた。『あいつは相変わらず毒薬が好きなのか？』ってね」

……「当然だよ」とポールは突っかかるように大声を出した。「毒薬はほんとに素晴らしい。学校にいたときは、毒薬が欲しいなあと思っていた（いや、正確には、ダルジュロスが毒薬に憧れていたので、ぼくもダルジュロスの真似をしたということだ）」

アガートはなんに使うつもりなのか尋ねた。

「なんのためでもないよ」とポールは答えた。「ただ持っているんだ。毒薬のための毒薬。それが素晴らしいんじゃないか！　毒蛇とか、毒草を持っていたいように、毒薬を持っていたい。ぼくが拳銃を持っているのと同じことさ。そこだよ！　そこのところを分かってくれよ。毒薬だぜ。なんてったって素晴らしいよ！」

ダルジュロスはこう付け加えている。

「『雪の球』に、ぼくは学校のときと変わっていない、と伝えてくれ。集めたかった毒薬を、いまでは本当に集めている。ほら、このおもちゃを彼に渡してくれ」

新聞紙の包みの中には、トリュフのような黒っぽい球があった。それは、「掘り出したばかりの土くれの香りか、玉葱やゼラニウムのエッセンスのような強烈な匂いを放っている」。

次の日曜日、この小説の冒頭と同じように雪が降る。ポールは毒を味わう。アガートには前もって知らせておいた。アガートは慌ててやって来る。

「……ポールから毒を飲むって手紙が来たの。君が来て手遅れだ、姉さんも追い払っておくからって」瀕死の人の枕元で真実が発覚する。「罠が開かれて、そのなかのねじくれた仕掛けが明らかになった」何もかもはっきりした。エリザベートは白状した。「そのとおりよ。嫉妬していたの。あなたを失いたくなかった。アガートが憎い。アガートがあなたをさらっていくなんて、許すことができなかった」エリザベートは「追いつめられた女スパイが自分の命を高く売ろうとして最後の態度を決めるように」本能に駆られた動きで、整理だんすの上の拳銃をつかんだ。それから、エリザベートは青年期の夢の練習を再びして、「空虚を広げ、影のなかから光り輝くポールを見つめ、彼を影のほうへ引きこんだ」。

瀕死の少年は衰弱していった。エリザベートのほうへ、雪のほうへ、遊戯のほうへ、子供時代の部屋のほうへ、身を乗りだしていく。蜘蛛の糸のようにかすかな糸がポールを生につなぎとめ、ぼんやりした考えを石のように硬直した体に結びつけていた。自分の名前を叫ぶ背の高い人影が目に入ったが、姉かどうかよく分からない。いっぽう、エリザベートは拳銃の引金に指をかけたまま、恋する女が自分の快楽を引きとどめて男の快楽を待つように、弟の死の痙攣を待ち、早く自分のところにおいでと叫び、弟の名を呼び、死のなかで自由になる輝かしい瞬間を待ち望んでいた。

ポールは精根尽きはて、頭ががくりと落ちた。エリザベートはこれで終わりだと思い、銃口をこめかみに押しあて、引金を引いた。衝立の一枚に倒れ込む。衝立はすさまじい音を立て、エリザベートの体の下で砕けちった。窓ガラスの雪の蒼白い光が流れこみ、城壁のなかの爆撃された街のひそかな傷をさらけだす。秘密の部屋は観客に開かれた舞台となった。

この本は商業的に大成功を収めたが、思わぬ結果を招いた。ジャン・コクトーがエリザベートのモデルとした若い女性が、頭を拳銃で撃ったのである。

　コクトーはポールの死まで事件の通りを追っていた。実在のエリザベートは弟の埋葬後、友人たちと距離をおいて、ホテルの片隅で一人で生きる決心をしていた。彼女は三人の女中と料理人、運転手を雇っていた。配膳室での噂話を耳にして、彼女は、ジャン・コクトーの最新刊をめぐって彼女のことが話されていることや、彼女と弟が『恐るべき子供たち』のモデルであるとパリ中ですでに知られていることを知った。

　エリザベートはヴェールに覆われた帽子をかぶって、ヴァンドーム広場の書店にその本を買いに行った。帰宅すると、ホテルの支配人にコワントローの瓶を一本注文し、寝室に給仕させた。リキュールを飲み干し、書物を読み終えると、書斎に行って、亡くなった夫から贈られた拳銃をつかって、頭を撃った。コクトーによれば、「やり残した唯一のこと」と書いた後で。

　一九三一年一月、アメリカの複数の挿絵入り新聞が《エヴリ・ウィーク・マガジン》が伝えるのと同じ記事を、ジャン・コクトーのデッサンや写真とともに掲載していた。大きな挿絵には、床に横たわる実在のエリザベートが描かれていた。自殺した女性の近くには、『恐るべき子供たち』のページが開かれており、まだ煙が噴いている拳銃と遺書があった。

　肉太活字の見出しが踊っていた。「女性が自分について書かれた書物を読んで自殺！」

　この死は劇的なことである。というのも、彼女は美人で、まだ二十二歳の若さで、クレシュの妻として裕福だったのだから。……

……コクトーが心を傷めているのは言うまでもない。常に何事も軽視するパリの文壇は、恐ろしさのあまり無言のままだった。……なぜなら、若い女性の自殺はパリでさえ衝撃的な出来事だからである。

……一冊の本に対する意見を、自殺するに足るほど容赦なく言うことができる。……しかし、他人の意見がどうあろうと、コクトーはそれを意に介さない。コクトーは個人主義者である。……

† 一九三三年　シムノンが書いた貧乏な若者の小説

『自殺者』と題された興趣の尽きぬとは言い難い小説の中で、ジョルジュ・シムノンはエミール・バシュランという貧乏な若者の心理を分析した。

彼は臆病で、前途のない、しがない従業員で、自分の凡庸さに苦しんでいる。新聞売りの女の倅であることを恥じているのである。

恋心というよりは虚栄心から、彼は銀行の現金出納係の娘に言い寄った。毎晩、この少女がピアノのレッスンを受けるとき、エミールは少女をヌヴェールの街の暗い路地で抱擁している。このヌヴェールでこの作品の第一部は展開される。

かりそめの恋は終わる。エミールはジュリエットの父親から猟銃を向けられたのだ。追い返された恋する男は、不当な運命に抗って、暴力沙汰を繰り返した。

彼はヌヴェールを去り、こそ泥をしてパリで暮らす。そうすることでエミールは、自分の素質について誤った考えを持つようになった。

彼は自分にはまだ知らない能力があると信じている。

ヌヴェールに帰ると、彼はジュリエットに附いてくるように強要した。愛なき誘拐だった。ジュリエットは十七歳で、家族と離れたくなかった。しかし、しぶしぶ承諾したのである。

このカップルは金もなく、失敗をくり返し、家具附きアパートから安ホテルの一室に移ることになる。とうとうある日、エミールは、悩みを解決するには死ぬしかないと考えた。ジュリエットはまたもそうすることに随った。

……突然、彼は机のところへ行って、引き出しを開けた。中には、ペン軸と便箋の入った袋があった。ペンが紙をこする音が聞こえた。彼は無言で書き終えると、立ち上がって、窓辺に行った。……彼は、濁った水に濡れる窓ガラスに映る、ジュリエットがそれを読む様子を窺っていた。

私の死を非難しないでほしい。私は死ななければならない。私はこの決心を正気でしている。

エミール・バシュラン

彼は振り返って反応を待った。二人の間で戦争が交えられているようであった。しかし、ジュリエットは彼の相手をするのではなく、洗面台の鏡で自分を見て、額にできた丘疹に指をそっと持って行って、紙を後ろにやった。

「僕がそうするとは思わないんだね」と彼は呟いた。

彼女はついに彼のほうを振り返った。深刻そうに、堪え忍んでいるようで、そんなことなど思いもしなかったような様子をしていた。そして、今度は彼女が一枚の紙の前に座って、尖った大きな筆跡でこう書いた。

私は生きるのに飽きたので自殺します。

ジュリエット・バシュラン

彼女はペンを置くか迷ったけどれも、「パパ、ごめんなさい」と書き加えた。とはいえ、そう思っていたわけではない。かつてそうしたことがあるように、それが必要だと考えたからなのだ。

バシュランが理解を示してくれることは承知していた。だから、彼女が衣装戸棚にしまってあるピストルを取って、机の上の二通の手紙の横に置いた。

……………………………………………………

「ねえ?」

彼女はいらだっていた。赤く燃える灰がサラマンダーの引き出しに落ちた。ピストルは机の上で海緑色の紙の横に黒く浮かび上がっていた。

「決着をつけてよ」と彼女はため息まじりに言った。

……バシュランは震える手でピストルをつかんだ。一本の指で安全装置を押しやった。

「私からにして。いいでしょ?」

彼は彼女の傍にいた。バシュランは震えていた。彼は聞き分けられない声でこうささやいた。

「愛してる?」

「撃って!」

「愛してる?」

「分からない。撃って!」

彼は目を大きく見開き、口をぽっかり開けた。なぜなら、知らぬ間に発砲していたからである。ジュリエットはまだ立ったままだった。鋭い、かつてないほど鋭い眼差しで彼をみつめていた。あたかも彼女が入ったばかりの未決定の諸領域について彼女がとうとうすべてを理解したかのように。

「ジュリエット!」

煙が出て、火薬の匂いがした。階上で人びとの跫音がした。ジュリエットはぐらついて、ベッドのほうへ二歩下がった。そして、ベッドに倒れた。目は相変わらず開かれていた。

彼女は待っていたはずだ。間違いなく、待っていた。彼女は改めて彼が卑怯者であると非難しているように思われた。今では、階段に跫音が鳴り響いている。彼の手はかつてないほど震え、ピストルの銃床を握り、引金を探していた。

彼は追い詰められていた。下宿人たちが踊り場までやってきていた。

ジュリエットは相変わらず彼を見つめていた。すでに死んだであろう目をして。

彼は自分の胸を触った。肋骨に触れたのが分かった。心臓の在処を探した。

あと数秒しかない。建物内で叫ぶ声が聞こえる。

そのとき、彼はピストルの銃身を胸に当てて場所を決め、引金を引こうと、目を閉じた。

「ドアを突き破りなさい」と踊り場から叫び声がする。

「開けなさい」と言う女性の声。

彼はすべて聞いていた。銃声の轟音にもかかわらず、怪我をしたにもかかわらず。


……………………………………


「女性は死んだのか?」とある人が医者に尋ねたのだった。

返ってきたのは沈黙だった。今度はバシュランの傷を指で撫でまわした。その傷が激痛を走らせたので、彼は表情をひきつらせた。

「見なさい。彼は生きている、彼は。……」


エミール・バシュランはポピュリスム小説の「弟子」(ポール・ブールジェ)のようなものだ。

† 一九四四年　ロジェ・ペイルフィット『特別な友情』

一九四四年にはまだロジェ・ペイルフィットは無名だった。ペイルフィットの『特別な友情』[訳註]という書名はコラムや会話や図書館にじわじわ浸透していき、この作家は指弾された人たちの仲間入りをしたのである。この本の初版は瞬く間に売り切れた。第二次世界大戦中の書籍販売にはあまり適さない時期であったのに、重版出来となったのである。

ペイルフィットが『特別な友情』で扱ったのは、中学校(コレージュ)によくある淫らな所業である。それはすでに二、三世代前に、E・エストニエが『極印』(一八九六)で、オクターヴ・ミルボーが『セバスティアン・ロック』(一八九〇)で顰蹙をかった、古びた物語の二番煎じである。それでも、ペイルフィットはそれを文句なしのポエジーでつつむ術に通じていたのだ。この本は男色家の教理問答書(カテキスム)になった。

『特別な友情』はわれわれのウェルテルだ」と宣言した、著名な男色家もいる。

この作品のプロットは、若い恋人たちの一人の劇的な自殺でもって、大衆を惹きつける三面記事の雰囲気を漂わせている。情事はシンプルである。

サン゠クロード中学校では、立派な神父たちに監視されているので、十五歳のジョルジュと十二歳のアレクサンドルは純愛のままでいる。彼らはおずおずと口づけを交わしたり、髪の房やラブレターを交換するにとどまっていた。しかし、もっと安らかな場所を求めて、彼らはついに一緒に逃げることに決めた。

悲しいかな、長期休暇の数日前に、恋人たちの策略は神父の一人に察知され、ジョルジュはアレクサンドルとの関係を断ち、諦めるよう言い渡された。ジョルジュは愛しいアレクサンドルのラブレターと思い出の品を郵便で彼に返送することを約束した。

学校では良心をごまかして、ジョルジュはその一部だけを送ることにとどめ、憧れの少年にラブレターを一通書いた。

愛する君に
ぼくが君を愛していることを知ってほしい。君を愛するという感情がぼくのすべての行動を規定していると分かってほしい。……

愛しいアレクサンドル少年がこの手紙を読むことはなかった。ジョルジュは新聞に、七月十四日の祭典の報告にまじって掲載された、次のような三面記事を読んだ。

昨日の午後、十二歳と六ヶ月の青年アレクサンドル・モティエは治療薬と取り違えて有毒性の劇薬を摂取した。致命的な誤りをおかした不幸な犠牲者は一命をとりとめることができなかった。

ジョルジュは顔を上げ、あたりを眺めた。あたかもこれが現実であるかを疑うかのように。事物は所定の場所にあった。額縁に収められた「青い服を着た少年」と「赤い服を着た少年」、乱れたベッド、肘掛け椅子の背もたれにかけた上着、テーブルの上に置かれた朝食のトレイ、その近くにある花束、朝食のトレイに載せられた、ココアが縁についた磁器製のカップ、それにスプーンが入った中身が空のグレープフルーツ。

ジョルジュは目をふたたび新聞に転じた。先ほど読んだ記事はあいかわらずそこにあった。それは三面記事のトップニュースで、「悪徳金融家」や「二輪と四輪の接触事故」より上に配置されていた。……

ジョルジュはソファーから立ち上がると、寝室のドアに鍵をかけ、泣きじゃくった。

彼は長いこと泣いた。不幸には過度に鈍感だと思い込んでいた彼が。彼はこれまでにこれほど意識的にも無意識的にも泣いたことはなかった。しかし、彼は苦しみながらだんだんとこうとしか考えられなくなっていた。すなわち、アレクサンドルはたまたま中毒死したわけではなく、その死の原因は彼だということである。

心の命ずるままに従い、ジョルジュは恋人と墓の中で一緒になろうと思う。毒薬でか？　拳銃でか？　それとも浴室で静脈を切開してか？

アレクサンドルがどんな毒薬を使用したか分かったらなあ。だって、同じものを使いたいから。しかし、おそらく貴重な薬だったのだろう、医者にしか入手できないかもしれない。ジョルジュは覚えていなかった、浴室の薬品棚に危険なラベルが貼られたなんらかのチューブや小壜があったかは。今朝すぐにも決着をつけたければ、別のことを考えなければならなかった。彼は拳銃という考えを払いのけた。この武器の扱い方を知らないので。それは机の引き出しにあった。そもそも、非業の死は残酷すぎるように思われた。心地よく死ぬことが禁じられていたわけではない。死ぬだけでもすでにたいしたものだった。

浴室で静脈を切開しよう。それは赤色のフィナーレなのだろう。この赤色は彼のネクタイに始まり、彼の友情を伴っていた。彼はこの赤色が愛の象徴だと思っていたが、それは血の象徴だった。――それでも、それが愛の象徴なのだろう。

……彼は間近に迫った死の考えに歓びを見出していた。彼はすでにアレクサンドルに一歩近づいたと感じていた。彼らは互いのために死ぬのだろう、ニススとエウリュアルスのように、古代ローマの戦争での若者クラブのように。アレクサンドルは約束を守ったんだ。ぼくも誓いを守るぞ。

ジョルジュは、アレクサンドルが彼に残したもの、巻き毛、メッセージを気をつけて隠した。家族宛ての遺書には何の説明もしない。遺言なんてない、ラシーヌのみたいに。お父さんとお母さんはぼくの自殺を神経衰弱、成長、過労、寄宿舎のせいだと思うだろう。でも、それを単なる事故にするだろう。ぼくが宗教葬を受けられるように。

ご安心いただきたい。ジョルジュもペイルフィットもポール・ブールジェのようなしたたかさを持っている。思慮深い人は生きる理由を見出すことができよう。

　ジョルジュは眩暈のようなものを感じた。彼はお守りであるかのように財布に触れた。財布には、アレクサンドルの形見、彼の手によって書かれた心のこもった手紙、笑ったり許したりするため目を大きく開けた写真、彼のキスがしてあるギリシアの版画が入っていた。

　二人の友の「過去」は死んでいなかったし「未来」はその代償であろう。……

　そんなものなのか？

〔訳註〕「特別な友情 amitié particulière」は、「同性愛」の意味でも使用されている。また、この小説は映画化されている。『悲しみの天使』（ジャン・ドラノワ監督、一九六四年）。

† 一九五三年　マリウス・リシャールの深い憐れみ

　カゼス（リップ）賞やポピュリスト賞を受賞したマリウス・リシャールの作品は、ひと口に言えば「憐れみ」であろう。彼の各作品に感動を誘う特徴を与えているのは憐れみである。彼は『貧しき女（ラ・ラベ）』で浮浪者になった公証人の妻の話を語っているし、『ムーラン・ルージュのアリーヌ』ではフレンチ・カンカンの元踊り子の告白を考え出し、『訴訟』では裁判の仕組みを示している。この農民の自殺をめぐる言及の中に見られるのもまた憐れみである。マリウス・リシャールは、その農民が確かに「生きた」と実感させてくれる。

ダリウスは首をつった。彼は連隊の庭師だった。エビュテルヌ近郊の戦線第四十五連隊。この老人の頭には、首つりができるという考えが宿っていた。彼は何かあれば、首をつることができる人間になっていた。それができるからこそ、彼は優越感と特権意識を抱いていた。それができるからこそ、自信に満ちあふれて歩いていたのだ。

彼が生きていたのは自分の墓地のためにすぎなかった。いつの日かうまくいかないことがあれば、首をつろうと考えて。彼の中で墓地を愛することと首をつることは切り離せなくなっていた。彼は首をつって、人生から決定的に引退した。自分の墓地に行きながら、日々、引退していた人生から。彼が訪れていたのは、一九一五年の兵士の墓地、ラッパの音で突撃した兵士の墓地だ。

彼は兎に罠をしかけている現場を押さえられた。彼は取り調べを受け、訴追され、有罪となり、体面を汚された。彼の墓が与えていた絶対の所有の中で、彼は乱されていた。彼はベッドの足許で首をつった。

自殺した彼について、村では、彼は身を滅ぼしたと噂された。彼は生き生きとした大きな建物を、三日で再建される教会のレプリカを破壊した。彼は死神の仕事をしたのだと。

かつての戦闘員たちはダリウスがあたかも自然死したかのようにふるまうことに決めた。「いずれにせよ、それは死だ」と彼らは言ったが、それでもやはり彼らは、その死は彼らが慣習的に敬意を払っている死とは同じ性質ではないと考えていた。

ダリウスは首をつった。陰鬱な理想、傲慢な計画を実現したのである。それでも、戦友たちは彼の柩の後ろで彼らの旗を持った。しかし、彼らは身に染みて感じていた、この死によって、彼らはもはや以前と同じ彼らではなくなったと……。

†　一九六三年　新しい流派

幻想と黒いユーモアに惹きつけられた若者は、今日、自殺などものともしない。実存主義の時代に威信を取り戻していた不幸への関心は、新しい流派の物語作者には苦笑の種である。ジャン・フェクサスは日常のレアリスム、詩的な虚構、ユーモアが混じった物語の最良の専門家の一人である。ジャン・フェクサスは自分の登場人物たちに、彼らの命運にけりをつける突飛なる理由を好んで与える。以下に、彼の第一短篇集の中の、最も特徴的なコントの一篇である「子供」を引こう。

派手な女性はお好みだろうか。それなら、マルセルを好きになるだろう。背が高くて金髪の女性。すらりとして背が高く金髪で大胆。灰青色（ブルーグレー）の大きな目で気詰まりな仕方で見つめてくる。口数は少なく、一人で暮らしている。土耳古（トルコ）煙草を好んでいて、道端で吸っていることもある。彼女は夜間働いていた。どこで？正しく言える人はいなかった。彼女の外見について評価を下す人びと、彼女に嫉妬している人びと、感情を押し殺している人びとは、彼女は放埒な生活をしていると言って、自分の二週間分の給料を賭けるかもしれない。また彼女はモンマルトル界隈の高級バーのホステスだと信じている者もいた。とにかく、彼女はシックで、白い狐の毛皮をまとっていたのは事実である。彼女は、この地区の男たちから、次第に卑猥な冗談を言われるようになっていた。彼女がそれを無視すればするほど、男たちは好んで言ったものだ。その反対に、彼女のほうが言われたいと思うと、彼女はアルトの美しい声で男たちを挑発することもあった。三年で、一、二度にすぎないが、彼女はパリ郊外から郵便物を受け取っていた。それで、先に挙げた人びとや、彼女に嫉妬している人びとと、感情を押し殺している人びとは、彼女には私生児がいて、乳母を雇っているという話をでっち上げた。そうはいっても、彼女の素行を公然と非難するのではなかったが、人びととの悪意ある言葉が表に現れてくることがあったと言ってもよい。その証拠に、マルセルは、悪意あるひそひそ話や咳払い、主婦の盗み見に気づいていた。彼女がそれに苦しんでいたのは明白である。そんなとき、彼女は灰青色(ブルーグレー)の美しい目を曇らせていたのだから。彼女は疲れているのが窺われた。

「マルセルさんが今晩何時に帰宅するかご存知ですか？　四時半ですって？　それから、マルセルさんが歩いて帰って来るなんてとんでもありません。そんなこと信じられます？　あのひとはここより百メートル手前で車から降りていると思いますよ。あなたもロベールをちゃんと捕まえておかないと。男どもはバカだから、往々にしてこういうタイプの身持ちの悪い女に騙されるのですからね。そうそう、あのひとがたったの一度でもミサに行くのをご覧になられましたか？　お会いになったことありますか？」

「あんな女(ひと)たちに信仰はありません。ああいう女たちが私たち貞淑な女性に損害を与えるのです」

マルセルは次第にくたびれていった。実のところ、彼女を苦しませていた敵意がそれほどあったわけではない。彼女は自分が孤独で途方に暮れていると感じていた。彼女の三十五年は瞬く間に過ぎていた。連れ合いは？　たぶんいるだろう。夫は？　残念ながら夫はいない。実際にこう告白したわけではないが、彼女がほしいのは子供、彼女の子供なのだ。

絵空事も絵空事、心地よい妄想、残酷な妄想だ！

マルセルは偽乳だった。マルセルは毎朝、ひげを剃っていた。マルセル（Marcelle）はマルセル（Marcel）だったのだ。高身長でスレンダーなブロンドの男が、スカートと絹のストッキングを穿いていた。だが、その秘密を守るため、つとめて操を正しくしていたのだ。

周囲の人びとの悪意は、無分別な言動に対してマルセルが取る奇妙な態度と関係があるのは間違いない。それこそがいわば原因だ。彼はこれまでそうするしかなかったのだろう。それは確かだ。おしゃべりの欲望。そして秘密の満足、それらが漠然と重なり合っていた。彼には口実が必要だったし、実際に口実があった。そこには生半可な気持ちはなかった。彼は身なりに重きを置くと決めていた。

マルセルは春の装いをして、少々太るために、腹部に小さなクッションを入れた。まさに刺繍のある赤いビロードの小さなクッション、父が死後教育功労賞を授与されたときのクッション。この小さなクッションはもちろんドレスの下の肌に直に当たっていた。ふた月後、第二期に、マルセルは丹念に古雑巾がつまった以前より大きいクッションを新たに制作した。

七月の末、マルセルは職を辞めたし、そうすべきだった。彼がこの街区を彼が行き来するのが目撃されている。誰にもそれを悟らせないためだ。ローヒールを履いて、気どって歩いていた。彼はたくさん編み物をしていた。刺繍された布地の小さな鞄を持って、小公園によく出かけていた。

彼は彼と同じような妊婦と同じベンチに腰掛けることも厭わなかった。それに彼は調理法や出産に関する意見や方法をやりとりしていた。ある日、マルセルはこれらの婦人のひとりと、無痛分娩について議論して、一触即発寸前までいった。マルセルはこれに徹底的に反対したのだ。おお、それは必ずしも宗教的な理由からでない。ただ彼が少々被虐趣味に浸っているにすぎないからである。

マルセルは顔のメイクをほとんどしなくなっていた。せいぜい目だけといったところだった。

八月の半ば、彼はひどく興奮した。ついには枕を入れるようになった。本当にふくれた枕。毛綿鴨の羽毛入り。解決策が必要だった。十五日間は何とかやりくりした。虚偽の産褥には遅すぎる。十日間は公的扶助に通った。窮地を救ってくれるものと無邪気に信じて。そして、五日間はもう外出もしなくなっていた。ひげも剃らないで、ベッドで寝ていた。今度こそ最後の最後だ。もう夢と現実の区別もつかない。

ちょうど九月になったその日に、マルセルは自分の腹を猟銃で撃った。枕を貫通させて、子供と一緒に死のうとして。

VI

自殺と小唄

「自殺することは、世界にけっこうまじめなものがあると信じることである。」――モーリス・バレス

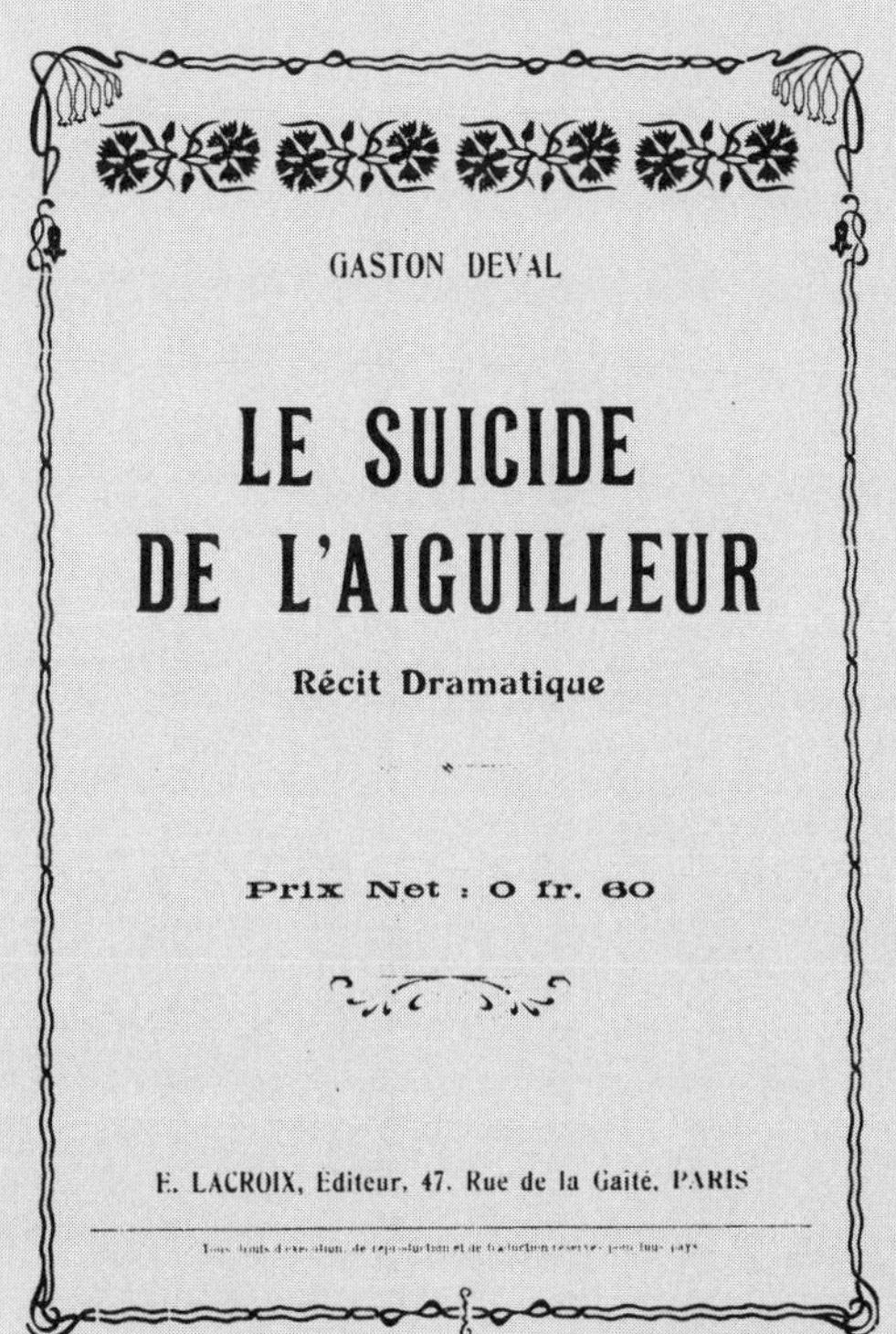

GASTON DEVAL

LE SUICIDE
DE L'AIGUILLEUR

Récit Dramatique

Prix Net : 0 fr. 60

E. LACROIX, Éditeur, 47. Rue de la Gaité, PARIS

この人馴れない主人公を見て
敵はその境遇に涙を流す
兵士は小銃をとると
誓ってから自殺した
（「サンブル＝エ＝ムーズ連隊」）

ガストン・ドヴァル『転轍手の自殺』
（F・ラクロワ書店）

中世以来、小唄作者が好んで取り上げたテーマは、花、愛、小鳥、死の謎、娘の美しさ、裏切られた夫の不幸である。

十八世紀末葉になると、友愛に平等、祖国崇拝が加わった。敵軍への突撃を音楽で鼓舞することは、味方の勝利に貢献することもある。

自殺というテーマに関して言うならば、十八世紀末にそれに創作意欲を掻き立てられた歌謡作家（シャンソニエ）もいないわけではないが、その後、十九世紀前半のロマン派の時代に、ロマンスの形式で歌われ、自死の流行とともに広まった。そして、一八七〇年の普仏戦争以後になって、シャンソン喫茶のレパートリーに地歩を築いたのである。

自殺を主題にしたシャンソンを最初に歌ったのは、人のよいベランジェである。彼はそのシャンソンを単刀直入に「自殺」と題した。その歌は「（ヴィレムの）アンジェリーヌ」か「仕立屋と妖精」の節回しでうたわれた。

このシャンソンは若きヴィクトル・エスクスとオーギュスト・ルブラの死からつくられた作品で、嘆き節と同じ理由で大衆の好評を博した。

ふたりで死んだんだ！　石炭の煙が
まだ立ちこめる閉められた部屋の中で！
人生は始まったばかりだったのに！
自殺はぞっとする！　あっけにとられる悲しいさいご
彼らは言ったのだろう　世界は難破したんだと
舵取りと水夫たちが青ざめるのをごらん
寄せては返す波ですり減った古い船は沈んだ
泳いで逃げるんだ
天へむかう道を切り開いて

ふたりは手と手をとり合って旅立った!

この後の六節は残念なことにそれほどよくない。が、ベランジェの真意が好ましいものだったので、このシャンソンに非難を申し立てようと思う者はいなかった。

十九世紀初期には、石炭を使った自殺は定番中の定番だった。第一帝政末期の佳曲「ナポレオン親衛隊の軽騎兵」では、軍隊のトロンボーン奏者の恋人が、打ち明け話の中で、石炭自殺に触れている。

彼女は女友達に「そうなの……彼が恋人だったの」と隠さずに言った後で、美男の音楽家を愛するあまり彼の浮気心を堪え忍んで生きることはできない、と自分の心を打ち明ける。

あのひとは旅立った　わたしは便りを待っている……
リールからフランドルへと、あの人は兵隊としてそこにいる
ああ　せめてわたしを裏ぎらないでいてちょうだい
そうじゃなきゃ　すぐにも石炭で自殺をするわ

この種のロマンスは第二帝政末期にも、カフェ・ピガールで歌われている。カフェ・ピガールといえば、ビールのポンプに鼠の死骸が詰まっていたことから、「死んだ鼠のカフェ」と名づけられたところだ。

このカフェの常連たちにおなじみだったのが、カバネルである。カバネルは詩人にして画家、作曲家でもあり、自作の歌をヴァイオリンを弾きながらうたうこともあった。本名をオーギュスト・マットといい、詩人で発明家であるシャルル・クロの詩篇「燻製鰊」や「弓」の楽曲も手がけた。このボヘミアンは悲運の愛をうたうロマンスの先駆者でもあり、こうしたロマンスはすぐにも大人気を博すことになったのである。

窓を閉めきったわたしたちの部屋で　いつか
きみが望めば　わたしたちふたりだけで点そう
二本のながい大蠟燭を　そして休めよう
二人のあたまを　真紅の布の豪奢な枕に

普仏戦争後の一八七二年には、反プロイセンのシャンソンに愛国的な自殺の美しさが意識的に表現されている。当時、アルザスでは、祖国フランスに忠実な若い娘たちは、卑劣なる征服者のものにされることがないように、ベッドの脚許で自殺していたのである。シャンソン「マルグリット」では、アルザスのうら若き女性が、死刑宣告を受けた愛国者の兄を救うのと引き替えに、プロイセン軍の将校に結婚を強要される。女性の兄の罪は、「敵の将校の美しい顔に唾を吐きかけた」ことだった。

この悲歌は教会の場面から始まる。「白いブラウスよりも青褪めている」マルグリットは、柱の陰に婚約者が会いに来ているのにふと気づく……。彼女は叫び声を上げ、涙を流す。祝宴は乱れた。しかし、この出来事にも将校はたいして動揺したようには見えなかった。その晩、将校は「恋情をたぎらせて愛が呼ぶ寝室に」入って行くと……

目にしたのはおそろしい悲劇……
初夜のベッドに血まみれのドレスをまとうマルグリットが
心臓に短剣をつき刺してよこたわっていた
かのじょは剣を握りしめ、消えいるような声で
汚らわしい征服者にいいのこす
ドイツの人よ、これからは

ビスマルクが治める国へ
伴侶を捜しにおいきなさい
わたしが好きなのはフランスの兵隊だけ
わたしもフランスに生まれたのだから
わたしは死のう　死ぬのです
おまえのものにならぬため

このようなシャンソンに拍手喝采を送って、フランスの聴衆たちが、「マルグリット」の復讐のために、戦争に赴くのを望んだことは疑いがない。

愉快な自殺を歌ったヒット曲のうち、挙げておくべきは、一八八二年頃、ブリュナンがアンバサドゥールで歌った「連続注射」のロマンスである。ブリュナンは間抜けな喜劇役者で、その蚊とんぼみたいな体つきが知れ渡っていた。とりわけ、この歌がヒットしたのは、舞台で大きな注射器を持ったこの歌手のジェスチャーのおかげだった。

オレは人生に飽きた若いオトコ
不幸に出あった看護師
オンナに惚れちまったんだ
あいつのハートを射止められないなんて
ずる賢いオレもバカ者さ
人生はすべて悲しい！

あの女にバカにされることがオレの望み
今夜にでも言いにいこう
ゾエ！　ゾエ！　オレは悲しいよ
濡れたまぶたを乾かしてよ
ゾエ！　ゾエ！　太ったうさぎちゃん
好きだと言わなきゃ　自殺だぜ！

リフレインの後に、歌手の演技について次のように太字で記されていたので、初心者でも間違えずに済んだ。

一、歌手は脇に抱えていた注射器をつかみ、火器を使うようにこの道具で頬を狙う。
二、歌手は自分の口に注射器を持って行くふりをする。

持ち運べるストーブの発明者として世に名高いシュベルスキーに捧げられた『持ち運べる詩集』の作者であり、何食わぬ顔で皮肉をいうモーリス・マク・ナブは、一八八五年頃、中央市場（レ・アール）のカフェで、代表作「首つり人」のネタを手に入れた。彼は友人のラブランと席についていた。周りでは、野菜栽培者たちが野菜の値段について意見を交わしていた。そのとき、マク・ナブは次のような興味深い会話を小耳に挟んだ。

「……サン＝ジェルマンの森の奥で、おいらのメス馬のやつが急に止まったんだ。……いったいどうしたんだよ、老いぼれのメス馬め、とおいらは思ったよ。こんな明るい時間にそこらの木々が怖いなんてな。よく見ると、ほら、枝の先に首つり人が揺れていたんだ」
「おやおや、縄を切ってやったよな、そりゃあ？」

「好きだと言わなきゃ自殺だぜ」歌・ブリュナン、作・ルグラン

「そんなことはせん。面倒なことに巻き込まれるのはご免だからな。……そんかわりよ、馬に鞭を打って、街に飛んでいって、警視を探した。……『むろん！　わしは無関係だ』とこの男が言うんだよ。『憲兵隊のところに行け。あっちだ。この村の外れだぞ』おいらは腰掛け附きの馬車にまた乗って、兵舎に着くと、憲兵に事件を説明した。『よし、見に行こう、おまえさんのいう首つりを』そんでよ……まあ……首つったやつが下ろされたときには、もう仏になっていたんだ！」

マク・ナブは帰宅しながら、シャンソンを殴り書きして、翌日にはもう、キャバレー「黒猫（シャ・ノワール）」に持ってきていた。

サン＝ジェルマンの森で
若者がひとり首をくくったばかり
心優しい娘と
結ばれることが許されなかったからだ
森を通りがかった人はひどくうろたえた
若者がまだ苦しんでいるのをみて言った
「憲兵隊を呼びにいこう
このひとはまだ生きているかもしれん！」

憲兵は息も切らさず憲兵隊長の家に走って行き、事のしだいを震えながら訴えた。憲兵隊長は口ひげをカールさせながら聞いていたが、こう言って、警視のところへ行くように命じただけだった……。

首つりはまだ生きているかもしれん！

警視が現場に行って、とうとうこの不幸な若者を下ろすことになった。

ひもをつかんで切ってやったが
遺体はすでに青かった

音楽における黒いユーモアの先駆者たるモーリス・マク・ナブは、残酷な調子でこの歌を締めくくっている。

友人たちはかんがえていた　「変だぞ
こんなふうに死ぬなんて！」
娘は気がふれたみたいに
「私も首を吊りたいわ」とわめいていた
けれども、どうか御赦しを　若者の両親は
さめざめ泣いてつぶやいた
「このひもを分けあうことにいたしましょう
このひもは私たちのもの　せがれは死んだのですから！」と

この物語がヒットすると、マク・ナブはもう一つの物語「双方の自殺」を語った。

グルネルの居酒屋には

個室があって
とびきりの美少女が
執達吏書記としっぽり夜食
牡蠣を食べ
一杯飲んで
二人は二通の手紙を書いた
心にしみいる最後のお別れ

　ともに死のう
　幸せのため
　死はひき寄せる
　愛しあう者たちを！

心やさしいカップルに
コーヒーをはこぶギャルソンが
耳にしたのは二発の銃声
それと抑えたため息も
かけつけてドアをあけると……
悲しき舞台　ぞっとする背景！
少女ははこばれて
息絶えんとてなおもささやく

　　ともに死のう
　　幸せのため

この情痴事件は、ポール・ブールジェの長篇小説『弟子』とほぼ同じように、推移する。軽傷だった青年は誠意を示そうとするのである。

「あの女（ひと）の名はオルタンス」
と執達吏書記は泣きながら言った
「あの女（ひと）と死にたかった
そのあかしに遺書にこう記した」

　　ともに死のう
　　幸せのため……

その才能と評判にもかかわらず、マク・ナブはこの「双方の自殺」を出版することができなかった。

一八九四年、「野外音楽堂」の作者フラン＝ノエンは、名詩集『不注意と配慮』によって今日の大勢の詩人たちに道を開いた。クロード・テラスが曲をつけた「ブノワ氏の嘆き節」は、ジャック・プレヴェールの詩篇の質（クオリティ）を先取りしている。

サン＝マンデのきれいな別荘で

昨日の朝、ブノワ氏が自殺をしました
家族はきっととても迷惑をしたことでしょう
彼にはたぶん隠しごとがあるのでしょう
だから人のよいブノワ夫人にとっては
愉快なことではないでしょう
アンドル県の実業家とちかく結婚することになっていた
あわれなブノワ嬢もひどく嘆いたし
まじめではたらき者のブノワの息子もそうでした
まったくなんとも不幸な目にあった人びとがいることか
いとわしいのは女性たちとの隠しごと
ブノワ氏は浮気なたちでありました
それでも家族はそろって葬儀に参列しました
どうすることもできません、こう言うしかなかったのでありました

折しも当時、カフェ・コンセールは隆盛を誇り、たくさんの歌手、たくさんの歌を必要とした。これまでさんざん利用され尽くされた婿と姑のテーマを刷新しようとして、ルネ・エッスは「エルドラド」のペランのために喜劇のモノローグ（一人芝居）「婿殿の自殺」を書いた。それはこんな歌である。

女房をなくしてからというもの
オレは漕役刑囚より倖せじゃない

「やさしい自殺」作詞ロラン・ガエル、作曲アンリ・クリスティネ。

女房はブサイクで汚くてやきもち妬きだったけど
それでもとても愛していた
だからオレは心にきめた
人生が地獄だから
自殺をしてやろうとね
オレはピストルを買いに走った
オレは撃ったぜ　勇気ある男として
からだにむけて六発も　なんてついてないんだ！
硝石のやろうがみんな湿っていやがったせいで
六発すべてがやりそこないだ！

「人を歓待する」セーヌ川も、この気の毒なやもめを受け入れてはくれなかった。彼は報奨金目当ての男に引き揚げられてしまったのである。この絶望者は帰宅して、剃刀で動脈を切った。ところが、

からだによい瀉血になってしまった
脳出血から守られたのだ……

そして、今度は一服の青酸を飲んだ。が、何の反応もない。ニセモノだったからである。それでとうとう、首をくくることにして、ムードンの森に行った。森でちょうど縄に首を通そうとしたとき、うめき声が耳に入ってきた。近づいてみると、人の体が揺れているのが目に入った。先客が首をつったのである。

その ひとの意に染んでいるようではないようだ
オレは思った　急がねばと
縄を切ると……女房の母だった！
もういちど吊してやりたかった

このどんでん返しの後、みじめな主人公に残されていた解決策はただひとつ。

このくるしい人生からおさらばするため
しかとみつけた方法は
義理の母と結婚すること
友人諸君よ　オレのために祈っておくれ！

赤い服を着た歌手カム＝イルが、ポール・ドーブリーの喜劇的嘆き節をカフェ・コンセールの「シガール（蟬）」で披露した。
この歌は、レオンに恋する美少女の死から始まる。少女は入水しようとする。両親が「結婚に……激怒して反対している」からである。

レオンは臆病ではなかったから
恋人のつとめを立派に
果たしたくて　心臓にナイフを
つき刺して　いのちを絶った

惚れこんだ女がこの世を去ったのに
生きていたくはなかったのだ
かくして　レオンは喪の悲しみをひき起こした
柩のなかに入れられて

息子が貯金も残さず死んでしまって、レオンの母は首をくくることにした。

母親は将来をひどく憂いて
首をくった「このばか！」といって

まだ終わらない！　少女の父が後悔の念に苛まれて、

彼は自分にいった「みじめなおまえよ　あえてすべし
生き恥をさらさないことを
そのためにピストルを持っているのだから」
そういって　わずかな金ももう持たず
頭に二発ぶちこんだ

とうとう最後の節で、この一族は埋葬される。だが、ブルジョワの客を不愉快にしないように、作者は「教会の司祭の救いはなく」、葬儀が執り行われたことを告げる。
最後に、歌手も自殺の伝染病にかかって、こう歌いながら、舞台を後にする。

家に帰ったら
一服あおっておさらばしようか!

この頃、自殺を扱った小唄(シャンソネット)の中で最も変わった作品は、シュルバックがスカラ座で歌った作品である。その名も「首つり人の魂」。ジョルジュ・クリエの音楽に合わせて、カフェ・コンセールの歌の巨匠、ルネ・ジャンティルとヴィクトル・トゥールタルが、悪趣味な八節で、自殺を望む立派なカトリック信者の災難を物語っている。

あんまりの惨めなのにウンザリして
気の毒なひとりの男がある日自分に申しました
この地上を離れて
あの天国に住みたい
立派なカトリック教徒なんだし
いつだって義務を果たしてきたのだから
神さま　道理にかなっております
神さまのみむねに受けいれられますよう
……
しっかりナイフを握りしめ
わが身にむけて恐ろしいひと刺し
だけどその傷で死にませんでした

だって先っぽには刃がなかったんです
一リットルの灯油を
震えながらひと息に飲みました
いやはや　ツキのなさをご照覧あれ
それは一リットルの白いワインだったのです

自殺を望むぼんやりとした人は、窒息死しようとしてコンロに火を点けるのを忘れたり、口を撃とうとしても銃に弾を入れるのを忘れたり、次から次へとへまをやらかした。けりをつけようとして、首つりを選ぶ。今度は自殺に成功する。

一時間たって　身軽な魂が
天国へと飛び立ちました
「そこをゆくのは誰だ?」と聖ペトロさまが
パリの人名録を読みながらおっしゃいます
そして、部屋着をまとって
入り口の階段まで出てまいりました
「ああ、よし、部屋を所望なのだな?
上司にそれを言いにゆくとしよう!」
そういうわけでかれの魂は聖ペトロさまについてゆくと
神さまのおんそばに案内されました
主はいかめしい顔つきで

この哀れなごろつきにこんなお話をされました
「汝の人生はよく自制されていた
とはいえこれを覚えておくがよい
汝は堕落した魂だ
ここに迎え入れるわけにはいかんぞよ！……」
首つり人はおずおずとひざまずいて
思いきって訊いた「どうしてでしょうか？」
「なるほど、汝は怖気づいてはおらぬな！」
としごく激しいお声で神さまはおっしゃりました
「汝の魂が地上を離れるとき
汝は縄で首を締めつけ
汝の魂はあまり普通ではない道を通ってきた
以上の理由によって迎え入れられぬ！……」

この冗談は長きにわたり聴衆を楽しませた。

一八九〇年から一九一四年にかけて、かなわぬ恋の悩みを歌っていたカイゼル髭の美男たちのために、作詞家と作曲家たちは称讃に値する成果をあげた。自殺で終わるシャンソンが量産されたが、最も有名な歌は「愛に死す」である。作者は「愛が死ぬとき」のジョルジュ・ミランディ。
ミランディは月並みな絶望をそつなく避けた。それどころか、このロマンスで、恋する女が自殺するのは、幸せの絶頂が終わるのを見ないためである。

ある日、彼女はいった
あまりの快楽を味わい　酔いしれたなら
ああ！　これ以上に生きてなんになるのか
死んだほうがよくはないか

第三節で、このやさしい子は陶酔のうちに、自殺する。

ある夜　わたしは彼女のドアを叩いたが
呼ぶのに疲れてドアを開けた
すぐにたじろいだ
恋人は死んでいた
走り書きの書置きがおいてあった
「すてきな夢だったから
終わる前に死にます
明日では遅すぎるかもしれないでしょ？」

同時期のシャンソンから、「美しい女性たちには」も引いておこう。息子が父親の悪癖を受け継がないかと心配する、母親の打ち明け話である。

父さんの話はこれまでよくしたけれど

DÉSESPOIR D' AMOUR
ROMANCE
Créée par TASSAERT, aux Ambassadeurs

ロマンス「愛の絶望」

本当のことはまだ話してません……
ある女のために　わたしがこうむった
つらい苦しみをおまえが知ってくれたら
父さんにはオンナがいました
オンナのためにすべてを売ったのです！
そして、ある日、苦悩で気がふれて、
哀れな父さんは……首をくくりました！

（繰り返し）
美しい女性たちには
　気をつけなさい
　美人は残酷です
　恋するひとにたいしては

この種の道徳的なシャンソンは一九一〇年から一四年にかけて売れに売れていた。

飛行機が誕生して間もない頃に、ある作詞家が想像した独創的な自殺は、一九五二年、アメリカで実行されることになる。

この歌(シャンソン)の飛行士は褐色の髪(ブルネット)のリゾンに気に入られたくて、昔の複葉飛行機を操縦するという危険な仕事を引き受けた。彼は陽気にこう歌う。

オレが飛ぶのはおまえのため
ブルネットのリゾンのため……

しかしある日、飛行士はブルネット美女の裏切りを知り、飛行機に乗って、空高く舞い上がる。

頭に血がのぼり、心は押しつぶされた
突然、彼はエンジンを止めて
地面に落ちてこなごなになった
リゾンは後悔して
かれの死んだ大きな目にこう読んだと信じた
オレが飛ぶのはおまえのためと……

「場末のひばり」、「宝飾品を身につけた女性」、「シナの夜」等、第一次大戦前に二百曲もの大ヒットを誇った不滅の作者ルイ・ベネクとエルネスト・デュモンのコンビもまた、愛による自殺をテーマに歌をつくっている。「おまえに手紙を書きながら、あるいは恋人からの手紙（ゆっくりとしたワルツ）」の中で、場末のロマンスの巨匠コンビは、捨てられた恋人の後悔を描いている。

おまえはうわ気な女なのに私は落ちた
翼を破られた鳥のように
おまえをしんそこ愛したが　おまえは去っていった
おまえに手紙を書きながら　私の人生を嘆く

最後のリフレインでは、「銃声をまねた重々しい和音」で手紙は結ばれる。

おまえに手紙を書きながら　おまえがうろたえるのを見ると思う
私の手もとにある拳銃　愛用の拳銃
その引金をいじくっている
だめだ　怖れるな　拳銃を頭に押しつけた
苦しくてならない　それがただひとつの解決なのだ
この手紙に血のしたたりがあれば
きっと解ってくれるだろう　恋人よ
おまえに手紙を書きながら　私は命を絶ったのだと

ヒットしたかどうかはともかく、ガストン・ドゥヴァルの「転轍手の自殺」は「痛ましい愛の物語」である。

思ってごらん　まっすぐな一人の若者を
背が高くて　体は立派　心はまじめで広い
居酒屋にはめったに行かず
つまりは評判どおりのとっても優しい男……
十年もの間　ジャン・ルフォールは
北駅の転轍手をつとめていた

いかにもフランス人らしいこの善良な男は、彼が食事をとりに行っていた下宿屋の女将の娘に恋をした（何たることよ！）。彼は彼女を口説いて、コンサートに連れて行った。ところが、娘が聞き入れたのは、口達者で薄っぺらな二枚目のプロポーズの言葉だった。そして、彼女はこの二枚目と結婚した。

何日かが過ぎ、ルフォールはこの不幸を忘れるよう努めた。そのとき、ひょんなことから事態はひどく悪くなる。転轍手は、不実な女とその夫が、蜜月を終えて、下宿屋に住むため戻って来ることを知ったのである。

ここでかれらの輝かしい未来が繰りひろげられるだろう
かれらが来るのは十二時七分の列車だ

ルフォールは職場で苦しみに心が引き裂かれる。

悪魔が叫んでくる「復讐を果たせ
転轍の向きを変えるのだ　それでドカンだぞ！
果てのない幸福はもうこなごなだ」

怒りに駆られて、彼らの乗る列車を待った。転轍器のレバーをじっと見つめて……。

「だめだ！」と良心が叫ぶ
「あの二人を殺すため　どれだけの人を
オレは殺（あや）めようとしているのだ？」列車が来る
彼は急に駆けだして　列車の下に

とびこんだ……大きな叫びが一瞬聞こえ　列車は通る……
巨大で異様な蒸気が空を流れる
二度とは帰らぬ覚悟で　列車に撥ねられ死んだ
愛の犠牲者のジャン・ルフォール

一九二三年や二四年には、正午から午後一時半に、女店員(ミディネット)たちが「浮気女」を声を合わせて歌っていたものだ。このシャンソンは、ショセ＝ダンタンのデパートのかわいい女店員の美しい物語である。女店員は好き勝手に行動し、……やがて堅気の職を擲って、浮かれた生活を送るようになる。女店員はその移り気な性格から「浮気女」とあだ名された。

浮気女　浮気女
あなたをとらえる魅惑の言葉

若くて美しければ、たちまち流行の女性になる（シャンソンの中で！）。かつての女店員は宝飾品で身をつつみ、やがて、

……評判の女
男のこころを奪い　手玉にとったことは数知れず
ある夜　乱れた筆の手紙をうけとる
母よりお願い致します
　あなたを愛しておりました

　　息子が自殺いたしました
　おこしください　まだ間にあうのでしたら……

これは単なる女店員が、商売女と同じように、ちょっとの誘惑で男を虜にし、自殺に追い込むことを証明している！

にもかかわらず、気どった女、芝居気たっぷりの女への悪評はなかなか止むことはない。一九二五年には、メロディ・タンゴ「ビジュー、オレのビジュー、可愛い子ちゃん」が人気を博した。

　ビジューは名うての気どった女
　相手は海軍の若き士官

ある春の晩、トゥーロンで彼らは永遠に愛し合うことを誓った。彼は彼女に言った。

　ビジュー、オレのビジュー
　可愛いこちゃん
　オレはおまえに首ったけ
　おまえに気に入られるためだったら
　　魂だって売ってやる……

なんたることか！　彼は本音を洩らしたつもりはなかったのに……。ビジュー（宝石）は浪費家で色っぽい女だった。お金は彼の手をするりと逃れ、やがて彼の可愛いこちゃんを失わないために、

いかがわしいナイトクラブをまわって
士官は賭けでイカサマづくし

しかし、トゥーロンではすべてが知れ渡り、士官は現場を押さえられ、警察に連行された。

おお、オレのビジュー、もうおしまいだ、と彼はいった
生き恥とスキャンダルを避けるため
士官は胸に弾丸を撃ちこむ……

愛に狂って、士官は三節目の終わりでこうつぶやいて、息を引き取る。

……オレはほまれをうしなった
だけど、おまえのために死ぬことは
それでもとっても心地よい
ビジュー、オレのビジュー……

一九三〇年頃、自殺は悲劇の歌の中だけに限定されていた。「かもめ」で名高い女性歌手ダミアが歌う「心配性の人」では、登場人物が緑もえる川岸を徘徊していた。また、ジャン・ルノワール作曲の「結局そうなるのに」は、ダミアが身ぶりで演じる大いなる悲劇である。

結局そうなるのにこんなにも苦しまねばならないのか？

一九三三年、コロンビア・レコードから発売された、ダミアが歌う悲劇のシャンソン「あなたの船に」は、作詞家たちの新しいスタイルと、自殺を料理する彼らの詩的方法を、ともに示している。

かわいそうな若者は　苦労のすえに
古びた港へと降りていった
船がとまる岸辺に
その人はためらい　ふるえていたが
ふいに橋を渡った
「船長さん、ちょっとお話があります
お願いですから　ぼくを
水夫として雇ってください
あなたの船に
乗せてくださいませんか」

しかし、彼を苦しめる「あまりにきれいな目」を忘れるために、旅に出たいという絶望者を雇ってくれる船長はまるでいなかった。最後に頼んだ船長にも否（ノン）といわれた……。

そのとき気の毒な若者が立ちどまった
これ以上長く闘ってなんの役に立つのか？

彼はうやうやしく十字を切って
突然海に身を投げた
厚い船底の
あなたがたの大型船で
眠れ、船長たちよ……
眠れ、水夫たちよ……
月が昇る
春がきて
あなたがたのおだやかな夢を
ずっと追ってください
泥と茨に
こうべを飾られたひとは
永遠の時に
しずみ込む！
夜はおだやかだ
眠れ！　眠れ！
すべての人魚たちは
彼のために歌うだろう

その次の世代は、自殺には敵意をいだいているようだった。一九四三年に、コンティネンタル・フィルム社が、子供じみた迷信にこだわらず、映画のなかで喜劇俳優のフェルナンデルに「自殺者の歌」を歌うように要請した。

オレが得るのは快楽
あの世はもっといいから
オレは縄の先を持っていくよ
それが幸福をもたらすそうだ

自殺の物語について、現代の音楽出版社はさらに意識的に沈黙している。今日、劇的なシャンソンは方向を変えた。

一九四八年、忘れがたい「プルン・プルン・トラ・ラ」の作者フランシス・ブランシュが「古塔の囚人」を作詞作曲したが、飛び降りの死に詩的に触れている。

古塔の囚人が今朝みずからのいのちを絶ちました
おばあさん、私たちは明日ミサにまいりません……
囚人が古塔から身を投げました　私に両手を差しだして
おばあさん、どうやら私は悲しんでいます
　もし国王さまがそれをご存じなら、イザベルよ
イザベルよ、もし国王さまがご存じだったら……

一九五〇年には、フォーブール・サン＝マルタンの出版者が若手の作詞家にこう言った。「いまどき自殺したやつがいても、それは問題にならない。原子爆弾があるのだからね」
それでも、エディット・ピアフは、ミシェル・エメール作詞の「ムッシュー・ルノーブル」を歌うことをため

らわなかった。この歌はほろりとさせる細部をもったポピュリスムの歌だ。

　ルノーブルさんはハナをかみ
　パジャマを着た
　ガス栓をひらいて横になって
　あす　すべては終わっているだろう

最後の小節で、エディット・ピアフはガスの音をまねてシューという音を出していた。この演技にもかかわらず、このシャンソンはヒットしなかった。

シャルル・トレネが駆け出しの頃のことだ、ジョニー・エスとキャバレーに出演していると、ある音楽出版社からすべての持ち歌を持ってくるように依頼された。

主要なものの中で、版元はトレネが十七歳のときに書いた「私は歌う」に注目した。彼はこの自殺の一節の第二のヴァージョンを書くことを条件にして、出版を受諾した。

　ひもよ、おまえはいのちを救ってくれた
　　ひもよ、よって祝福あれ……
　　おまえのおかげで私は死んだ……
今宵私は首をつった……以来
　　私は歌っている……

ブルジョワの客向けに書いた代用の一節は、やすりと脱走へのオマージュである。

やすりよ、おまえはいのちを救ってくれた
　やすりよ、よって祝福あれ
なぜって、おかげで脱走できた……

Ⅶ

なぜ自殺するのか

「何故、これまでに話題にのぼらなかったほど多くの自殺が図られるのか？」

——L・S・メルシエ（1782年）

「生きる理由と称するものは同時に死ぬ理由でもある」
——アルベール・カミュ

自殺の動機を解明すべく、心理学者、医者、社会学者、精神科医、弁護士等が研究を試みている。五千冊もの本が書かれたにもかかわらず、健康な人が、首に縄をかけたり、七階から飛び降りたり、冷たい水に沈んだりする、自殺の動機の分類法を確立するには至っていない。

一八三六年には、文字を読むことができる人は無学文盲な人より自殺に駆り立てられる可能性が高い、という説が唱えられていた。なぜなら、そうした人は「欲望や悲しみを誇張する傾向がある」悪しき小説を読むことができるからである。

次いで、「素因」について研究がなされた。精子の伝達が最重要に考えられたのである。この理論の裏付けとして、専門家が常に引き合いに出すのは、非常に珍しい一家族の事例である。この家族には六人の子供がいたが、うち四人は父の「無口な気質」の犠牲になったという。一番年長の子供は四十歳のとき、動機もなく、四階から飛び降りた。二番目は悲しみに暮れて、三十五歳で窒息死した。三番目は窓から身を投げた。四番目はピストル自殺したというのである。

気候と気象が自殺に及ぼす影響も研究された。それを証明しようとして、通例、研究者たちが取り上げる事例は、ナポレオン軍における兵士の自殺の流行である。兵士たちはエジプトの太陽やベレジナ川の氷に疲弊していたからだという。

性別と年齢の影響も綿密に検討された。ここ一世紀間、この統計の数字は、第二帝政期に得られた数字からさして変動していない。

70歳以上では、自殺の傾向が男性で増加、女性で変わらず……。

《法医学年報》

81の年齢に嫌気をさした男ナイフ2本を胸に刺す（3面へ）

80歳になりたくない女性が自殺

80歳になるのを望まなかった女性エメ・コニェ（七九）は、今朝パリで10階から飛び降りた。重傷を負った彼女は、救助に駆けつけた隣人にこう洩らした。

「木の上に落ちてしまった。コンクリートの上がよかったのに」

それでも、彼女は1時間後、病院で死亡した。

左：《パリ＝プレス》紙、1962年6月28日　右：《夕暮仏蘭西》紙、1963年3月26日十六歳から二十一歳まで、同年齢の人の二万二千四百十七人に一人が自殺している。反対に、齢を重ねるにつれて知恵も知識も豊かになるのに、八十歳以上で自殺の割合が高いことが確かめられたのである。

事実、八十歳以上では、一万五百四十四人に一人が自殺しているのだ。

戸籍上の身分も、自殺の動向に影響を及ぼす。独身か、夫婦者か、寡夫・寡婦かによって、絶望する力も等しくない。

エトク＝ドゥマジー教授は、一八四四年に発表した重要な著作で、総計八十七名の自殺者のうち、独身が三十九名、夫婦が四十一名であるのにたいして、寡夫・寡婦は七人にすぎない、と述べている。

この説に便乗して、寡夫や寡婦のほうが夫婦ものよりも幸せなのだよとおふざけに言う人たちもいる。またシャンソン作家も、この種の冗談を舞台で歌ったりしている。

およそ三十年間、エトク＝ドゥマジー教授の学説には権威があった。ところが、一八七九年にモルセッリの著作が彗星のごとく現れ、エトク＝ドゥマジー教授の論文を排撃するに至ったのである。

統計結果を振り回して、モルセッリはこう主張する。「フランスでもイタリアでも、自殺した既婚者の割合は独身者の割合より高くない」と。

しかし、この学説が感心されたのは一八九七年までのことだ。ちょうどその年に、非常に重要な著作が刊行されたからである。その著作とはエミール・デュルケムの『自殺論』である。今度はこの新しい数字に服して従わざるをえなかった。デュルケムによれば、寡夫よりも寡婦が二倍いて、モルセッリの統計はデタラメだというのである。

数字による論証が続々と発表された。セーヌ県では独身女性は寡婦ほど自殺していなかった、と結論づけた研究者もいる。あるいは、結婚が自殺に及ぼす影響は夫婦の年齢とともに変化し、ハンガリーでは二十四歳の夫の自殺は同年齢の独身男性より三・五倍少ない、と述べる社会学者もいる。

一九三〇年には、ストラスブール大学教授で社会学者のモーリス・アルバックスが『自殺の諸原因』という著作を刊行し、最新の調査方法で宗教と自殺の関係を検討した。彼はカトリック教徒とプロテスタント教徒の自殺の比率の差異を挙げ、政治危機と革命の影響に強い関心を示した。自殺の比率を下げるという、戦争の驚くべき役割を彼は明確にしている。たとえば、次の通りだ。

フランスでは人口百万人あたり、一九一三年には自殺者二百六十人、第一次大戦開戦の一九一四年には二百十人、一九一五年には百七十二人、一九一六年には百六十六人、一九一七年には百五十八人にまで減少しているのに、第一次大戦終戦の一九一九年には百六十七人と再び上昇している。むろん、一九二〇年には、人びとは戦闘の高揚と不安を忘れ、日常を取り戻していたので、フランス人百万人あたり二百十七人となっている。

アルバックスの大成功も続かなかった。というのも、二年経つと、F・アシル＝デルマ医師が著作を公にして、アルバックスの統計を批判したからである。アルバックスが追加発表した一九二三年の自殺件数三千六百二十一件が誤りだと指摘したのだ。

その他には、川や山が自殺に与える影響を研究した学者もいる。学者たちはいずれも、自殺の地理的分類に基づいて、山地や森林地帯よりも海岸沿いや河川流域でのほうが自殺が多いと主張している。

職業が果たす役割はしばしば疑問視されたが、一八六二年になって論証することに成功した。トップは酒屋の自殺。二位につけたのは従僕である。従僕についてはブリエール・ド・ボワモン博士が次の性格を認めている。「怠惰、酒飲み、野卑、嘘つき、誹謗家、詮索好き、放蕩家、おしゃべり、多くの場合、盗人」。彼らは悪事を重ねて長続きしない。そして、職を転々とせざるをえず、やがて貧困と自殺に追い込まれるのだという。

一八五八年頃に発表された公式な数字によれば、当時死をかたちづくる動機の数は、管理人より美容師におけるほうが多いようだ。

一九三五年には、G・イシャクによって、一九三〇年頃に作成された自殺者の職業別の統計が発表された。それによれば、農園経営者の自殺者数は農園労働者の半分であることや、浮浪者は海の漁師と比べて自殺が二倍多

インドでは、世俗的かつ宗教的な義務から、妻は夫が亡くなると、夫の遺体とともに火で焼かれた。
(インドで制作されたペルシアの写本画)

いことが示されている。

今日でも統計の数字が好まれることに変わりはない。日刊紙《パリ＝プレス》紙は一九五二年十月十五日に労働者の自殺について調査結果を発表した。


職業適性証を取得していない労働者は、取得している労働者よりも自殺が多い。

フランスでは、一九四九年に、熟練工の数が少ない地下資源産業の労働者七五万人のうち六六三人が自殺したことが記録されている。いっぽう、加工業界の熟練工六八五万人のうち自殺したのは一六六一人に過ぎなかった。


同じ頃、ハンガリーのある女性の学者がこんな指摘をしている。機関車の運転手は決して自殺しないというのである。なぜかといえば、運転手の生活は時間厳守に基づいているからだけでなく、時間との絶え間ない競争が「著しく刺戟するエネルギーを放出」するからである。


自殺の動機に関する統計では、往々にして誤解や曲解に基づく場合がありうることを認めないわけにはいかない。デュルケムがすでに述べているように、自殺の動機の統計は、「この調査事務を担当する役人がこれらの動機について抱いた所見の統計である」からだ。

セーヌ県では、毎月、パリ警視庁第四部局（保険局、治安局）の役人が、自殺および未遂の動機を六つの項目に分類している。

その項目とは、「精神障害」、「酩酊」、「不治の病」、「人知れぬ悲哀」、「貧困」、「その他」であるが、一番多い項目は決まって「その他」の項目なのだ。

たとえば、自殺や未遂の原因について、一九六一年の統計の内訳は、人知れぬ悲哀が三百五十七人、精神障害が百四十人、不治の病が百三十一人、酩酊が五十八人、貧困が十八人であるのに対し、その他の動機、動機不明は二千百二十七件となっている。

また、一九六三年一月一日から六月三十日までの統計で、恋の苦しみが原因である事例だけで、自殺が五十二件、未遂が四十四件もある。

このじつに緻密な統計を作成するのに用いられているのは、警察署のテレタイプ、警察官の報告書や手続き、消防士の報告書である。

テレビ番組《人生の夢》の当選者はコート・ダジュールを体験するのが遅すぎた

——男は自殺

エピナル、6月13日（《夕暮仏蘭西》紙外電）

五十年にわたって、彼はエピナルで聖像に彩色を施していた。友人たちは、彼がよく発する擬音語から彼のことを「エップ氏」とあだ名していた。

昨年、マルセル・クルゾ（六七）はテレビ番組「人生の夢」でコート・ダジュール旅行を獲得した。彼は無口になり、つらい顔をするようになった。バカンスを、太陽を、海を体験するのが彼は遅すぎたのだ。少しばかり単調な自分の人生を悩むようになった。エピナルのブリュイエール施療院での治療が必要とされた。

「エップ氏」は二週間前に施療院を脱走した。あてどもなく人気のない道を歩きまわり、ついには鹿跳（ソー・ル・セール）橋を渡ると、死を決心した。そして昨日、彼の遺体が東の運河で引き揚げられた。

およそ三十年も前から一人っきりで生活してきたマルセル・クルゾは、バカンスがたったひと夏しか続かないことに耐えられなかった。彼はこの自分の行動を説明するのに最小限のメッセージしか残していない。彼のポケットからは、7万旧フラの現金と5月28日付の新聞が見つかった。おそらくそれが自殺の正確な日であろう。

《夕暮仏蘭西》紙、1962年6月14日
マルセル・クルゾの驚くべき事件。クルゾは67歳になって初めてヴァカンスの楽しみを知り、絶望した。この事件は、「すべての自殺行為は生体の不安の危機に由来する」という精神医学の学説を説明するだろう。

これらの、一般的に現場の警察官によって作成された報告書を基に、三面記事担当のジャーナリストが記事を書き、大衆に伝えている。
こうした三面記事のうち、簡潔で出色のものをいくつか読むだけで、自殺の動機について、どんな統計の裏づけも非常に脆弱であることが理解できる。
非常に簡潔なこうした三面記事については、フェリックス・フェネオンを抜きにして、語ることはできない。フェネオンは三行ニュースの詩人であるとともに、センセーショナルな見出しの先駆者だからである。《ヴォーグ》誌の芸術批評家として知られるフェリックス・フェネオンは、一九〇五年から〇六年にかけて、《毎朝(マタン)》紙の読者のために、自殺の三面記事をあるときは辛辣な、またあるときは面白い、簡潔なる文言で執筆したのだ。
「印象派」の有力な擁護者フェネオンが、最小限の情報を伝達することを可能にしたこの形式が、現在の一行の大見出しの専門家にもなお手本として使用されている。以下に例を挙げよう。

信仰商品、売行き不振。カーンのゲドン夫人、その小売店を営む。執行吏の度重なる訪問に耐えかね、自殺。

ブシコー病院の看護師ルシャ、猛毒を準備するもガス自殺を選択。

八十歳、ランベゼレック(フィニステール県)のスー夫人、死に忘れられることを懸念。娘の外出後、首つり。

アルクイユ、六十歳代ドルレーの遺体が木にぶら下がり揺れ動く。「歳とりすぎて働けず」という張り紙を貼って。

アルジャントゥーユのヴィヴァン夫人、共同洗濯場メウの主人の熱情を無視。彼がセーヌ川からこの絶望した洗濯女を引き揚げたのに。

夜、ヴォセ（サルト県）のブランディーヌ・ゲランが階段で脱衣、学校の壁のように裸になり、井戸で水死。

天国を確信したくて、プランフォン（ヴォージュ県）のデジューヌ、ベッドを宗教画で覆い、ラム酒を多量に飲みこんで、自殺。

「よし、もう苦しませないよ」ヴァンセンヌのソルマ氏は妻と愛人に言って、自分の頭部に発砲。

エシエ（シャラント＝アンフェリユール県）の六十歳代ロワを魅惑したのは、十一歳の女中の物腰……。よって、ロワは縊死。

ル・アーヴル一二九連隊のクデルク、難聴ゆえ退役を希望も不許可。ゆえに自殺。

「ジャンヌ・ダルクのように死にたい！」テルボーは家具で作った火刑台の上から言う。サン＝トゥアンの消防隊が消火。

五度目の服毒、マリーヌの魚屋のキュヴィエ、これにておしまい。

†愛に死す

政治のニュース、国家元首の声明、内閣の空白期間、科学のニュースに混じって、日刊紙で常に重要なスペースが割かれるのは、愛による自殺である。たえず繰り返される悲痛なニュースが、「満たされない心」の真相を白日の下に暴いている。

今では忘れ去られてしまったが、当時は日刊紙の一面を飾った愛による死を、いくつか引いてみよう。

恋人に捨てられて絶望
人気女優クロード・フランスが灯火用ガスで窒息死……

《小新聞(プチ・ジュルナル)》紙、一九二八年一月四日

愛する人に捨てられて
ミュージックホールの人気歌手ジェニー・ゴルデールが心臓に発砲

《夕暮仏蘭西(フランス=ソワール)》紙、一九二八年七月十二日

愛の悲しみに堪えられなくて
レジーヌ・フロリが拳銃自殺

劇的な自殺、カップルが車で奈落に転落（《小新聞》紙挿絵入り増補版、1912年10月6日）
カリフォルニアのサン゠ディエゴ近郊で、若い弁護士と富裕な銀行家の娘が心中した。財産の問題で、娘の両親から結婚を反対されたため。車の残骸の下から、抱擁した二人の遺体が見つかった。

ロンドンのドルリー・レーン劇場で悲劇が起きた。……この美人歌手は以前にもセーヌ川で自殺未遂を起こしていた。……

《ジュルナル》紙、一九三六年六月十八日

見出しはいつでも似たようなものが繰り返されている。

絶交の手紙を受け取った後
ニースの若い婚約者は最後にもう一度だけ舞踏会に行った
それから線路の上で横になった

トゥールーズ=ボルドー間の特急列車に飛び込み
婚約者が別人と結婚していたため

《フランス=ティルール》紙、一九五二年四月二十二日

舞踏会の最中、ウィリアム（17歳）はヒ素を飲み
愛する少女の前で死亡

「最後にもう一度メイに会いたい」と昨日、一七歳の青年が瀕死の状態で洩らした。青年は愛の絶望からベルファストの舞踏会で服毒自殺したのである。……

《パリ=プレス》紙、一九五五年二月二十五日

激しい恋心はエリートの心に及ぼすのと同様に、純な心にも被害を及ぼしている。たとえば、

1891年から1963年にかけて、失恋した人が"復讐の自殺」を遂げて、結婚式を台無しにする事件が起こっている。図版は「恋愛悲劇。パリのサン＝トノレ＝デイロー教会での自殺」。

若い新婦は教会に姿を見せず……

紐の先にぶら下がっていた

結婚の翌日ダイナマイトで男が自殺

ボイシ（アイダホ）12月31日（AP）――レナード・エッジ（三二）は結婚の翌日、枕の下に置いたダイナマイトに点火して自殺した。若妻が新婚旅行を中止して、実家に帰った直後のことだった。

ロンジュモーで、女中が愛の悲しみから飛び降り……

ロンジュモーの医師宅の住みこみ女中フランス・デュノワイエさん（22）は、同町内在住の青年を熱愛しており、結婚の計画が進んでいたようだ。

ところが、デュノワイエさんは近頃、青年の心が離れたことに気がつき、深刻に悩んでいた。……

《夕暮仏蘭西（フランス＝ソワール）》紙、一九五二年十二月十一日

失恋
コンセール・マヨールのダンサーが窓から飛び降り……

失恋から神経衰弱を患っていた若い踊り子が、昨夜、ディドロ大通りにある四階の自室の窓から飛び降り自殺を図った。……

《夕暮仏蘭西（フランス＝ソワール）》紙、一九五二年十二月十二日

クレルモンの若い女性
愛の絶望からガス自殺

ガス中毒で死亡したフェルナンド・P××の遺体が管理人の姉のアパートで発見された。遺体の傍らには、口紅のついた煙草の吸い殻で埋まった灰皿、二通の手紙、シャンソン「浮気者たちのロマンス」の楽譜があった。

フェルナンドは十九歳のブルネットの髪の美人で、愛の絶望から自殺した。……

《自由巴里市民（パリジアン・リベレ）》紙、一九五三年十一月三日

恋人からの手紙を受け取って畜殺用ピストルで自殺した肉屋の青年

シャペル＝ゴーティエの肉屋店員ピエール・V××（23）は、この店の畜殺場で、「マタドール」という畜殺用のピストルを発砲して自分の襟首を粉砕した。恋人からの手紙を受け取った直後のことだった。……

《解放（リベラシオン）》紙、一九五九年二月十三日

英国屈指の優秀な学者愛の絶望から自殺

ジェイムズ・アルバート・ダービーシャー博士（55）は秘書ドリーン・クーパー夫人（28）にプラトニックな愛情を私かに抱いていたにほかならない。なぜなら、彼女こそ、十年の間、彼が生涯をかけた唯一の女性であったからだ。

三週間前に、彼女が退職すると、この冷静沈着な科学者が抑鬱病になった。

この学者は研究室で死亡しているのが発見された。シアン化物による服毒死だった。

《夕暮仏蘭西（フランス＝ソワール）》紙、一九五九年二月十一日

夫や恋人も特殊な事情で悲しみに苦しめられることもある。一九四九年、L・ジャコブはピエール＝ルヴェ通りのアパートで縊死していた。この不幸者は妻を殺害した後で、こう書いている。「悲しい……」と。

愛情に年齢は関係ない。ときには老人が愛によって自殺することもある。

一九四九年一月、シラクサ近郊のパチーノで、八十三歳の老人ジュゼッペ・スゲンブリが愛の絶望から縊死した。

彼の懸想した相手は身持ちが悪く、なかなか色よい返事をしてくれなかった。

スゲンブリはその年齢にしてなお漁色家で、おまけに大酒飲みだった。

なおパチーノでは昨年も、八十一歳の盲人が嫉妬から妻（70）を殺害し、縊死するという事件が起っている。……

《夕刊土曜日（サムディ＝ソワール）》紙、一九四九年一月

同性愛でも情熱的な悲劇がある。

看護婦が友人の女子学生を殺害 その後、自殺……原因は嫉妬

看護婦のジョルジェット・テュイゾーは拳銃を三発発砲して女友達のジャクリーヌ・ボメールを殺害し、アドルフ＝シエリオー広場十六番地の建物八階で自分の頭部に一発撃った。……

《パリ＝プレス》紙、一九四八年十二月九日

愛の対象はかならずしも人間である必要はない。家族同然の動物にかくも熱をあげて愛着を抱く純な心の人もいる。

レオナールの自殺は

死んだ雌牛への愛情から……

昨朝、リモージュ—ユセル間の鉄道の線路内で列車に頭部を切断された男性の遺体が発見された。自殺者はレオナール・ルー（39）、ラロシュの耕作者で、先頃、所有する雌牛の一頭が死亡したことを深く悲しんでいたという。

《今夜（ス・ソワール）》紙、一九四八年十一月二十六日

飼育していた豚が死に、自殺

……一三〇キロの飼豚の死にショックを受けて、サン＝テチエンヌ近郊の耕作者プリュドムさん（55）は、肉包丁で自分の首を斬った。……

《夕暮仏蘭西（フランス＝ソワール）》紙、一九五二年六月二十九日

心中は珍しくない。「離れて生きるくらいなら、一緒に死んだほうがマシ」はお馴染みのキャッチフレーズだ。

愛馬が死に男が首つり

アングレーム、5月24日（《夕暮仏蘭西》紙外電）——ただ1頭の愛馬を失ったことに絶望して、ピエール・マシニャック（シャラント県）近郊のセルビオルで耕作の仕事をしているレイノーさん（六六）は、納屋の梁に首をつった。

昨日、遺体で見つかった。自殺は明白で、現場検証の結果、調査員が明らかにした。

《夕暮仏蘭西》紙、1963年5月26日

マリリン・モンローの写真を胸に抱き自殺

カラカス、10月15日（AFP）——ベネズエラのバルセロネに住む、57歳の男性が、マリリン・モンローの写真を胸にして自室で死んでいるのが発見された。

死亡したホセ・コレアさんはここ数年、この米国の女優に本物の情熱を抱いていた。最近、マリリン・モンローが劇作家のアーサー・ミラーと結婚したことが、この犠牲者の深い悲しみになっていたという。

《夕暮仏蘭西》紙、1956年10月16日

心を痛めた人びとにとっては馬の死もファンの女優の結婚も同様に精神の安定を破壊する。

結婚できないのを苦に
スイス人二人がアルルのホテルで静脈切開

《解放(リベラシオン)》紙、一九五二年九月十六日

鎖でつないで、運河に身投げ　モンタルジーの恋人たちの悲劇
双方とも離婚できずに

二人の悲劇の恋人は、自分たちは永久に幸せになれないと考えて、ロアン運河に身投げした。……ユゲット・P××夫人（23）の右手首とベルナール・S××氏（26）の左手首が鎖でつながれた状態で発見された。

恋人たちの顔面は船のスクリューでずたずたに傷つけられていた。……
若い女性の衣服から見つかった手紙にはこの悲劇が説明されていた。……

《夕暮仏蘭西(フランス=ソワール)》紙、一九五四年六月八日

しかしながら、恋人たちのうち一方がもう一方の自殺に関与した後で、自殺するのをしり込みするということがある……。生き残り「殺人罪」で起訴されて法廷にいるのだ。

ガエターヌに一緒に死ぬのを求めていたポール
陪審員の前で少女の自殺を認める

《パリ=プレス》紙、一九五二年十月十九日

愛による自殺をどう解釈するかも人それぞれだ。

ジャコブ通りで管理人をしていたある女性などは、アメリカ兵に気に入られたい一心で自殺した店子について、こんなふうにバッサリと言い切っている。

「あたしがあの娘（こ）の年齢（とし）だったら、すぐに別の男（ひと）を捜すだろうけどね。自殺なんてしないでさ」

精神医学者のアンドレ・オンブルダーヌは愛による自殺を手短かに定義している。


情熱的なプロセスとは、個人を攻撃的な態度にさせる、相反するテーマの反抗である、と定義できるように思われる。

ジャーナリストが潤色する必要のない、文句のつけようのないニュースがある。事実を事細かに述べるだけでよく、劇的な効果を狙う必要はないのである。この種の三面記事の登場人物たちは、すべてを引き受けている。


主婦のクリスティーヌ・M××は半年前からフォーブール＝デュ＝タンプル通りの質素なアパートで夫と息子リシャールと一緒に暮らしていた。

新婚の若妻は幸せそうだった。ところが若妻は、息子が誕生してからというもの、折に触れて「かなわぬ愛」と「喜びのない生活」について洩らしていたのである。にもかかわらず、若妻の親しい人のなかに彼女の話に注意を向けた者はいなかったのだ。

十日前、クリスティーヌは自殺を試みたが、危機一髪で大事にはいたらなかった。このとき、彼女は二度と自殺をしないと約束した。

ところが木曜日の夜、クリスティーヌは姿をくらました。家族が彼女の行方を探していたとき、彼女はゴドフロワ＝カヴェニャック通り二番地のホテルを訪れ、事もなげに部屋を求めた。

「十四号室をお願いします。思い出の部屋なので」

昨日の朝、掃除婦がホテルの玄関前で掃き掃除をしていると、若い女性が四階の窓を開けて、そのまま落下した。女中から十センチメートルのすぐそばに落ちてきたので、うろたえた女中はホテルに駆け込み、泣き崩れた。

十四号室のナイトテーブルの上には、警視に宛てた一通の手紙があり、次のように釈明の言葉が遺されていた。

「薬を飲みました。机の上にあるものと同じものです。私は自分の意志で自殺します。ホテルの支配人様にはまことに申し訳ありませんが、私が死ぬべき部屋はこの部屋だったのです」

《解放（リベラシオン）》紙、一九五二年一月二十六日

痴情がらみの悲劇も精神科医の筆にかかると異なった面を見せる。

たとえば、『自殺の心理学』（一九四七）の著者ガブリエル・デエー博士の報告を検討してみよう。この医師は、絶望者についてその人の幼年時代にまで遡って、かなわぬ恋の心理的な進展を観察している。


シャルル・W××は三十歳で、背が高く、濃い金髪で、痩せていて、正常な生殖器官を有し、体毛は薄く、腱反射が亢進していた。

……シャルルは十三歳まで学校に通い、夜学で学びながら、教育修了証書を遅れて取得した。おとなしく、陽気で、愛想の良い性格を有しているが、非常に繊細で感じやすい面もあった。……

十四歳のとき、二十七歳の工場労働者の女性から愛の手ほどきを受けた。そのことに失望して、十七歳まで性的な関係は結ばなかった。十七歳のとき、母親になまけ者呼ばわりされると、海軍に志願した。有資格

水兵になるつもりだった。このときただ一度だけ、「女船員」という、女中の役目を務める非正規船員と性交をした。一回のはかない試みだった。……

……二十一歳のとき、彼は責任をとって、妊娠させた少女と結婚した。彼女はやがて第二子も生むことになる。彼の妻はやさしく、やや幼児体形であった。彼は妻が不感症であることを知ると、たちまち心が離れてしまった。彼は情婦を複数つくった。結局のところ、彼は愛情を固定することができなかったのである。

彼は警官になった。

一九四二年七月九日午後十一時四十分、パリの通りをパトロール中に、好みの女性とすれ違った。彼は職務質問をして、早く帰宅するように促した。深夜○時以降の外出は禁止されていたからである。彼女の住まいはすぐ近くだった。翌日、彼は彼女が窓辺にいるのを確認した。二週間後、彼女は彼の愛人になった。

シャルルが新たにものにしたアデルという女は、四十五歳になる婦人帽子屋で、十八歳くらいの二人の子供の母親だった。彼女はシャルルより十七歳年上だった。

女らしくて、人当たりが良く、大人の色気があり、年齢を感じさせないアデルは、官能の喜び以上のものをシャルルに与えた。わけても、彼女は彼を子供のように可愛がっていたのである。彼は感情的に子供だった。シャルルは漠然と求めていたものを見つけたのである。……

……一九四二年九月、シャルルはアデルと同棲するために妻子を捨てた。彼は離婚訴訟を開始した。なぜなら、なくてはならない愛の対象と結婚したかったからである。

しかし彼は、母親のことを考慮に入れていなかった。母親は事情を呑み込んでいなかったので、一九四三年十月、当局に願い出て、息子を強制的に自宅へ連れ戻した。

その間も、シャルルは愛人関係を継続していた。とはいえ、アデルはつらい偽りの状況に嫌気がさしてきていた。シャルルの情熱的な束縛が次第に耐えがたくなっていったのである。彼はまた同棲をしてほしいとたえまなくせがんでいた。

アデルがなかなか承知しないことに、シャルルは恋情を募らせ、嫉妬にも苛まれていた。彼はアデルが、別の男性、彼女の友人で既婚者の男性と深い仲になっているのではないかと疑念を抱いていたのだ。（その疑いは正しかったのだが！）

シャルルは是が非でもアデルをとどめておきたくて、自殺すると言って彼女を脅した。警察の検証で多くの自殺者を見ていた。彼はガスを選んだ。拳銃は音が大きいと考えた。

彼は一九四四年二月に自宅で初めての自殺を図ったが、妻の帰宅で阻止された。二度目は、一九四四年三月十日。パリ郊外のビシャ病院に入院し、昏睡状態が続いている。……


愛の絶望をテーマにした文学作品は無数にある。それはあらゆる作家を惹きつけ、ほとんどの作家が自殺を扱った作品を書いている。

ドストエフスキーは強姦の強迫観念に取り憑かれていたので、彼の作品では、辱められた少女たちは首をくくったり、入水したりする。いっぽう、小ロマン派の詩人グザヴィエ・フォルヌレは、短篇小説「ふたつの目の間のひとつの目」で、あらかじめ溶かした義眼を飲んで、愛人を失った恋人が服毒死するのを描いている。

こうした純然たる想像力による作品よりも研究に値すると思われるのが、一八三三年にジラルダン夫人が書いた詩篇である。

ジラルダン夫人は、あたかも一世紀後に氾濫することになる精神分析や精神医学の著作を読んだことがあるかのように、正確にそうした悲劇をつくり上げているのだ。

激しい恋と自殺へ至る挫折を説明する中に、心理学の全階梯が認められるので、現代の精神医学者には興味深いものがある。

ジラルダン夫人は、かつて実際に知り合いだったという、純粋な少女ナポリーヌの愛の生を三つの場面に分けて描いた。
まず子供のナポリーヌの陽気で無邪気な性格が言及されている。

私たちは子供の頃、どれほど笑ったことか
突拍子もなく陽気に　ばか笑いしたものだ

それから、夢は大きくふくらむもの。

十五のとき　ナポリーヌはたくさんの夢を見ていたけれど
夢見ることはそれだけ苦しめられるということだ

そして、虚言症の少女の想像上の愛。

私は嫉妬したことを覚えている
彼女がカール十二世に抱いた独占的な愛に
彼女の願いでは悲劇の王が必要だった
彼女はカール十二世、私はルネを愛していた

そしてとうとう、アルフレッド・ド・ナルセ伯爵に出逢って、情熱的な衝撃を受ける。

ある晩、竪琴の心地よい音を聞いて夢想にふけっていると

アルフレッドが現れた　青白く、片腕をつり包帯でつって

ジラルダン夫人は、愛される対象が理想化される過程や過大評価される過程まで想像している。

あばたもえくぼのナポリーヌ　アルフレッドを
愛する気持ちは　日ごとに大きくなるばかり

舞踏会の夜、彼女が「生きていられなくなる」くらいの二人の仲を裂く悲劇が起こる。すなわち、アルフレッドが別の女性と踊ったのである。
ナポリーヌはすぐさま「自己破壊の行動」を思いつく。

そう、幸せになる見込みはもうないのだから
せめて私が死ぬことで恐怖心を抱かせる復讐をしたい

復讐をめざましいものとしようとして、ナポリーヌはアルフレッド・ド・ナルセ伯爵の邸で死ぬことに決める。持ち込んだ石炭に火をつけて、窓を閉め、アルフレッドが自分の遺体を発見したときにどんな反応をするかをナポリーヌは想像する。

あの方は思い出して絶望するはずだ
あの女が私を死なせたと……　そして私たちを比べ……
私のほうがよかったと　口惜しがって

彼は言うだろう　あのひとは美しかった！　それなのに顧みなかった
私があのひとを死なせたのだ……　おお、どうしたらいいのだ！
あのひとよ!!　彼は恐怖を感ぜずしてその名を口にできないだろう

アルフレッドは帰宅した。楽しい考えに満たされて、ナポリーヌとの結婚を決意していた。だが、帰宅するのが遅すぎた。

……彼は上って、ドアを開けると……

恐怖と不運！　客間の絨毯に女性が横たわっていた。

この女性はナポリーヌ！
　　　　死んでいる！

興味は持つものの事情には疎い人びとは、愛による自殺が今日でも流行しているのかと、こう自問した。「ツイストを踊る時代でも、愛のために死ぬ人はまだいるのか」
この深刻な質問は、一九六三年八月、ある女性誌の投稿欄に、女性読者によって提起された。洋梨のフランのレシピを掲載してほしいという要望や、デリケートな肌用の石鹼の称讃に混じって。
この心配性の投書人は「傷心のジュリエット」と名乗っていた。翌週、この投稿欄に恋愛問題の専門家の回答が囲み記事として掲載された。

傷心のジュリエットさん、そうですとも！……一九六三年でもまだ愛で死ぬ人がいます。私の手許にある新聞の切抜きがその証拠です。現代のロミオとジュリエットは運河に身を投げたり、ホテルの部屋で血管を切開したりします。両親に結婚を反対されたという理由からです。不当な偏見とは闘わねばなりません。今や王子がタイピストと結婚し、黒人男性が白人女性と結婚し、イスラム教徒の男性がキリスト教徒の女性と結婚する時代です。しかし、そうした時代であっても、**愛で死ぬ権利はありません。**そのうえ、愛による自殺は弱さと愚かしさであることを覚えておいてください。……立派な理由のために死ぬと信じて、つまらないことのために死ぬことなのです。……

この回答に対し、「傷心のジュリエット」は雑誌の編集部宛てに抗議の手紙を送っている。「この編集者は頭が悪いのではありませんか。……私はその気になれば、自殺します。……なぜなら、私の愛は、信じていただきたいのですが、つまらないことではありませんから……」

† スペードの女王(クイーン)の犠牲者

いつの時代でも良識ある人たちが、自殺の主要な原因だと考えたのは、賭博である。「自殺と決闘が流行しています」とバルザックが一八三四年十月二十六日付のハンスカ夫人宛ての手紙に記しているが、当時の記録によれば、パリで起こった自殺のほとんどは賭博での損失が原因だと考えられるのである。

パレ・ロワイヤルの回廊で営業していた賭博場は活況を呈していたので、国王ルイ＝フィリップは、一八三七年十二月三十一日午前〇時をもってすべての公認賭博場を閉鎖するように命じた。その夜、娯楽の世界は色めき立った。不正を働く役人、浪費癖のある女性、賭博台取締(クルーピエ)、遊び人など、賭博で生活している誰も彼もがリシュリュー通りの賭博場「フラスカチ」に殺到する。パレ・ロワイヤルの賭博場の独特な熱狂は失われる……。「賭け金はそこまで！……みなさん、〇時が告げられました……」

パレ・ロワイヤルで最も有名な賭博場「一一三」で身ぐるみ剝がされた労働者が自殺した……。〇時五分のことだ。

公認賭博場が閉鎖されると、パリでは自殺者数が減少した。ただ、富籤と違法賭博が原因で、犠牲者は出ていたのである。

それでも一八五〇年には、賭博が原因で亡くなった人の割合は、もはや全体の数字の二五パーセントにすぎなくなった。

その頃、良識ある人たちの間で非難の的になっていたのは、パリ証券取引所での投機である。投機が原因となって自殺が何件も起こっていたからだ。ピストル自殺をした商人を当局が検証したとき、この商人の書類の中から発見された手紙を引いておこう。この手紙が発表されるや、運まかせのゲームや証券取引所の勝負を誹謗する人びとは有頂天になった。

> 私は証券取引所へ投機に行かずにはいられなかった。スペインの資金は破産が確定した。数年来、私は憑かれたように投機に熱中して、財産を蕩尽し、日夜煩悶し、数多くの過ちを犯してきた。私が全力でこの投機熱を克服することももはや無意味だと悟ったので、この絶えざる地獄に終止符を打とうと決めた。……

第二帝政期には、ほとんどのジャーナリストが投機熱の危険性を力説している。投機熱は「何年も前から、今世紀の麻痺症の狂人たちのような、百万フランしかもう夢みない大勢の人びとを支配した」という。

一八五六年三月六日、《世界報知（モニトゥール・ユニヴェルセル）》紙は、英国のジョン・サドラー議員の自殺についての重要記事を掲載した。サドラーは二月十七日に、ロンドン近郊の空き地で遺体となって見つかったのである。

弁護士でもあったジョン・サドラーは、政界の寵児だった。アイルランド出身のこの有能な金融資本家は、国会議員で下級大蔵卿でもあり、英国および国際的な主要機関の委員長を務めていた。

サドラー自殺の報に動揺が広がるなか、捜査によって判明したのは、私的な投機を続けるため、サドラーは莫大な数の詐欺行為や偽造を働き、四十二歳で自殺した、ということであった。

サドラーは賭博熱に冒され、英仏両国で鉄道株の偽造や偽札造りにまで手を染めていたのである。負債は一千五百万フランを超えていた。

サドラーが議会に代表として出ていた諸銀行は、支払いを一時停止したままだった。この金融家の死はあまたのグループを破産に追い込んだだけでなく、ヨーロッパの証券取引業界をパニックに陥れたのである。

《世界報知》紙は読者に忠告している。ジョン・サドラーの手紙の抜粋を読んで、この痛ましい事件から道徳的教訓を引き出すようにと。

もう生きてはいられない。……本当に大勢の人を破産させてしまった。人類の知らない、極悪非道な罪を犯した。……いまや私は、多くの非道な悪事を行った犯人なのだ。悲しい哉、この悪事のために、破産、貧困、絶望の憂き目にあった人びとは、数万人は下るまい。……私は最初に、どうして投機に身を乗り出そうとする欲求に抵抗しなかったのか。……今更嘆いても、仕様のないことではあるが。……

パリの証券のある公認仲買人は、投機の危険性と株式取引の不道徳性について質問され、こう答えている。

「私が見ていて、投機をする人びとはおよそ三年後に破産しています。……その人たちがいなくなっても、代わりが入って来るのです。……実に痛ましくてなりません。しかし、そこで何か打つ手があるでしょうか？……何か対策をしたとしても、他所に賭けに行くだけでしょう。……」

一八六〇年には、一人の弁護士、一人の銀行家、一人の文学者が投機に失敗して破産し、自殺したと報じられている。

それから三年後、証券取引所が原因となる被害は、モナコ大公領で目覚ましくなった自殺者の数に比べれば、かすんでしまっていた。

というのも、この一八六三年に、ランド地方の収税吏の倅フランソワ・ブランが、新たな賭博施設の経営を開始したからである。ハンブルクのカジノを起こした後に、この娯楽の企業家は、カロリーヌ公女とシャルル大公からモナコの土地の払い下げを受けていたのである。フランス銀行が保証する三つの手形で支払い可能な百七十万フランで。

新生「モナコ海水浴及び国際賭博会社」の資産は当時、五百フランの三千株に分割されて、一千五百万フランに達していた。それは安全確実でささやかな投資だった。その頃まだ枢機卿であったレオ十三世も設立当初の株主であった。

一八五三年以来、禿げた岩山を観光施設につくり変えるのに、いくつもの施業権者が挫折していたが、フランソワ・ブランには数ヶ月で事足りた。

ブランはニースで汽船をチャーターし、それで三百人の乗客を賭博の宮殿の門の前にまで無料で運ぶことにした。車の定期便もあった。ホテル、カフェ、庭園が来る日も来る日も建築されていた。一八六六年六月、この賭博都市はシャルル三世を讃えてモンテ゠カルロと命名された。客が殺到し、フランソワ・ブランの富に嫉妬を抱く人びとも現れる。

カジノへの抗議記事が出て、ブランに対する嫉妬が表面化した。「純粋な水浴客はカジノという悪徳の大聖堂に近づくべきでない。カジノに待ち受けているのは、絶望と不名誉、そして死である。……」

モナコにまで鉄道が敷設されると、賭博者の数が大幅に増加し、利益も増大した。そのため、フランソワ・ブランはモナコの住民に飲料水とガスを無料で提供し、シャルル三世は公国のすべての税金を廃止したほどである。

普仏戦争の間、カジノは営業を停止した。にもかかわらず、ブランはフランスの戦争賠償金の支払いを援助するために、二百万フランを拠出できたのである。莫大な富を蓄えていたからだ。……悪意ある人びとはこう主張した。「この金は自殺者の血で赤く染まっている。……まあ、どうでもいいがね……」

営業が再開された。一八七一年末、十四万七千八百人の観光客がルーレットやトラント・エ・カラントの主人に少額の寄附を行った。

翌年、数件の人目を引く自殺が起こると、カジノへの非難が激化した。一八七三年末には、ジブラルタルの司教が、クレー射撃場の新設に反対して立ち上がった。この信心家は同じ金額を使うなら英国国教会の建て物がたつことを良しとしたであろう。

憤懣やるかたないジブラルタルの司教は、司教書簡の中で賭博場とその経営者を槍玉にあげて怨みを晴らした。「賭博が原因ですでに尊敬に値する多数の世帯がニースおよびその近郊から追い立てられました。……モンテ＝カルロに行く人はひどく冷淡で思いやりに欠けますので、目の前で頭を撃ち抜く賭博者がいようとも決して目もくれないのです。……」

司教のキャンペーンを支持する新聞もあった。《ガーディアン》紙などは、新聞雑誌がたびたび糧を得ていた秘密をとうとう暴露したのだ。

モナコやその近郊で起きる自殺についてあらかじめ知っておくべき事柄がある。……自殺者は往々にして何らかの事故が死因とされ、モンテ＝カルロの殺人のように事実が歪曲されて伝えられる。……読者がこれらの「事故」の話を聞くことはめったにない。政府、政務次官、裁判所、公務員もこれらの死因を注意深く隠さねばならないことを重々承知しているからである。……

事実、賭博が原因である自殺が、一八七二年末のある一日だけで四件、翌年には九件発生したと公式に記録さ

モンテ＝カルロの賭博に反対するプロパガンダのポストカード「モンテ＝カルロの思い出」（1900年〜10年）

れている。カジノの宣伝部はそれへの反論として分かりやすい統計を広めた。すなわち、一八七三年には訪問者数が年間二十万人を超えたが、「自殺者の割合はきわめて少ないことが指摘されている。……自殺者数は一千人に対し、〇・四五人を超えないのである」と。

しかしながら、噂話も手伝って自殺は増加したので、その地方は悲しみに覆われたままだった。「悪徳の中心地」を改装しても、非難が収まることはない。そうしたなか、フランソワ・ブランが亡くなり、相続人には八千万フランが遺贈された。遺産のみならず父から能力も引き継いだ息子のカミーユは、賭博場の組織を改良した。あいにくなことに、運に見放された賭博者は海に飛び込んだり、庭園の木に首をくくることをやめなかった。そのため、複数の道徳同盟がモンテ＝カルロへの反対運動を企てた。

そのなかでも、一八八二年以降、ヨーロッパの全域とアメリカの一部の都市で、至極過激な反対運動を展開していたのが、「モンテ＝カルロ賭博台排除国際協会」である。

この協会の会長ヘンリー・トンプソンは、新聞各紙で堅気の職員を募集した。トンプソンは大臣や君主に働きかけ、リヴィエラ地方の街々で陳情書を作成し、当地の司祭や牧師に説教を勧め、医者に通達を提案し、身分の高い人びとに介入を要請した。

この賭博場廃止運動の波はドイツを覆った後、ロシアにも波及した。一八八三年、《タイムズ》紙のサンクト・ペテルブルク駐在員が、この協会の成功が目前に迫っていることを次のように書いている。

……ドイツにおいて非常に拡大したモナコ賭博場廃止運動は、現在ロシアにその反映を見ることができる。首都サンクト・ペテルブルクの新聞《声(ゴロス)》紙が発表した記事では、現制度の不正が強調され、ヨーロッパ全体、なかでもフランスが、モナコ公の賭博場を閉鎖させる道徳的な責務があると主張されている。……

賭博場への反対運動は、アメリカの将校がルーレットで多額の損失を出して自殺した事件にからんで、再燃した。新聞各紙はこの悲劇の結果であるとして、アメリカ海軍の出航を報じたのである。アメリカ海軍はヴィルフランシュの錨泊地を放棄したのだ。いっぽう、ロシア海軍もニースを放棄した。このときフランスの地中海艦隊も同じ決定を下した。

実際には、それは単なる推測でしかない。なぜなら、将校の悲劇的な死はこの撤退とは無関係だからである。この情報は巧みに利用されて、数々の編集室を駆けめぐった。

《タイムズ》紙は反対運動を継続している。ルーレットで損失を出して面目を失った外国人が「パリ・ホテル」で自殺したというニュースを、第一面に解説つきで掲載したのである。

三日後には、ピストル自殺について、鬼の首を取ったように詳述した。破産した卸売商がフォカイア人広場の真ん真ん中で頭をピストルで撃ったのである。死者は身元不明のままだったが、このニュースは人びとに強い印象を与えた。

トンプソンの協会は勝利を目前に控えていた……。そのときである、カミーユ・ブランがパリの証券取引所で無記名の新株発行を行ったのは。百二十五フランの株式を六千株である。抜かりない策略だった。というのも、賭博の反対者がモンテ＝カルロの賭博場を閉鎖に追い込めば、株主も告訴に参加できるからである。株主も反対派の奸計による無実の犠牲者であると主張して……。

策略がもうひとつある。モナコ大公シャルル三世が、領内に英国国教会を建てる許可を与えたのだ。

英国の新聞はたちまち論調を変えた。

《タイムズ》紙などは社説で、モンテ＝カルロ賭博場の経営方針を突如べた褒めしたのである。以下に見られるように、道徳的な配慮が見事に講じられていると強調している。「二十一歳未満の青年は賭博場に入場する資格がない。……ときには犠牲者も出ることもあるが、自殺しようとする気を起こさないよう非常に行き届いたあらゆる予防策がとられている」

また、《デイリー・ニュース》紙は、モンテ＝カルロを非難する類いの悪意ある話題のほとんどは、ニースのような保養地（リゾート）による中傷であって、モンテ＝カルロは他の観光地ほど自殺が頻繁に起こっているわけではない、と遠回しに述べている。

こうしてカミーユ・ブランは勝利を収めると、賭博場をより相応しい娯楽で取り囲むことに決めた。モンテ＝カルロのオペラ座はパリ、ロンドン、ニューヨークのオペラ座に引けを取らなかった。世界に名だたる歌手たちがそこで比類ない出演料を受け取った。テニスのトーナメント、ヨットレース、豪華なコンサートが開催され、国際的なエリートたちが集った。

意識的に沈黙した強情なジャーナリストたちもいた。特にパリには。

一八八九年三月三十一日の《クーリエ・フランス》紙で、文学者のジャン・ロランは、大勢の人を死に急がせた責任があるとして、モナコ大公に非難を浴びせた。

> 十五件の自殺、七件の決闘（うち三件は殺害、賭博台の周辺で突発した口論が原因である）が起こっている。しかも、この十五人の死については、モナコ警察と、沈黙は金なりの新聞社が金銭絡みの共謀によって注意深くもみ消したのだ。これこそがモンテ＝カルロのシーズンの実態であり、ブラン賭博場株式会社が公衆に見せないように隠しているカードの裏側である。
>
> 赤いカードが一組の場合、拳銃を自分に向けて死なないといけなくなるので、カードを切ったふりをして戻し、ハートのエースを引いているのだ。
>
> それでもやはりモナコ大公は、先見の明によって一切を見ないように目をつぶって黙認し、予算の大部分をなす数千万を取得している。周知のように大公は目をつぶることにより、銀行券にしたたった血の染みを見ないようにしているのだ。泥棒を牢屋にいれる代わりに、道路清掃はよくやっているので、大公の化粧室が自殺を求めている賭けで無一文になった人に与えられ、リシェ会社が葬儀屋を担当していた。
>
> 愚かな者どもがルーレットの運に任せて破産し、頭を撃って自殺しても、他の賭博者たちを動揺させるこ

とにならない。……熱狂した道楽者や欲に憑かれたなまけ者といった社会の屑のすべてが賭博に血道をあげる。前日の哀れな自殺者の血としての赤、喪章としての黒に賭けるわけである。そして、サタンはつねに泥でしかない黄金の仔牛のダンスを操っている。

血まみれの泥！　だが、ブラン賭博場は大公たちに供与する莫大な金額を毎年集めているが、何になるのか。

…………………………………………………………

私たち、パリおよび全地方の不品行な貧民は、それほどまで誘い込まれるのか？　ビラには、まことしやかな約束が次のようにこれでもかと並べられている。

ニースの謝肉祭のとき、パリ発マルセイユ行き、カンヌ行き、モナコ行きの歓楽列車は、往復が一等車で一六〇フラン、二等車で一二五フラン。ラ・コルニーシュの周遊券。切符の有効期限は二週間。モンテ＝カルロ行き豪華列車。……

それはメッカへの巡礼のようだ。だが、必ずしもそこから帰れるという保証はない。あってもときどきである。

その頃はまだ、賭博で無一文になっても、帰りの「交通費」が返還された幸福な時代であった。先を見越した経営によって、財布から最後の一スーを賭博台の絨毯の上に残してきた人には、カジノは交通費を払い戻していたのだ。賭博者たちへのご親切な用心である。賭博者たちは帰宅して財布をもう一度満たしてくるのだから……。ジャン・ロランはこう結論づける。

しかし、あなたがブランと大公のために有り金のすべてを失ったなら、事は明白である。すなわち、あなたたちはただ単に少し先に自殺しに行くように招かれているのだ。ここでは、あなたの銃声が賭けをする女を怯えさせることができるかもしれないし、賭博男に最後の二五ルイを賭けないという健全な考えを抱かせることができるかもしれない。……他所へ……他所へ行きたまえ！……

こうした類いの意見が相次いだものの、一八九一年、フランス政府はモナコ大公領が独立を宣言することを阻止することはできなかった。モナコ大公領は、国際的なエリート、大富豪、王族、詐欺師、著名なアーティスト、職業賭博師、尻軽女、著名な作家の会合場所であったのだが。

一九一四年当時、モンテ＝カルロに住んでいた小説家のロラン・ドルジュレスは、実体験が半ばを占める物語『夜の散策者』を書いている。この作品は、十二年後の一九二六年に出版社「書物の都市」から刊行されたきり再刊されていない。この『木の十字架』の作家が住む同じ階に、寡黙で慎み深いまじめな男が住んでいた。男は十五歳の娘と暮らしており、カジノの従業員という話だった。

ある夜、ロラン・ドルジュレスが夜更けまで仕事をしていたとき、人気のない庭園に行って、月明かりを浴びて夢想に耽っていた。

カジノの大きな窓からひとつひとつ明かりが消えた。ついに、深い沈黙。……海、夜、沈黙。……不意に、ピストルの発射音のような乾いた爆発音がこの表面的な静けさを破った。……

……何の変化もなかったので、私はまた夢想した。……しばらくの間、私はそう夢想していると、跫音が聞こえたので、そのほうに振り向いた。こちらに向かってきたのは、ひとりの男だった。作業着を着た労働者で、肩掛け鞄をかけ、梯子を担いでいた。この男が電灯を浴びて白くなった木々の間の空地を横切ったとき、私はこの男が隣人であると判かったのである。……

ロラン・ドルジュレスは好奇心をそそられて、隣人の後をつけることにした。男はときどき立ち止まっては何かを探しているようで、花壇に近寄ったり、木の根元を注視していたのである。男は唐突に、数歩進んで梯子を置いた。とうとう見つけたのだ。

……そのとき、私は死の獲物に気づいた。あれはまさしく首つり人だ！　絶望者が紐を結んだ枝は体重でたわみ、その人の足は地面に届かんばかりだった。……

夜の散策者は梯子を広げた。彼が首つり人のほうに登るのが見えた。彼は首つり人に触れ、向きを変えて、ポケットを探った。それから、彼は肩掛け鞄の中を探しているようだった。そして、再び死者のポケットを調べ始めた。

今度は私は分っていた。何をしに来たのか知っていた。彼は自殺者から所持品を奪っていたのだ。なるほど、そのとおり、カジノで責任のある職務だ……。

私は一瞬自問した。このごろつきの襟首をつかんで、呼びかけて、殴り倒してやらないのかと。だが、すでに、隣人は梯子を静かにたたみ、肩掛け鞄を後方にやって、一定の歩調で歩き始めた。首つり人をかすかに揺れ動かしたままにして。まるで海風が首つり人の衣服を揺らめかしているかのように。

男は遠くに行かなかった。小路に沿ってそこから百歩ばかり行き、ベンチの近くで歩を止めた。星を見るように倒れている男がいた。地面に触れた手から拳銃がこぼれていた。白い砂利の上には、黒い染みがあった。私が一時間前に聞いたのはまさにこの音だ。隣人は遺体のほうに身をかがめて、遺体をひっくり返し、他と同じように、ポケットを探った。私は今度、彼が拳銃の横にはっきりと手紙のような何か白いものを置いたのに気がついたが、それが何なのか分からなかった。

自殺者の向きを変えてから、夜の散策者は梯子を担いで足早に階段を降りていった。巡回を終えるのを急ぐ街灯の点灯夫のように。この度は躊躇せずに向かって行った。あたかも場所を知っているかの如く。

隣人は階段を降りると、露台に飛び降りた絶望者を発見する。近づきながら、こうつぶやく。

「いつも同じ場所だ。……」

このとき、かすかな物音を聞いて、男はロラン・ドルジュレスを照らした。作家であることを知って、呼びかけたが、ドルジュレスは走って逃げ、自宅に閉じこもった。その直後に、隣人がドアを叩いた。

……隠しに拳銃を滑り込ませると、私は敢然としてドアを開けた。男はばつが悪そうに入ってきた。……

「……ご理解いただけないと思いまして。それだからこそ、お会いしにまいったのです。もし密告されれば、私は仕事を失うかもしれませんので」

「何の仕事を?」と私は愚かにも、事情がのみこめずに、尋ねた。

「カジノの仕事に決まっているではありませんか。……ご存知のように、私です、毎晩、自殺者を探して巡回しているのは。……もし自殺者のポケットが空で、無一文で死んでいるのが知れたら、カジノは非難を浴びますし、賭博者は信用を失います。だから、私が財布を滑り込ませるのです。ポケットをいっぱいにするのです。お分かりですね。……ほんとうに責任ある職務なのです。以前お話ししたように。それで、その後、自殺を説明するために、私は自殺者のポケットに女性からの手紙、別れの手紙を忍び込ませます。……それで、『失恋の痛手』と噂されます。そして、みんなが満足するのです。……」

ただし、その夜、男はついていなかった。自殺者が三人いたのに、愛の手紙を二通しか持っていなかったのである。

「……この時間では、事務所の方々は寝ておられます。あなたに三人目の手紙を書いていただけると、好都合なのですが……。恋文を書くことくらいあなたには何でもないでしょう。……清書は娘にさせます。いつもそうしているのですよ。ふつうは女性の書体でないといけませんので……」……

私は、小説に出てくるような見事な別れの手紙を口述した。「悪く思わないでください。……あなたを悲しませてごめんなさい。……この情熱を忘れましょう。……」愛の終わりの常套句で埋め尽くされていた。

少女が手紙を書き取り終えると、父親は感動して、ただこう言った。

「実にいい、素晴らしいですね。ありそうな手紙です。では、この手紙に、たとえばシモーヌと署名しましょう。いい名前だと思いませんか?」

ロラン・ドルジュレスのこの中篇ルポルタージュ小説は、非売品として二百六十部が刊行され、今日ではかなりの稀覯書となっている。

第一次大戦後、カジノから貴族が消え、新しい客と入れ替わった。そのため賭博者たちに名誉の感覚が稀薄になり、昔より頻繁にいかさまが横行するようになったので、自殺者は大幅に減少した。

カジノ事業はあまりはかばかしくなかった。「海水浴会社」は出費が重くのしかかっていたので、資金を少々調達する必要に迫られた。このとき一億五千万フランを都合したのは、軍需品製造業の王バジル・ザハーロフ、英国で貴族に叙され、フランスで受勲した人物である。

この大砲商人の部下がカミーユ・ブランに替わってカジノ経営の指揮をとった。バジル卿は一日の一部を、賭博場に出入りする賭博者たちを眺めて過ごしていた。彼は決して賭けなかったし、自殺者数がどうあろうと、謎に満ちた微笑を浮かべたままだった……。

一九二五年、世界最大の賭博場を経営するのにうんざりして、バジル卿はパリの金融家グループに株券を売却した。そして、一九三三年にはついに、フランス政府が国内のカジノでルーレットとトラント・エ・カラントを合法化した。かくして、人目を引く自殺はモンテ＝カルロの専売特許ではなくなったのである。

その直後、イタリアもこの好例に追随した。

その頃、自殺の動機の順位表において、賭博の損失はもうかつてと同じ位置を占めていなかった。賭博場の客はより賢明になったか、カジノの責任者と賭博場が無遠慮を回避するためによりよく整備されたからである。

……

あらゆる自殺の予防策が講じられていても、胸の上で意味深長なメッセージを握りしめて公道で自殺する軽率な人たちもいる。

たとえば、新聞でユーゴスラヴィアの通商領事の秘密が世界中に暴露されると、通商領事が一九四七年四月六日日曜日、パリ、トロカデロの階段で遺体となって見つかったのである。

ポケットには、鉛筆で書かれた、しわくちゃになった二通の手紙が入っていた。一通は恋人宛て。

> どうか許しておくれ。パリでの生活は私の気をおかしくしてしまった。もう完全に正気を失ってしまったのだ。悩まないでおくれ。おまえは過ちを犯していない。私はおまえとパリで私の人生の最良の時を過ごした。私はおまえを心底愛している。

もう一通は友人宛てで、もっと具体的な内容である。

doit-on pas chercher à atténuer dans
mesure du possible, les dommages qui
résultent fatalement ?
L'Intransigeant Illustré, désireux
contribuer pour sa part à cette œuvre
prévoyance et de progrès, voulant

tiers réservataires.
1.000 *fr. en cas de perte de la vue ou de deux membres.*
500 *fr. en cas de perte d'un membre.*
De plus, à tout acheteur au numéro de *l'Intransigeant illustré*, victime d'un ac-

Sécurité Générale a stipulé les exceptions de rigueur : suicide, état d'ivresse manifeste et inobservance des lois—exceptions qui figurent, d'ailleurs, dans toutes les polices. Par contre, elle s'est interdit tout recours contre les Compagnies de

Henri ROCHEFOR

LE NUMÉRO : 5 CENTIMES

DELPIERRE, imprimeur-gérant.

LES VICTIMES DU PARI MUTUEL

勝ち馬投票の初期の犠牲者（《非妥協者》紙挿絵入り号、1894年4月26日）

私は最後に賭博場に行くのに一千フランの札を借りたところです。私はすでに四十万フランの借金があります。今夜、返済すべき金額を取り戻せないなら、私はもう破滅です。というのも、私は手形に署名してしまいましたし、手形の支払い期限が月曜に来るからです。……

この領事は午後十時頃、パリの賭博場を訪れた。借りた一千フラン紙幣のおかげでチャンスをものにした。まずは勝った。「取り返す」ことを期待して、賭け続けたが、最後のルイ金貨を、バカラの一種シュマン・ド・フエールで失った……。

一年後、「新パリの秘密」と題する調査の中で、ジャーナリストのアンリ・ダンジューはこの三面記事的な出来事を次のように解説している。

国営の賭博場は二十八件である。賭博の常習者は推定六万人。フランス全体で禁治産者が三千人、パリで一千五百人。摘発されたもぐりの賭博場が六十一件で、賭博者五百人が逮捕、通りの札当て賭博屋一千三百人が有罪となった。

今日、この数字はひとを苦笑させると言われている。

モナコ

モンテ゠カルロでは、自殺はその地の風俗ともなっていたので、大勢の絶望者が海に飛び込む断崖を指して、ずいぶん前から「自殺の岩壁」と呼ばれていた。

この呼称は次第に世間に広まり、観光名所にもなっていった。たとえば、一九五九年十一月十九日の《夕暮仏蘭西(フランス゠ソワール)》紙に、このような表現力に富んだ見出しが掲げられている。

身元不明の男性が飛び込み「自殺岩壁」から海へ……

つまり、ヴェネチアの「ため息橋」と書くように、「自殺岩壁」と書かれたのである。この三面記事の中で、記者がこのモナコの風景の名称についてその由来を説明しているのは言うまでもない。

午後七時頃、男性が高さ五十メートルの、有名な「自殺岩壁」から海に飛び込んだ。この場所では、これまでも賭博で財産を失った人びとが大勢自殺している。……

身元不明の男性の遺体は見つかっていない。……

†雑多な動機

自殺の動機を分類する場合、「愛」や「賭け」であれば分類しやすいが、幽霊の恐怖となると理由は不可解である。こうした不可解な理由は、「雑報」、「精神障害」、「不治の病」の記事欄に散見されるだろう。

ムッソリーニの幽霊につきまとわれた農民自殺！

ムッソリーニにつきまとわれていると信じた五十歳の農民アルフォンソ・ルネッタは、アーティチョークの畑で、拳銃自殺を企てた。

遺体のポケットから発見された手紙には、こんなふうに説明されている。

私は数年来、ムッソリーニにつきまとわれています。ムッソリーニはその手で私を殺そうとしているのです。あんな奴の手に落ちるくらいなら、自殺して死にます。……

《夕暮仏蘭西(フランス＝ソワール)》紙、一九五九年五月二日

同様の事例を、一九六〇年八月、フランス通信社（ＡＦＰ）の特派員が報じている。

七十歳代のベンデロウ夫人が、ロンドンの病院のトイレで首をくくった。「この病院で亡霊が廊下を徘徊するのを目撃したと頑なに信じていたとの理由」から、夫人は一年前にも入った病院に再入院した直後のことだった。なお、亡霊の正体は、手術室へ向かう、ラシャの袋を持った看護婦であった。

ベンデロウ夫人は視力が低下しており、息子にいくら説明されても、自分の誤りを認めることができなかった。

《フランス通信社》、一九六〇年八月十八日

悪魔と契約を結んだのを後悔してそれから逃れられないのを危惧することが、まさか自殺の動機になろうとは、当局が想定するはずもない。

ところが、こんな時代遅れの動機によって、一九五九年十月三十日、ヴァンドームの仕上げ工クレマン・ジラールが自殺したのである。

ヴァンドーム近郊の村ヴィリエ＝シュル＝ロワールに葡萄園を所有するクレマンの父親は、地所を見捨てて工場に働きに出た息子をどうしても許すことができなかった。

死に際に、父親は息子に憎しみをぶつけた。

「恥を知れ！……おまえは悪魔に憑かれている。……」

この実体をともなわない罵りを真に受けて、クレマンは自分が悪魔に取り憑かれているものと信じ込んだ。食養生をし、自分のところにまで悪魔がやって来ないように農地に囲いをした。そして、工場の医師にこの不安を打ち明けた。

それなのに、この臨床医からは、ヴァンドームの病院で採血検査を受けるよう勧められた。すぐさまクレマンは野を越えて逃げに逃げた。疲れ果てて立ち止まったとき、心は決まっていた。まずポケットナイフで喉を切りつけてみたが、かすり傷にもならなかった。

それで、紐を使って、桜の木の低い枝に首をつった。枝は重みに負けてしまった。針金を探すと、クレマンはいっそう入念に楢(なら)の太い枝に首をくくった。

クレマンは死んで見つかった。

村の農民たちは馬鹿正直に、「クレマンの奴は悪魔にやられたんだとさ!」と噂し合っていた。

次のごとく、自殺行為が表面上は取るにも足らない障害によって引き起こされたかのように見えるとき、本当の動機を明らかにするのは難しい。

勘定書を渡された男が自殺

《夕暮仏蘭西(フランス=ソワール)》紙、一九四七年十月四日

ギリシアチームの敗戦(フットボール)が耐えられないとアクロポリスの麓で男が自殺

《自由巴里市民(パリジアン・リベレ)》紙、一九四九年五月十八日

婿が跡を
継がないからと
農場に火を
つけて自殺

男性が自殺
原因は朝食が用意されていないと
思い込んだため

大人の女になるくらいなら
むしろ死を選ぶ！

米大富豪クレンデニン・J・ライアン氏自殺
政治家になれずに

首つり自殺
スパゲッティが好きで

レオナールが自殺
死んだ雌牛を愛して
いたため

水爆から逃れるために
87歳の男性が自殺

死刑囚の自殺

満月のたびに
妻をドイツ人男性と
間違えていた
元イギリス兵自殺

ギリシアチームの敗戦
（フットボール）が
耐えられないと
アクロポリスの麓で
男が自殺

ニューヨークの
探偵が自殺
職業に嫌気が
さしていた

人生に飽きて自殺……
100歳の男

スターリンを否認しないため自殺した男

トゥーレーヌ地方の妖術的な悲劇
仕上げ工「ファウスト」自殺
悪魔に魂を売ったと信じたから
亡父から呪われていた

幽霊を恐れていた老婦人
首つり自殺

ババン通り 肉屋がガス自殺
「ろくでもない客に慣れることができません」
と絶望者は書き遺していた

96歳の女性がついに自殺
40年来の試みの末

農事功労賞の授与を拒まれた男性
授与式の服装で首つり死

国税を欺いたことを恥じて自殺した納税者

税金を納めなかったから自殺した男

勘定書を渡され男が自殺

ムッソリーニの幽霊につきまとわれ
イタリアの農民が自殺

妻を殺害して自殺
ひよこの盗難被害が原因

……モンタルジー近郊のギー゠レ゠ノナンで農業を営む男性が、妻を殺害し、猟銃で自殺を図った。夜間に一五〇羽の雛を盗まれたからであるという。……

男性が自殺
原因は朝食が準備されていないと思い込んだため

ジョゼフ・H××さん（88）がシャトーポンサック近郊のサンム川に身を投げた。……H××さんは腹を立てて、嫁の前から姿を消していた。というのも、朝食が定刻に準備されていないと思い込んだからである。H××さんの腕時計は十時半を指していたが、実際には、腕時計は停止していて、まだ七時半だった。しかし嫁は舅の誤解をとくことができなかった。……
……この老人は記憶障害を患っていた。

《日曜新聞（ジュルナル・デュ・ディマンシュ）》紙、一九五八年五月十八日

「同意見の人は皆無」と
絶望者がカフェの客五人の前で自殺

一九四九年一月三十日夜、モンマルトル地区のカフェ「サン゠フルール」（ミュレ通り十四番地）に若者が入ってきた。興奮した様子だった。
「同意見の人は皆無だから、もうこうするしかないのだ」

こう叫ぶと、穏やかならぬこの客はポケットからピストルを取り出し、自分の顎に当てて、引金をひいた……。

フランスには、世間が何と言っているかに関わりなく、一度物笑いになると立ち直れない人がいる。

背が低いのをバカにされベッドで首をつった男

三十五歳のオーギュスト・アゴスティニはヴェルポー包帯を使ってベッドで首をつった。

……この不幸な男性は、身長が一メートル五十センチしかないことから、誰からも馬鹿にされていると主張していた。……

自殺した男性は、すでに十回ほども自殺未遂を繰り返していたのであるから、精神病院に収容されるべきであった。……《今朝(ス・マタン)》紙、一九五一年二月十三日

劣等コンプレックスが自殺の原因になることは言うまでもない。たとえば、肥満や禿頭でも。

ハゲが原因で自殺

ノヴァラ、十月十六日(AFP)ノヴァラ在住のカルロ・ソレジさん(28)は、若禿による劣等コンプレックスに悩まされていた。それでも、彼はコンプレックスの克服に努めたが、できなかった。数日前、大工場の職を辞めると、自室に閉じこもり、ベルトを使って、窓に首をくくったのである。

十六歳の少女が自殺
脱毛のせいで

ロンドン、四月十六日。バーバラ・スミス（16）は台所でガス自殺した。動機は髪が抜け始めたからだという。

先週、この自殺した少女は、結婚式を目前に控えた兄に手紙を書いている。「お兄さんの結婚式には出席できそうもありません。誰からも望まれていないからです」

どの新聞もいささかからかい気味に、やきもち焼きの宝石商ジャン＝マリー・P××の災難を報じた。一九五七年九月九日、フランス中西部の街シャテルローで、P××は若妻にお手製の貞操帯を着用するように強制したのである。

この貞操帯は、貞節のシンボルである結婚指輪が主要な部品だった。この器具に鍵をかけて、宝石商の夫は若妻の浮気を心配することなく、狩猟に出かけた。

ところがである。若妻はまだ骨盤の骨折が癒えていなかった。そのため、この耐え難い貞操帯を装着しているだけで激痛を覚えていたのである。若妻が女友達にこの苦痛を打ち明けると、女友達が警視に通報した。宝石商の夫は逮捕され、ポワチエの刑務所に収監された。

数日後、釈放されると、

彼は町中の笑いものであることが耐えられなかった。この恥に傷ついて、それを克服するに至らず、台所でガス自殺した。……

《日曜新聞（ジュルナル・デュ・ディマンシュ）》紙、一九五七年九月二十九日また別の形の苦悩から、一九五二年、一人の青年が死に追いやられた。

一九五二年三月八日、中学生アラン・ロズヴァーがウィンチェスター（イギリス）の中学校内にある礼拝堂の鐘楼で縊死したのである。

十五歳だった。

翌三月十四日の《夕暮仏蘭西（フランス＝ソワール）》紙の記事につけられた見出しは正確ではない。

アラン（15）が首つり自殺　ベジタリアンだったから

にもかかわらず、この自殺した少年が心のうちを披瀝した遺書からは、この行きすぎた神秘主義にはなんら疑問も抱いていなかったことがうかがわれる。彼はその被害者である。


ぼくがこれから犯すことは、その言葉の厳密な意味において罪であると心から思います。ぼくの人生における成功の機会のいっさいを失わせようとしているのですから。

……それでも、ぼくは自殺に魅せられていて、抗うことができません。ぼくがこの世に生まれたことがまったく無駄でなかったと思いたいし、肉食を断ったり、恋を体験したりして、ひとつの手本を示そうとしたのです。ぼくの最後の願いが神の被造物のためになればと思います。

人間が動物の虐殺を正当化できると信じられるのでしょうか。そして、食料生産のために、動物を増やしてもよいのでしょうか。高等生物である動物の肉を食べるという考えは本当に人びとの意に適うのでしょうか。畜殺場を見たことがあるのでしょうか。おぞましい残虐行為の中に何か善いものがあると信じられるのでしょうか。

結論として、狂信的なベジタリアンはこう叫んでいる。

肉は必要ないことを、ぼくが証明したのです！

† 伝染病とくり返される悲劇

ルイ十四世の軍隊のスイス人傭兵たちが、故郷の山々を懐かしんだのは無理もない。冷酷無情な傭兵たちでも「牛追い歌」が口ずさまれるのを耳にすると、すすり泣きしたと言われている。なかには、生まれ故郷へよせる愛着の度が過ぎて、この民謡の出だしを聞いただけで自殺した者もいるという。そのため、「牛追い歌」は、国王の軍隊で歌うことは命令で禁じられた。

一九三六年二月、ハンガリーのブダペストでは、警察が、楽団の指揮者、歌手、レコード会社に、演奏曲目からシャンソンの「暗い日曜日」を取り下げよと要請した。この歌のために、特に日曜日に自殺が起こるという理由からである。

事件の発端はある夜、キャバレー「殿様蛙」でのことだった。ロマの楽団がR・ベレス、L・ジャヴォル作の新作を演奏していた。

暗い日曜日
両腕に花をいっぱい抱えた

私は私たちの部屋に入った

熱心に聴いていた青年が唐突に、拳銃をかかげると、それで自殺したのである。ポケットの中に遺書があった。それには、指物師ヤーノシュ・ボロシュと署名があり、マルギト・カヴォクという恋人に去られたことが記されていた。それから、こう続ける。「ぼくは『暗い日曜日』を歌いながら死にたい。この歌には、ぼくの不幸がうたわれているのだから。……」

それがきっかけとなった。愛の絶望者たちがこの名曲の歌詞を書き写してから死ぬべきだと思い込んだのである。犠牲者が二十一人に達すると、警察はこの歌を発禁処分にした。

しかし「暗い日曜日」は、もぐりの音楽家たちによって旅行者に演奏され、噂となって世界を駆けめぐったのである。

この呪われた歌のフランス語版の歌詞はジャン・マレーズが書いた。マレーズも数年後に自殺している。

フランスではダミアが歌った。一九五三年五月に、ダミアが日本ツアーを興行したとき、この悲しい歌が熱狂的に迎えられた。ところが、このときは思いがけない結果を招いている。ダミアの歌を聞いて、複数の日本の絶望者が自殺を思いとどまったのである。

名古屋のある少女などは命を救われたことに感謝して、ダミアに手紙を書き送っている。

「……婚約者がフィリピン人たちに殺されたとき、私は自殺を決意しました。ちょうど自殺を図ろうとしたときに、あなたの『暗い日曜日』のレコードをかけたのです。このシャンソンに激しい衝撃を受けました。そして、いつかあなたに拍手を送りたくて、生きることを決心したのです。……」

ちなみに、大阪には「大阪のダミア」という名のキャバレーもある。

ブダペストでは、一九四八年にも、死ぬための歌を新たに選んだ狂信者たちもいる。五月十二日、ヴェロナール（催眠剤）で服毒自殺した若い女性の遺体が発見された。事件はいくらか話題になった。自殺したのは、通信社から派遣されたニュース写真家のイギリス人ジョーン・コリーだった。自殺者は薔薇の花弁を敷きつめ、その上に横たわっていた。遺書はシャンソン「忘れないで」の裏面に書かれていた。

ブダペストの若者たちは想像力に欠けるのではあるまいか。二週間後に、ドナウ川で上級公務員の令嬢が遺体となって引き揚げられたのである。両親に宛てた遺書には、「忘れないで」を聞いて感激したとあった。「この歌は人生の空しさを教えてくれました」というのである。

六月八日には、マリカ・バロクが自殺した。バッグの中にはこの死へと誘う（いざなう）ロマンスが入っていた。ジャーナリズムは早速、この新たな「ウェルテル病」を大々的に報じた。

この歌は総計四十名の犠牲者を出したのだった。

一九五四年二月末には、リオ・デ・ジャネイロのバーで三人の客が同じ歌を聞いて自殺した、とアメリカの通信社が報じている。

四十七日間に三人の犠牲者！
バレネアリオ・バールの店主はジュークボックスから「誰からも愛されない」のレコードを取り外す必要に迫られた。

このニュースは人目につかずに済んだので、この歌が「伝染病」を引き起こすことはなかった。

この「伝染病」という言葉は、不適切な用法で用いられるのが一般的になっている。職業、居住地、年齢等が共通する人びとが連続して自殺した場合に、「伝染病」という言葉が使用されているのである。

また、自殺が同じ環境や同じ手段で連続して発生した場合にも、「伝染病」という言葉が用いられている。

しかし実際には、それは模倣現象なのである。したがって、この「伝染病」を断ち切るためには、この悲劇の外的な影響や付随的なものを取り除くだけでよいことが明らかになっている。

例としてよく挙げられるのは、次のような奇妙な狂気である。一七七二年、十三人の傷痍兵が相次いで、廃兵院の薄暗い廊下にある同じフックで首をつった。

そこで、フックが取り外され、その壁の真向かいの窓が開放された。すると、この模様替えの翌日から、自殺は止んだのである。

模倣精神以上に影響力を持った意見を表明することが、特に軍隊では、効果的な治療になっている。

ナポレオンのエジプト遠征のさい、暑さと疲労から、大勢の兵士が自殺に追い込まれた。「軍隊には不満が充満していた」と証言者は記している。「われわれは目撃した、将軍の前でこう言って自殺した兵士たちを。『これがおまえのやったことだ』」と。

イタリア遠征のときには、ボナパルトはこの集団的な狂気を抑えた。臨時の日々命令で、死へと逃れる不良兵士の臆病さと規律違反とを譴責したのである。

> イタリア方面軍兵士たちに
>
> 余は諸君のうちに、立派なフランス人が祖国のために果たすべき義務を疎かにして、自由の擁護者に相応しからぬ落胆から自殺する者がいるのを知っている。
>
> 諸君の前途にある名誉ある死よりも惨めな最期を選択することは、規律と名誉の法を等閑に付することである。
>
> 今後、恥ずべき弱みを示した兵士がいれば、その名を軍の日々命令にて発表し、卑劣漢および脱走兵として処罰するものである。
>
> イタリア方面軍総司令官　ボナパルト

一八〇五年、ブーローニュのキャンプでは、失恋した擲弾兵が哨舎内で自殺したことが発端となり、複数の兵士が同じ場所で同じ仕方で自殺した。

ナポレオンはこの哨舎の焼却を命じ、日々命令に愛国的な記載を加えた。

兵士たるもの情熱の苦しみや憂鬱を克服するすべを心得るべきである。……
抵抗せず、悲しみに沈むこと、悲しみから逃れようと自殺することは、敗戦前に戦場を放棄することである。……

七月王政期には、自殺の「伝染病」が甚大な被害を出していることを知った、陸軍大臣スルト元帥は、一八四四年五月十日、次の通達を作成した。この通達は長年にわたり雛形として役立つことになった。

陸軍大臣より
副将軍各位
数ヶ月来、我が軍の兵士の間に自殺への嗜好が蔓延している。下級兵士のみならず、下士官、士官にさえ、自殺者がいる。この種の出来事から生ずる風聞と宣伝とが再度その原因となっているに相違ない。
以上の如き状況であるゆえ、諸君の配慮が求められる。精神的な病には、規律による抑圧は無力である。打開策は、集団の価値観に影響を与えることの他にない。価値観を支配するよう努めることは、軍隊の長たる者の責務である。……
……私は許可する。事情に応じて、自殺に関し、軍の葬儀を全体的もしくは部分的に中止することを。
赦免すべき理由のあるなしにかかわらず、恥辱を免れるために死に訴えた者は葬儀が行われないことを肝に銘ずるべきである。自殺者に友人がいる場合でも、この友人は部隊としても軍としても自殺者の亡骸に附き従うことを禁ずる。

首相、大臣、陸軍卿、元帥、ダルマティ公爵

一八五〇年頃、リヨン近郊で、女性たちが憑かれたように井戸に投身自殺しようとした。手本を示した女性がいたからである。井戸が憲兵隊によって監視されると、この騒動は収束した。

今日でも、「伝染病」という言葉には影響力がある。この言葉が新聞の大見出しを飾ることはめったにない。この言葉の使用には危険が伴うためである。というのも、それはまだ決心がついていない自殺志願者たちに影響を与えかねないからだ。

一九四六年に、この言葉が数ヶ国語で印刷された。ニューヨークにある、高さ四百十メートルを超える、エンパイアー・ステイト・ビルの百三階のバルコニーで、飛び降り自殺が十七件も起こったからである。この死を招くバルコニーが保護用の鉄格子で覆われると、この風習は途絶えた。

フランスのコート・ドール県の小さな街で十ヶ月の間に、二件の死亡と、三件の服毒死の未遂が相次いで起こったことから、一九五七年三月、それが「伝染病」と呼ばれた。三月二日、《夕暮仏蘭西（フランス゠ソワール）》紙は、さほど騒ぐに及ばない事件におよそ六十行も割いたのである。

見出しは六行、二段に渡っていた。

スミュール゠アン゠オクソワ（コート・ドール県）の青年たちに広まる

自殺の異常な伝染病
二人が死亡
二人が重体
他六人も自殺未遂

一九五六年四月十八日、十七歳の生徒G××が寄宿舎の自室で服毒死した。

八ヶ月後、十四歳の少女も同じように服毒死。

一九五七年一月、十六歳の見習いD××がアスピリンを多量に服用したが、救助された。

翌月、一人の少年と一人の少女が同じ方法で死を図ったが救助された。

仮に合計五件としておこう。見出しで報じられた他の五件は公式に確認できなかったので。

これらの自殺について「伝染病」と言う理由がほとんどなかったのだが……。

それよりもっと深刻な「伝染病」が一九六三年五月、ほとんどの日刊紙で一面を飾った。

三月四日、二十六歳のアンヌ＝マリー・ニジャンがエッフェル塔の第一展望台（プラットフォーム）から飛び降りたのである。とはいえ、三十メートル下方で片足がひっかかり、地上への墜落は免れた。（アンヌ・マリーは右脚を切断されたが、五ヶ月後、子供を出産した。彼女は生きる意欲を取り戻したと世界に報じられた。）

五月一日、ローデシアの観光客がエッフェル塔の頂上から飛び降りた。

その翌日には、二十五歳の文学部の女子学生マリー＝ジョゼ・G××の死が報じられた。女子学生は第三展望台から飛び降りたのである。

この女子学生はこの「呪われた記念建造物（モニュメント）」の三百二十三人目の犠牲者だった。

新聞各紙はエッフェル塔会社を非難した。たとえば、《パリ＝ジュール》紙は「エッフェル塔で自殺者多数」と大きな活字で打っている。「なぜ速やかにフェンスを高くしたり、展望台を金網やガラスで覆うことをしないのか。……」

五月五日、《夕暮仏蘭西(フランス=ソワール)》紙に、エッフェル塔会社の代表取締役兼社長の返答が掲載された。

エッフェル塔の自殺者数は、毎年、セーヌ県で記録される自殺者の総数に比べて、ごくわずかな割合しか示しておりません。

エッフェル塔が「囲われる」のなら、どうしてセーヌ川に囲いを設けないのでしょうか。都市ガスの使用を禁止しないのでしょうか。……

自殺を防ぐことはできません。エッフェル塔で自殺できなくても……他の場所でできるのですから。……

エッフェル塔には毎年二百万人の観光客が訪れている。入場料は第一展望台へ昇るのに一フラン五十、第二展望台へは三フラン、第三展望台へは五フランである。

「計算してみろ。そうすれば、金網で覆いをしたって破産しないことが分かるだろう」

こうした意見が複数の新聞に掲載されると、エッフェル塔会社の役員たちはインタビューでつまらない弁明をしている。

われわれは賃借人に過ぎません。毎年、パリ市に百二十万フラン(一九六三年)を納めています。わが社の株主が大儲けしていると言われておりますが、それは正しくありません。

しかしながら、これらの御仁も、第三展望台のテラスに通じるドアを暫定的に閉鎖するための針金に支出をすることには同意した。それでも、何も変らなかったが……。

六月十七日十四時十五分に、二十八歳のベルナール・T××が警備員の監視をかいくぐり、第一展望台のフェンスを飛び越えた。

T××は途中の小梁に落下したので、マラール兵舎の消防隊が危険な登攀の末、救助に成功している。

六月二十八日十三時十五分には、セーヌ＝エ＝マルヌ県の技術リセの職員で四十六歳のヴィオレット・C××夫人が、第三展望台から階段で通じるテラスから飛び降りた。

その日は雨が降っていて、風はなかった。三百二十五人目の伝染病の犠牲者はどさりと落ちた。

なお、エッフェル塔の自殺対策について、パリ市の技術部長はこう述べている。

「予算の問題でなく、やる気の問題だ」

一九六三年五月十五日の《パリ＝プレス》紙で、ジャーナリストのアンドレ・ビュルナがこの流行語を使用して見出しを書いた。

警察署で自殺の伝染病

このたびは一件の自殺と二件の自殺未遂のことであるが、その先駆けとなったのは、パリのドルーエ通りの警察署で、ミシエル・ルーベが自殺したことである。

ミシエル・ルーベの不可解な自殺について、ジャーナリズムは警察に轟々たる非難を浴びせた。

一週間後、シャテルローの憲兵隊兵舎の小部屋にて、トゥール空軍基地の航空兵伍長で、二十二歳のイヴォン・N××の首つりが確認された。N××は軍のガソリンを盗んでいたので、軍を追われることを怖れていたという。

それから、パリのグランド・カリエール（十八区）の派出所で、模倣精神からシャツを使って首をつった一人の男がいた。また、プレザンス（十四区）の派出所でも腹部をナイフで二度刺した男がいる。この自殺を図った両名は一命を取り留めている。

Le Petit Journal
CHAQUE JOUR — 6 PAGES — 5 CENTIMES
Le Supplément illustré
CHAQUE SEMAINE 5 CENTIMES

5 Centimes SUPPLÉMENT ILLUSTRÉ 5 Centimes

Le Petit Journal Militaire, Maritime, Colonial.... 10 cent.
Le Petit Journal agricole, 5 cent. La Mode du Petit Journal, 10 cent.
Le Petit Journal illustré de La Jeunesse.... 10 cent.
On s'abonne sans frais dans tous les bureaux de poste

ABONNEMENTS

Les manuscrits ne sont pas rendus

Seizième année DIMANCHE 8 OCTOBRE 1905 Numéro 777

ÉMOUVANT SUICIDE DE DEUX SŒURS JUMELLES

双子の姉妹の身につまされる自殺（《小新聞》紙挿絵入り増補版、1905年10月8日）
最近、ピレネー地方に住む、仲のよい双子の姉妹の片方が結婚を望んだが、両親から許しを得られなかった。絶望した二人は散歩に行くという口実で川辺に行き、抱き合いながら飛び込んだ。遺体は別々に見つかった。享年30歳。

こうした事態が継続すると、フランス警察の評判を傷つけかねないので、「豚箱(ヴィオロン)」に透明な仕切り壁を設けることが決定された。

一九六三年五月二十日には、アメリカの二人の学者の死について、「伝染病」という言葉が用いられている。数日間に、二人の原子物理学者、スティーヴン・カウフマンとシドニー・ウォーショーが自殺したのである。この二人の原子物理学者は、原子エネルギー委員会の研究の中心地であるアルゴンヌ国立研究所に所属していた。とはいえ、これらアメリカの原子物理学者の自殺を「伝染病」と呼ぶに足る理由はなかったのだが……。

一九六三年夏、この言葉が文明世界の新聞の一面を飾った。

止められぬサイゴン政府
ベトナム僧侶の自殺の伝染病……

抗議の自殺が最初に起こったのは六月十一日であるが、この仏教徒の抗議運動は、カトリックのゴー・ジン・ジエム政権の軍隊に虐殺された仏教徒の埋葬を終えた五月十日に始まった。

六月三日、デモへの対策として、フエの各寺院に通じる道は鉄条網で通行止めにされた。仏教徒は一団となって地方長官の邸宅に詰めかけたが、毒ガスの噴射に迎えられた。

このとき六十二人の負傷者は治療を受けることができなかった。

六月十一日、サイゴンの中心部で何千もの人が見まもる中、七十三歳の僧侶ティック・クアン・ドックは、ゴ・ディン・ジエム大統領の政策に抗議するため、僧服にガソリンを振りかけ、焼身自殺を遂げた。

それでも政府の暴力は止むことがなかったので、レーという名の二十歳の僧侶も同じ方法で命を捧げた。八月四日日曜日、サイゴンの北、ベトナム南部の沿岸の街、ファンティエット(潘切)でのことである。

この犠牲になすすべもなく立ち会った一人の大尉が、フランス通信社(AFP)のサイゴン駐在員に証言している。この証言は、各紙によって内容に若干の違いがあるものの、いくつもの新聞に掲載された。

インドの集団自殺

十二時五分のことです。死者の慰霊碑の広場では、昼食を食べに行く通行人がいました。隣の寺院では、当地方の仏僧ティック・クアン・ドックに捧げられた儀式が執り行われていました。

突然、この広場に黄色い僧服を着た、剃髪した青年が姿を見せたのです。この青年僧はガソリンの缶を持っていました。慰霊碑の傍で立ち止まると、自分の服にガソリンを振りかけて、跪き、顔を西の方に向けると、ガソリンが染みこんだ服に火をつけたのです。


青年僧の遺体は近隣の病院に安置された。青年僧死亡のニュースは甚大な反響を呼んだ。八月七日、四十人の僧と尼僧が自己犠牲の誓いを行った。もしジエム大統領のカトリック政権があくまで信仰の平等を認めず、行列の間に幟を持つことを仏教徒に対して禁止し、逮捕された仏教徒を釈放しないなら、自殺を図ると言うのだ。大統領は一切譲歩しなかった。大統領の義妹で、ベトナムのファーストレディーであるゴ・ディン・ヌー夫人は、彼女がベトナム国内における反仏教の論客の最右翼であることを示した。ヌー夫人がＣＢＳのマイクの前で語った言葉が世界中を駆け巡った。

「仏教徒たちは僧侶に麻薬を服用させて、その僧侶に火を点けています。焼身自殺をするのにさえ、……彼らは自前で何とかするすべを知らないのです。……輸入ガソリンを用いているのですからね。……」

彼女は攻撃を続けながら、こう断言した。「私は焼身自殺を見て、拍手します。……」

この政治的カトリシズムを擁護する女性は、手をたたいて喜ぶ機会に幾度となく恵まれた。

三人目は十七歳の沙弥で、八月十一日の夜間、フエの北の寺院前で焼身自殺した。この犠牲の瞬間を目撃した者はいなかったが、沙弥の遺体が発見されたとき、まだ煙が立ちのぼっていた。

八月十五日には、二十歳の尼僧が自殺している。仏陀に犠牲を捧げた最初の女性だった。この尼僧はニャチャン近郊で、恒例となった方法で服に火をつけた。

五人目の自殺は八月十六日、サイゴンで起こった。七十一歳の僧侶ティック・ティエン・ディエウは市内最大の寺院の中庭で焼身自殺した。

ジエム大統領と義弟はキリスト教会の名の下に、仏教徒に対してますます過酷な弾圧を加えた。しかし暴動が発生し、この大統領も義弟も処刑されることになる。

† 日本における自死の伝統

腹切り（切腹）の祖国では、その伝統の大部分が徐々に失われていったようだ。それについて、いかにもパリジャンらしい日本人の画家スズキ〔訳註〕がこう語ってくれた。


日本では、結婚が反対された場合、恋人たちが心中することがある。また、上流階級や知識人だったり、死ぬのにもっともらしい理由がない場合にも、自殺することがある。

自殺する人は、椿が咲く頃を見計らって、東京湾から南方に位置する伊豆大島に行く。伊豆大島には火山があって、日本の歴史上、ここでは自殺が後を絶たない。伊豆大島は自殺産業が大繁盛していて、たくさんのホテルが営業しているが、カップルが宿泊の場合、勘定を先に済まさなければならない。二度と帰らない懼（おそ）れがあるからだ。火山に近すぎるので。

山道に警備員を配置して監視させても、意味がない。だから、村役場が「自殺の前によく考えて！」と書かれた大きな看板を設置している。

山地では、「秋の自殺」の名所として「華厳の滝」という大きな滝がある。ここで最初に自殺したのは大学生だ。この滝壺に飛び込むために、遠くからも人がやって来る。

また、お洒落な江ノ島海岸では、月明かりの晩に恋人たちが心中する。ここにも標示板が設置されているし、観光協会が樅の木の低い枝を切断している。この枝が首つりの支柱として利用されやすいので。

世に知られる乃木将軍夫妻のハラキリに私が触れると、スズキは笑いながらこう答えた。

まったく時代遅れだ。今時、ハラキリは大きな儀式でしか行われない。式典用の自殺だ。それは観衆の面前で行われる。すべては礼儀正しく行われる。舞台が見苦しくなってくると、自殺者の背後に立つ介添え人が刀の一振りで首を切り落とす。だから、この儀式は尊厳の性格を持ち続けているのだ。……

〔訳註〕鈴木龍一のことと思われる。

† 自殺クラブ

自殺クラブの先駆けとも言えるのが、アクティウムの戦いの後、クレオパトラが設立した「死をともにする人たち（シュンポタヌメネノイ）」である。

自殺クラブの会員たちが死ぬ順番をくじ引きで決めているという話を、かなり昔から小説家たちが広めていた。しかし、そのときもまだ、往々にして現実は虚構を超えていたのである。

自殺クラブといえば、フランスの「自殺主義者」の他に、ルーマニアのクラヨーヴァで活動する「気難し屋の会」、ベルリンで名を馳せた「死のサークル」が知られている。また、もっと最近では、次の記事にあるように、ロンドンで創始されたサークル「病人協会」がある。

ロンドン、一九三一年五月十七日

未婚女性ルイーズ・シュワルツ容疑者は、身体が不自由な兄の頭部に拳銃二発を発砲して殺害した容疑で逮捕されたが、容疑者とその兄は、設立時の会員数が三〇名の自殺クラブに所属していることが判明した。このクラブの会員は、死ぬべきであると多数決で決定された場合、自殺することを宣誓していたという。会員のほとんどは老人か身体が不自由な人だった。彼らは生きることが重荷になっていたからである。死ぬことを選ばれた会員が死ぬ勇気をもたないときは、自殺を幇助すべき会員が指名された。それゆえ、ルイーズが兄の死に「協力」したのである。

このクラブでは、四人の会員がすでに自殺していた。警察は残りの二十六人の会員の名を把握しており、当クラブによっていつ発されてもおかしくない死の命令を実行させないように、全会員を監視していたのである。

ルイーズは死の決定が下される通常のプロセスを明かにしている。

「私たちは日曜日の夜、健康状態が著しく悪い会員の家に集まります。四時間の間、神に恢復を祈願します。恢復の兆しがわずかでも見られなければ、身体が悪い人は死なねばなりません。この人が自殺しない場合、会員の中から殺害する人が選ばれるのです。四月二十六日、私たちはジョージ・ブライテンバックの家に集まって、祈りました。彼の状態にどんな変化も見られません。数日後、彼は地下室で首をつっているのが発見されました。
先の日曜日、兄の家で集会が行われ、兄のために皆で祈りました。火曜日に、私は兄に会員の義務を思い返させました。そして、同夜、兄は頭を拳銃で撃って、自殺したのです。……」

《ジュルナル》紙、一九三一年五月十七日

こうした自殺サークルが日本にすこぶる多いのは言うまでもない。

一九三七年四月七日、東京。警察によって自殺クラブが摘発された。店員の藤田ヨシオさんの遺体の上にこのクラブの規約が明記された冊子があったのである。規約には次の条項もある。
「当倶楽部ノ会員ハ存在ノ不幸ナ偶発事ヲ認メルコトニ同意シテイル。従ッテ、当会員ハ不合理ナ此ノ世ヲ離レ、アノ世ニ幸福ヲ追求セント、自殺スルトイウ契約ヲ結ンデイル」

《毎朝(マタン)》紙、一九三七年四月八日

サラエボでは二十年間、「知っている人びと」のクラブで死のゲームが行われていた。事件は一九三七年十月、ユーゴスラヴィア警察に摘発された。

悲劇の首都サラエボで
バンコ!
骸骨を引いたら自殺が義務

ウィーン、一九三七年十月三十一日（電話）

「バンコ!」と医者が発した。
部屋中を沈黙が覆った。居合わせた人びとの頭がいっせいにテーブルの緑色のマットの上へ傾いた。それ

はウィウェニンスキ伯爵が考案したゲームが行われた最初の晩だった。ブロックがすでにテーブルを五周していたが、期待されていた出来事はまだ起こっていなかった。

医師は二枚のカードを裏返した。ダイヤの三とハートのエースだった。

「カード！」と医師は要求した。

胴元はゆっくりと手を裏返して、明かりの方に近づけた。その手には新しいカードが握られていた。伯爵が五十二枚のカードに追加したカード、銀の十字架に浮かび出る、顎を上げた骸骨が描かれた白い長方形のカードであった。

ぼそりともなかった。医師は重たい足取りで退出した。翌日、書斎で遺体が発見された。医師は銃弾でこめかみに穴を穿っていたのである。硬直した右手にはピストルが握られたままだった。

サラエボでは、第一次大戦後に考案されたこのゲームを行おうと、毎夜、およそ五十人の絶望者が場末の小屋に集っていた。

彼らは「知っている人びと」とあだ名されていた。

このクラブのメンバーは、骸骨が描かれたカードを裏返したら、二十四時間以内に自殺することを宣誓していたのである。

この年（一九三七年）、このクラブの設立当初の規則には想定すらされていなかった事態が生じた。宣誓の撤回を願い出るものが現れたのである。ハンガリー人青年のラヨシュ・スゼケリだった。彼は恋に落ちており、婚約者ができたのである。人生が初めて彼に微笑んだのだった。

これまで死に至らせるカードを避け続けてきた、恐るべき強運の持ち主のウィウェニンスキ伯爵は、特別なバカラの催しを命じた。

もしスゼケリが五十三番目のカードを引かなければ、宣誓から自由になる。反対に、運命が彼を指名すれば、自殺しなければならない。

「知っている人びと」のメンバーは全員が顔をそろえていた。

「バンコ!」とハンガリー人の青年は言った。

彼はカードをゆっくりとすってから、二枚引いた。一枚目はハートのエースだった。

「愛の勝利だ!」と伯爵は声を上げた。

二枚目は骸骨だった。

スゼケリはひと言も発さず、ポケットからピストルを出し、頭を撃った。

遺体はサラエボ近郊で発見された。婚約者は、クラブの存在とこの青年の足どりを知っていたので、警察に通報した。

《夕暮仏蘭西(フランス=ソワール)》紙、一九三七年十一月二日

一九〇九年五月二十六日、クレルモン=フェランで、中学生三人が結んだ死の協定によって、あやうく三人の犠牲者が出るところだった。

昨日、ブレーズ・パスカル中学校で、授業中に生徒が自殺するという事件が起こった。三年生の生徒三人が、午後に自殺することを計画していたのである。三人はくじ引きで、最初に死ぬ者を決めた。めぐり合わせというものはなんと残酷で皮肉なことか、隣町の小学校教諭の息子アルマン・ネニー少年を指名したのである。まだ十四歳の被害者は定められた時間に立ち上がって、こめかみに拳銃を撃った。即死だった。机にはこんな言葉が書かれた紙が見つかっている。「友よ、これから死にます。さようなら」

地方新聞各紙、一九〇九年五月二十六日

このクレルモン＝フェランの事件について、《討論(ジュルナル・デ・バ)》紙は詳細な記事を掲載した。一九二五年に小説家のアンドレ・ジッドは純粋小説『贋金つくり』を執筆するさい、この記事を利用したに違いない。

三人の生徒の間で、最初に死ぬ者を決めるためにくじを引いたという話である。確実なことは、被害者ネニーの二人の仲間が被害者の臆病を責め立てて、いわば自殺を強制したということだ。また、彼らはネニーにこの忌まわしい行為のリハーサルをさせ、実行方法も指示したということである。それから、翌日ネニーが拳銃で頭を撃つべき場所にチョークで印をつけたという。……

……最後の瞬間の十分前、ネニーの仲間たちは他の生徒から腕時計を借りて、ネニーに声をかけていた。「三時二十分に自殺しなきゃならんのは知っているな。あと十分だぞ。——五分だ。——あと二分だ！」正確な時間に被害者の少年は立ち上がると、チョークの印の場所に立ち、拳銃を取り出して、右のこめかみを撃った。……少年が倒れたとき、この企みの加担者のどちらかが恐るべき冷静さで拳銃に飛びつき、隠蔽した。拳銃は現在も発見されていない。……

それから数週間、愚劣な賭博や中学生の秘密組織が原因となって、若者の自殺が連続して発生した。

当時下院議員であった文学者のモーリス・バレスは、若者特有の激情に心を動かされ、一九〇九年六月二十一日にフランス下院において文部大臣への質疑でこう発言している。

“JE ME TUE
pour échapper
aux imbéciles”
Et Alberte (19 ans), se jeta à l'eau

「自殺する
愚か者たちから
免れるために」
こうアルベルト（19）は言うと、
水に飛び込んだ

……こうした非常に深刻な事実が、クレルモンの中学校の最低最悪な道徳環境を暴露しているのであります。……

ここに取り上げました事例が気にかかりまして、わたくしはわが国の教科書に自殺について言及されている箇所がないかを調査してみました。認可された教科書を確認してみましたけれども、自殺に関する言及は一切ございませんでした。

VIII

自殺志願者の救済

「フランスでは、自殺にあらかじめ備え、
自殺を処罰する法の発布が望まれる」
——E・アルピー弁護士（博士論文、1905年）

自殺の強迫観念は自殺に対する
最良の救済手段である。
——ルネ・クルヴェル

アンドレ・フランソワのデッサン

† 自殺幇助の擁護と技術

死にたがっている人を救済する手立てとしては、できるだけ快く自殺できるように手助けするか、生きる意欲を取り戻させるかの二つの方法がある。第一の解決策は、心理学教授ビネ＝サングレ博士が一九一九年にアルバン・ミシェル社から出版した、『死の技法　自殺幇助の擁護と技術』において提案している。書名からして興味をかきたてる著作だ。

ビネ＝サングレ博士は、心理学・物理学・病理学の各分野にまたがる研究書『イエスの狂気』を出版して、人びとの耳目を集めている研究者である。

『死の技法』の中で展開される理論はじつに革命的だ。博士によれば、科学者は、同時代人の自殺を幇助するのを公に許されるべきだというのである。

今日では、自殺を決心した人は誰でも、科学の進歩によって、苦痛がないどころか、恍惚としている最中(さなか)に死ぬことが可能となっている。ビネ＝サングレ博士は主張する。「したがって、技術者を刑罰で脅して、心地よく死ねる可能性を剝奪し、自殺を防止することは許しがたい罪なのであります」。そして、声を荒げてこう述べる。「それは権力の乱用でもあります！」

博士はみずからの構想の意義を示すため、不幸にも自殺に走る人たちがややもすると手際が悪いと同時に非常に苦痛をともなう自殺方法をとらざるをえないことを嘆いて、次のように定番の自殺方法を順次検討しているのだ。

縊死は非常に快いと言われるが、死ぬのに二十分も要することがある。死ねなかった場合には、嚥下障害、直腸麻痺、失声症、肺鬱血、膀胱麻痺、片麻痺を発症するかもしれない。

首締めでは、頸部の腫脹、舌骨の骨折、喉頭の骨折、麻痺、痙攣癖が観察される。

ドーミエは自殺する人が目の前にいてもまったく気にしない釣り人を描いている。

入水では、鼻腔や喉頭に水が進入するとき、激しい不安に苛まれる。また水の冷たさに苦しむ。窒息死でも同様の不安がついてまわる。

服毒死では、毒薬の選択を間違えると、ひどい苦痛ではないにしても、激しい眩暈が引き起こされる。飛び降りや火器による自殺は、失敗した場合、取り返しのつかない合併症を招くかもしれない。

要するに、ビネ＝サングレ博士は、こうした洗練されていない技術と手を切るために、「自殺幇助」に公益性があることを認めるよう要求しているのである。

それから、次の章では膨大な紙幅を費やして、肉体的苦痛や精神的苦脳が一切なく、被験者を生から死に至らしめる諸技術について言及している。自殺志願者は何らかの援助を受ける前に、安楽死の専門家、すなわち「病理学者にして心理学者、そして臨床医でもある安楽死賛成者」を紹介されるだろう。

志願者は全員、三人の安楽死の専門家によって、遺伝、体質、生理、心理の観点から検討される。そして、専門家たちから死にたい理由を尋ねられるだろう。

専門家たちは志願者の抱える事情に応じて、公的扶助（貧困）、チャリティー・パーティ（夫婦間の口論、婚外の妊娠、近親者の死、賭博で身代を失う、破産、厄介な問題）、精神療法医（かなわぬ恋、嫉妬、結婚生活の嫌悪、宗教の恐怖、無気力、政治的高揚、放蕩）に、おのおのその事由を報告するだろう。

不治の病であれば、三人の安楽死賛成者は、志願者が不治の病であることに合意した後、「運命の糸を断ち切る」義務を有する。

そして、ここにようやくビネ＝サングレ博士は安楽死の技術に関する章を配置している。

　死の志願者は死の恐怖から解放されますと、安楽死の部屋に案内されます。塩化エチル（麻酔薬）を噴霧して、脇腹の部分に局所的痛覚脱失を引き起こさせ、この箇所に二センチグラムのモルヒネの塩酸塩を注射するのであります。

このように恍惚の第一段階になりますと、窒素酸化物を吸引させられるのであります。……

最後には、この技術を事故死に応用している。ビネ＝サングレ博士は思いをめぐらした結果、次のように考えついた。

事前に死が予想されるケースでは、死にともなう苦痛をなくすことが可能です。そのケースとは、遭難、未開地方の探検、戦争での負傷がそうであります。

したがいまして、わたくしは、自分の生命(いのち)を危険にさらしている人びとに、圧縮窒素酸化物が封入された容器を携行させることを提案するのであります。この容器はアルミニウム製で、航海士、探検家、軍人のベルトに装着可能です。

マスクを装着するやいなや、栓が開かれます。

この著作は政府への提言で締めくくられている。

安楽死研究所は慈善事業であるべきはない。……安楽死研究所は公的扶助と結びつけるべきであります。

自殺者たちに慈善を施すビネ＝サングレ博士が、一九一九年にこの計画を発表してこのかた、いまだ実行に移そうとされた例(ためし)はない。

†電話によるこころの救済

第二の解決策は、早くも一九〇六年に、ニューヨークで、バプテスト派の牧師が創始した「国民救命協会」によって、実践されている。五十年の活動歴をもつこの団体は、五万人以上の自殺志願者を救済したと明言している。

ボストンの「レスキュー」、マイアミの「フレンズ」は電話によるこころの救済機関である。

一九五八年にロサンゼルスで設立された「自殺防止センター」は世にもユニークな施設だ。設立者は二人のアメリカ人医師、ファーベロウとシードマンである。二人は自殺志願者の行動研究に取り組んだ。検視官（予審判事）の医師助手をつとめる二人の研究者は、典型的な自殺者の心理描写を確立しようともくろんだのである。

彼らは自殺者の遺書約一千通を収集するとともに、選ばれた数百人の健康に問題のない「被験者」に、自分が自殺することを想像しながら、遺書を書くように依頼した。

それから、電子機器を使って、本物の自殺者の手紙と被験者の手紙に存する共通点、類似点、相違点を分類することで、自殺を考える人の心理的な類型を確立することができた。

「一般に信じられている以上に、人は死を決心していない。最後の瞬間まで、生きる欲望と死の欲求との間で揺れ動いているのである」

この逡巡の時こそ救済のチャンスなのであるが、運よくめぐりあうのは難しい。このアメリカの研究者たちは、彼らの研究成果で、自殺志願者を探し出して、その苦しみを和らげることが容易になる、と主張しているのだ。

ヨーロッパで最初に精神救護施設の創設を考えついたのは、英国国教会の司祭チャド・ヴァラー師である。彼が一九五三年、ロンドンに「サマリタンズ」という施設を設立した。

翌年、同種の二つの施設が創設されている。ひとつはオランダで、もうひとつはスウェーデンで。それらはロンドンの施設とはまったく無関係だった。

ドイツでもヴァラー師の発意に興味を抱いた人があらわれた。神学者で精神科医のクラウス・トーマス博士で、彼がベルリンに最初の「電話司牧（電話による魂の治療（テレフォンゼールゾルゲ））」を開設した。

ベルリンはウィーンと並んで、ヨーロッパで自殺者が最も多い都市である。一九五九年には、交通事故死者数が二百八十四人なのにたいして、自殺者は七百七十八人にも達している。

草創期のこうした施設が好評を博したので、ベルギー、ついでドイツ語圏スイスでも、善意の人びとが新たな施設を設立した。フランス語圏スイスもそれに倣うと、そのアイデアがフランスやイタリアにも波及した。

一九六二年、ドイツのシュトゥットガルト近郊のバート・ボルで最初のヨーロッパ会議が行われ、十一ヶ国から五十三の精神救済施設の代表百三十人が参集している。

絶望者救済事業を創始したチャド・ヴァラー師は、文通や予約診療ではなく、むしろ電話を選んだことについて、七つの理由を挙げている。

一、苦しんでいる人がただ電話ボックスをみつけるだけでよいこと。

二、電話窓口が二十四時間、いつでも繋がること。

三、匿名性が保証されること。通話者の多くがそれを希望しているから。

四、無料で試すことが可能なこと。事実、公衆電話で電話機に公衆電話用コインを入れて、電話番号をダイヤルし、応答する声を聞いて、声が気に入らない場合、受話器を戻せばコインが戻ってくるようにできる。

五、会話を容易に中断できること。いくら失礼であっても受話器を置くことが可能。対面での会話では不可能なようなことができる。

六、声が与える申し分のない親密さの感覚。
七、見えない通話相手に自分の反応を見られることなく話ができること。
しかもヴァラー師はこうも述べている。ある回線にかかってきた電話で、問題を解決できないとき、即座に別回線に切り替えて、話し相手に返答できる適任の人を呼ぶこともできると。

残念なことだが、電話にも難点がないではない。親交を求める人と握手もできなければ、一杯の紅茶もふるまえない、薬もあげられなければ、毒薬や拳銃を取り上げることもできない。

この活動の主要な目的は、無関心な社会の中で孤立した人に友情や兄弟愛の感銘を与えることである。しかしながら、孤独を怖れる人びとは声だけを追い求めているわけではない。彼らは心の中の悲劇の物語を聴いてくれる好意的な耳も求めている。

ロンドンでは、通行人の話を気長に聞いて、生活費をたっぷり稼いでいる人がいるという。折りたたみ式のテーブルに置かれた立て札には、こう書かれている。「二シリングで、不幸話をお伺いします……」客が行列をなす日もあるようだ。

同様に、アメリカのシアトルでも、一九五七年に「差し伸べられた手」という施設が設立されたとき、最初の数時間に電話が殺到しすぎて、交換局のヒューズが飛び、シアトル市では夜間に、電話が不通となる事態となった。

ニューヨークでは毎月、二万人の「常連」が「助け合いセンター」の四つの番号のいずれかを必要としている。ロサンゼルスでは、月平均一万五千件、サン・フランシスコでは七千件以上に上っている。

一九六二年九月十五日の時点で、世界中に「神様の電話」が八十七あった。人生という悪夢に苛まれている人はいつでもどこででも電話をかけて、心痛を吐き出すことができる。彼らは、時間や労苦を惜しまない他者に話し、打ち明けることができるのだ。

イギリスには二十五のコールセンターがあり、その数で首位に立っている。それに、ドイツが十九で続き、人口がパリと同程度のスイスには「差し伸べられた手」の施設が十ある。スウェーデンには六つの施設、デンマークが三、フランスが二、ベルギー、フィンランド、ノルウェーが各一である。

アメリカには絶望者が利用できる団体が四団体ある。インド、パキスタン、日本、トルコには、国内に一つだけ。香港、ヨハネスブルク、南ローデシア（ジンバブエ共和国）では、こころの病を電話により救済する施設も整備されている。

これらの救済機関は新聞広告、ポスター、パンフレットで宣伝を行っている。

ロンドンでは、大新聞各紙の広告ページに定期的に次のような文句が掲載された。「自殺前に、私の電話番号におかけください。云々」

ベルリンでは、神経精神科医のティリッヒと精神療法医のクラウス・トーマス博士が協同して一九五六年に「厭世者保護機関」を設立しているが、自殺志願者を見つけ出し、集める役目を担っているのは、警察、医者、医療関係者、ソーシャルワーカーである。こうした人たちがそれぞれ、自殺志願者が取り返しのつかない行動を起こす前に「傷つきやすい人びと」を発見しようと努めている。ビラにはこんな宣伝文句が印刷されている。

あなたは独りではない！

聖ルカ教団はいつでもお待ちしております。どんな時間でも電話番号×××におかけください。もしくは午前十時から午後五時の間にお越しください。

13階から飛び降りるよう脅された男

「飛べ、さあ飛べよ」と群衆は絶望者にむかって叫んだ。

ニューヨーク、1964年4月16日

2時間の間、40人のニューヨーク市民が男が死ぬのを待っていた。男が自殺しなかったので、人々はがっかりした。賭けが行われており、とばなかったことから、群衆は自殺しようとしていた人を罵った。

《パリ＝プレス》紙、1964年4月17日いつでもお待ちしております！

ベルリンの壁に貼られたポスターは、落ち込んでいる人たちに呼びかけている。

「自殺前に、神父に電話をください！」

フランスのいのちの電話「ＳＯＳアミティエ」は当初、組織として宣伝活動を行ってこなかったが、新聞記事や「重大ニュース」というテレビのニュース番組で紹介されただけで、通話が日に日に増加した。一九六三年になって、「ＳＯＳアミティエ」はパンフレットや定期的なニュース番組で、電話番号を大衆に伝え始めた。

人は独りで生きるために生まれたのではない。愛し、愛されたいのだから。人はそれを渇望するので、孤独に追い込まれると、もう生きることを選択しない人もいる。彼らには世の一切が不条理だと思えるからである。

しかし、ごく短いこともあるが、一定の時間、どんなに深く絶望した人も踏みとどまる。……まさにどうしてか分からず、何かすがるものもなくて。

こうした人たちには電話の受話器を勧めたい。なぜなら、それが、愛されたいという不意の欲求に即座に返答する唯一の方法だからである。

ＳＯＳアミティエはこの欲求に応えるために設立された。

この自殺予防運動のうち、「ＳＯＳアミティエ」の成果は評価できるものである。「私たちに電話をかけてきた七十八人の悩める人びとのうち、六十三人については、彼らから自殺の行為を、多くの場合は自殺するという考えを取り除くことができた。残りの十五人については、一切不明であるが、だからといって、彼らが自殺計画を

あなたの苦悩に
仲間の声が応えます……

フランスの精神救済センター「ＳＯＳアミティエ」のあまりにさりげない広告

自殺の前にダイヤル3・2・0・1・5・5へ

ベルリン、10月6日（ロイター）——ベルリンでは、自殺をしようと考えている人に向けて、自殺の計画を実行に移す前に、弁護士の電話番号３２０－１５５に電話するよう呼びかけられた。この弁護士は今後も匿名を望んでおり、絶望者たちにその計画を思いとどまらせるのを使命としている。

この弁護士は、妻の手を借りて、彼に助けを求める人びとに、自殺がキリスト教の信仰と相いれないことを伝えているのである。

西ベルリンでは現在いたましいことに一日に二件の自殺が発生している。

1956年、ベルリンにて

自殺したくなったら電話して

ロンドン——「自殺するつもりなら、お電話ください。『ロンドン市長公邸　９０－００』お助けできます」とチャド・バラー師は広めている。

この聖職者は先頃、「サマリタンズ協会」を設立したが、現在のところ彼がただひとりの会員である。自殺したがっている人が望むときにいつでも対応できる環境を整えるために、彼は多数の職員を募集している。

電話による救済は1953年、ロンドンで初めて実験された。

実行したということを必ずしも意味しない」

†結論として

われわれの時代は病んでいるのではない。すべてに倦んでおり、とりわけ嫌悪を催させる。……この嫌悪感は、盲目的な力に動かされる自動機械の状態で存在していることに感じられるのであり、また、それは、この時代に書かれたものの中に表現されているのである。……

この文章は、一八三〇年に熱狂的なロマン主義者が書いたものでも、一九六二年にサルトルやカミュの信奉者が書いたものでもない。一八八七年に、デカダン派の作家のアナトール・バジュが発表した文章である。一八八七年といえば、生きる歓びが謳われた「美しい時代（ベル・エポック）」の初期のことだ。このことはつまり、存在を呪おうと考える慢性的な絶望者がいつの時代にも存在することの証左なのである。

現代では、コンプレックスを持たない人はいないし、精神分析学を解りやすくまとめた文庫本が販売されている。

一九五三年七月四日、チェコ人のインテリ青年がパリのモンスーリ公園で縊死する前にこう書いていた。

「私が人生から逃げるのは、コンプレックスだらけだからです。……」

当節流行（はやり）のネオ・ニヒリズムの哲学者たちは、自殺者の最終的な行為は個性の大勝利であると評価している。この理論はよく消化されずに、熱狂した青年たちに安易な反抗をけしかけている。その反抗は三面記事的な出来事で終わっているのだ。

「われわれは、日本の神風特攻隊のように今世紀における自殺の特別攻撃隊である。それゆえ、すでに、われわれのうちの何人かは、われわれの名声を博している。……」と一人の二十五歳の講演者が学会の会場で表明した。

1953年4月23日、ニュー・ヘイヴン（メルボルン近郊）の病院で、患者が高さ9メートルの建物から飛び降りたが、医師（写真左）の腕の中に落ちた……。

書店のショーウィンドーには、誘惑的な題名の著作が絶望の弟子たちを待ち構えていた。たとえば、エミール・シオランの『崩壊概論』（一九四九）や『苦渋の三段論法』（一九五二）は哲学青年たちを魅惑している。

この「否定主義」の哲学者は、確固たる論理に基づいて、非の打ち所のないニヒリストの秘密を打ち明けている。

「私が生きているのは、私が死んでよいと思うときに死ぬ能力を持っているからにすぎない。……自殺できるという考えがなければ、とっくの昔に死んでいただろう。……」

同様のことをすでにニーチェも述べている。「自殺を考えることで、悪いもう一晩を過ごすことができた」。とはいえ、ニーチェはこうも言っているが。「余計なものが自分たちの死に重要性をもたせるものだ。……中身のない胡桃が割られたがっている。……」

「私は死にたい」と「私は生きたくない」の違い、すなわち「入り口」としての自殺と「非常口」としての自殺の差異について問題となったが、それによって統計の方法が変更されることがなかった。自殺は愚劣な誤りであると考えている五体満足な人びとがフランスには、まだ大勢いるからである。不条理や自己の存在の卑小さに直面しても、それを容認しない大勢の善良な人びとがいるのだ。

もっとも、ご安心されたい。これらの読書に感銘を受けた人びとと、現代の不安の深化に悩まされた人びとに向けて、モンテルランとマルローがずいぶん前から、「無益な奉仕」の効用を唱えている。

彼らは「非常識に行動せよ」と声高に主張する。パスカルが愚かになるように勧めたように。この処方は有効である。激しく危険なゲームを選びたまえ。毎朝、自分の命を危険に曝したまえ。そうすれば、不安が解決され、欲求が湧いてくるだろう。

生きる意欲を湧かせるのはカタストロフである。正しい戦争、輝かしい革命、こういったものこそが陰鬱な考えを消し去るのである。

なるほど、これらの弁証法的な慰めがピント外れの解釈をされて、熱狂した死をもたらした例もなくはないだろう。が、ここでは複数の統計が諸君を励ましてくれる。人口百万人に六百六十七人の自殺者があると言われたら、この数字はまた以下のことも示していると返答すればよい。その人口百万人のうち、自殺しなかった九十九万九千三百三十三人は残っているのであり、あなたもその一人なのだと！

1958年5月6日、２人の英国国教会牧師が、絶望してハリファックス橋の上に登った女性を、1時間40分のかけて説得し、命を救った。

IX

ユーモアと自殺

「笑うことと笑わせることは
キリスト教徒にはあまりなじまない」
——アレクサンドリアのクレメンス

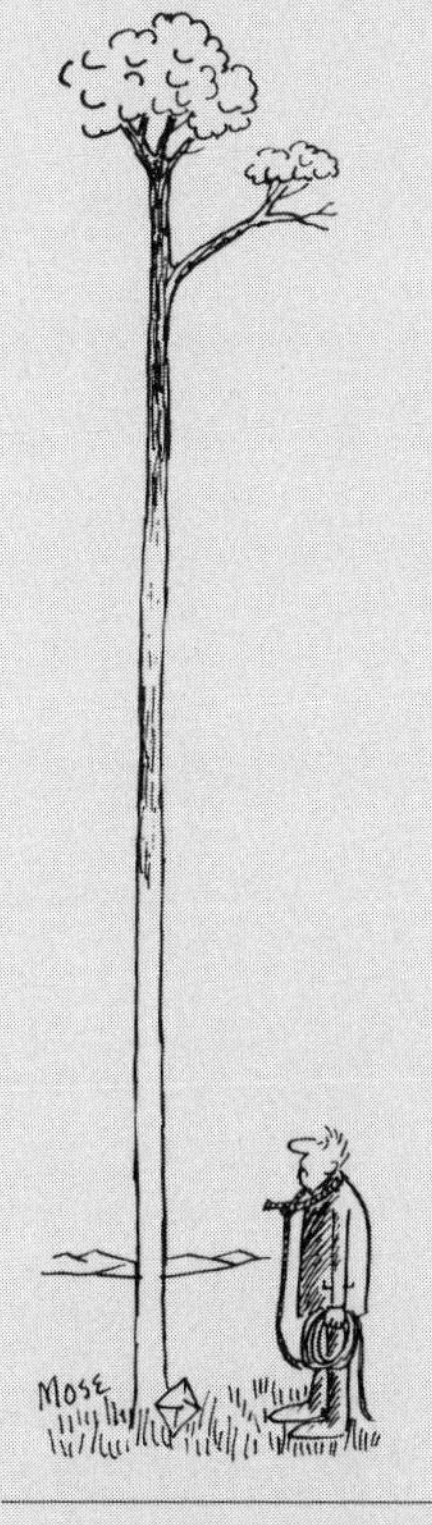

2人の狂人がフライパンと油の壜を持って精神病院の奥に進む。

「何をするつもりですか?」と守衛が尋ねた。

すると、いっぽうの狂人が彼を信頼して言った。

「脳みそをソテーするんです!」*

(《みんなの読書》誌、1963年12月)


*「頭をぶち抜くんです」という意味もある。

モーズ画

思いどおりに自殺できなかったり、自殺をしくじったり、首つりの紐がズタズタに切れてしまったというような話をして、人びとを愉しませたユーモア作家なら、いないこともない。

ところが、自殺について面白おかしい文章を書くだけでなく、自殺までするような担ぎ屋ともなると、そうはいるものではない。

それをやってのけたのはジャック・リゴー（三二六ページ参照）である。リゴーは良家の出身で、ディレッタント、麻薬中毒者、ふざけ好き、シュルレアリストだった。そして、彼は予定通り一九二九年十一月五日に自殺したのである。

この不運な若者に、一九六三年、再び評価の機会が訪れたかに見えた。この年、映画監督のルイ・マルが、作家ドリュ・ラ・ロシェルの小説を原作に制作した映画「鬼火」を公開したのである。というのも、この退屈な作品はリゴーの行動から生み出されたからだ。

残念ながら、観客も批評家も、「堕落した文明というコンテクストで」死ぬと信じていた、この自殺者の人生(いきざま)に興味を抱かなかった。ある職業批評家などは、リゴーが二重の意味での無力、すなわち無能で不能であったことや、女性にはモテなかったこと、文学を軽蔑しているのに鞄に原稿を保管していたことしか書いていない。

リゴーが遺した雑記帳からは、「自殺総代理店」という草稿が発見されている。この作品には、この真の死の志願者がもっていた黒いユーモアのセンスを証明しているのだ。この文書は一九五九年に初めて、出版人のジャン＝ジャック・ポーヴェールによって発表された。

自殺総代理店
公益認定会社
資本金　五百万フラン
本店　パリ、モンパルナス大通り七三

トニー・ジョアノ

支店　リヨン、ボルドー、マルセイユ、バブリン、モンテ＝カルロ、サン・フランシスコ

当社「自殺総代理店（ＡＧＳ）」といたしましては、当社のサービスをご案内させていただく運びとなりまして、まことに喜ばしい次第でございます。当社は最新鋭の設備により、「迅速で確実な死」をご提供できます。「失敗」を懸念して自殺を思いとどまっておられた方々のお心を必ずや捉えるでありましょう。恐るべき汚染要素たる絶望を社会から除去することを評価され、内務大臣閣下が我が社の名誉会長に就任いただけるという栄誉を賜りました。

しかも、死はすべての失敗の中で取り返しのつかないものですから、当社は生を離れるのにまず間違いない方法をご提供しております。そういうわけで、葬儀セットをご用意いたしました。内訳は、お食事、ご友人知己の行列、ご遺影（お好みでデスマスクも可）、記念品のお引渡し、自殺、納棺、（任意の）宗教に則った儀式、ご遺体の墓地への輸送等になっております。……

料金表

電気椅子　二〇〇フラン
ピストル　一〇〇フラン
毒薬　一〇〇フラン
水死　一五〇フラン
香水による死（奢侈税込）　五〇〇フラン
縊死　五フラン　貧者向けの自殺（縄は一メートル二〇フラン、一〇センチ追加ごとに五フラン で販売）

葬儀セットの特別カタログの請求、および情報の詳細につきましては、代表取締役Ｊ・リゴー氏にお問い合わせいただきますよう宜しくお願い致します（パリ六区、モンパルナス大通り七三）。

ユーモアの描き手のうち、自殺をテーマにした画家はあまたいれども、安直さと悪趣味を免れた画家はめったにいない。

以下のページでは、ドーミエからモーズに至る画家のなかから何人かを選んだ。彼らは、ユーモアの画風の展開とその精神の展開を同時に示している。

瀝青の株券を100株を所有していたり、「殿方」のような女房がいるときは、1本の木を見つけて、縄で輪奈結びをつくります。もし輪っかがきつく締まりすぎると、また枝にしがみついてしまいます。
オノレ・ドーミエ

ある砲兵のぐっとくる自殺　A・ルヴェイル

「ママ、ブランコで遊んでいるおじさんがいるよ」アベル・フェーヴル
《人生薔薇色》紙、1902年3月16日。

社交界の女性の考え
「エドガー、わたしたちはぎゅっと抱き合って死にたいわ……。わたしはお針子のように……あなたは学生のように!」 カラン・ダシュ

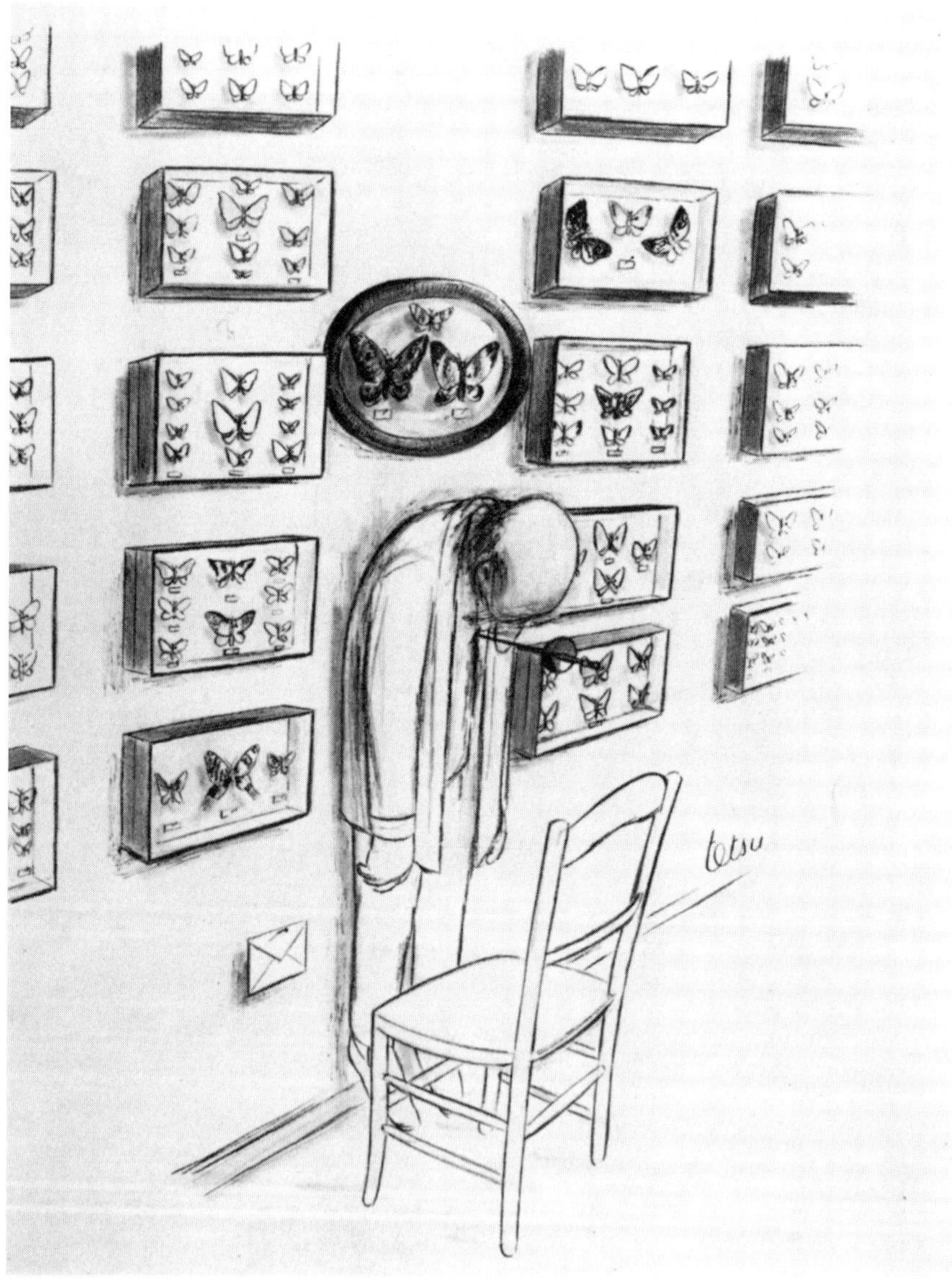

テツ

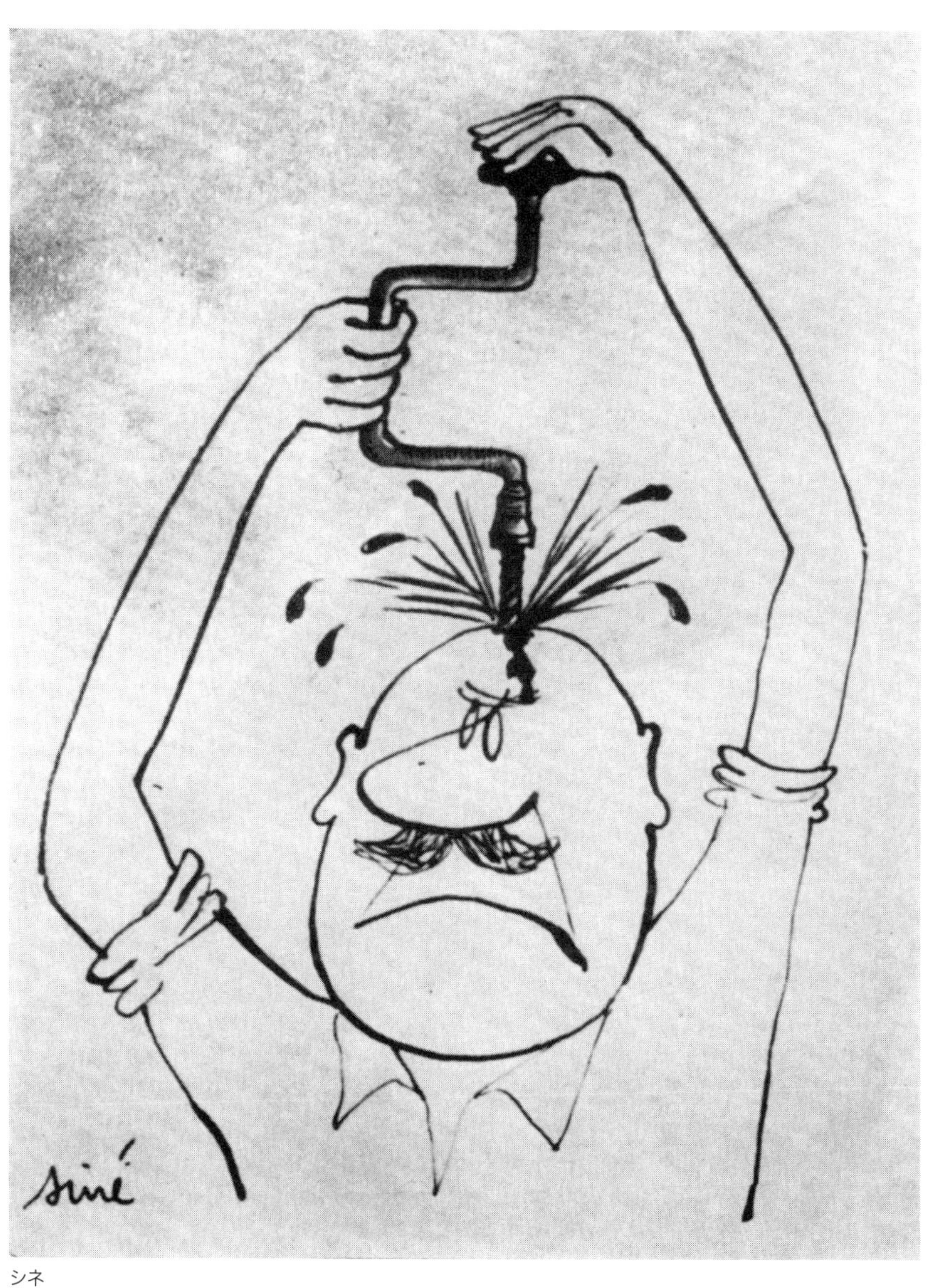

シネ

モーズ

モーズ

アンドレ・フランソワ

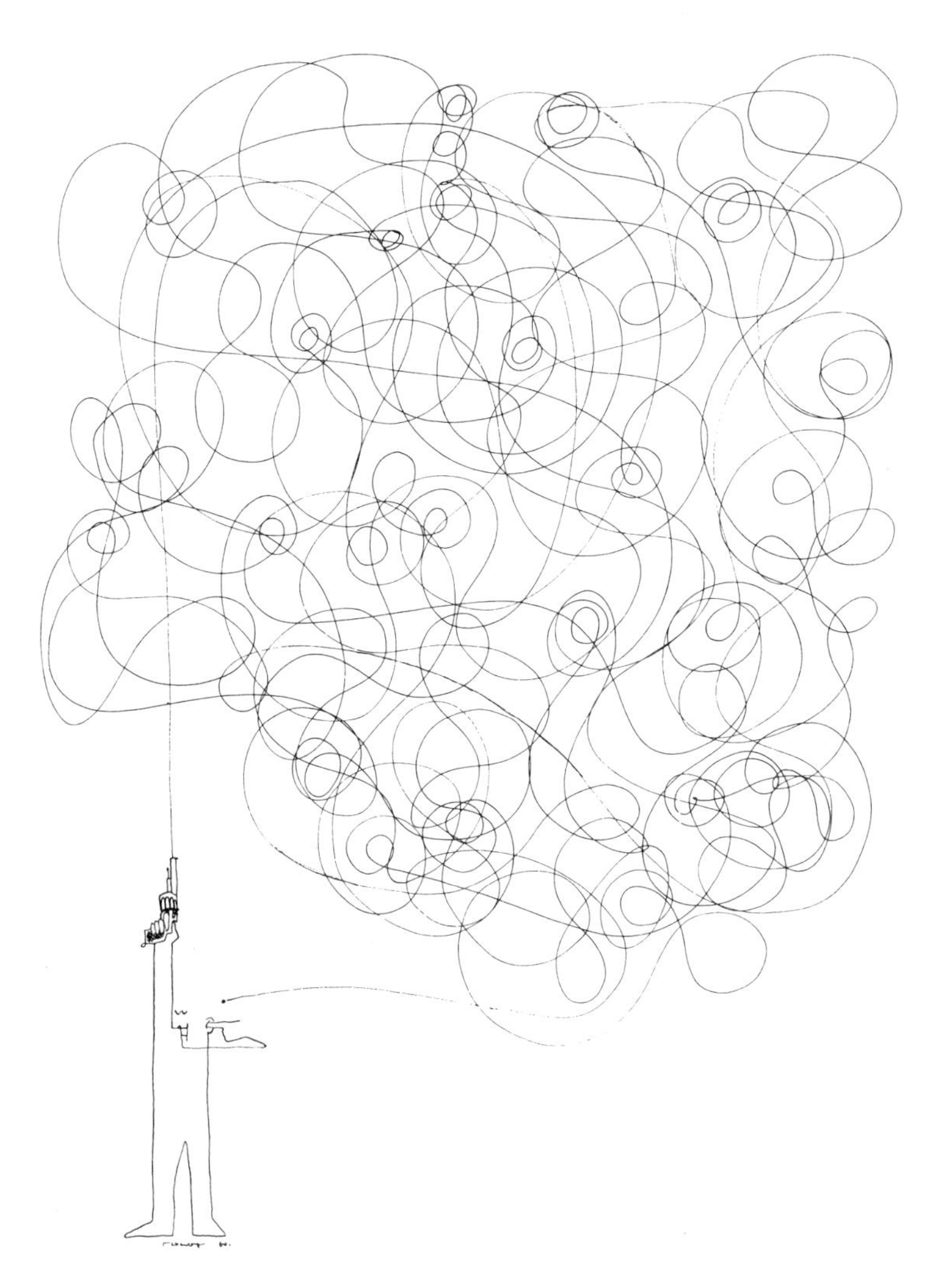

アンドレ・フランソワ

アンドレ・フランソワ

ドルヴィル

テツ

訳者あとがき

本書は、Romi, *Suicides passionnés, historiques, bizarres, littéraires*, Paris, Éditions Serg, 1964. の全訳である。タイトルの直訳は「情熱的な、歴史的な、奇妙な、文学的な自殺」であるが、その内容等に鑑みて、編集部と相談のうえ、邦題は『自殺の歴史』としたことを、お断りしておきたい。

著者のロミは、わが国では高遠弘美氏の翻訳によって広く知られているが、本書で初めて知った方のために簡単にその経歴を紹介しておこう。

ロミの本名はロベール・ミケル。一九〇五年、北フランスのリール市の生まれ。最初画家を志したようで、小説の挿絵も描いている。その後パリで、「ロミ」という骨董品店兼画廊を開いたり、「サン＝ティヴ」というホテル兼居酒屋を営んだりした。そのかたわら、一九四〇年代半ばごろから文学者としても活動をはじめ、多数の雑誌に寄稿し、生涯に二十六点の著作を残した。代表作はまず何と言っても、澁澤龍彦や種村季弘も愛読した『突飛なるものの歴史』（一九六四）であろう。古代から現代までの精神史を「アンソリットなもの（突飛なるもの）」の視点から読み解いた名著である。また、中世から現代までの多種多様な三面記事と図版を集成して人間の変わらぬ愚かさを見つめた『三面記事の歴史』（一九六二）も代表作のひとつに数えられる。他には、処女作『パリのカフェ・コンセール小史』（一九五〇）や『娼館』（一九五三）といった失われた前時代の文化を題材にした著作もあれば、ゴンクール短篇小説賞を受賞した『犠牲』（一九七六）という小説も書いた。八十歳を超えても執筆意欲は衰えず、『おなら大全』（一九九二）でラブレー賞を受賞、『悪食大全』（一九九三）、『でぶ大全』（一九九六）を執筆している。じつに超人的な仕事ぶりと言わざるをえない。さらに最晩年には、ギャンブルで全財産を失い、その貴重なコレクションを散佚させるという逸話を残し、一九九五年十一月二十五日にこの世を去った。

ロミの邦訳書も本書で八冊を数えるが、それらを年代順に並べてみよう。(括弧内は邦訳の訳者、出版社、刊行年)

- 『三面記事の歴史』、一九六二年刊（拙訳、国書刊行会、二〇一三年）
- 『自殺の歴史』、一九六四年刊（本書）
- 『〔完全版〕突飛なるものの歴史』、一九六四年刊（高遠弘美訳、平凡社、二〇一〇年）
- 『乳房の神話学』、一九六五年刊（高遠弘美訳、角川ソフィア文庫、二〇一六年）
- 『娼館の黄金時代』、一九九〇年刊、アルフォンス・ブーダールとの共著（吉田春美訳、河出書房新社、一九九三年）
- 『おなら大全』一九九二年刊、ジャン・フェクサスとの共著（高遠弘美訳、作品社、一九九七年）
- 『悪食大全』、一九九三年刊（高遠弘美訳、作品社、一九九五年）
- 『でぶ大全』、一九九六年刊、ジャン・フェクサスとの共著（高遠弘美訳、作品社、二〇〇五年）

さて、本書『自殺の歴史』であるが、一九六四年に刊行された。ロミの十一冊目の著作である。ロミは本書以前にも自殺をテーマに『自殺のテクニック』という本（一九五三）を自費出版していて、本書はその大幅な増補改訂版である。

ロミは本書でも、他の著作と同じように、収集した資料を惜しげもなく使い、フランスを中心として古今の自殺にまつわる数々の逸話を縦横に語っている。そこに現れるのは、みずからの手で死ぬことを選びとった人びとの恐ろしいまでの意思である。注目を浴びようとしてする自殺もあれば、復讐のための自殺もある。国に殉ずる自殺もあれば、金儲けのための自殺もある。あやまって死ぬ人もいれば、いくら死のうとしても死ねない人もいる。人はいずれ死ななければならない存在であるのに、いまここで死ぬことを決心するのはそこに強烈な何かがあると言わざるをえない。そのような何かに憑かれた人びとが洋の東西を問わず古代から現代まで、高貴な者から卑賤の者まで、おおぜいいるのである。

こうした自殺を、逸話の集成によって理解しようというのが本書におけるロミの試みである。逸話集成の手法は、自殺のような人間にとって根源的な問題を扱う場合にこそ有効だろう。逸話というものは、虚実ないまぜであり、人びとの想像力が加わっている場合が多い。だから、事実に間違いがあるかもしれないが、本質は失われているわけではない。むしろ、人びとがありそうだと納得するようにしか改変はされないのだから、それだけ話のもつ本質が姿を現しやすいのではないだろうか。そうした逸話の集成を読むことで、自殺の本質により近づくことができるとロミは考えていると思われる。

ロミが逸話集成の手法に意識的であった事実は、文学作品からの引用の多さにも窺われるだろう。自殺は多くの文学のテーマとなっているが、ロミの著作でも本書ほど文学作品の引用が充実しているものはない。そこには、文学こそ才能ある作家による洗練されたフィクションの極致であり、その作品世界を追体験することで、自殺というものの本質を直截に理解できるという、文学者ロミの信念が見受けられるように思う。

そういうわけで、「V　自殺と文学」に出てくる文学作品に限り、既訳を利用させていただくことにした。文学作品については、それぞれの練達の専門家の訳文で味読することこそがロミの狙いに適うからである。引用させていただいた翻訳の訳者の方々に感謝申し上げる次第である。そのさい引用の都合上、一部変更させていただいた点や仮名遣いを変更させていただいたことをご諒解願いたい。引用させていただいた翻訳は以下のとおりである。

- サンド、『我が生涯の記』、加藤節子訳、水声社、二〇〇五年

- バルザック、『あら皮』、小倉孝誠訳、藤原書店、二〇〇〇年
- バルザック、『幻滅』、野崎歓・青木真紀子訳、藤原書店、二〇〇〇年
- バルザック、『バルザック全集　第四巻』(『田舎医者』)、新庄嘉章・平岡篤頼訳、東京創元社、一九六一年
- ボレル、『シャンパヴェール・悖徳物語』、金子博訳、南柯書局、一九八〇年
- シュー、『パリの秘密』、江口清訳、集英社、一九七一年
- フローベール、『ボヴァリー夫人』、山田𣝣訳、河出書房、二〇〇九年
- マラルメ、『マラルメ全集Ⅰ』、松室三郎他訳、筑摩書房、二〇一〇年
- マラルメ、『マラルメ詩集』、渡辺守章訳、岩波書店、二〇一四年
- ゾラ、『ムーレ神父のあやまち』、清水正和・倉智恒夫訳、藤原書店、二〇〇三年
- ブールジェ、『弟子』、内藤濯訳、岩波書店、一九四一年
- フランス、『楽屋裏の話』、根津憲三訳、白水社、一九五〇年
- リゴー、『自殺総代理店』、亀井薫・松本完治訳、エディション・イレーヌ、二〇〇七年
- ジャンジャンバック神父、『パリのサタン』、鈴木雅雄訳、風濤社、二〇一五年
- ジイド、『贋金つかい』、山内義雄訳、新潮社、一九五一年
- ジャム、『フランシス・ジャム全集　第三巻』(『クララ・デレブーズ』)、田辺保訳、青土社、一九八一年
- コクトー、『恐るべき子供たち』、中条省平・中条志穂訳、光文社、二〇〇七年

ロミが逸話の集成というスタイルを採用するもうひとつの理由として考えられるのは、硬直したアカデミックな手法に対する懐疑であろう。たとえば、本書では各所で学者による統計を面白おかしく紹介しているが、統計に対する不信についても洩らしている。「Ⅶ　なぜ自殺するのか」では、自殺の動機に関する学説史を述べた後で、パリ警察の統計について、それが担当官の抱いた所見の総計にすぎず、出来のよい三面記事の一行見出しの

ほうがその動機をよく捉えていると主張しているのだ。アカデミックの手法を用いても、あやまれるかたちであれば、その本質を外してしまうのであり、逸話の集成によるほうが自殺の本当の本質にせまることができるとロミは考えているのだろう。

ロミは「Ⅷ　自殺志願者の救済」の「結論として」でも統計に対する不信を述べている。この部分は本書の原型版『自殺のテクニック』では、その掉尾（ちょうび）を飾っていた部分で、その小見出しが「統計の楽観主義」だったことをつけ加えておきたい。ロミはその文筆活動の初期から、みずからの手法の意義に意識的であったと言えるのではないだろうか。

そういう意味では、炯眼な澁澤龍彥が「一角獣のメロディー」と題されたエッセーで、本書の紹介をしている箇所は注目に値する。「Ⅳ　自殺の実践的利用」に引かれたブリエール・ド・ボワモン博士の統計を紹介しているのだが、それについて澁澤は、「世の中には、じつに変ったことを研究する学者がいるものだということを、あえてお知らせしたいばっかりに、こんな、馬鹿馬鹿しい数字を引用」したと述べているのだ。澁澤が本書の深い理解の上に立って、そのエッセンスとなる箇所を引いていることには、驚嘆するばかりである。

なお、本書の翻訳についていくつかお断りしておかねばならない。まず原書の単純な間違い、勘違いと思われる箇所は訳者の判断で訂正した。また、訳註は最小限にとどめ、できうるかぎり訳文の中に溶かし込んだ。図版に関しては、原書所収のものはすべて収録したが、『自殺のテクニック』に含まれていた一部と訳者所有の挿絵も若干追加した。

末尾になったが、このたびも国書刊行会の礒崎純一出版局長に大変お世話になった。礒崎さんの助言がなければ、訳者がこの翻訳を仕上げることなど到底できなかっただろう。本訳書が少しでもよくなっているとすれば、すべては礒崎さんのおかげである。感謝を捧げるしだいである。

それから、このたびもブックデザインを担当してくださった、デザイナーで巨石愛好家の山田英春さんにも感謝を申し上げたい。

最後に、ロミの資料を貸与してくださり、いつも暖かく見守っていてくださる高遠弘美先生に、この場を借りて深甚なるお礼を申し上げたい。

二〇一八年二月

土屋和之

訳者略歴
土屋和之（つちや　かずゆき）
1976年岐阜生まれ。上智大学大学院文学研究科博士課程満期退学。
訳書に、ロミ『三面記事の歴史』（国書刊行会）、ジャン＝リュック・フロマンタル、ジョエル・ジョリヴェ『10ぴきのペンギンくん』（学研）。

自殺の歴史

2018年4月20日初版第1刷発行

著者……ロミ
訳者……土屋和之
発行者……佐藤今朝夫
発行所……国書刊行会
〒174-0056　東京都板橋区志村1-13-15
電話03-5970-7421　ファックス03-5970-7427
http://www.kokusho.co.jp

印刷・製本：三松堂株式会社
ブックデザイン：山田英春

ISBN978-4-336-06262-8
落丁・乱丁本はお取り替えいたします。